INSTITUT[

AU

DROIT FRANÇOIS;

Par M. Argou, Avocat au Parlement.

Neuviéme Edition, revue, corrigée & augmentée, conformément aux nouvelles Ordonnances, par M. A. G. Boucher d'Argis, Avocat au Parlement : avec une Carte de computation des Dégrés de Parenté.

TOME PREMIER.

A PARIS,

Chez Desaint & Saillant, Libraires, rue Saint-Jean-de-Beauvais.

M. DCC. LXIV.

AVEC PRIVILEGE DU ROI.

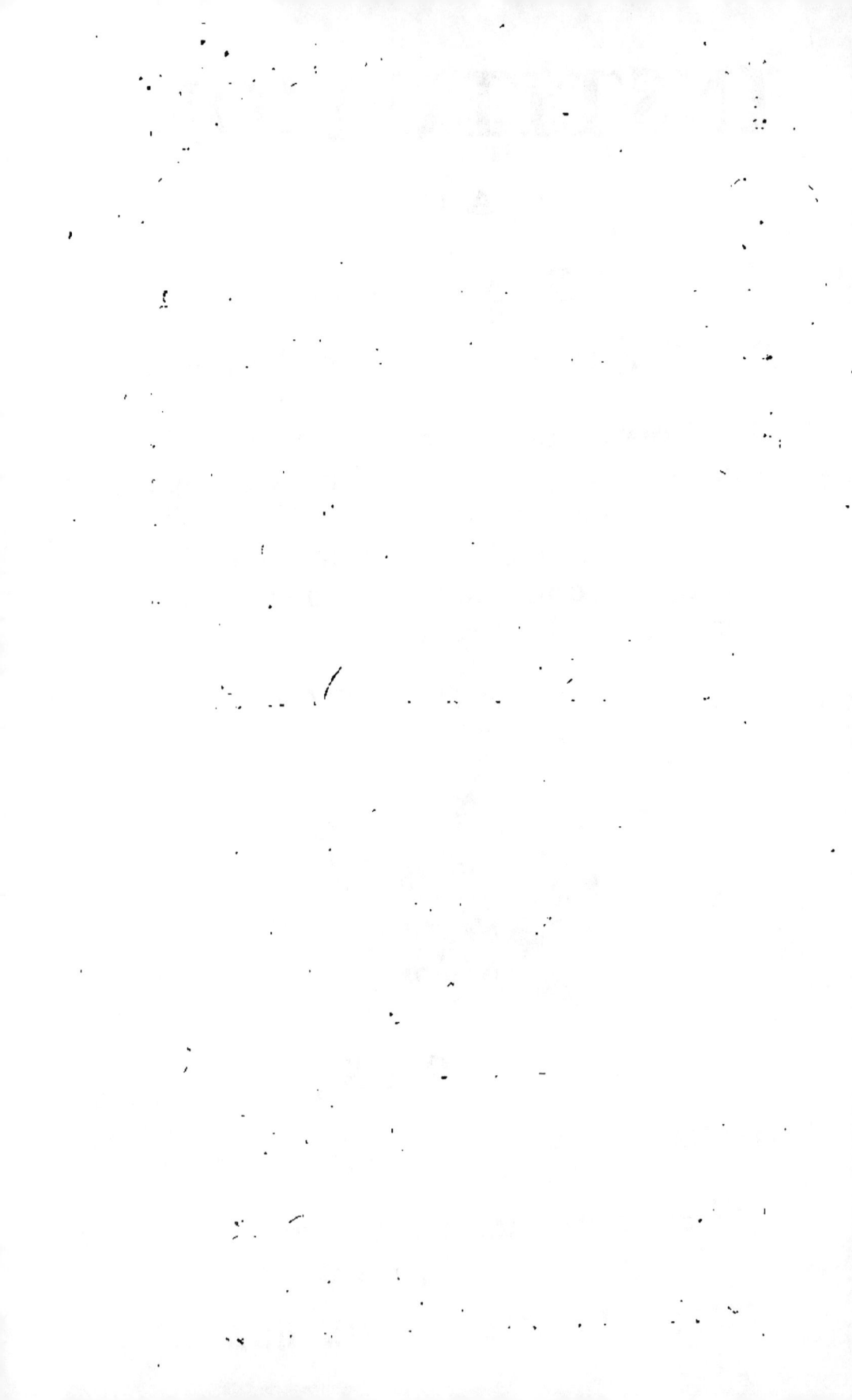

PRÉFACE
DE L'ÉDITEUR.

C'EST ici la neuviéme Edition que l'on donne au Public, de cette Inſtitution au Droit François ; rien ne prouve mieux le mérite de cet Ouvrage ; toute Inſtitution en général eſt utile, & celle-ci en particulier convient à beaucoup de perſonnes.

Elle eſt néceſſaire à ceux qui ſe conſacrent à l'étude de la Juriſprudence ; c'eſt le premier livre qu'ils doivent avoir, ils y trouvent un précis de toutes les matieres & les principes généraux de notre Droit François, dégagés de toutes les difficultés.

Cette Inſtitution n'eſt pas moins utile à ceux qui ſont déjà verſés dans la Juriſprudence, pour leur rafraîchir la mémoire de ce qu'ils ſçavent ; ils y peuvent revoir d'un coup d'œil les matieres qu'ils ont vû traitées ailleurs plus amplement, & éclaircir promptement des doutes qui reviennent quelquefois à l'eſprit des gens les plus éclairés.

Ceux même que leur état n'oblige
point de s'attacher à l'étude du Droit
François, & qui veulent néanmoins
en sçavoir les principes généraux, ne
peuvent les trouver ailleurs plus facilement qu'ici.

Plufieurs Auteurs nous ont donné
des Institutions au Droit François,
des Instituts coutumieres & autres
Ouvrages qui ont à peu près le même
objet ; mais fans rien diminuer du
mérite de ces Ouvrages, qui peuvent
avoir chacun leur utilité, il eft conf-
tant que cette Inftitution eft celle qui
remplit le mieux fon objet & où les
matieres font traitées le plus métho-
diquement & avec le plus de précifion.

M. Argou, Auteur de cette Inftitution, étoit natif du Vivarez. Il fut
reçu au ferment d'Avocat le 24 Novembre 1664. Les continuateurs de
Morery difent » qu'il fut lié avec les
» Sçavans de fon tems, & particulié-
» rement avec feu M. l'Abbé Fleury,
» Auteur de l'Hiftoire Eccléfiaftique,
» que le petit Ouvrage de cet Abbé
» qui a pour titre, Hiftoire du Droit
» François, engagea M. Argou à
» compofer cette Inftitution au Droit
» François, dont on fit pendant fa vie
» deux Editions à Paris, l'une en

sous son nom en 1687. Le premier chapitre contient une Histoire abrégée du Droit Ecclésiastique.

Il paroît que M. Argou en composant son Institution au Droit François, suivit à peu près le même plan que son ami s'étoit formé pour l'Institution au Droit Ecclésiastique.

En effet l'Institution au Droit François est renfermée, comme l'autre, en deux Volumes *in-*12. Elle est divisée à peu près de même ; le style y est également précis & dégagé de toute discussion qui seroit trop longue ; enfin les autorités y sont portées en marge, comme dans l'Institution de M. l'Abbé Fleury.

La premiere Edition de l'Institution au Droit François, fut faite en 1692 ; on y voit une Préface de l'Auteur, mais il ne se faisoit point encore connoître. Il joignit dèslors à cette Institution l'Histoire du Droit François de M. l'Abbé Fleury, qui avoit déjà été imprimée séparément. M. Argou observe dans sa Préface qu'il avoit prié M. l'Abbé Fleury de permettre qu'il joignit cette Histoire à son Ouvrage ; il pensoit avec raison que pour bien comprendre la relation que les Loix ont les unes avec les autres, il est nécés-

» 1692, l'autre en 1699, en deux
» Volumes *in*-12. Les mêmes Histo-
riens ajoutent » que M. Argou s'é-
» toit déjà fait connoître par ses Mé-
» moires imprimés à Paris *in*-4°. en
» 1674, touchant le Comté de Neu-
» chatel, où l'on voit ce qui s'est paf-
» sé entre Madame la Duchesse de
» Longueville, & Madame la Du-
» chesse de Nemours, pour la succes-
» sion de le Souveraineté ; que ce cé-
» lébre Avocat est mort au commen-
» cement de ce siecle (le XVIII.) Il
étoit encore sur le tableau des Avocats de 1701, & n'est plus dans celui
de 1710.

On ne voit point que M. Argou se
fût adonné à la plaidoirie, on rapporte même qu'il s'énonçoit difficile-
ment ; mais ce défaut d'élocution étoit
récompensé par une profonde érudition qui le fit connoître de M. le Chancelier, Ponchartrain, lequel l'honoroit de son estime & de sa confiance.

M. l'Abbé Fleury avoit, dès l'année
1674, fait imprimer son Histoire du
Droit François, sans y mettre son
nom ; & dès l'année 1666, il avoit
fait un premier essai de son Institution au Droit Ecclésiastique, qu'il
retoucha en 1679, & la fit imprimer

faire d'en connoître l'Auteur, de sçavoir ce qui y a donné lieu, & les con-
jonctures où elles ont été faites ; que
cette connoissance de l'Histoire n'étoit
pas moins nécessaire pour l'Introduc-
tion au Droit François, que pour le
Droit Ecclésiastique, & qu'il ne pouvoit mettre en tête de son Ouvrage
une meilleure Histoire abrégée du
Droit François, que celle de l'Abbé
Fleury.

La seconde Edition de cette Institution fut faite comme on l'a déjà dit en
1692, du vivant de l'Auteur, sans aucune augmentation.

On fit la troisiéme en 1710, après
le décès de l'Auteur. Son nom n'est
point encore sur le frontispice de l'Ouvrage ; mais il est annoncé dans le privilége obtenu par le Libraire dès le 14
Avril 1703. Cette Edition fut accompagnée de Notes anonymes, mais que
l'on sçait être de M. M. Bretonnier &
Barbier, tous deux anciens & célébres
Avocats au Parlement, dont le premier s'est attaché à marquer les usages
des pays de Droit écrit, dans lesquels
il étoit fort versé, comme il paroît
par les autres Ouvrages qu'il a donné au
Public ; le second a observé les usages
propres à la Coutume de Paris, dont il

avoit acquis une profonde connoiffance, tant par un long exercice de la
plaidoirie où il s'étoit diftingué au
Châtelet, que dans l'emploi de la con-
fultation pour laquelle il étoit très-
eftimé.

La quatriéme Edition de l'Inftitution de M. Argou, qui fut faite en
1719, eft la premiere où l'on ait mis
en tête le nom de l'Auteur.

On en fit une cinquiéme en 1730
augmentée de quelques Notes, apparemment de M. Barbier feul, car M.
Bretonnier étoit alors décédé.

Les fixiéme & feptiéme Editions,
faites en 1740 & en 1746, ne furent
augmentées que d'une table alphabé-
tique des matieres ; du refte on n'y fit
aucun changement, quoiqu'il y eût
lieu dèflors d'en faire plufieurs.

La huitiéme a été revûe & corrigée
avec foin. On y a marqué les changemens de Jurifprudence furvenus depuis
le décès de l'Auteur, & de fes Anno-
tateurs, fur plufieurs matieres importantes, particuliérement fur les donations, les teftamens & les fubftitutions ; les nouvelles Ordonnances in-
tervenues fur ces matieres ayant fixé
la Jurifprudence fur divers points qui
étoient controverfés, il étoit effentiel

de rendre cette Inftitution conforme à ces nouvelles Loix , afin que l'on ne fût pas induit en erreur par les opinions qui avoient cours au tems des Editions précédentes.

On auroit fouhaité en marquant les changemens de Jurifprudence, pouvoir conferver tout ce qu'avoit dit M. Argou ; mais on a cru qu'il feroit trop embarraffant après avoir lu un principe établi par M. Argou , de trouver enfuite un principe tout contraire établi fur les nouvelles Ordonnances ; d'ailleurs cela auroit trop groffi cet Ouvrage , dont l'objet eft de donner des principes clairs & dégagés de toute difcuffion problématique.

Quoiqu'on n'ait pas cherché à étendre la matiere , on a ajouté en certains endroits quelques explications qui ont paru néceffaires ; au moyen de quoi cette Edition fera tout à la fois plus ample & plus exacte que les précédentes , c'eft pourquoi on efpere qu'elle fera reçue favorablement.

Pour ne point confondre les Notes & Additions inférées dans cet Ouvrage , avec ce qui eft de M. Argou ; on a obfervé dans cette Edition les mêmes marques qui étoient dans les précédentes aux Notes de M. M. Bre-

tonnier & Barbier : celles de M. Bretonnier font marquées au commencement par une main , & terminées par
un crochet : celles de M. Barbier font
marquées au commencement par une
étoile , & terminées auffi par un crochet. Et pour diftinguer de ces anciennes Notes & Additions, celles qui ont
été inférées dans cette nouvelle Edition , on les a défignées au commencement par cette marque ¶, qui par inad-
vertance a été doublée dans le premier
volume , elles font terminées par un
double crochet]].

Celle - ci eft conforme à l'Edition
de M. Boucher d'Argis , imprimée
en 1753.

TABLE DES CHAPITRES
Du premier Volume.

Fin de la Table des Chapitres.

HISTOIRE

HISTOIRE

DU

DROIT FRANÇOIS.

V**ANT que les Francs en-
traffent dans les Gaules,
on y fuivoit les loix Ro-
maines, qui continuerent
d'y être obfervées fous les
Rois de la premiere & de la feconde
race, mais avec les loix barbares &
les Capitulaires des Rois. Les défor-
dres du dixiéme fiécle confondirent
toutes ces loix : enforte qu'au commencement de la troifiéme race de
nos Rois, il n'y avoit guéres d'autre
Droit en France, qu'un ufage incertain, à quoi les Sçavans ayant joint
enfuite l'étude du Droit Romain,
leurs décifions mêlées avec cet ancien ufage, ont formé les coutumes,
qui ont été depuis écrites par autorité

*I.
Deffein
de ce trai-*

Tome I.

a

publique. Enfin les Rois ont établi
plusieurs Droits nouveaux par leurs
Ordonnances. C'est tout ce que je me
propose d'expliquer dans cet écrit : &
j'espére que l'on me pardonnera ,
si j'use quelquefois de conjecture ,
quand on considérera combien cette
matiere a été peu éclaircie jusqu'à
présent. J'appellerai Droit ancien celui qui a été en usage jusqu'au dixiéme siécle : parce que la suite a
tellement été interrompue depuis,
qu'à peine en trouve-t'on quelque
reste qui soit encore en vigueur; & je
nommerai Droit nouveau tout ce qui
a été suivi sous les Rois de la troisiéme race ; parce qu'encore qu'il y ait
eu de grands changemens , on y voit
une tradition suivie de loix & de maximes, que l'on peut conduire jusqu'à
nous.

I I.
Droit des
Gaulois.

Je ne sçai s'il est à propos de remonter jusqu'aux Gaulois , & si on
peut croire qu'après tant de changemens, il nous reste quelque Droit qui
vienne immédiatement d'eux. Voici
troutefois une idée de leurs mœurs &
de leur police tirée de Jules-César,
où peut-être quelqu'un trouvera du
rapport avec les mœurs des derniers
siécles. Toute la Gaule étoit divisée

Cæs. de
belloGall.
lib. 6.

en plusieurs petits peuples indépen-
dans les uns des autres , dont les
noms font demeurés pour la plûpart
aux villes qui en étoient les capitales,
comme Paris, Sens , Tours, & grand
nombre d'autres. Il n'y avoit que
deux fortes de perfonnes qui fuffent
en quelque confidération , les Druides
& les Chevaliers. Le refte du peuple étoit dans une efpéce de fervitude. Il ne pouvoit rien entreprendre
de lui-même , & n'étoit appellé à
aucune délibération : plufieurs même
cédant à la rigueur de leurs créanciers , ou à la tyrannie des nobles , fe
rendoient effectivement leurs efclaves. Les Druides avoient la conduite
de tout ce qui regardoit la religion
& les études , & rendoient la Juftice
même en matiere criminelle , dans
de grandes affemblées qui fe tenoient tous les ans. Leur autorité
étoit grande ; & ils étoient exempts
d'aller à la guerre, & de payer aucun
tribut. La peine de ceux qui ne leur
obéiffoient pas , étoit une efpéce d'excommunication : ils étoient exclus
des facrifices , ils paffoient pour im-
pies & pour fcélérats : tout le monde
fuïoit leur rencontre, & ils ne pouvoient recevoir aucun honneur , ni

même pourfuivre leur droit en Juftice. Les Chevaliers portoient tous les armes, & alloient tous à la guerre quand il y en avoit, ce qui arrivoit entre ces petits états prefque tous les ans. Le plus grand honneur de ces Chevaliers étoit d'avoir un grand nombre de perfonnes qui leur fiffent la cour, & qui les fuiviffent aux occafions; & ils ne fouffroient point que leurs enfans paruffent devant eux en public, qu'ils ne fuffent en âge de porter les armes. On peut en voir davantage dans un recueil des loix d'Allemagne par Golftad, où les anciennes coutumes des Gaulois & des Germains font rapportées dans les propres termes de Céfar & de Tacite, & rangées fous certains titres.

Colletia des
confuet.
legum Im-
per. Fran-
cofurti.
1613.

III.
Droit
Romain,
en Gaule.

A mefure que les Romains étendirent leurs conquêtes dans les Gaules, leur langue, leurs mœurs & leurs loix s'y établirent comme dans les autres pays; car tout l'Empire Romain ne faifoit qu'un grand corps gouverné par un même efprit, & dont toutes les parties étoient unies par leurs befoins mutuels. Tous les Gouverneurs des Provinces & tous leurs Officiers, jufqu'aux Appariteurs,

étoient Romains, sans compter le
reste de leur suite toujours nombreu-
se, qu'ils appelloient leur cohorte ;
& leurs emplois duroient si peu, que
le séjour des Provinces ne pouvoit
faire en eux de changement considérable. C'étoit des Romains, & même
des Chevaliers, qui étoient publicains
ou fermiers des revenus publics. Les
soldats qui composoient les légions,
étoient Romains ; & outre ceux-ci que
le service de l'état attiroit dans les
Provinces, il y avoit toujours un
grand nombre de Citoïens Romains
qui y démeuroient pour leurs affaires
particuliéres : pour exercer la banque
ou le commerce, pour cultiver des
terres, nourrir du bétail, particuliérement dans les Colonies. Plusieurs,
sans sortir de Rome ou de l'Italie, ti-
roient de grands revenus des Provinces par le moyen de leurs esclaves.

D'autre part les habitants des Provinces venoient souvent à Rome,
soit pour les affaires publiques de
leurs pays, en qualité de Députés,
soit pour les affaires particulieres,
ou pour leur cour, ou par curiosité.
Les plus considérables avoient droit
d'hospitalité avec les Citoïens les plus
puissans, ou du moins étoient sous

leur protection. Quelques-uns s'éta-
blissoient à Rome, devenoient Citoïens, Sénateurs & Magistrats ; jusques - là que plusieurs Empereurs
étoient originaires des Provinces. Enfin ils devenoient souvent Romains
sans sortir de leurs pays, par le droit
de cité, qui s'accordoit non - seulement à des particuliers, mais à des
villes entieres ; & depuis que l'Empereur Antonin le donna à tous les
sujets de l'Empire, il y eut des Romains de toutes nations.

Il est vrai que ce grand commerce,
n'apporta pas un changement égal en
toutes les provinces : car les Romains
faisoient grande différence entre les
Grecs, & tous les autres peuples
qu'ils nommoient Barbares. Comme ils étoient redevables aux Grecs
de toute leur politesse, & tenoient
d'eux les sciences & les beaux arts,
ils eurent toujours pour eux un certain respect, & contens de leur commander, ils les laisserent vivre suivant leurs anciennes loix. Ils appre-
noient le grec, plutôt que de les
obliger à parler latin : ils imitoient
leurs manieres, & hors ce qui regardoit le commandement ou la police
générale de l'Empire, les Grecs chan-

gerent plus les Romains, que les Romains ne changerent les Grecs. Au contraire ils méprifoient les Barbares, fur lefquels ils avoient l'un & l'autre avantage de la politeffe & de la force; & ils croyoient ne leur pouvoir faire un plus grand bien, que de les faire vivre à la Romaine. Les Barbares de leur côté admiroient les Romains, & s'efforçoient d'imiter leur maniere de vivre, plus commode & plus magnfique que la leur; & cette différence de mœurs partageoit tout l'Empire. La Grece & l'Orient, c'eft-à-dire, tout ce qui avoit été fous la domination des fucceffeurs d'Alexandre, parloit grec & gardoit les mœurs des Grecs : tout le refte parloit latin, & fuivoit les mœurs & les loix Romaines. Cette feconde partie comprenoit à peu près ce qui compofa depuis l'Empire d'Occident; c'eft-à-dire, l'Afrique, la Mauritaine, l'Efpagne, la Gaule, une partie des Ifles Britanniques, quelque peu de la Germanie, la Rhétie, la Pannonie, & l'Illirie. Tout ceci eft clair à ceux qui fçavent l'Hiftoire : les autres auront peut-être quelque peine à croire qu'on parlât la même langue à Cologne, à York, à Lyon, à Cordoue,

& à Carthage ; que l'on y fût gouverné par les mêmes sortes de Magistrats , & que l'on y vécût sous les mêmes loix.

Il y a des preuves particuliéres à la Gaule pour montrer qu'elle devint à la fin toute Romaine. Le séjour des Empereurs , principalement dans le quatrieme siécle , les Ecrits des Auteurs Gaulois , comme Ausone , Salvien , Sidonius , les noms des Gaulois , entr'autres des Evêques jusques vers le huitiéme siécle , les noms de tant de Bourgs & de Villages qui marquent encore les Romains qui en ont été les maîtres : comme Lagny de *Latiniacus ager* , ou *fundus* : Percy , *Patriciacus* : Savigny *Sabiniacus* , ou , selon une autre prononciation , Savignac , & ainsi des autres. Enfin la langue que nous parlons tient plus du latin sans comparaison , que d'aucune autre langue , malgré le mêlange des peuples du Nord , qui ont possédé la Gaule depuis les Romains.

Mais pour me renfermer dans mon sujet , on ne peut douter que le Droit Romain ne s'observât dans les Gaules , si l'on fait réflexion que l'un des quatre Préfets du Prétoire y faisoit sa résidence , & que ce Ma-

giftrat étoit celui qui rendoit la Juſtice ſouverainement à la place de l'Empereur, au-deſſus de tous les Gouverneurs des Provinces ; & ſi l'on ob-
ſerve les inſcriptions de pluſieurs loix
du Code de Juſtinien, qui témoi-
gnent qu'elles ont été faites pour la
Gaule ou pour les Gaulois. Ajoutez
à tout cela que les Romains ont poſſédé la Gaule paiſiblement pendant
cinq ſiécles entiers. Céſar acheva ſa
conquête environ cinquante ans avant
la naiſſance de Jeſus - Chriſt, &
Méroüé le premier des François qui
fut puiſſant dans les Gaules, ne s'y
établit qu'après l'an 458 de l'incar-
nation. Cinq cens ans ſuffiſent pour
apporter de grands changemens dans
un pays, & ce qui s'y eſt pratiqué
pendant un ſi long-tems, ne s'abolit
pas aiſément. Tenons donc pour certain que quand les Francs aſſujetti-
rent les Gaulois, ils les trouverent
tous Romains, parlant latin, & vivant ſuivant les loix Romaines.

L. 5. Cod. de adult. l. 3. Cod. de Munic. l. 18. &c.

Mais le Droit Romain n'étoit pas
celui de l'Empereur Juſtinien, qui
ne fut fait que pour les pays où il
commandoit, & environ cent ans
après l'entrée des Francs dans les
Gaules. Le Droit Romain qui étoit

*IV.
Partie du
Droit Ro-
main.*

a v

alors en usage étoit contenu dans les
Constitutions des Empereurs, & dans
les livres des Jurisconsultes. Il y avoit
trois Codes, où les Constitutions
étoient recueillies ; le Grégorien,
l'Hermogenien, & le Théodosien ;
ce dernier venoit d'être publié par
l'Empereur Théodose le Jeune l'an
435, & confirmoit les deux précédens. On y ajouta dans la suite les
Novelles du même Théodose & des
Empereurs suivans. Les livres des
Jurisconsultes étoient ceux qui sont
autorisés par le Code Théodosien ;
sçavoir, ceux de Papinien, de Paul,
de Caïus, d'Ulpien, de Modestin,
& des autres dont ils alléguent les
autorités, qui sont Sévola, Sabin,
Julien & Marcel. Cette restriction
fait voir que les livres des autres Jurisconsultes, dont nous voyons des
fragmens dans le Digeste, n'étoient
alors d'aucune autorité, ou n'étoient
pas connus en Occident. J'estime
aussi que les textes de l'Edit perpétuel
des loix, des plébiscites, des Séna-
tusconsultes, & sur-tout de la loi
des douze Tables, étoient très-sages
dès-lors, ou tout-à-fait perdus ; puisque Justinien voulant ensuite faire
un corps parfait de tout le Droit, ne

L. un.
Cod. Th.
de Resp.
prud.v.gl.
Aniani.

l'a composé que des Constitutions des Empereurs & des Traités des Jurisconsultes. La même chose se prouve par la conférence des loix Mosaïques avec les Romaines, que l'on croit aussi être du tems de Théodose le Jeune, puisqu'elle ne contient que des passages des Jurisconsultes & des Constitutions tirées des trois Codes, & même très-peu de celui de Théodose, qui peut-être n'étoit pas encore publié.

La plus considérable partie de ce Droit étoit donc le Code Théodosien ; ce fut le livre qui se conserva le plus long-temps après la ruine de l'Empire d'Occident : & plusieurs croïoient que c'étoit ce qu'ils appelloient simplement la loi Romaine. En effet, Gregoire de Tours parlant d'un certain Andarchius, qui étoit au service de Sigebert, fils de Clotaire I, dit qu'il étoit très-sçavant dans le livre de la loi Théodosienne.

Les Francs & les autres Barbares conquérans apporterent un nouveau Droit dans les Gaules : mais comme ils n'avoient aucun usage des lettres en leur langue, leurs loix n'ont été écrites qu'en latin par des Romains après leur établissement & leur con-

V.
Mœurs des Barbares.

verſion à la Religion Chrétienne.
Dans les premiers tems de leurs in-
curſions ils n'avoient que des coutumes, qu'ils obſervoient dans les jugemens, comme ils les avoient reçues de leurs peres, & leur maniere
de vivre ne leur donnant pas grande
matiere de procès, ne leur permettoit pas auſſi d'y obſerver beaucoup
de formalités. Tous ces peuples venoient de Germanie ; & Tacite nous
apprend dans un Traité fait exprès
quelles étoient les mœurs des Germains. La guerre & la chaſſe faiſoient
leur occupation : ils n'avoient ni habi-
tations fixes, ni d'autres biens que
des beſtiaux ; ainſi leurs différends ordinaires n'étoient que pour des querelles ou pour des larcins, & on les décidoit dans des aſſemblées publiques
ou ſur les dépoſitions des témoins
produits ſur le champ, ou par le
duel, ou par les épreuves de l'eau &
du feu. Les Romains, quoique ſoumis à ces Barbares par la force des
armes, ne les imitoient en rien, & en
avoient horreur du commencement:
c'étoit, comme à notre égard, des
Coſaques & des Tartares. D'ailleurs
les Barbares ne faiſoient pas leurs
conquêtes pour acquérir de la gloire,

mais pour butiner, & pour subsister
plus commodément que chez eux : se
contentans d'être les maîtres, ils
laissoient vivre les Romains comme
auparavant. Au contraire, ils imitoient les mœurs Romaines, que
leurs peres admiroient depuis long-
tems. Ainsi nos premiers Rois gar-
derent les noms des Officiers Romains, & appellerent comme eux les
Gouverneurs de leurs Provinces,
Ducs, Comtes, Vicaires; & ceux qui
servoient auprès de leurs personnes,
Chanceliers, Référendaires, Cubi-
culaires, Domestiques, & en général Palatins. Eux-mêmes tenoient à
honneur les dignités de Consuls, &
de Patrices, & les noms de Glo-
rieux & d'Illustres, qui n'étoient
chez les Romains que des titres dont
on honoroit certains Magistrats; encore n'étoit-ce pas les plus magnifi-
ques. Leur monnoie consistoit en mêmes espéces que la Romaine, c'est-
à-dire, des sous d'or & des deniers
d'argent, & les Rois y étoient re-
présentés à peu près comme les Empereurs. Enfin l'esprit & la politesse
des peuples vaincus les rendoit maîtres de leurs vainqueurs, en tout
ce qui demandoit quelque connois-

sance des lettres & des arts.

Cette dépendance augmenta par la conversion des Barbares à la foi Chrétienne. Ils révérerent comme des personnes sacrées les Evêques & les Prêtres, qu'ils admiroient déjà comme des sçavans ; & les Romains commencerent à ne les plus trouver si barbares, & à leur obéir plus volontiers. C'étoit néanmoins encore deux peuples différens de langue, d'habits, de coutumes ; & leur distinction semble avoir duré en France pendant les deux premieres races de nos Rois : elle se conserva particuliérement dans les loix ; & comme on étoit obligé de rendre Justice à chacun selon la loi sous laquelle il étoit né, & qu'il avoit choisie (car ce choix étoit permis) on jugea à propos de rédiger par écrit les loix, ou, pour mieux dire, les coutumes des Barbares.

Nous les avons encore sous le titre de Code des loix antiques, recueillies en un seul volume, qui comprend les loix des Visigoths, un édit de Théodoric Roi d'Italie, les loix des Bourguignons, la loi Salique & celle des Ripuariens, qui sont proprement les loix des Francs ; la loi des Alle-

mands , c'est-à-dire , des peuples
d'Alsace & du haut Palatinat ; les
loix des Bavarois , des Saxons , des
Anglois & des Frisons ; la loi des
Lombards , beaucoup plus considérable que les précédentes , les Capitulaires de Charlemagne , & les Constitutions des Rois de Naples & de Sicile. Sans examiner chacune de ces
loix en particulier , je parlerai seulement de celles qui ont le plus de rapport à la France : après avoir observé qu'il n'y en a aucune dont on ne
puisse tirer des grandes lumieres pour
l'Histoire ou pour la Jurisprudence ;
& que celles qui ont été faites pour
les peuples les plus éloignés de nous ,
ne laissent pas de nous pouvoir être
utiles ; plusieurs ayant été rédigées de
l'autorité des Princes François. Joint
que tous ces peuples du Nord venant
de même origine , & ayant ensemble
un commerce continuel , gardoient
une grande conformité dans leurs
mœurs. Je parlerai de ces loix suivant le tems où elles ont été écrites , qui a suivi à proportion l'ordre
des conquêtes & de l'établissement
des nations.

Les plus anciennes sont les loix
des Visigoths, qui occupoient l'Espa-

VI.
Loix des Visigoths.

gne & dans les Gaules une grande
partie de l'Aquitaine. Comme ce
Roïaume fut le premier qui s'établit,
auſſi ſes loix paroiſſent avoir été écrites les premieres. Elles furent premiérement rédigées ſous Evarix, qui
commença à régner en 466, & comme elles n'étoient que pour les Goths,
ſon fils Alaric fit faire pour les Romains un abrégé du Code Théodoſien, par Anien ſon Chancelier, qui
le publia en la ville d'Aire en Gaſ-
cogne. Anien y ajouta quelques interprétations, comme une eſpéce de
gloſe ; du moins il ſouſcrivit pour
leur donner autorité ; car on n'eſt pas
aſſuré qu'il les ait compoſées lui-même. Ce qui eſt certain, c'eſt que cet
abrégé fut autoriſé du conſentement
des Évêques & des Nobles en 506,
& que l'on y avoit voulu comprendre
tout le Droit Romain qui étoit alors
en uſage, que l'on tiroit, comme il a
été remarqué, tant des trois Codes
que des livres de Juriſconſultes.

On fit dans la ſuite un autre ex-
trait de ce Code, qui ne contenoit
que les interprétations d'Anien, &
qu'ils appelloient *Scintilla.*

La loi Gothique ayant été augmentée par les Rois ſuivans, à la fin

quand on crut y avoir assez ajouté,
pour y touver la décision de toutes
sortes de différends, l'on en fit un corps
divisé en XII livres, pour imiter, disent quelques-uns, le Code Justinien,
quoiqu'il n'y ait aucun rapport dans
l'ordre des matieres. On ordonna que
ce recueil seroit l'unique loi de tous
ceux qui étoient sujets des Rois
Goths, de quelque nation qu'ils fuf-
sent : & par ce moyen on abolit en Efpagne la loi Romaine, ou plutôt on
la mêla avec la Gothique ; car on en
tira la plus grande partie de ce qui fut
ajouté aux anciennes loix. Ce recueil
s'appelloit le livre de loi Gothique ;
& le Roi Egica qui régna jusqu'en
701, c'est-à-dire, douze ans avant l'entrée des Mores en Espagne , le fit
confirmer par les Evêques au 16e Concile de Tolede l'an 693. On y voit
les noms de plusieurs Rois : mais tous
font depuis Recarede , qui fut le premier entre les Rois Goths Catholiques. Les loix précédentes font in-
titulées Antiques , sans qu'on y ait
mis aucun nom de Rois , non pas même celui d'Evarix ; & peut-être a-t'on
supprimé ces noms en haine de l'A-
rianisme. Ces loix antiques prises fe-
parément , ont grand rapport avec

celles des autres Barbares : ainſi elles comprennent toutes les coutumes des Goths que le Roi Evarix avoit fait écrire. Mais à prendre la loi Gothi-que entiere, c'eſt ſans doute la plus belle comme la plus ample de toutes celles des Barbares, & l'on y trouve l'ordre judiciaire qui s'obſervoit du tems de Juſtinien, bien mieux que dans les livres de Juſtinien même. C'eſt le fond du Droit d'Eſpagne, & elle s'eſt conſervée en Languedoc long-tems après que les Goths ont ceſſé d'y commander, comme il pa-roît par le ſecond Concile de Troyes tenu par le Pape Jean VIII en 878.

VII.
Loix des Bourgui-gnons.

La loi des Bourguignons fut ré-formée par Gondebaud l'un de leurs derniers Rois qui la publia à Lyon le 29 de Mars de la ſeconde année de ſon régne, c'eſt-à-dire, en 501. C'eſt du nom de ce Roi que ces loix fu-rent depuis nommées Gombettes, & toutefois il n'en étoit point le premier Auteur. Il le reconnoît lui-même, & Gregoire de Tours le témoigne, lorſqu'il dit que Gondebaud donna aux Bourguignons des loix plus douces, pour les empêcher de mal-traiter les Romains. Il y a quelques additions qui vont juſqu'en l'an 520 ou environ, c'eſt-à-dire, dix ou douze ans avant la ruine du Roïaume des Bourguignons. Cette loi fait mention de la Romaine, & l'on y voit clairement que le nom de Barbare n'étoit point une injure, puiſque les Bourguignons mêmes pour qui elle eſt faite, y ſont nommés Barbares, pour les diſtinguer des Romains. Au reſte, comme ce qui obéiſſoit aux Bourguignons eſt environ le quart de notre France, on ne peut douter que cette loi ne ſoit entrée dans la compoſition du Droit François.

Quant à la loi Salique qui fut la loi particuliere des Francs, ſa préface porte qu'elle avoit été écrite avant qu'ils euſſent paſſé le Rhin, & marque les lieux des aſſemblées avec les noms des quatre Sages qui en furent les Auteurs. Mais cette Hiſtoire eſt ſuſpecte; & je crois qu'il eſt plus ſûr de s'arrêter à l'édition que nous en avons, ſans trop rechercher ſi c'eſt la premiere rédaction ou une réformation. Elle fut faite de l'autorité des Rois Childebert & Clotaire, enfans de Clovis; & il eſt dit expreſſément que l'on y abolit tout ce qui reſſentoit le Paganiſme dans les anciennes coutumes des Francs.

VIII.
Loix des Francs.

Nous avons deux exemplaires de cette loi, conformes dans le sens, & assez différens quant aux paroles. Le plus ancien qui a été imprimé le premier, contient en la plûpart de ses articles des mots barbares, qui signifient les lieux dans lesquels chaque décision avoit été prononcée, ou la somme des amendes taxées, pour chaque cas. C'est ainsi que l'explique Vandelin, Official de Tournay, dans le Traité particulier qu'il a fait de la loi Salique. L'autre exemplaire est l'édition de Charlemagne, & c'est celui qui contient le Code des loix antiques. A la fin de ce dernier sont quelques additions sous le nom de Décret des mêmes Rois Childebert & Clotaire, qui sont les résultats des assemblées solemnelles du premier jour de Mars.

V. Cod. leg. antiq. La loi des Ripuaires n'est quasi qu'une répétition de la loi Salique ; aussi l'une & l'autre étoit pour les Francs ; & l'on croit que la loi Salique étoit pour ceux qui habitoient entre la Loire & la Meuse, & l'autre *Præfat. leg. Ripuar.* pour ceux qui habitoient entre la Meuse & le Rhin. Le Roi Théodoric étant à Châlons sur Marne, avoit fait rédiger la loi des Ripuariens avec telle des Allemands & des Bavarois, tous peuples de son obéissance. Il y avoit fait plusieurs corrections, principalement de ce qui n'étoit pas conforme au Christianisme. Childebert & ensuite Clotaire second l'avoient encore corrigée : enfin Dagobert les renouvella & les mit en leur perfection, par le travail de quatre personnes illustres, Claude, Chaude, Indomagne, & Agilulfe ; & c'est ainsi que nous les avons.

Voilà quelles sont les loix barbares qui se rapportent proprement à notre France. Il est bon maintenant de donner une idée générale de leur matiere & de leur style, pour connoître à quoi elles nous peuvent servir. Le nom de loix ne doit pas nous imposer, & nous faire croire que celles-ci soient l'ouvrage d'une prudence consommée, comme celles d'Athenes ou de Lacédémone. Ce ne sont, à proprement parler, que des coutumes écrites ; c'est-à-dire, un recueil de ce que ces peuples avoient accoutumé de suivre dans le jugement de leurs différends, composé par ceux qui en avoient le plus d'expérience. On le voit par l'ancien exemplaire de la loi Salique, qui marque en lan-

IX.
Des loix barbares en général.

gue barbare le nom des lieux où de
pareils jugemens avoient été rendus,
& quelquefois la qualité de l'action.

Ces loix ont néanmoins été rédigées par autorité publique, & approuvées non-seulement par les Rois,
mais par les peuples, ou du moins
par les principaux, qui les acceptoient
au nom de toute la nation. Ainſi la
loi Salique eſt intitulée le Pacte ou le
Traité de loi Salique ; & la loi des
Bourguignons porte les souſcriptions
de trente Comtes qui promettent de
l'obſerver eux & leurs deſcendans.

La principale matiere de ces loix
ſont les crimes, & encore les plus
fréquens entre des peuples brutaux,
comme le vol, le meurtre, les injures,
en un mot, tout ce qui ſe commet par
violence. Ce qui regarde les ſucceſſions & les contrats, eſt traité ſuc-
cinctement. Dans les loix des peuples
nouvellement domptés & convertis,
comme des Allemands, des Saxons,
des Bavarois, il y a des peines particulieres contre les rebelles & contre
les ſacriléges ; par où l'on peut juger
que ni les Officiers publics, ni les Evêques, & les autres Clercs n'étoient pas
en grande ſûreté chez ces Barbares.

On voit dans ces loix la forme des

jugemens : ils fe rendoient dans de grandes affemblées, où toutes les perfonnes de diftinction étoient contraintes de fe trouver fous de certaines peines : comme il paroît par la loi des Bavarois. Pour les preuves ils fe fervoient plus de témoins que de titres, & même dans les commencemens ils n'avoient aucun ufage de l'écriture : faute de preuves ils employoient le combat, ou faifoient des épreuves par les élémens. Le combat étoit un duel en champ clos qui fe faifoit de l'ordonnance des Juges, ou par les Parties mêmes, ou par leurs Champions. Les épreuves fe faifoient diverfement ; par l'eau bouillante, où l'accufé devoit mettre le bras jufques à certaine mefure ; par l'eau froide, dans laquelle il étoit plongé, pour voir s'il iroit à fond ; & quelquefois par le feu, ou l'on faifoit rougir un fer, que l'accufé étoit tenu de porter avec la main nue le long d'un certain efpace ; enfuite de quoi on lui enveloppoit fa main, & on y mettoit un fceau, pour voir, après quelques jours, l'effet du feu (a).

L. Bajoa tit. 15.

(a) Il y avoit encore une autre forte d'épreuve pour les gens accufés de vol, on leur

Ces manieres de juger, qui se sont conservées pendant plusieurs siécles, passoient pour si légitimes, qu'elles étoient appellées Jugemens de Dieu. Aussi y employoit-on des cérémonies ecclésiastiques, dont on voit encore les formes, avec les exorcismes de l'eau & du feu, & les prieres des Messes qui se disoient à cette intention. La simplicité de ces tems-là faisoit croire que Dieu devoit faire des miracles, pour découvrir l'innocence ; & les Histoires rapportent plusieurs événemens qui confirmoient cette créance. Quoi qu'il en soit, ils n'avoient rien trouvé de plus commode que cette espéce de sort, pour se déterminer dans les affaires obscures, où leur prudence étoit à bout. C'est ce que les Canons appellent purgation vulgaire, toujours condamné par l'Eglise Romaine, non-obstant la force d'un usage presque universel ; & on l'appelloit vulgaire,

---

donnoit un morceau de pain d'orge & de fromage de brebis ; & lorsqu'ils ne pouvoient avaler ce morceau, ils étoient réputés coupables. Sur les différentes sortes d'épreuves, *voyez* le Supplément de Morery de 1735, au mot *Epreuves.*

pour

pour la diftinguer de la purgation canonique qui ne fe faifoit que par ferment.

Les qualités des peines que prononcent les loix, eft remarquable. Pour la plûpart des crimes elles n'ordonnent que des amendes pécuniaires, ou pour ceux qui n'avoient pas de quoi payer, des coups de fouet, & il n'y en a prefque point qui foient punis de mort, finon les crimes d'état. Ces peines font nommées compofitions, comme n'étant qu'une taxe de dommages & intérêts faite avec une exactitude furprenante. Il y en a 164 articles dans la feule loi des Frifons, qui d'ailleurs eft des plus courtes. C'eft proprement un tarif de bleffures, avec l'énumération de toutes les parties du corps humain, & même de celles que l'on eût dû fe difpenfer de nommer : de toutes les manieres dont chaque partie peut être offenfée, & les mefures de chaque plaie. Par exemple, on taxe en autant d'articles différens, une main coupée, quatre doigts, trois doigts, un doigt, & on diftingue fi c'eft le pouce, l'indice, & ainfi des autres, même en chaque doigt on diftingue les jointures. On obferve fi la partie a été tout-à-fait coupée , ou fi elle tient encore ; & fi c'eft feulement une plaie , on en exprime la longueur, la largeur & la profondeur. On

Ripuar.
tit. 70. *de*
offe fup.
viam fon.

taxe en particulier le coup qui a fait tomber un os de la tête ; mais cet os n'étoit pas une petite efquille du crâne , il falloit qu'il pût faire fonner un bouclier, dans lequel il feroit jetté au-travers d'un chemin de douze pas. Les injures de paroles font taxées avec la même exactitude , & l'on y peut voir celles qui paffoient alors pour offenfantes.

L. Alam.
tit. 60.
Kengo-
bard. tit.
105. *de*
injur.fem.

On ne s'aviferoit point aujourd'hui d'exprimer certaines actions marquées en particulier dans cés loix. Il eft parlé de celui qui empêche un autre de paffer dans un chemin ; de celui qui dépouille une femme pour lui faire injure ; de celui qui déterre un mort pour le dépouiller ; de celui qui écorche un cheval. Enfin il y a des titres particuliers pour les larcins de

L. fal.
tit. 60.

toutes fortes de bêtes , jufques aux chiens , dont on diftingue les différentes efpéces. Ce détail, qui peut fembler bas , n'eft pas inutile , pour donner quelqu'idée de ces loix & des mœurs des peuples pour qui elles ont été faites.

Elles font écrites d'un ftyle fi fimple & fi court, qu'il feroit fort clair,
fi tous les termes étoient latins ; mais
elles font remplies de mots barbares,
foit faute de mots latins qui fuffent
propres, foit pour leur fervir de glofe.
Ce qui montre encore ce que j'ai dit, *T. Fau-*
que ces peuples n'écrivoient point en *chet de la*
leur langue, car il eût été bien plus *Langue l.*
commode d'écrire ces loix en alle- *1. ch. 3.*
mand, que de les écrire en latin rem-
pli de mots Allemands. Il paroit toutefois que l'on écrivit en langue Tu-
defque un fiécle ou deux après la rédaction de ces loix ; car fans parler
de l'ancienne verfion de l'Evangile
dont on voit des fragmens dans les
infcriptions de Gruter , nous avons
les loix des anciens Anglois-Saxons,
écrites en leur langue vulgaire depuis
le Roi Ina , qui commença à régner en
712 , jufques à Canut le Danois, dont
le régne finit en 1035. Ces loix , pour
en dire un mot en paffant , ont beaucoup de rapport avec les autres loix
des Barbares , & font auffi faites dans
les affemblées d'Evêques & d'anciens.
Les loix Gothiques font écrites d'un
ftyle plus Latin que toutes les autres :
mais fuivant la maniere du tems, c'eft-
à-dire, qu'il y a moins de mots bar-

bares , mais plus de phraſes & de paroles ſuperflues.

Ainſi l'on peut voir quel Droit
s'obſervoit en France ſous les Rois de
la premiere race. Les Maîtres , c'eſt-
à-dire , les Francs , obſervoient la loi
Salique ; les Bourguignons , la loi
Gombette ; les Goths reſtés en grand
nombre dans les Provinces d'outre la
Loire , ſuivoient la loi Gothique ,
& tous les autres la loi Romaine.
Les Eccléſiaſtiques la ſuivoient tous ,
de quelque nation qu'ils fuſſent. Il eſt
vrai qu'il y en avoit peu qui ne fuſſent Romains ; & quand ils auroient
été d'une autre nation , ils avoient
toujours un grand intérêt de conſerver la loi Romaine , à cauſe des immunités & des priviléges qui leur
étoient accordés par les Conſtitutions
des Empereurs. De plus , ils ſuivoient
le Droit Canonique , c'eſt - à - dire ,
les régles des Conciles , compriſes
dans l'ancien Code des Canons de
l'Egliſe univerſelle , & quelques déciſions des Papes qui étoient ſouvent conſultés par les Evêques. Les
Barbares , même les Francs , étoient
obligés en pluſieurs rencontres d'a-
voir recours aux loix Romaines , parce que leurs loix particulieres conte-

noient peu de matieres. Auffi Aga-
thias témoigne que les Francs fuivoient les loix Romaines dans les
contrats & dans les mariages. Et
Aimoin rapporte que du tems du
Roi Dagobert, les enfans de Sadregi-
file Duc d'Aquitaine, pour n'avoir
pas vengé la mort de leur pere, furent
privés de fa fucceffion, conformément
aux loix Romaines. Il eft même à
croire que ceux qui dreffoient les
actes publics, & qui écrivoient les
lettres, étant tous Clercs, ou Moines, comme Marculphe, dont nous
avons les formules, les faifoient autant qu'ils pouvoient, conformes à
leur loi & à leur ftyle. La loi Romaine étoit donc univerfellement obfervée en France fous les Rois de la premiere race, & on y dérogeoit feulement à l'égard des Barbares dans les
cas où leurs loix ordonnoient nommément quelque chofe qui n'y étoit
pas conforme.

Dans l'hiftoire de M. de Cordemoi
à la fin du régne de Dagobert, il y a
un abrégé de ces loix mifes dans leur
plus beau jour, avec un plan de l'état
des François fous les Rois de la premiere race, de leur maniere de rendre
la juftice, de leur gouvernement.

XI.
Droit
François
ſous la ſe-
conde ra-
ce.

Charlemagne ayant réuni ſous ſon Empire toutes les conquêtes des Francs, des Bourguignons, des Goths & des Lombards, laiſſa vivre chaque peuple ſelon ſes loix, & les fit toutes renouveller, par le ſoin qu'il prit de rétablir l'ordre en toutes choſes : peut-être même lui avons-nous l'obligation des exemplaires de ces loix qui ſont venus juſques à nous. En 788, il fit écrire le Code Théodoſien ſuivant l'édition d'Alaric, Roi des Viſigoths, dont il a été parlé ; & c'eſt de cette édition d'Alaric & de Charlemagne, que nous avons tout le Code Théodoſien, ou plutôt l'a-brégé de tout ce qu'il contenoit ; car nous n'en avons que la moitié, ſuivant l'édition de Théodoſe même, qui étoit beaucoup plus ample. En 798, Charlemagne fit écrire la loi Salique, & y ajouta pluſieurs articles. En 803, Louis le Débonnaire y fit auſſi quelques additions : ainſi on ſuivit ſous la ſeconde race, le même droit que ſous la premiere, on y ajouta ſeulement les Capitulaires, qui étoient des loix générales, & qui méritent d'être exa-minées.

XII.
Capitu-
laires.

Les Rois de la premiere race te-noient tous les ans, le premier jour de

Mars, une grande affemblée, où fe traitoient toutes les affaires publiques, & où le Prince & fes fujets fe faifoient réciproquement des préfens. On l'appelloit Champ de Mars, nom déjà ufité fous les Empereurs Romains, pour marquer une affemblée militaire. Les Francs tenoient leur affemblée en pleine campagne, faute de bâtimens affez fpacieux, ou plutôt parce que les Germains en avoient toujours ufé ainfi dans leur Pays, où ils n'avoient d'autres logemens que des cavernes, ou des cabanes difperfées. C'étoit apparemment cette maniere de tenir les affemblées, qui en avoit déterminé le tems à la fortie de l'hiver, qui avoit tenu chacun renfermé chez foi, & avant l'été qu'il falloit avoir tout entier pour exécuter les réfolutions; car la guerre étoit le principal fujet de leurs délibérations. Ce Champ de Mars fous les Rois Fainéans devint une fimple cérémonie, & Pepin en changea le jour au premier de Mai. Depuis, le jour fut incertain, quoique l'affemblée fe tînt réguliérement chaque année.

Elle étoit compofée de toutes les perfonnes confidérables de l'un & de l'autre état, Eccléfiaftique & Laï-

Lect. de mort. perf. n. 32.

Cap. 1. liv. 1. ch. 14.

b iiij

que ; c'eſt-à-dire , des Evêques , des
Abbés & des Comtes : je crois même que tous ceux qui étoient Francs,
avoient droit de s'y trouver. Le Roi
propoſoit les matieres , & décidoit
après la délibération libre de l'aſſemblée. Le réſultat de chaque aſſemblée
étoit rédigé par écrit , & l'on obligeoit
chaque Evêque & chaque Comte d'en
prendre copie par les mains du Chancelier , pour les envoyer enſuite aux
Officiers de leur dépendance , afin
qu'elles puſſent venir à la connoiſſance
de tous. Comme les propoſitions & les
déciſions étoient rédigées ſuccincte-
ment & par articles , on les appelloit
chapitres , & le recueil de pluſieurs
chapitres s'appelloit Capitulaire. On
peut voir ſur ce ſujet la préface de M.
Baluze.

Il ſemble que les Capitulaires doivent être diſtingués ſelon leur matiere;
ceux qui traitent des matieres eccléſiaſtiques, qui ſont en très-grand nombre , ſont des véritables Canons , puiſque ce ſont des régles établies par
des Evêques légitimement aſſemblés:
auſſi la plûpart de ces aſſemblées ſont
miſes au rang des Conciles. Les Capitulaires qui traitent de matieres
ſéculieres , mais générales , ſont de

véritables loix ; & ceux qui ne regardent que de certaines pesonnes, ou de certaines occasions , ne doivent être considérés que comme des réglemens particuliers.

Il nous reste un grand nombre de Capitulaires des deux premieres races depuis Childebert , fils de Clovis , jusques à Charles le Simple. La plûpart sont de Charlemagne & de Louis le Débonnaire ; & jusques ici nous n'avions ceux de ces deux Empereurs , que dans la compilation qui en fut faite par l'Abbé Ansgise , & par le Diacre Benoît : mais nous avons à présent des Capitulaires entiers, comme ils ont été dressés en chaque assemblée & selon l'ordre des tems. C'est ainsi que nous les a donnés M. Baluze dans l'édition qu'il en a faite en 1677, avec une ample préface & des notes pleines d'une grande érudition. Il a mis en son ordre, c'est-à-dire, après les Capitulaires de Louis le Débon- *Baluze* naire , la compilation d'Ansgise & de *præf. n.* Benoît. Elle est divisée en sept li-*30. &c.* vres : les quatre premiers furent composés par l'Abbé Ansgise en 827, afin , dit-il, de conserver les Capitulaires plus aisément que dans les cahiers séparés. Il mit dans les deux premiers livres ceux de Charlemagne : dans le premier, les matieres eccléfiastiques ; dans le fecond, les matieres féculieres. Dans les deux autres livres, les Capitulaires de Louis le Débonnaire & de fon fils Lothaire, fçavoir, dans le troifiéme, ceux des matieres eccléfiaftiques, & dans le quatriéme, ceux des matieres féculieres. Les trois autres livres ont été compilés par Benoît, Diacre de l'Eglife de Mayence vers l'an 845, & contiennent d'autres Capitulaires des mêmes Princes que l'Abbé Anfgife avoit omis, ou à deffein, ou faute de les avoir connus, & que Benoît avoit retrouvés en divers lieux, particuliérement dans les archives de l'Eglife de Mayence. On accufe avec raifon le Diacre Benoît, ou ceux dont il a compilé les mémoires, de n'avoir point affez choifi ce qu'ils ont inféré aux Capitulaires. Au commencement du fixiéme livre de la collection, on voit 53 articles tirés des loix Mofaïques, dont plufieurs affurément ne convenoient ni au Pays, ni au fiécle de Charlemagne. Enfuite de ces fept livres, il y a quelques Capitulaires de Louis le

Art. 43. 44. 45.

Débonnaire, suivant les matieres eccléfiaftiques, retrouvés après la collection de Benoît, & diftribués en
quatre additions, dont la premiere ne
concerne que la difcipline Monaftique.

L'autorité des Capitulaires ne pouvoit manquer d'être grande, puifque
le Roi les faifoit par le confeil des
principaux de fes fujets, du confentement de tous. Ils furent donc ob-
fervés par tout l'Empire François,
c'eft-à-dire, quafi par toute l'Europe,
principalement pendant le régne de
Charlemagne, de Louis le Débonnaire & de fes enfans. Outre le foin
que l'on prenoit de les faire connoître à tous les peuples, une des principales charges des Intendans ou Envoyés du Prince, étoit de les faire
exécuter dans les Provinces de leurs
départemens. Long-tems après, les
Capitulaires étoient encore confidérés comme des loix, ainfi qu'il
paroît par les épîtres d'Ives de Chartres, pur les décrétales d'Innocent
III, & par le décret de Gratien,
où il y en a grand nombre d'inférés.
Tel étoit donc le Droit de la France
fous la feconde race de nos Rois ; on
y obfervoit les Capitulaires, la loi Salique, & les autres loix de chaque na-

Baluze
præf. n.
q. 8. Cat.
Cap. 3.
ann. 803.
n. 19.

tion, mais fur-tout la loi Romaine.

XIII.
Loi Romaine fous la feconde race.
Cap. 31.
edit. pif-
fenf. art.
20.

On voit le foin que les Rois eu-rent de la conferver par un article des Capitulaires de Charles le Chau-ve, où après avoir établi une peine contre ceux qui ufent de fauffes me-fures, il ordonne que dans les Pays fujets à la loi Romaine, les coupa-bles feroient punis fuivant cette loi; ajoutant que ni lui, ni fes prédécef-feurs n'ont jamais prétendu rien or-donner qui y fût contraire : ce qu'il répéte fouvent dans le même Edit.

De plus, la loi Romaine n'étoit pas moins néceffaire en ces tems-là pour ceux qui n'étoient point Ro-mains, que fous la premiere race. Les Capitulaires qui étoient les feules loix nouvelles, contiennent peu de chofes qui puiffent fournir des prin-cipes de Jurifprudence. Une grande partie ne regarde que la difcipline eccléfiaftique ; & l'on y a tranfcrit beaucoup de Canons des anciens Conciles. Ceux qui traitent des cho-fes temporelles, ne regardent fou-vent que des affaires particulieres ; il y en a même qui vifiblement ne font que des inftructions pour les Commiffaires envoyés dans les Pro-vinces : le peu qui refte d'articles généraux, font des loix fort imparfaites. Ce font plutôt des exhortations à la vertu, que des loix pénales ; & comme on fçait que les Ecclésiastiques en étoient les principaux Auteurs, on pourroit les foupçonner de n'avoir pas affez diftingué le ftyle des loix, qui commandent & qui fe font exécuter par la force, d'avec le ftyle des avis charitables & des préceptes de morale : il falloit donc toujours avoir recours aux loix Romaines pour les queftions de Droit, particuliérement dans les matieres des contrats & de l'état des perfonnes. Car les ferfs étoient un des plus fréquens fujets des différends. Voici un exemple mémorable du Droit qui s'obfervoit en France fous la feconde race. Adrevalde, Moine de S. Benoît fur Loire, qui vivoit du tems de Charles le Chauve, dit qu'il y eut un différend entre l'avoué de Saint-Benoît & celui de S. Denis, touchant quelques ferfs : pour le terminer, l'on tint des plaids où fe trouverent plufieurs Juges & Docteurs ès loix ; & de la part du Roi un Evêque & un Comte : mais l'on ne put rien conclure en la premiere affemblée, parce que les Juges de

Lib. 1. de miracl. Ben. cap. 25.

la loi Salique n'entendoient rien à
régler les biens eccléfiaftiques qui fe
gouvernoient par la loi Romaine.
Les Envoyés du Roi affignerent une
autre affemblée à Orléans, où l'on
fit venir, outre les Juges, des Docteurs ès loix, tant de la Province
d'Orléans que de celle du Gâtinois.
Et après tout cela, peu s'en fallut que
le différend ne fe terminât par un
duel entre les témoins. On voit ici
que la loi Romaine & la loi Salique
étoient en vigueur, & que chacune
avoit fes Juges différens ; que l'Eglife fuivoit la loi Romaine ; qu'il y
avoit des perfonnes qui faifoient profeffion de l'enfeigner, & qu'il y en
avoit dès-lors à Orléans ; que les Envoyés du Prince préfidoient à ces jugemens, & que l'on ordonnoit quelquefois le combat entre les témoins.
Tout ce que j'ai expliqué jufqu'ici ;
eft ce que j'appelle l'ancien Droit
François.

XIV.
Défordre
du dixiéme
fiécle.

Pour entendre comment s'eft formé le Droit nouveau, il faut voir
comment l'ancien fe réduifit en coutumes, & comment l'étude du Droit
Romain fe rétablit. L'origine des
coutumes eft toujours obfcure, puifqu'elles ne font différentes des loix,

que parce qu'elles s'obfervent fans
être écrites : enforte que , s'il arrive
que l'on les écrive , ce n'eft qu'après
qu'elles font établies par un long ufage. Mais l'origine de nos coutumes a
une obfcurité particuliere , en ce
qu'elles fe font formées pendant le
dixiéme & le onziéme fiécles, qui eft le
tems le plus ténébreux de notre hiftoire. Voici ce que j'en puis deviner.

Sur la fin de la feconde race de nos
Rois , & vers le commencement de
la troifiéme , l'Italie & les Gaules
étoient tombées en une anarchie &
une confufion univerfelle : ce défordre commença par la divifion des enfans de Louis le Débonnaire , & s'accrut confidérablement par les ravages
des Hongrois & des Normands ,
qui acheverent d'y éteindre le peu
qui reftoit de l'efprit & des manieres Romaines. Mais le mal vint au
dernier excès par les guerres particulieres , très-fréquentes alors non-
feulement entre les Ducs & les Comtes , mais généralement entre tous
ceux qui avoient une maifon forte
pour retraite : car tout le monde portoit les armes , fans excepter les Evêques avec leurs Clercs , & les Abbés
avec leurs Moines ; & il ne leur ref-

toit plus d'autre moyen de se garantir du pillage, après avoir employé
en vain pendant long-tems les prieres & les censures ecclésiastiques. Ces
petites guerres étoient conformes aux
anciennes mœurs des Barbares, & on
en voit des causes dans leurs loix. Outre le duel, qui étoit un des moyens
ordinaires de décider les causes obscures, ils avoient le droit appellé
Faide, par lequel il étoit permis aux
parens de celui qui avoit été assassi-
né, de tuer le meurtrier, quelque
part qu'ils le rencontrassent, excepté
en certains lieux, comme à l'Eglise,
au Palais du Prince, en l'assemblée
publique, à l'armée, & lorsqu'il
étoit en chemin pour y aller : car en
ces rencontres celui qui étoit sujet à
Pax fa- cette vengeance étoit en paix. Ainsi
diot si. une seule mort, même d'accident,
en produisoit d'ordinaire plusieurs
autres. C'est apparemment à cause
de ce droit, que les loix n'ordonnoient point de peine de mort contre
les meurtriers, mais seulement des
peines pécuniaires, ou plutôt des es-
timations de dommages & intérêts :
aussi les nomment-elles composi-
tions. Il étoit au choix des parens de
venger la mort, ou de se contenter

de cet intérêt civil. Quoiqu'il en soit, les petites guerres étoient établies univerſellement en France pendant le dixiéme ſiécle.

Comme il eſt difficile de ramener à la raiſon des eſprits une fois effa-rouchés, tout ce que purent faire d'abord les Eccléſiaſtiques les plus zélés & les Princes les plus religieux, fut d'obtenir une ceſſation d'armes, *Glaber.* limitée à certains jours, c'eſt-à-dire, *lib. 3. c. 1.* depuis le ſoir du mercredi de chaque ſemaine juſques au lundi matin. Pen-dant ces jours, tous actes d'hoſtilité étoient défendus à l'egard de tout le monde; d'ailleurs il y avoit certaines perſonnes qu'il n'étoit jamais permis de maltraiter, ſçavoir, les Clercs, les Pé-lerins & les Laboureurs; tout cela ſous peine d'excommunication. C'eſt ce *Toto tit.* que l'on appelle la Treve de Dieu, qui *extra de* fut depuis confirmée & étendue. *treu. &*
pace.

On peut croire que pendant ces déſordres, l'ignorance & l'injuſtice abolirent inſenſiblement les ancien-nes loix; & qu'à force d'être mépri-ſées, elles demeurerent inconnues. Ainſi les François retomberent dans un état approchant de celui des Bar-bares, qui n'ont point encore de loix ni de police. Encore étoient-ils plus misérables, en ce qu'il leur restoit assez de connoissance des arts pour forger des armes & former des forteresses ; de sorte qu'ils avoient plusieurs moyens de se nuire que les Sauvages n'ont pas. Ils n'étoient pas ignorans pour le mal comme pour le bien : la tradition de tous les crimes s'étoit conservée ; & ils avoient la férocité de leurs peres, sans en garder la simplicité & l'innocence.

XV.
Nouvelles Seigneuries.
De-là viennent nos vieilles fables de ces felons qui insultoient aux foibles, qui fermoient les passages & empêchoient le commerce, & de ces preux qui erroient par le monde pour la sûreté publique, & pour la défense des Dames. Les Auteurs de ces tems n'étoient pas fort inventifs, ils copioient les mœurs de leurs tems, y ajoutant seulement pour le merveilleux les Géans, les Enchanteurs & les Fées.

Malgré cette confusion, il restoit quelque forme de justice, & les différends ne se terminoient pas toujours par la force. Il y avoit différens Juges pour les roturiers & pour les nobles. Je me sers de ces noms, dont l'usage est plus nouveau, parce que la distinction qu'ils marquent subsistoit dès-lors ; & je nomme rotu-

riers, les payſans, les artifans, &
les autres perſonnes franches ou fer-
ves qui compoſoient le menu peuple.
Ils étoient jugés par l'autorité des nobles, c'eſt-à-dire, par les Chevaliers,
& autres perſonnes puiſſantes, qui
commencerent lors à s'ériger en Seigneurs, & à s'attribuer en propriété
la puiſſance publique, dont auparavant ils n'avoient au plus que l'e-
xercice. Car tant que l'autorité Royale fut en vigueur, principalement
ſous la famille de Charlemagne,
il n'y avoit point d'autre Seigneur
que le Roi : la juſtice ne ſe rendoit publiquement qu'en ſon nom,
& par ceux à qui il en donnoit le
pouvoir. Mais dans les tems de déſordres, chacun ſe mit en poſſeſſion
de juger, auſſi-bien que de faire la
guerre, & de lever des deniers ſur le
peuple. Le principal fondement de
cette entrepriſe fut apparemment la
puiſſance domeſtique : car toute la
France étoit encore pleine de ſerfs,
qui étoient comptés entre les biens,
comme faiſant partie des héritages ;
& il fut facile de changer à leur
égard l'autorité privée en Juriſdiction. Je crois que l'on confondit avec
les ſerfs quantité de perſonnes fran-

ches, foit qu'ils y confentiffent pour
être protégées dans ces tems d'hofti-
lité univerfelle, foit par pure force.
Car il eft fouvent parlé dans les Capitulaires, de l'oppreffion des perfonnes
libres & pauvres. Les premiers qui
donnerent l'exemple de cette ufurpation, furent peut-être les Comtes,
c'eft-à-dire, les Gouverneurs des bonnes villes, qui avoient déjà, par le
droit de leurs charges, l'exercice de
la Jurifdiction.

Ces Seigneurs, de quelque maniere
qu'eût commencé leur pouvoir, rendoient la juftice en perfonne, ou par
des Officiers pris entre leurs domeftiques. Le Sénéchal étoit le Maître-
d'Hôtel; les Baillifs & les Préyôts
étoient des Intendans ou des Réce-
veurs; & les Sergens étoient de fimples Valets. Même en remontant plus
haut, on trouve que le Sénéchal & les
autres étoient non-feulement des domeftiques, mais des efclaves; puifque
L. Saliq. la loi Salique nomme entre les ferfs
tit. 11. eftimables à prix d'argent, le Maire,
art. 9. l'Echanfon & le Maréchal; & la loi
L. Ala- des Allemands nomme le Sénéchal
mann. tit. & le Maréchal. Ces noms ne furent
8. art. 3. attribués à des Officiers publics, que
fous la troifieme race. Cette Juftice

étoit souveraine, & se rendoit sommairement. Les peines des crimes étoient cruelles ; il étoit ordinaire de crever les yeux, de couper un pied ou une main ; d'où vient que les actes de ce tems-là font si souvent mention de mutilation de membre. Il semble même que ces peines étoient arbitraires.

Ces Seigneurs qui jugeoient ainsi les roturiers, étoient jugés par d'autres Seigneurs. Uu simple Chevalier, par exemple, ou un Châtelain, étoit soumis à la Jurisdiction du Comte dont il étoit Vassal ; & le Comte, pour le juger, étoit obligé d'assembler les Pairs de sa Cour, c'est-à-dire, les autres Chevaliers ses Vassaux, égaux entr'eux, & de même rang que celui qu'il falloit juger. Le Comte étoit lui-même un des Pairs de la Cour de son Seigneur, qui étoit un Comte plus puissant, un Duc, ou un Marquis, & cette subordination remontoit jusqu'au Prince Souverain. Car le Roi avoit aussi sa Cour composée des Pairs de France ses premiers Vassaux.

Mais cet ordre ne s'observoit pas toujours. Souvent les nobles qui se sentoient forts, n'obéissoient point à leurs Seigneurs, qui étoient réduits à fe faire juftice par les armes. Le Roi lui-même étoit obligé de faire la guerre non-feulement à des Pairs de France, mais à des Seigneurs beaucoup moindres. L'Abbé Suger nous *Vie de* apprend que le Roi Louis le Gros *Louis le* fit marcher fes troupes contre Bou-*Gros.* chard de Montmorenci, pour défendre l'Abbé de S. Denis, qu'il affiégea Gournai & le prit par force, qu'il défit le Seigneur de Puifet en Beauffe, & qu'il fe délivra enfin du Seigneur de Monthleri, qui avoit fatigué le Roi Philippe I. fon pere pendant tout fon régne, jufqu'à lui empêcher la communication de Paris & d'Orléans.

Souvent auffi les différends des Seigneurs fe terminoient en des affemblées d'arbitres choifis de part & d'autre, principalement quand ils avoient affaire avec une Eglife. Dans *V. Mirac.* les Auteurs du tems, comme Ful-*S. Ben.* bert & Ives de Chartres, il eft fou-*lib. 4. 5.* vent fait mention de ces Conféren-*11.* ces. Il femble qu'au commencement, avant que la fubordination des Seigneurs fut établie, ils fe confideroient tous comme des Souveräins, dont les querelles ne peuvent finir que par une victoire, ou par un traité

de paix. Cette maniere irréguliere de
rendre la juſtice, & l'établiſſement
de ces nouvelles Juriſdictions, con-
tribuerent beaucoup aux coutumes
dont nous cherchons l'origine ; mais
pluſieurs autres droits qui ſe formerent en même tems, y concoururent.

Les fiefs qui n'étoient auparavant
que des bénéfices à vie, prirent alors
une forme nouvelle, devenant perpétuels & héréditaires. On rapporte
auſſi avec raiſon à ces tems de déſordres, l'origine de la plûpart des
droits ſeigneuriaux, que l'on croit
s'être formés par des traités particuliers, ou des uſurpations.

XVI.
Des Fiefs
& Droits
Seigneu-
riaux.

En effet, il n'eſt point vraiſembla-
ble que les peuples ayent accordé volontairement à des Seigneurs particuliers tant des droits contraires à la
liberté publique, dont la plûpart des
coutumes font mention, & dont pluſieurs ſubſiſtent encore.

Tels ſont les droits de péages,
travers, rouage, barrage, & tant
d'autres, comme les droits de giſte,
de paſt, de logement & de fournitures, de corvées, de guet & de garde ; les bannalités des fours, des
moulins, & des preſſoirs ; le ban à
vin, & les autres défenſes ſembla-

bles. Tous ces droits fentent la fervitude de ceux à qui ils ont été im-
pofés , ou la violence de ceux qui les
ont établis.

Je ne dis pas qu'ils ne foient devenus légitimes par le tems , & par
l'approbation des Souverains qui ont
autorifé les coutumes ; je crois volontiers que plufieurs ont été inftitués juftement : par exemple , pour
indemnifer un Seigneur de la conf-
truction d'un pont ou d'une chauffée ,
ou pour laiffer des marques de la fervitude dont il avoit délivré fes fujets.
Plufieurs font les conditions de l'a-
liénation des héritages , comme les
cens & les rentes foncieres en efpéces ou en argent , les champarts , les
bourdelages & les autres droits pareils. Je dis feulement que ces droits
n'ont eu pour la plûpart que des caufes particulieres , comme l'on voit par
la diverfité de leurs noms felon les
pays , & par certains droits bizarres ,
qui n'ont pas même de nom , & ne
peuvent être venus que du caprice
d'un maître. A mefure que la France s'eft réunie , le tems a beaucoup emporté de ces droits irrégu-
liers : plufieurs fe font abolis entiérement , d'autres fe font confondus
avec

avec ceux dont ils approchoient le plus ; enfin ceux qui se sont trouvés le plus universellement reçus, ont passé en Droit commun.

Les Droits des coutumes & des bourgeoisies, apporterent encore un grand changement. Car ce fut vers ce même tems que les habitans des cités & des villes établirent entr'eux des societés sous la protection de quelque Seigneur, pour se garantir de la tyrannie des autres, & pour être jugés par leurs Pairs. Les premiers qui en userent ainsi, furent apparemment les anciens Citoïens des Villes Episcopales, & les autres personnes libres ; mais dans la suite les habitans serfs de plusieurs bourgs & de plusieurs villages, donnerent de grosses sommes à leurs Seigneurs pour acheter leur liberté, & pour avoir aussi le droit de se défendre les uns les autres avec différens priviléges.

XVII.
Droits des Coutumes.

Dès le tems des Romains il y avoit en Gaule, comme par-tout ailleurs, un très-grand nombre d'esclaves. La douceur du Christianisme, & les mœurs des nations Germaniques, peu accoutumées à se faire servir, rendirent insensiblement leur condition beaucoup meilleure,

Tome I. c

enforte que dans les siécles où se formerent nos coutumes, leur servitude ne consistoit plus qu'à être attachés à certaines terres, & à n'avoir pas la disposition libre de leurs biens pour faire des testamens, ni de leurs personnes pour se marier ou s'engager par des vœux. Ainsi le pouvoir des Seigneurs se réduisoit principalement à trois sortes de droits, Pourfuite, Formariage, & Main-morte, célébres dans les coutumes. Delà vient que l'on nommoit souvent les serfs gens de poursuite, ou de main-morte : ou mortaillables, parce que les Seigneurs levoient des tailles sur eux. On les appelloit aussi *De potes-* hommes & femmes de corps, ou gens *tate millæ* de pote, ou vilains, à cause des villes, c'est-à-dire des villages qu'ils habitoient ; mais les affranchissemens se font rendus si fréquens depuis le régne de S. Louis, qu'il reste peu de vestiges de ces servitudes.

XVIII.   Une troisiéme cause de ce change-
Jurisdic- ment de notre Droit, fut l'accrois-
tion Ec- sement de la Jurisdiction ecclésias-
cléfiasti- tique. Sous l'Empire Romain les
que. Evêques terminoient souvent les différends, même entre les Séculiers, qui se confiant en leur probité & en leur

prudence, les choifiſſoient pour arbitres. L'utilité connue de ces ar-
bitrages les fit autoriſer par une loi
du Code Théodoſien, qui porte :
que ſi l'une des parties déclare ſe
vouloir ſoumettre au jugement de
l'Evêque, l'autre eſt obligée de s'y
ſoumettre auſſi, en quelqu'état que
ſoit la cauſe. Il ne faut pas douter que
cette loi ne fût obſervée dans les
Gaules, où pendant le ſiécle de Théodoſe il y eut tant d'Evêques illuſ-
tres en ſainteté & en doctrine. Quoique l'autorité des Prélats ſouffrit
quelques traverſes dans le changement des maîtres, ſous les Rois de la
premiere race, ils eurent toujours un
grand pouvoir, & furent reſpectés
non-ſeulement par les Romains, mais
encore par les Barbares nouvellement convertis, qu'ils faiſoient ſouvent trembler en les menaçant ſeulement de la colere de S. Martin. Sous
les Rois de la ſeconde race, nous
trouvons la loi du Code Théodoſien
autoriſée ſolemnellement : car l'Empereur ayant fait l'énumération de
tous les peuples qui lui étoient ſoumis, afin de déroger expreſſément à
leurs loix particulieres, marque pré-
ciſément le lieu d'où cette Conſtitu-

Lib. VI.
cap. 366.

tion eſt tirée, ordonne qu'elle ſoit tenue pour loi comme les Capitulaires,
même par tous ſes ſujets, tant Clercs
que Laïques ; & en rapporte enfin les
paroles tout au long. Elle fut donc obſervée tant que l'autorité Royale ſub-
ſiſta ; & les actes du tems font voir
que les Evêques & Abbés, auſſi-bien
que les Comtes, étoient d'ordinaire
donnés pour Juges, envoyés dans
les Provinces pour faire obſerver les
loix, & admis aux Conſeils d'Etat.

Loin que l'affoibliſſement de la
Monarchie diminuât l'autorité des
Eccléſiaſtiques, il l'augmenta ; car
avant que le tems eût affermi les
nouvelles Seigneuries, pendant l'agi-
tation qui produiſit ce changement,
il eſt à croire que les peuples obéiſſoient plus volontiers aux Puiſſances
eccléſiaſtiques qui n'avoient point
changé, qu'aux Puiſſances ſéculieres
encore incertaines, ou ſi nouvelles,
que l'on voyoit clairement l'uſurpa-
tion. D'ailleurs l'ignorance des Laïques étoit ſi grande, qu'ils avoient
beſoin des Clercs dans toutes leurs affaires, non-ſeulement pour les diſ-
cuter & les réſoudre, mais pour lire
leurs titres, ou pour écrire leurs
conventions. Enfin n'y ayant plus de

juftice réglée, entre les Seigneurs, l'entremife des Evêques & des Abbés étoit plus néceffaire qu'auparavant : c'étoit eux ordinairement qui faifoient la paix, & qui provoquoient & compofoient ces affemblées fi fréquentes. Il eft vrai que fur ce fondement de l'entretien de la paix, & du peu de juftice que rendoient les Séculiers, les Eccléfiaftiques étendirent fi loin leur Jurifdiction, que les Laïques s'en plaignirent & s'y oppoferent : d'où vinrent enfin ces cruelles divifions qui ont fi long-tems affligé l'Allemagne & l'Italie ; mais fans m'étendre fur l'hiftoire de la Jurifdiction eccléfiaftique, il fuffit d'avoir remarqué le changement qu'elle apporta à la Jurifprudence, en donnant une plus grande étendue au Droit Canonique, & le faifant entrer dans la compofition du Droit François, comme une de fes plus confidérables parties.

V. Inftit. au Droit Eccléf. 3. part. c. 11.

Voilà mes conjectures fur l'origine des coutumes ; & pour les renfermer en peu de mots, j'eftime que l'ancien Droit ceffa d'être étudié, & continua toutefois d'être pratiqué, fans diftinction des différentes loix, comme il n'y avoit plus de diftinction

XIX. Origine des Coutumes.

entre les peuples : jusqu'il reçut un grand changement par les nouveaux Droits qui s'établirent ; principalement en ce qui regardoit la Puissance publique, & par l'étendue de la Jurisdiction ecclésiastique. Ce changement s'accrut par le tems, à cause du peu de commerce que chaque Province, & même de chaque petit pays avec les pays voisins : car la division étoit telle, que du tems du Roi Robert un Abbé de Cluni invité par Bouchard Comte de Paris, à venir mettre des Moines à S⁺ Maur des Fossés, regardoit ce voyage comme long & pénible, se plaignoit qu'on l'obligeât d'aller en un pays étranger & inconnu : ainsi les mêmes causes qui les produisirent, les produisirent différentes en chaque pays. J'appellerai ici pays, ce qui est nommé *Pagus* dans les actes du tems de Charlemagne & de ses successeurs, c'est-à-dire, le territoire de chaque cité qui étoit le gouvernement d'un Comte, & pour l'ordinaire un diocese. Les coutumes s'y trouverent différentes, par la diversité qu'il y eut dans les usurpations de la Puissance publique, dans les Traités des Seigneurs entre eux & avec les communes, dans le

Vita Comitis Buchardi. Du Chesne, tome 4.

ſtyle de chaque Juriſdiction, dans les opinions différentes des Juges. Ce ſont des conjectures de Dumoulin. La diviſion des pays y contribua, car ils ne dépendoient point les uns des autres, & étoient ſouvent en guerre; juſques-là que ce droit de guerre faiſoit une partie de leurs coutumes, & avoit ſes régles & ſes maximes: c'eſt pourquoi la diverſité eſt demeurée plus grande dans les Provinces qui ont dépendu de différens Souverains, comme celles que les Anglois ont poſſédées, & le reſte de la France. La raiſon d'Etat s'y mêloit; & chaque Prince étoit bien aiſe que les mœurs de ſes ſujets les éloignaſſent des ſujets de l'autre, afin que la réunion fût plus difficile. Dans les pays ſoumis à un même Souverain, la jalouſie ordinaire entre les voiſins, faiſoit que les Juges & les Officiers affectoient des maximes différentes, & laiſſoient cette émulation à leurs ſucceſſeurs.

La France étoit en cet état quand on recommença d'étudier le Droit Romain. Ce n'étoit pas le Code Théodoſien, qui, avant les déſordres, s'appelloit la loi Romaine dans les Gaules & dans les Eſpagnes. Il n'étoit plus connu qu'à quelques Sça-

XX.
Renou-vellement du Droit Romain.

vans, & il demeura depuis entiérement dans l'oubli juſqu'au commencement du dernier ſiécle. Il fut imprimé en 1528, ſur trois manuſcrits
trouvés en Allemagne, & cette édition eſt celle de Charlemagne, c'eſt-
à-dire, celle d'Alaric. Depuis on a
retrouvé une partie du Code, telle
que Théodoſe l'avoit faite.

Le Droit Romain que l'on commença d'étudier au tems dont je
parle, & que l'on étudie encore aujourd'hui, eſt le Droit de Juſtinien,
qui avoit été juſques-là peu connu en
Occident ; car du tems que l'Empereur Juſtinien le fit publier vers l'an
530, il n'y avoit en Europe que deux
Provinces qui lui obéiſſoient paiſiblement, la Grece, & la plus grande
partie de ce qui dépendoit du Préfet
du Prétoire d'Illyrie. Les Eſpagnes &
les Gaules étoient retranchées de l'Empire Romain depuis un ſiécle ; la Germanie n'en avoit jamais été ; & pour
l'Italie, les Goths s'y défendoient encore contre Beliſaire, & les Lombards
y entrérent peu de tems après que les
Goths en furent chaſſés. Le Droit de
Juſtinien ne fut donc obſervé qu'en
Grece, en Illyrie, & dans la partie de
l'Italie qui obéiſſoit aux Romains.

C'étoit ce qu'on appelle aujour-
d'hui la Romagne, avec le reste des
terres de l'Eglise, le Roïaume de
Naples, & la Sicile.

Il est hors de notre sujet de chercher ce que devint ce Droit en Grece
& en Orient, il suffit de dire que
pendant trois siécles on n'y connut
point d'autre Droit ; & que 350 ans
après, l'Empereur Leon le Philofo-
phe fit faire une nouvelle compilation de tous les livres de Justinien,
qu'il mêla ensemble ; disposant les
matieres dans un autre ordre, & dis-
tribuant en soixante livres tout cet
ouvrage, que l'on nomme les Basiliques. Il fut composé en Grec, parce que les sujets de l'Empereur de
Constantinople n'entendoient plus le
Latin, quoiqu'ils se diffent Romains,
comme font leurs descendans encore
aujourd'hui. C'est donc en substance
le Droit de Justinien qui s'y est conservé jusqu'à la ruine de cet Empire.

Mais sa fortune a été bien différente en Occident. Il se conserva
en Italie, & les loix Romaines que
l'on y suivit depuis le temps de Justinien, furent les siennes, & non
pas le Code Théodosien comme en
Gaule & en Espagne. Il y en a des

preuves dans les épîtres de S. Gregoire, qui vivoit fous Maurice &
fous Phocas; dans le IIe Concile de
Troyes tenu par Jean VIII, l'an 878,
au lieu où il eſt parlé de la punition
des facriléges, la loi de Juſtinien eſt
alléguée.

Ce Droit fut altéré pendant les
quatre fiécles ſuivans, par le mélange des différentes nations qui poſſéderent l'Italie. Les Lombards chaſſerent les Exarques de Ravenne, &
furent eux-mêmes aſſujettis par les
Francs. Après la chûte de la maiſon
de Charlemagne, l'Italie fut ravagée par les Hongrois, & en même
tems par les Sarraſins qui occuperent la Sicile & le Roïaume de Naples, juſqu'à ce qu'ils en fuſſent chaſſés par les Normands. Enfin les Rois
Saxons ayant été reconnus Empereurs,
commanderent à la Lombardie & à la
Toſcane. Après tant de changemens,
il reſta peu de perſonnes qui ſuiviſſent
la loi Romaine, d'autant plus que
pour le faire il eût fallu s'avoüer Romain. Or ce nom devint à la fin ſi
odieux, que, ſelon Luitprand qui vivoit au dixiéme fiécle, qui diſoit un
Romain, diſoit un homme corrompu,
ſans foi, ſans courage, & ſans hon-

neur. Toutefois le Droit de Juſtinien étoit encore reconnu en Italie dans l'onziéme ſiécle, du moins au pays que les Grecs avoient tenus le plus long-temps, je veux dire la Romagne & le Roïaume de Naples. On le voit par l'héréſie des Inceſtueux, qui vouloient ſuivre dans les mariages la maniere de compter les dégrés de parenté que les loix ont établis pour les ſucceſſions, & qui furent condamnés par le Pape Alexandre II, l'an 1065 ; mais ſa Conſtitution rapportée dans le décret de Gratien, ne parle des loix de Juſtinien qu'en général, ſans nommer ni Code, ni Digeſte, & ne cite qu'un paſſage des Inſtituts.

35. q. 5. cap. Al. ſadam.

Environ 60 ans après, un Allemand nommé Irnier ou Warnier, qui avoit étudié à Conſtatinople, commença à enſeigner publiquement les loix de Juſtinien à Boulogne en Lombardie ; voici qu'elle en fut l'occaſion. Irnier enſeignoit à Ravenne les arts, c'eſt-à-dire, les humanités, quand il s'émut une diſpute entre ceux qui faiſoient la même profeſſion, pour ſçavoir ce que ſignifioit proprement le mot d'As. Ils en chercherent l'explication dans les livres du Droit civil, & y ayant pris goût,

Holſt. in cap. 1. extra de teſtam. n. 2. Odof. Anch. qui res n. 3. C. de ſa. croſ. Eccl.

&. L. quæ-
rebatur in-
fin. ad. L.
Falc.

Odof. L.
quærebat.
adL.Falc.

ils s'appliquerent à les étudier ; de
sorte qu'Irnier qui étoit venu à Boulogne sur la dispute de l'As , commença à en faire des leçons l'an
1128 , suivant la tradition de cette
Ecole. Il expliqua d'abord le Code ,
ensuite la premiere partie du Digeste , puis la derniere , qu'ils nomme-
rent Digeste nouveau : il trouva ensuite la seconde qu'on a nommée
l'Infortiat , & enfin les Novelles. C'est
ce que rapportent le Cardinal d'Ostie
& Odofred , disciple d'Azon , dont le
maître Bulgare fut l'un des quatre
principaux disciples d'Irnier. Il commença donc à enseigner le Droit Romain de son autorité privée , ce qui
n'empêche pas qu'il n'ait reçu depuis
une autorité publique de la Comtesse
Matilde , comme dit l'Abbé d'Usper-
ge , ou de l'Empereur Lothaire II ,
comme l'on croit communément.

Peu de tems après , c'est-à-dire ,
l'an 1137 ou environ , la Ville d'A-
malfi en Pouille ayant été prise sur
Roger Roi de Sicile , par les troupes
de l'Empereur Lothaire , & du Pape
Innocent II , avec le secours des Pi-
sans , ils trouverent dans le pillage
un manuscrit du Digeste qu'ils porté-
rent à Pise ; d'où il fut depuis porté

à Florence par Gino Caponi , lorfqu'il fe rendit maître de Pife en
1407, c'eft ce que l'on appelle les
Pandectes Florentines , dont la découverte réveilla l'étude du Droit de
Juftinien ; car cet exemplaire fut toujours depuis confidéré comme le
plus autentique. On reconnoit à plufieurs marques qu'il eft de la main
d'un Grec. Auffi la Province où il
fut trouvé , eft celle de toute l'Italie où les Grecs fe font maintenus
plus long-tems. Les premiers Inter-
prétes dans ce renouvellement du
Droit Romain firent feulement des
glofes , des renvois , & des concor-
dances de loix , comme les Grecs
faifoient de leur côté fur les Bafili-
ques. Mais les Grecs eurent toujours
cet avantage qu'ils avoient reçu le
Droit Romain par tradition de leurs
peres , au lieu que l'ufage en ayant
été long-tems interrompu en Occident , les Latins ne pouvoient l'entendre que très-imparfaitement. De-
là vint que jugeant impoffible , &
même inutile , d'avoir une intelligence parfaite du texte , ils s'appliquerent à en tirer des conféquences,
& étudierent le Droit d'une méthode
fcholaftique , pleine de chicanes &

Franc.
Torellus
præf. in
Pand.
Florent.

de fausses subtilités, comme on trai-
toit alors toutes les Sciences.

L'étude du Droit de Justinien pas-
sa en France dès ces premiers tems,
& on l'enseigna publiquement à
Montpellier, & à Toulouse, avant
que les Universités y fussent été éri-
gées. On voulut aussi l'enseigner à
Cap. su- Paris, mais le Pape Honorius III le
per pecula défendit par une décrétale qui mé-
extra de rite d'être examinée.
privileg.

Elle porte, qu'encore que l'Eglise
ne refuse pas le service des loix séculieres qui suivent les traces de l'é-
quité & de la justice, toutefois parce
qu'en France, & en quelques Provinces, les Laïques ne se servent point
des loix des Empereurs Romains, &
qu'il se rencontre rarement des causes
ecclésiastiques qui ne puissent être
décidées par les Canons ; afin que
l'on s'attache plus à l'étude de la Ste.
Ecriture, le Pape défend à toutes sortes de personnes d'enseigner ou d'apprendre le Droit civil à Paris, ou aux
lieux circonvoisins, sur peine d'être
interdit de la fonction d'Avocat, &
d'être excommunié par l'Evêque Dio-
césain.

Je n'examine point qu'elle a dû
être en France l'autorité de cette

décrétale, si elle obligeoit les Laïques, & si c'est la véritable cause de ce que jusqu'à l'année 1679, il n'y a point eu de Professeur de Droit civil dans l'Université de Paris : je veux seulement relever quelques faits qui servent à mon Histoire. On voit dans cette décrétale que les Ecclésiastiques mettoient les loix séculieres bien au-dessous des Canons ; que les Laïques & les Ecclésiastiques vivoient encore sous différentes loix au treiziéme siécle ; & on peut conclure de ces paroles, que les Ecclésiastiques suivoient le Droit Romain en tout ce qui n'étoit point décidé par le Droit Canonique. Pour les Laïques, il est dit qu'ils n'usoient point du Droit Romain, parce qu'ils suivoient leurs coutumes, telles que je les ai expliquées ; car quoique le Droit Romarn fût le fond & la principale partie de ces coutumes, il y étoit si mêlé, qu'il n'étoit plus connoissable. Mais il faut sur-tout observer dans cette décrétale le nom de France, car il est pris dans une signification fort étroite, & si je ne me trompe, pour l'Isle de France seulement ; ensorte que par les autres Provinces on entend la Normandie,

la Bourgogne , & les parties plus Sep-
tentrionales du Roïaume , d'où l'on
peut inférer , que dès ce tems on dis-
tinguoit le pays coutumier , du pays
de Droit écrit.

Ce fut ainsi que le Droit de Justinien revint au monde , qu'il se rendit plus célèbre en Italie qu'il n'a-
voit jamais été , & s'étendit dans les
autres parties de l'Europe où il n'a-
voit point encore été connu.

C'est un grand sujet d'admira-
tion que ces livres composés six
cens ans auparavant à Constantinople , où ils n'étoient plus suivis alors,
ayant été en partie abolis par les
Basiliques , ayant été reçus avec tant
de vénération dans des pays où jamais l'Empereur n'avoit commandé , comme l'Espagne , la France,
l'Allemagne & l'Angleterre ; sans
que les Puissances ecclésiastiques ou
séculieres les ayent autorisés par aucune Constitution ; & que l'on soit
accoutumé à nommer ce qu'ils contiennent , le Droit écrit , le Droit
civil , ou le Droit simplement , comme s'il n'y avoit point d'autre Droit
considérable. Voici toutefois les causes que j'imagine d'un événement si
important.

Pendant la plus grande barbarie, on conserva toujours quelqu'usage de la Langue Latine, & quelques vestiges des mœurs Romaines. Le Moine Glaber qui vivoit dans l'onziéme siécle, appelle encore le pays des Chrétiens, le monde Romain, *Orbis Romanus.* & nomme Barbares les autres peuples. Il est vrai que les Francs & les autres peuples vainqueurs, avoient grand mépris pour ceux qui se disoient alors Romains, c'est-à-dire, pour les sujets de l'Empereur de Constantinople. Mais il ne laissoit pas de rester une idée confuse, que tout ce qu'avoient fait les anciens Romains étoit excellent, que leurs loix en particulier étoient fort sages, quoique les livres de ces loix fussent rares, & peu connus. Le Droit de Justinien fut donc bien reçu, comme étant l'ancien Droit Romain ; car les plus doctes de ce tems-là n'en sçavoient pas assez pour le distinguer d'avec leur véritable loi Romaine, qui étoit le Code Théodosien, ni pour sçavoir en quel tems Justinien avoit commandé, & de quelle autorité étoient ses Constitutions. On regarda seulement le nom d'Empereur Romain.

De plus, l'utilité de ces loix étoit grande. On y voyoit les principes de la Jurisprudence bien établis, non-seulement pour le Droit particulier des Romains, mais encore pour les Droits qui sont communs à toutes les Nations ; car il n'y a guéres de maxime du Droit naturel ou du Droit des gens, qui ne se rencontre dans le Digeste ; on y trouve d'ailleurs un nombre infini de décisions particulieres très-judicieuses. Mais il étoit principalement avantageux pour les Princes qui y trouvoient l'idée de la Puiſſance Souveraine en ſon entier, exempte des atteintes mortelles qu'elle avoit reçues dans les derniers ſiécles. Ils y trouvoient même de quoi fonder de belles prétentions. L'Empereur d'Allemagne avoit droit à la Monarchie Univerſelle, ſuivant l'application que les Docteurs lui faiſoient de ce qui eſt écrit dans ces loix ; & d'autres Docteurs diſoient aux Rois qu'ils étoient Empereurs dans leurs Roïaumes. Enfin tout l'eſprit de ces loix tendoit à rendre les hommes plus doux, plus ſoumis aux Puiſſances légitimes, & à ruiner les coutumes injuſtes & tyranniques que la barbarie y avoit introduites. Il ne faut donc pas s'é-

tonner si ce droit, qui fut d'abord
mis au jour par la curiosité de quelques particuliers, & par l'autorité
des Sçavans, s'établit insensiblement
par l'intérêt des Princes, & par le
consentement des peuples.

Il a toutefois été reçu différemment selon la disposition des pays.
Les Italiens l'embrasserent avec ardeur si-tôt qu'il parut, parce que cela
arriva dans un tems, où lassés de
la domination des Allemands qu'ils
tenoient pour barbares, quoiqu'ils ne
le fussent guéres moins eux-mêmes,
ils s'efforçoient de rétablir le nom
Romain, & de rappeller la mémoire
de leurs ancêtres, ou pour mieux
dire, les anciens Italiens. D'ailleurs
ils ne craignoient plus en devenant
Romains, de devenir sujets de l'Empereur de Constantinople, puisque
ce fut environ dans le même tems
que Constantinople fut prise par les
François ; & comme les deux Empires d'Orient & d'Occident, se trouverent alors entre les mains de ceux
que l'on appelloit d'un nom général, Francs, ou Latins, pour les
distinguer des Levantins & des
Grecs, ce fut une grande raison
pour étendre les loix Romaines par

V. Her-
man. Co-
ring. de
origin.
Juris
German.

toutes leurs terres, Il est vrai néanmoins que l'étude du Droit Romain est entrée fort tard en Allemagne, & vers le quinziéme siecle seulement ; mais aussi son autorité s'y est répandue universellement, à cause du nom de l'Empire.

Pour nous renfermer dans la France, il a été considéré comme loi qui oblige dans les lieux où la loi Romaine avoit jetté, pour ainsi dire, de plus profondes racines, comme le Languedoc, la Provence, le Dauphiné & le Lyonnois, parce que ces pays avoient été les premieres conquêtes des Romains, & les dernieres des François, & parce que la plus grande partie reconnoissoit l'Empereur d'Allemagne comme Souverain Direct ; joint que le voisinage d'Italie leur donnoit plus de commodité pour étudier le Droit Romain. De-là vient qu'encore que dans ces Provinces il soit resté beaucoup de coutumes différentes de ce droit, elles n'y sont pas fort opposées, & ont peu d'étendue. Au contraire dans le reste de la France les coutumes ont prévalu, & le Droit Romain n'est point observé dans tous les cas où la coutume y est contraire, qui sont

en très grand nombre. C'est la différence du pays coutumier d'avec le
pays de Droit écrit. De sçavoir si le
Droit Romain est le Droit commun
en pays coutumier, pour les cas qui
ne sont point exprimés par les coutumes, c'est une question fameuse
agitée par les Sçavans des derniers
tems : le Président Liset tenoit l'affirmative ; le Président de Thou la
négative, & je ne sçache pas qu'elle
soit encore décidée.

L'étude du Droit de Justinien apporta un grand changement au Droit
François, qui ne consistoit alors qu'en
coutumes. On jugea le Droit Romain si nécessaire, tout mal entendu
qu'il étoit, que dans toutes les affaires on ne se servoit plus que de ceux
qui l'avoient étudié, soit pour juger,
soit pour plaider, soit pour rédiger
par écrit les conventions & les traités. De sorte que tous les Officiers
de Justice, jusques aux Procureurs
& aux Notaires, étoient gradués en
Droit, & Clercs par conséquent ;
car les Laïques n'étudioient pas encore. Ces gens soit pour se rendre
nécessaires, soit de bonne foi, croyant
faire mieux que leurs prédécesseurs,
changerent toutes les formules des

actes publics. Juſques-là ils étoient ſimples, & n'avoient rien de ſuper-flu, ſinon quelques mauvais préam-bules : mais depuis l'an 1250 ou en-viron, on commença à charger les actes d'une infinité de clauſes, de conditions, de reſtrictions, de re-nonciations & de proteſtations, pour ſe metrre à couvert des régles les plus générales, & bien ſouvent de celles qui ne pouvoient convenir aux parties : enfin on exprimoit ce qui ſe feroit mieux entendu ſans en faire mention. L'eſprit de défiance qui régnoit alors, & qui étoit ſans doute un reſte des hoſtilités paſſées, fai-ſoit eſtimer ces cautelles ; car on les appelloit ainſi, & celui-là paſſoit pour le plus habile, qui en mettoit le plus, & qui faiſoit les actes les plus prolixes.

Ce même eſprit apporta un grand changement dans l'inſtruction, & dans le jugement des procès. Ils ſe décidoient auparavant avec peu de cérémonie par les Seigneurs, & par ceux qui avoient le plus d'expérien-ce des coutumes ; mais depuis ce tems on les embarraſſa d'une infini-té de procédures & de délais, en-ſorte que l'on ne pouvoit plus les

terminer fans le fecours des Clercs
& des Docteurs. De-là font venus
les Lieutenans des Baillifs & des Sénéchaux, & les autres Juges de robe-
longue.

L'étude du Droit Romain eut fes
avantages auffi-bien que fes inconvéniens: elle adoucit la dureté des cou-
tûmes, & établit des maximes certaines, fur lefquelles on peut raifon-
ner d'un cas à l'autre. Depuis ce tems
on a ceffé d'alléguer, & même de
lire les anciennes loix des Barbares.
Au tems que l'on commença d'étudier le Droit Romain, on les con-
noiffoit encore, puifqu'Otton de Fri-
fingue dit que de fon tems les plus
nobles des François fuivoient la loi
Salique; & l'Auteur du fecond livre
des Fiefs, dit que les caufes fe jugeoient en Italie, ou par les loix
Romaines, ou par les loix des Lombards, ou par les coutumes du Roïaume, c'eft-à-dire, à ce qu'on croit,
de l'Empire d'Allemagne. Depuis,
ces loix anciennes ont difparu ; &
du tems de Philippe de Valois,
où l'on prétend que la loi Salique fut
de fi grand ufage pour la fucceffion
de la Couronne, on n'alléguoit point
fes paroles comme d'une loi écrite,

Otto Fri-
fing. lib.
4. chron.
cap. 32.

mais seulement ſa force comme d'u-
ne coutume inviolable. On ne ſe ſer-
voit point même du nom de loi Salique, & le premier qui en ait parlé, que je ſçache, eſt Claude de
Seiſſel, Evêque de Marſeille, ſous
Louis XII. Les coutumes reçurent
donc un changement notable, tant
par les nouveaux uſages qui s'intro-
duiſirent dans les traités & dans les
jugemens, que par les maximes nouvelles qui furent alors reçues ou
éclaircies. Et c'eſt ce mêlange du Droit
Romain avec les coutumes, qui fait
le Droit François d'aujourd'hui.

XXII.
Premieres
rédactions
des Cou-
tumes.

Il reſte à voir en quelle forme ce
Droit eſt venu juſques à nous, c'eſt-
à-dire, comment on a rédigé les coutumes par écrit. La diverſité des coutumes, devint fort embarraſſante lorſque les Provinces furent réunies ſous
l'obéiſſance du Roi, & que les ap-
pellations au Parlement devinrent
fréquentes. Comme les Juges d'appel ne pouvoient ſçavoir toutes les
coutumes particulieres, qui n'étoient
point écrites, en formes autentiques,
il falloit ou que les Parties en con-
vinſſent, ou qu'elles en fiſſent preuve par témoins. Il arrivoit de-là que
toutes les queſtions de Droit ſe ré-
duiſoient

duifoient en faits, fur lefquels il falloit faire des enquêtes par turbes,
fort incommodes pour la dépenfe &
pour la longueur. Encore ces enquêtes n'étoient pas un moyen fûr de
fçavoir la véritable coutume, puifqu'elles dépendoient de la diligence
ou du pouvoir des Parties, de l'expérience & de la bonne foi des témoins. D'ailleurs il fe troûvoit quelquefois preuve égale de deux coutumes directement oppofées dans un
même lieu, fur un même fujet. L'on
peut juger combien cette commodité de fe faire un Droit tel que l'on en
avoit befoin, faifoit entretenir de
faux témoins, & combien l'étude de
la Jurifprudence étoit ingrate, puifqu'après qu'un homme y avoit appris
le Droit écrit, avec beaucoup de
travail, ou que par fa méditation il
avoit tiré de bonnes conféquences
fur des principes bien établis, il ne
falloit pour ruiner toutes fes autorités & toutes fes raifons, qu'alléguer une coutume contraire, & fouvent fauffe. Enfin les coutumes
étoient très-incertaines en elles-mêmes, tant par l'injuftice des Baillifs
& des Prévôts qui les méprifoient
pour exécuter leurs volontés, que

par la préfomptiom de ceux qui s'at-
tachoient plus à leurs opinions particulieres , qu'à ce qu'ils avoient appris par la tradition de leurs anciens.

Préf. du C'eſt ainſi qu'en parloit Pierre de
conſeil de Fontaines , dès le temps de S. Louis ,
Pierre de ſe plaignant que ſon pays étoit preſ-
Fontaines que ſans coutumes , & qu'à peine en
pouvoit-on trouver un exemple aſſu-
ré par l'avis de trois où quatre perſonnes.

Je crois que l'étude du Droit Romain y contribua ; comme il étoit
eſtimé univerſellement , ſans être
bien entendu , ni légitimement autoriſé , chacun en ſuivoit ce qu'il
vouloit , ou ce qu'il pouvoit. D'ailleurs les plus Sçavans en loix n'é-
toient pas toujours les plus expérimentés dans les coutumes , qui ne
s'apprennent que par l'uſage des affaires , & toutefois leurs opinions
étoient reſpectées & ſuivies dans les
jugemens , & il y en a grand nombre qui ont paſſé en coutume.

L'écriture étoit le ſeul moyen de
fixer les coutumes , & de les rendre
certaines malgré leur diverſité ; auſſi
commença-t'on à les écrire ſi-tôt que
les déſordres qui les avoient produi-
tes furent un peu calmés , & que le

tems les eut un peu affermies, c'est-
à-dire, sur la fin de l'onziéme siécle :
& quoiqu'il nous reste peu de mémoires de rédactions si anciennes, je
présume toutefois que ce qui paroît
avoir été fait en un pays, s'est aussi
fait ailleurs, & que le tems & les
rédactions postérieures ont fait périr
la plûpart des plus anciennes. La
premiere que je connoisse est celle
des usages de Barcelonne par l'autorité du Comte Raimond Berenger le
Vieux, en 1060. Les anciens fors de
Bearn étoient pour le moins du même tems, puisqu'ils furent confirmés en 1088 par le Vicomte Gas-
ton IV. Vers le même tems, c'est-
à-dire en 1080, ou environ, Guillaume le Bâtard ayant conquis l'Angleterre, fit assembler les plus nobles & les plus sages de chaque
Comté, & sur leur témoignage fit
rédiger les anciennes coutumes des
Anglois-Saxons, & des Danois qui
étoient mêlés avec eux. Ce fut l'Ar-
chevêque d'Yorck, & l'Evêque de
Londres, qui les écrivirent de leur
propre main. Je mets au nombre de
ces coutumes rédigées, les livres des
Fiefs des Lombards, composés vers
l'an 1150 par deux Consuls de Mi-

lan : ils portent le titre des coutumes, & ne font en effet que des ufages anciens recueillis par des Juges expérimentés. On y peut auffi rapporter le miroir du Droit de Saxe, ou *Sachs Senfpiegel*, qui eft le plus ancien original du Droit d'Allemagne, bien que fuivant l'opinion des plus doctes il n'ait été écrit que vers l'an 1220.

V. Herm. Conring. hift. jur. German.

En France on écrivit les coutumes vers le même tems ; & ces premiers écrits furent principalement de trois fortes ; les chartes particulieres des Villes, les coutumiers des Provinces, & les traités des Praticiens. Examinons-les en particulier.

Vers la fin du douziéme fiécle, & pendant tout le treiziéme, on écrivit les Droits des coutumes de plufieurs Villes dont les chartes ont été, comme je crois, les premiers originaux de nos coutumes. Je ne parlerai que de celles que j'ai vues, ou entieres, ou énoncées dans les Hiftoires ; & ce peu fuffira pour faire juger des autres.

La plus ancienne eft la charte de la commune de Beauvais donnée par le Roi Louis le Jeune en 1144, qui contient l'expreffion de plufieurs coutumes, concernant la Jurifdiction du

Maire & des Pairs. Elle ne porte que confirmation de ces Droits déjà accordés par Louis le Gros ; mais on n'en rapporte point les Lettres, & peut-être n'étoit-ce qu'une concession verbale. De même on prétend que Guillaume Talvas, Comte de Ponthieu, accorda le Droit de commune à Abbeville vers l'an 1130, quoique la charte de Jean II, qui est rapportée, ne soit que de l'année 1184.

Hist. des Comtes de Ponth.

Je trouve aussi qu'en 1173 Henri I, Roi d'Angleterre, permit aux habitans de Bordeaux d'élire un Maire. En 1187, Hugues Duc de Bourgogne accorda aux habitans de Dijon le Droit de commune semblable à celle de Soissons, qui par conséquent est plus ancienne, mais dont la charte n'est point datée. Celle de la Comté de Beaune est de 1203 ; celle de Bar-sur-Seine de 1234 ; celle de Semur de 1276. Je pourrois en rapporter de plusieurs autres lieux moins considérables. Je mets en ce rang l'établissement fait à Rouen en 1205, entre les Clercs & les Barons de Normandie, qui contient plusieurs coutumes touchant la Jurisdiction ecclésiastique, certifiées par les Experts : la charte de Rouen donnée

Chronic. Burdeg.

Recueil de pièces servant à l'hist. de Bourgog. par M. Peyras.

Hist. Norman. de Duchesne à la fin.

par le Roi Philippe-Auguste en 1207,
qui est la confirmation des anciens
droits & privileges de cette Ville,
pour ce qui regarde la commune &
le trafic ; enfin l'établissement de la
commune de Rouen, de Falaise, &
du Ponteau-de-mer qui est sans
date, mais qui semble être plus ancienne, & régle la création & le
pouvoir du Maire & des Echevins.

Outre ces titres particuliers à chaque Ville, on commença aussi à
écrire les coutumes des Provinces
entieres ; & c'est le second genre d'é-
crits que j'ai marqué. Telles sont les
anciennes coutumes de Champagne,
publiées par Pithou : celles de Bourgogne qui se trouvent dans le Recueil de du Peyrat ; les coutumes
notoires du Châtelet, publiées par
Brodeau, qui font la plûpart des
résultats d'Enquêtes par turbes, faites depuis l'an 1300 jusques en 1387 ;
l'ancienne coutume de Normandie ;
celle d'Anjou ; les anciens usages
d'Amiens ; & plusieurs autres qui
se trouvent encore en manuscrits ;
mais les plus considérables font les
établissemens de Saint Louis donnés
par M. du Cange, qui contiennent
les coutumes de Paris, d'Orléans &

d'Anjou, telles qu'elles étoient alors ; le nom d'établissement signifie Edit ou Ordonnance. Pierre de Fontaines qui vivoit du même tems, le fait voir, puisque traduisant une loi du Digeste, il appelle l'Edit du Préteur, ban & établissement. Je le mets toutefois au rang des coutumes, parce que la Préface porte expressément qu'ils sont faits pour confirmer les bons usages & les anciennes coutumes, avec quelques corrections tirées des loix & des canons. Saint Louis les fit en l'année 1270, avant son voyage d'Afrique.

La troisiéme espéce d'écrits qui contiennent les mêmes choses, & peuvent passer pour les originaux de nos coutumes, sont les ouvrages que quelques particuliers habiles composerent en ce même tems pour l'instruction des autres ; comme le conseil de Pierre de Fontaines donné par M. du Cange ; le livre à la Reine Blanche, que l'on croit être du même Auteur ; les coutumes de Beauvoisis, composées par Philippe de Beaumanoir en 1285 ; la Somme Rurale de Bouteiller ; le grand Coutumier, composé sous le regne de Charles VI, & les décisions de Jean des Mates que Brodeau a publiées, avec les coutumes notoires. J'estime que les cahiers des coutumes dont on s'est servi aux rédactions solemnelles, ont été dressés sur ces originaux : c'est pourquoi je crois devoir dire ce qu'ils contiennent.

Les mots d'us & coutumes, fors & coutumes, franchises & priviléges, ne sont pas synonymes comme on le pourroit juger. Le nom de coutumes signifie quelquefois les usages, & en ce sens il est opposé à celui de fors, qui signifie les priviléges des Communautés, & ce qui regarde le Droit public. Quelquefois on oppose les coutumes aux us, & alors elles signifient les droits particuliers de chaque lieu, principalement les redevances envers les Seigneurs, & les us signifient les maximes générales. Les franchises sont principalement les exemptions des droits de servitudes, comme des main-mortes, ou des formariages, pour remettre des serfs dans le Droit commun ; & les priviléges sont des droits attribués à des personnes franches, outre ce qu'elles avoient de Droit commun, comme le Droit de commune & de banlieue, l'usage d'une forêt, l'attri-

Marca hist. de Bearn. l. 5. c. 24.

bution de caufes à une certaine Jurifdiction. Il fe peut faire toutefois qu'en
différens pays, ces mots d'us, coutumes, & les autres ayent été pris
en des fignifications différentes ; & je
ne prétends point que l'on prenne à
la rigueur mes définitions.

La matiere de ces anciens originaux des coutumes font principalement les nouveaux Droits établis
pendant les tems de défordre. Premiérement les Droits du Prince, du
Comte & des autres Seigneurs, la
Jurifdiction des Seigneurs & celle
des Communes, enfuite le Droit des
Fiefs, les cenfives, les bannalités,
& les autres Droits Seigneuriaux,
les giftes, les fournitures & les corvées que les Communes devoient aux
Seigneurs ; la différence des Gentilshommes & des Gentil-femmes, d'a-
vec les vilains francs, ou ferfs ; le *Villani.*
Droit de guerre, le Droit de duel &
des champions. Ce que l'on y voit le
plus au long, font les formalités de
juftice, & la procédure du tems,
fuivant le ftyle de cour laye : car
ils ne manquoient jamais d'oferver
cette diftinction, à caufe de la Jurifdiction eccléfiaftique qui étoit alors
la plus étendue. Ainfi l'on voit que

ceux qui ont rédigé ces coutumes,
ont toujours fuppofé un autre Droit,
par lequel on fe devoit régler dans
tout le refte, comme dans les matieres de contrats & de fucceffions, &
n'ont prétendu marquer que ce qui
dérogeoit au Droit commun. Je ne
vois pas quel pouvoit être, ce Droit
commun, fi ce n'étoit le Droit Romain. Auffi le citent-ils fréquem-
ment fous le nom de loix, & de loi
écrite. Bien qu'alors on écrivît prefque tout en Latin, ces coutumes
ont été écrites en François, comme traitant de matieres qui ne pouvoient être bien expliquées qu'en
langue vulgaire, & qui devoient être
entendues de tout le monde. On peut
conferver dans ces écrits les changemens de notre Droit. Les plus anciens tiennent beaucoup de la dureté
des loix des Barbares. Il y eft fouvent parlé de playe à fang, de mutilation de membres, d'amendes pour
les forfaits, d'affurément ou fauve-
garde, d'infraction de paix. Ce qui
eft écrit depuis trois cens ans, approche plus du Droit Romain & de la Jurifprudence d'aujourd'hui. On y voit
des queftions touchant les fucceffions
& les teftamens, les mariages & les

autres contrats , & beaucoup de formalités de procédure. Je me suis
étendu sur ces anciens originaux ,
parce que des personnes très-capa-
bles jugent que ce sont les meilleurs
Commentaires des coutumes, d'autant qu'on y peut voir leur esprit &
la suite de leur changement.

Tous ces écrits n'empêchoient pas
que le Droit coutumier ne fût encore
incertain , parce qu'ils étoient sans
autorité, ou trop anciens , ou trop
succincts : c'est pourquoi on jugea nécessaire de rédiger les coutumes par
écrit , plus exactement & plus solemnellement. Le dessein en fut formé sous le régne de Charles VII, qui
après avoir chassé les Anglois de toute
la France , entreprit une réformation
générale de toutes les partie s de son
état , & fit entr'autres une grande
Ordonnance , datée de Montil-lez-
Tours en 1453 , dont le 123e article
porte, que toutes les coutumes seroient
écrites & accordées par les Praticiens
de chaque pays , puis examinées
& autorisées par le Grand Conseil
& par le Parlement , & que toutes
les coutumes ainsi rédigées & approuvées, seroient observées comme loix,
sans qu'on en pût alléguer d'autres.

XXIII.
*Rédac-
tions so-
lemnelles.*

Dumoulin dit que le deffein étoit d'amaffer toutes les coutumes enfemble pour n'en faire qu'une loi générale , & que la rédaction de chaque coutume en particulier n'étoit que provifionnelle , afin que les peuples euffent quelque chofe de certain pendant que l'on travailleroit à la réformation générale. C'étoit la meilleure voie qu'on pût tenir pour donner à la France de bonnes loix ; & c'eft celle que les anciens Légiflateurs ont fuivie. Platon dit que, comme les Etats ont été formé de plufieurs familles jointes enfemble, les loix ont été compofées des coutumes de ces familles , entre lefquelles quelque fage a choifi les plus raifonnables pour les rendre communes à tout l'État , aboliffant quelque chofe de particulier à chaque famille dans les matieres moins importantes. On eût pu faire la même chofe en France , confidérant chaque petite Province comme une famille à l'égard de ce grand Etat. C'eft ce que Dumoulin dit que l'on vouloit faire , lui qui le pouvoit fçavoir par une tradition prochaine ; & Philippe de Comines femble le prouver , lorfqu'il dit que le Roi Louis XI defi-

Livre 5.
des Loix.

roit fort qu'en ce Roïaume on usât
d'une coutume, d'un poids, d'une
mesure, & que toutes les coutunes
fussent mises en François dans un
beau livre : ce sont ses termes. Il n'y
a eu jusques à présent que la premiere partie de ce grand dessein exécutée, c'est-à-dire la rédaction des coutumes, encore s'est-elle faite fort
lentement, & n'a été achevée que
plus de cent ans après la mort de
Charles VII.

La plus ancienne est la rédaction
de la coutume de Ponthieu, faite sous
Charles VIII, & de son autorité en
1496. Il y en eut plusieurs sous Louis
XII. Depuis l'an 1507 l'on continua
à diverses reprises sous François I &
sous Henri II, & il s'en trouva encore
quelques-unes à rédiger sous Charles
IX. Si l'on veut compter ces coutumes, on en trouvera jusques à 285,
en y comprenant les coutumes loca-
les, & celles des pays voisins, comme les Pays-Bas, où on les a rédigées,
à l'imitation de la France; & ne comptant que les coutumes principales du
Roïaume, on en trouvera bien 60,
la plûpart fort différentes.

On s'apperçut vers l'an 1580, qu'il
étoit arrivé beaucoup de change-

mens depuis les rédactions qui avoient été faites au commencement du même siécle , & qu'il y avoit des omissions considérables ; de sorte que l'on réforma plusieurs coutumes , comme celles de Paris , d'Orléans , d'Amiens ; ce qui se fit avec les mêmes cérémonies que les premieres rédactions.

Il est nécessaire pour bien entendre les coutumes , de connoître ces cérémonies ; quoique tout le monde les puisse voir dans les procès-verbaux , la lecture en est si ennuyeuse , que j'ai cru les devoir marquer ici. Premiérement le Roi donnoit des Lettres patentes en vertu desquelles on faisoit assembler par Députés les trois Etats de la Province. Le résultat de la premiere assemblée étoit d'ordonner à tous les Juges Royaux , aux Greffiers , à ceux qui l'avoient été , & aux Maires & Echevins des Villes , d'envoyer les mémoires des coutumes , des usages & des styles qu'ils auroient vu pratiquer de tout tems. Les Etats choisissoient quelques Notables en petit nombre , entre les mains de qui l'on remettoit ces mémoires pour les mettre en ordre , & en composer un seul cahier. En-

fuite on lifoit ce cahier dans l'affemblée des Etats, pour examiner fi
les coutumes étoient telles qu'on les
avoit rédigées, pour en accorder les
articles, ou les changer, s'il étoit
befoin : enfin on les envoyoit au Parlement pour y être enrégiftrées. Cet
ordre eft expliqué dans le procès-
verbal de la coutume de Ponthieu,
qui eft, comme j'ai dit, la premiere
rédigée, & qui le fut par des Officiers des lieux. La plûpart des autres
ont été rédigées par des Commiffaires tirés du Corps du Parlement ;
c'eft-à-dire, que ces Commiffaires
on préfidé à l'affemblée des Etats
où fe faifoit la lecture des cahiers :
mais il ne faut pas croire qu'ils ayent
compofé ces cahiers, ni qu'ils ayent
pu les corriger à loifir. C'étoit l'ouvrage des Praticiens de chaque Siége, qui fans doute avoient fuivi les
autres écrits plus anciens dont j'ai
parlé. On ne doit point attendre de
ces gens-là ni politeffe, ni méthode ; & il étoit impoffible de pen-
fer à l'arrangement, ni au ftyle, lorfqu'on lifoit ces cahiers dans les affemblées : c'étoit bien affez d'y pouvoir établir les chofes en fubftance,
car on eft toujours preffé en ces ren-

contres. Il ne faut donc pas s'étonner fi les coutumes font rédigées avec fi peu d'ordre, & d'un ftyle fi peu exact, quoique les Commiffaires dont on voit les noms en tête, ayent été de grands perfonnages.

Il ne me refte qu'à parler des Ordonnances. Nous n'appellons ainfi que celles des Rois de la troifiéme race : les autres font plus connues fous le nom des Capitulaires, & font partie de ce que j'appelle l'ancien Droit François. Toutefois le nom d'Ordonnance femble avoir pris fon origine du Réglement que Charlemagne faifoit tous les ans pour l'ordre de fon Etat & de fa Maifon, car on a long-temps continué d'ufer de ce mot ; & du tems de S. Louis

Voy. not.
duDucan-
ge fur la
vie de St.
Louis.

on appelloit encore Ordonnance ce qu'on appelle aujourd'hui l'Etat de la Maifon du Roi. Depuis on l'a étendu à toutes les Lettres Patentes, par lefquelles le Roi propofe quelque loi générale ; mais je n'en vois point de telle avant S. Louis. On ne nous rapporte de fes prédéceffeurs, que des chartes de priviléges & de réglemens particuliers en faveur des Eglifes, des Communes, des Villes ou des Univerfités. Mais il femble qu'ils ne faifoient point ces actes comme Rois, puifque les Seigneurs en faifoient de femblables dans leurs terres, & la plûpart de ces anciens Réglemens ayant paffé ces coutumes, ont été compris dans les rédactions. S'il y avoit quelque Droit nouveau à établir, ou quelque queftion importante à décider, le Roi le faifoit dans l'affemblée de fes Barons ; & les Seigneurs en ufoient de même à proportion de leurs vaffaux : ainfi c'étoit comme une convention entr'eux tous, ou un jugement donné par leur confeil. On peut donner pour exemple de ces conventions *l'Affife du Comte Geoffroy*, qui eft un Réglement fait en Bretagne, pour les fucceffeurs des Nobles en 1287, & un ancien Réglement de Philippe Augufte, pour la mouvance des Fiefs partagés, fait en 1210, du confentement de plufieurs Seigneurs, dont le nom eft mis en tête de l'acte auffi-bien que celui du Roi. Pour exemples des jugemens folemnels, nous avons les anciens Arrêts rapportés par Dumoulin à la fin du ftyle du Parlement. Ils font nommés indifféremment Edits ou Arrêts ; de forte que le mot d'argent fignifioit

simplement le résultat d'une délibération, & comme on diroit aujour-
d'hui un arrêté. C'est peut-être l'origine de la grande autorité, que le
commun des Praticiens donne aux
Arrêts, les considérant comme des
loix. Joint qu'avant la rédaction des
coutumes il n'y avoit point de meilleure preuve de l'usage, qu'un grand
nombre d'Arrêts conformes. D'où
vient qu'à la fin des anciens manuscrits des coutumes, on trouve d'ordinaire des Arrêts de la Cour Sou-
raine du pays.

Les Ordonnances de S. Louis ont
paru si considérables, que les Auteurs
de sa vie les ont rapportées dans leurs
Histoires. Il y en a sur plusieurs matieres. Pour la religion; contre les
Juifs, contre les Blasphémateurs,
contre les entreprises des Ecclésiastiques. Pour la justice ; du devoir des
Baillifs, & des autres Officiers. Pour
la police ; contre les lieux publics de
jeu & de débauche. On pourroit aussi
marquer ce que contiennent les Ordonnances des autres Rois, mais ce
seroit faire l'Histoire de France par
les Ordonnances, ce que je n'ai pas
entrepris. On peut voir les tables
chronologiques de la Conférence de

Guenois. Je dirai seulement que presque toutes regardent le Droit public, & réglent les droits du Roi, & le pouvoir des Officiers. De-là vient que le nombre des Edits a été sans comparaison plus grand, depuis le commencement du régne de François premier, que dans tous les tems précédens, parce que depuis ce tems l'on a établi la plûpart des Subsides, & créé la plûpart des Offices en titre pour les rendre vénaux. Il y a aussi grand nombre d'Ordonnances pour régler les procédures, & les formalités de justice ; mais il y en a peu qui contiennent des régles pour les affaires des particuliers, & des maximes de Jurisprudence. Ainsi l'utilité du Droit Romain n'est pas moindre, que quand on recommença à l'étudier, quoiqu'il n'y eût alors ni Coutumes écrites, ni Ordonnances. Car si d'un côté l'on en a aboli expressément quelques maximes, comme le privilége du Senatusconsulte Velleïen, on en a reçu d'autres expressément, comme la disposition de la loi *Hac edictali., cod. de secundis nuptiis,* qui se trouve avec des explications & des ampliations dans l'Edit des secondes nôces ; & toutes les Ordonnances ont été composées par des gens sçavans dans le Droit Romain.

Les plus solemnelles sont celles qui ont été faites dans les assemblées d'Etats, comme celles de Moulins & de Blois. Les Parlemens & les autres Compagnies dont la Jurisdiction est souveraine, parce que le Roi y est réputé présent, étoient en possession d'examiner les Edits qui leur étoient adressés, & de faire des remontrances avant que d'en ordonner la publication quand ils le jugeoient à propos : mais cet usage a été aboli, & ces Compagnies sont obligées d'enrégistrer & de publier tout ce que le Roi leur envoye, sauf à faire ensuite leurs remontrances.

Voilà ce que j'ai pu recueillir de plus certain de l'Histoire du Droit François. Si quelqu'un veut s'appliquer à cette recherche, je ne doute pas qu'il ne découvre beaucoup plus ; mais je serai content si ceux que leur profession oblige à sçavoir notre Droit, sont excités par cet écrit à en connoître les sources.

F I N.

INSTITUTION

INSTITUTION

AU

DROIT FRANÇOIS.

Du Droit des Particuliers.

E DROIT François a deux parties : le Droit public, qui regarde toute la Nation en général, & qui comprend tout ce qui sert à conserver la Religion & l'Etat ; & le Droit des particuliers, qui les regarde tous également, & qui sert à régler leurs droits, les différends qu'ils ont, ou peuvent avoir les uns avec les autres.

Les particuliers se mêlent peu en France de ce qui concerne le Droit public ; cette connoissance est plus curieuse pour eux qu'elle ne leur est utile : c'est pourquoi nous ne parle-

A

rons ici que du Droit des particuliers.
Il eſt très-important à toutes ſortes
de perſonnes d'en connoître au moins
les premiers principes, pour ſe ren-
bre capables de conduire leurs propres affaires aves plus de ſûreté, &
de diſcerner parmi les différens conſeils qu'on leur donne, ceux qu'ils
doivent ſuivre, & ceux qu'ils doivent rejetter.

Tout le Droit des particuliers conſiſte en deux points, aux droits qui
appartiennent à chaque particulier,
& en la maniere de rendre à chacun
ce qui lui appartient, ce que les Praticiens appellent le fond & la forme.

Nous ne parlerons ici que du fond;
nous examinerons d'abord quelles
ſont les perſonnes, puiſque tout le
Droit n'eſt établi que pour elles : nous
expliquerons enſuite quelles ſont les
choſes; & nous traiterons enfin des
moyens néceſſaires pour les acquérir
& pour les conſerver.

LIVRE PREMIER.

De l'Etat des Personnes.

L'ÉTAT DES PERSONNES comprend la Liberté, la Vie civile, les Droits de Cité, ceux de Famille, c'est-à-dire, la quantité de Légitime ou de Bâtard, & la Puissance maritale, la Puissance paternelle, celle des Tuteurs & Curateurs ; la Majorité, la Faculté d'user de ses droits, la Noblesse, & quelques autres droits semblables attachés à la personne, indépendamment des biens.

CHAPITRE PREMIER.

Des Serfs de Main-morte & des Esclaves.

SUIVANT le Droit naturel, tous les hommes naissent libres.

Les servitudes personnelles sont une invention du Droit des gens & du Droit civil.

Le Droit des gens a introduit que

les prifonniers feroient efclaves ; & le Droit civil, qu'un homme libre peut vendre fa liberté.

Les Romains avoient des efclaves, tant ceux qu'ils prenoient en guerre, que ceux qu'ils achetoient ; les enfans des efclaves fuivoient la condition de la mere. Ils avoient droit de vie & de mort fur leurs efclaves ; ce qui fut dans la fuite modéré. Ils avoient auffi des efclaves de peine, fçavoir ceux qui étoient condamnés aux mines ou à combattre contre les bêtes ou contre les hommes dans l'amphitéâtre.

Il y avoit auffi autrefois en France beaucoup de ferfs, qui étoient peu différens des efclaves des Romains. S. Louis & fes fucceffeurs abolirent prefque toutes les fervitudes perfonnelles, & préfentement]] toutes perfonnes font libres en France, & fitôt qu'un efclave y entre, il acquiert la liberté ; ce qui n'eft établi par aucune loi, mais feulement par un long ufage qui a force de loi.

¶ Les prifonniers de guerre ne font point traités en efclaves : ceux qui font condamnés aux galeres perpétuelles font proprement efclaves ; mais ils font en la puiffance du Prince

ce ₂

ce, & ne tombent point dans le commerce.

Il y a dans les Colonies Françoises des Négres qui font de véritables efclaves; mais ceux qui en amenent en France doivent déclarer au Greffe de l'Amirauté, qu'ils ont intention de les ramener aux Ifles, autrement ils deviendroient libres. La Déclaration du mois de Mars 1685, & l'Edit du mois d'Octobre 1716.]]

Les Romains avoient une efpéce d'efclaves qui étoient tellement attachés à la culture d'une terre, qu'ils n'en pouvoient jamais être féparés : le maître de la terre ne les pouvoit vendre fans vendre la terre ; ce qu'ils appelloient *fervos adfcriptitios*, *adfcriptos glebæ* ; nous avons] de même dans plufieurs coutumes des ferfs, ou gens de main-morte, qui ne jouiffent pas d'une pleine & entiere liberté. Ils étoient beaucoup plus fréquens autrefois qu'ils ne font aujourd'ui. Il y en avoit prefque dans toutes les coutumes du Roïaume, même aux environs de Paris. Mais ils ont été prefque tous affranchis, foit par la pure libéralité des Seigneurs, foit par des conventions particulieres, par lefquelles les Seigneurs

Cod. de Agric. & Cenf.

ont donné les mains à l'affranchiſſe-
ment des gens de main-morte, qui
étoient dans l'étendue de leur Seigneurie, moyennant de certaines redevances, ou en argent, ou en grains
& autres eſpéces, ou en corvées, &
c'eſt de ces affranchiſſemens que la
plûpart des corvées ont tiré leur origine. Je dis la plûpart, car il y en a
beaucoup qui ne ſont fondées que ſur
la force & ſur la violence des Seigneurs, leſquelles néanmoins ſont de-
venues légitimes par un long uſage.

　Il eſt difficile d'établir des principes certains au ſujet des gens de
main-morte; non-ſeulement les droits
des Seigneurs ſont différens ſur ce
point, ſuivant les diverſes coutumes;
mais dans une même coutume ces
droits ſont ſouvent réglés ſuivant les
titres des Seigneurs, qui ne ſont pas
toujours ſemblables.

Nivern.
tit. des
ſerv. perſ.
art. 9.

Il y a de deux ſortes de ſerfs ou
gens de main-morte; les uns le ſont
par la naiſſance, & ſont appellés
gens de pourſuite, c'eſt-à-dire, qu'ils
peuvent être pourſuivis par le Seigneur pour le payement de la taille
qu'ils lui doivent, en quelque lieu
qu'ils aillent demeurer. Les autres ne

Bourgo-
gne, ch. 9.
art. 9.

ſont proprement ſerfs qu'à cauſe des

héritages qu'ils poſſédent, & en les abandonnant au Seigneur avec les meubles qu'ils ont dans l'étendue de ſa Seigneurie, ils deviennent entiérement libres.

¶ Tous ces ſerfs reçoivent encore divers autres noms, ſuivant les différentes coutumes : on les appelle vilains, gens de corps & de pot, *quaſi de poteſtate*, de main-morte ou morte-main, & mortaillables.]]

Les charges de la ſervitude conſiſ- tent pour l'ordinaire. 1°. A payer une taille au Seigneur ſuivant les facultés à dire de prud'hommes, ou de payer une certaine ſomme à laquelle les Seigneurs ont compoſé avec leurs ſerfs ſuivant les anciens titres, ce qu'on appelle taille abonnée. *Nivern. art. 2. 3. & 5.*

2°. A ne ſe pouvoir marier à des perſonnes d'une autre condition, c'eſt- à-dire, francs, ou ſerfs d'un autre Seigneur ; s'ils le font, cela s'appelle formariage, & le Seigneur en ce cas prend le tiers des meubles & des immeubles ſitués au-dedans de ſa Seigneurie ; & outre cela, quand l'homme de main-morte n'a pas demandé congé à ſon Seigneur pour ſe formarier, il lui doit une amende. *Vitry. art. 144.*

3°. A ne point aliéner le tenement

B ij

Nivern.
tit. des
ſerv. perſ.
art. 10.

ſerf à d'autres qu'à des ſerfs du mê-me Seigneur; autrement le Seigneur peut faire faire un commandement à l'acquéreur de remettre l'héritage entre les mains d'un homme de la condition requiſe, & s'il ne le fait dans l'an & le jour, l'héritage vendu eſt acquis au Seigneur.

Auverg.
ch. 27.
art. 5.

4°. A ne point diſpoſer de ſes biens par teſtament, ni faire héritier ou convention de ſuccéder, non pas mê-me par contrats de mariage, au pré-judice du Seigneur.

Vitry
art. 141.

5°. A n'avoir point d'autres héri-tiers que ceux avec leſquels ils ſont en communauté, ce qui eſt limité en quelques coutumes à leurs enfans ſeu-lement;

Bourgo-
gne, c. 9.
art. 13.

& d'autres admettent à la ſucceſſion du ſerf tous ſes parens qui ſont en communauté avec lui.

Voilà les principales charges de la ſervitude: pour tout le reſte, il faut voir les diſpoſitions particulieres des coutumes.

Vitry,
art. 40.

Les ſerfs deviennent francs par la manumiſſion ou affranchiſſement de leur Seigneur; mais il y a des coutu-mes qui, nonobſtant l'affranchiſſe-ment, veulent que l'affranchi demeure ſerf du Seigneur ſupérieur, s'il n'a pas conſenti à l'affranchiſſement.

Les ſerfs de pourſuite ou de naiſ- *Vitry,* ſance non reclamés ou pourſuivis par *art.* 41. leur Seigneur, qui ont joui de la fran- chiſe & de la liberté par vingt ans en la Province où ils ſont ſerfs, ont ac- quis la franchiſe par preſcription ; mais s'ils étoient allés furtivement hors de la Province, ils ſeront répu- tés ſerfs fugitifs.

Ceux dont la ſervitude eſt purement *Bourg. ch.* réelle, ne peuvent jamais preſcrire 9 *.art.* 2. la franchiſe tant qu'ils poſſédent l'hé- ritage, parce que les Droits Seigneu- riaux ne ſont pas ſujets à preſcription.

CHAPITRE II.

De la Nobleſſe.

QUOIQUE la nobleſſe ait plus de rapport au Droit public qu'au Droit des particuliers, parce que l'un de ſes principaux priviléges conſiſte dans l'exemption d'une partie des Charges publiques auxquelles les rotu- riers ſont ſujets, néanmoins il y a plu- ſieurs coutumes qui réglent les ſucceſ- ſions des nobles d'une autre maniere que celles des roturiers ; la coutume de Paris, art. 208, donne plus d'étendue à la garde-noble, qu'à la garde bourgeoise ; & accorde un préciput au survivant des deux conjoints nobles , dont les roturiers ne jouiffent pas ; c'eft pourquoi il eft néceffaire d'expliquer de quelle maniere on acquiert la nobleffe , & comme on la perd.

La nobleffe vient ou de la naiffance , ou de la conceffion du Prince; la premiere eft la plus eftimée ; on appelle proprement nobles ceux qui le font par la naiffance ; & ceux qui ne le font que par la conceffion du Prinfe , font appellés annoblis.

¶¶ Ces deux fortes de nobles jouiffent des mêmes priviléges & exemptions , à l'exception de certains honneurs qui font déférés fpécialement à la nobleffe d'extraction.]]

Les nobles de naiffance font ceux dont les ancêtres ont paffé pour nobles de tout tems , enforte qu'il n'y ait point de mémoire du contraire ; & comme il eft impoffible de prouver pofitivement cette poffeffion au-delà d'un certain tems , il fuffit de rapporter des contrats de mariage , des extraits baptiftaires, des partages, ou autres titres de cette nature, qui juftifient que les ancêtres étoient nobles avant cent ans , pourvu qu'il ne paroisse point que quelqu'un des ancêtres fût roturier avant ce tems ; car lorsqu'une famille n'a pas toujours été noble , elle ne peut le devenir par quelque tems que ce puisse être , si ce n'est par la concession du Prince. En Normandie , il suffit de prouver quatre dégrés de noblesse , quand ils ne remonteroient pas au-delà de cent ans. Mais aussi quand il faudroit remonter plus loin , la preuve des quatre dégrés est absolument nécessaire.

Cette preuve doit contenir deux choses ; 1°. la possession des ancêtres qui ont toujours pris la qualité d'Ecuyer , de Chevalier , ou même la qualité de Noble en certaines Provinces , comme en Normandie & dans les pays de Droit écrit. ☞ Il y a un Arrêt du Conseil d'Etat du 15 Mai 1703 , qui déclare que la qualité de Noble est une qualification de noblesse dans les Provinces du Lyonnois , Forests & Beaujollois ; mais nonobstant ces Arrêts , les Officiers de Justice , les Avocats & les Médecins de ces Provinces ont été maintenus dans la possession de prendre la qualité de Nobles , sans néanmoins que cette qualité puisse leur acquérir , ni à leurs enfans & succeffeurs , le titre de nobleffe , s'ils ne l'ont de race & d'ancienneté. *Voyez les obfervations fur Henrys , tom. 2. livre 4. queft.* 47.] 2°. La filiation ou defcendance ; car inutilement prouverois-je que mes ancêtres étoient nobles , fi je ne prouve pas en même-tems que je fuis defcendu d'eux en droite ligne.

La nobleffe qui n'eft fondée que fur la poffeffion immémoriale , eft proprement appellée nobleffe de race , & plus elle eft ancienne , plus elle eft eftimée. Les enfans des annoblis font véritablement nobles ; ils font même en quelque façon nobles de naiffance , mais ils ne font pas nobles de race.

Régle-mens des Tailles , mars1660 art. 26. M. le Bret plaid. 35. La nobleffe des peres ne fe communique qu'aux enfans légitimes , ou légitimés par un mariage fubféquent ; ainfi les bâtards d'un Gentilhomme , quoique légitimés par Lettres du Prince , ne font pas nobles , fi ce n'eft qu'ils foient bâtards d'un Prince.

Quant à la conceffion de la nobleffe , il n'y a que le Roi qui la puiffe accorder. Il le peut faire de deux manieres , ou par des Lettres d'annobliffement qu'il accorde quelquefois à ceux qui ont rendu quelque ſervice : (ces Lettres doivent être enrégiſtrées au Parlement, à la Chambre des Comptes, & à la Cour des Aydes) ou par les proviſions d'un Office qui annoblit, ¶ tels que le grade d'Officier Général, & quelques autres emplois Militaires ; ſur quoi il faut voir les conditions portées par l'Edit du mois de Novembre 1750.

Il y a auſſi pluſieurs Offices de Robe qui annobliſſent, tels que les Offices de Conſeiller d'Etat, ceux de Préſident & de Conſeiller dans les Parlemens, Grand Conſeil, Chambres des Comptes, Cours des Aydes, Cours des Monnoies, les Offices de Tréſoriers de France, de Sécrétaires du Roi, & pluſieurs autres.]]

Pour que l'Officier puiſſe tranſmettre la nobleſſe à ſes enfans, il faut qu'il ait joui vingt ans durant de la Charge, ou qu'il en ſoit mort revêtu. ¶ Il y a même certains Offices dont il faut que le pere & le fils ayent été revêtus ſucceſſivement, pour que leurs deſcendans puiſſent jouir de la nobleſſe, ſans être revêtus de ces Offices.

Il y a auſſi quelques Charges Municipales qui donnent la nobleſſe, telles que celles de Prévôt des Marchands & Echevins à Paris & à Lyon, celles de Capitouls à Toulouse, celles de Jurats à Bordeaux.]]

On perd la noblesse par le commerce, l'exercice des arts méchaniques, l'exploitation des fermes d'autrui, & l'exercice de certaines Charges viles & abjectes, comme de Sergens, Procureur, &c. Mais le commerce Maritime ne déroge point à la noblesse. * Pourvu que ceux qui l'exercent ne vendent point en détail, par Edit d'Août 1669. L'Edit de 1701 permet à la noblesse le commerce de terre en gros.

Lorsque le pere ou l'ayeul, ou tous les deux, ont dérogé à la noblesse, les enfans ou les petits-enfans doivent obtenir des Lettres de réhabilitation qui les remettent dans le même état, que s'il n'y avoit point eu de dérogeance ; ces Lettres font accordées avec affez de facilité. Mais s'il y avoit plus de deux ancêtres qui euffent dérogé, il faudroit en ce cas de nouvelles Lettres de noblesse, & la réhabilitation ne feroit pas fuffifante.

En Bretagne, lorfque les Nobles veulent trafiquer, ils laiffent dormir la noblesse ; c'eft-à-dire, qu'ils ne la perdent point , mais ſeulement ils ceſſent de jouir des priviléges tant que leur commerce dure , & ils reprennent la nobleſſe en quittant leur négoce , ſans avoir beſoin de Lettres de réhabilitation.

On perd auſſi la nobleſſe par le crime de Leze-Majeſté : à l'égard des autres crimes , quoiqu'ils ſoient ſuivis de condamnations infamantes , ils ne privent de la nobleſſe que la perſonne du comdamné , & non pas ſes enfans.

CHAPITRE III.

De la Mort civile , & de l'Infamie

L'É T A T des perſonnes ne conſiſte pas ſeulement à jouir de la liberté naturelle , il comprend encore les droits de Citoïen , c'eſt-à-dire , tous les avantages qui nous ſont donnés par les loix de l'Etat ; comme de faire de contrats qui produiſent des effets civils , d'intenter des actions en Juſtice , de ſuccéder , de diſpoſer par teſtament ; tout cela s'appelle vie civile , & ceux qui en ſont incapables ſont morts civilement , parce qu'ils ne participent non plus aux droits des autres François, que s'ils étoient morts en effet.

Louet & Brod. lett. C. ch. 8. n. 47.

La profession, en quelque Religion que ce soit, est une espèce de mort civile ; car ceux qui ont solemnellement renoncé aux biens temporels, au mariage, & à leur liberté même, ne peuvent plus faire aucune fonction de Citoïens ; ils ne succédent point, & sont incapables de toutes sortes de legs, si ce n'est de pensions viageres assez modiques, encore n'en peuvent-ils jouir par leurs mains qu'avec la permission de leurs Supérieurs. Cela néanmoins ne doit s'entendre que pour chaque personne Religieuse en particulier ; car à l'égard des Communautés que sont capables de posséder des biens, elles peuvent agir & contracter pour se les conserver ; mais elles ne peuvent pas succéder, ni même acquérir des immeubles, sans prendre des Lettres d'amortissement du Roi. ¶¶ *Voyez* l'Edit du

Bacquet, du droit d'amortissement.

mois d'Août 1749.]] Cette prohibition de posséder des immeubles a été introduite pour empêcher les Communautés de posséder à la fin tous les biens du Roïaume ; ce qui arriveroit sans doute si elles avoient autant de facilité d'acquérir & de posséder des immeubles, que les particuliers, parce que dès le moment qu'elles les ont une fois fait amortir, elles ne les peuvent plus aliéner.

L'autre espéce de mort civile est la condamnation capitale. Si un absent est condamné à mort par contumace, & s'il décéde après les cinq ans sans s'être représenté, ou sans avoir été constitué prisonnier, il est réputé mort civilement du jour de l'exécution de la Sentence de contumace, & par conséquent il est incapable de succéder, de contracter mariage, ni de faire aucun acte de Citoïen.

Si un criminel est banni à perpétuité du Roïaume, il est mort civilement.

S'il n'est banni que pour un tems, ou du ressort d'une certaine Jurisdiction, alors il n'y a point de mort civile. En effet, les fictions imitent la nature; on ne meurt point pour un lieu ni pour un tems. ¶¶ Sur les différentes sortes de bannissemens & leur effet, *voyez* ce qui est dit ci-après, *tome 2. livre 3. chap. 39. des Peines.*

La condamnation aux galeres à perpétuité est suivie de la mort civile; mais non pas la condamnation aux galeres pour un tems.

Brod. sur Louet, S. ch. 15. in fin.

La captivité n'eſt point parmi nous une mort civile. Comme l'eſclavage n'eſt point admis en France, celui qui eſt pris par les Infidéles, quoîqu'il perde la liberté de fait, n'eſt point réputé l'avoir perdue de droit; c'eſt-à-dire, qu'il a droit de ſe ſervir de ſa liberté, quoiqu'il en ſoit empêché par une force majeure, de même qu'un homme que des voleurs retiendroient de force : ainſi il conſerve tous ſes droits, & il eſt purement conſidéré comme un abſent.

Ceux qui ſont ſimplement exilés ſans condamnation juridique, comme ceux qui par ordre du Roi ſont éloignés de la Cour, ou de leur ſéjour ordinaire, ceux-là, dis-je, ne ſont point morts civilement, ils ne perdent aucuns de leurs droits, & n'encourent pas même d'infamie.

Il y en a qui ne perdent pas la vie civile entiérement, mais qui perdent l'honneur qui en a fait partie ; ce ſont ceux qui ſont condamnés au blâme, à l'amende honorable, ¶¶ ou à une amende pécuniaire en matiere criminelle, au baniſſement à tems, ou ſeulement d'un certain lieu,]] aux galeres pour un tems, les Officiers interdits à perpétuité de la fonction

de leurs Charges , &c. L'effet que
produit l'infamie eſt de rendre la perſonne incapable des Dignités & des
Charges publiques , & de faire rejetter ſon témoignage. Les décrets d'a- *Ordonn:*
journement perſonnel , & de priſe *crimin.tit.*
de corps , produiſent le même effet *des décrets.*
juſqu'à ce qu'ils ayent été purgés ,
c'eſt-à-dire , juſqu'à ce qu'il ſoit intervenu un jugement d'abſolution ,
où du moins une condamnation qui
n'emporte point d'infamie , comme
d'être mandé & admonêté , d'au-
môner une certaine ſomme ¶¶ en
matiere criminelle , ou de payer une
amende en matiere civile.]]

Outre l'infamie de droit, qui provient des condamnations judiciaires.
il y a une autre infamie qu'on appelle
infamie de fait , & qui n'eſt autre
choſe que la mauvaiſe réputation :
on y a très-peu d'égard en Juſtice, ſi
ce n'eſt en de certains càs ſinguliers
qui dépendent de la prudence des
Juges.

CHAPITRE IV.

De la Puiſſance paternelle.

LA puiſſance que les peres ont ſur leurs enfans dans le pays de Droit écrit, & dans quelques coutumes, eſt un des meilleurs moyens qu'on ait pu inventer pour retenir les enfans dans leur devoir : mais elle eſt ſi différente ſuivant les diverſes coutumes, qu'il eſt preſque impoſſible d'en donner des principes généraux. Voici ce qu'il y a de plus certain ſur cette matiere.

Dans les pays qui ſont régis par le Droit écrit, ¶¶ on appelle fils de famille, tout enfant qui eſt en la puiſſance de ſon pere, quand même il ſeroit majeur.]] La puiſſance paternelle ¶¶ produit pluſieurs effets. Le premier eſt qu'elle]] donne au pere le droit de jouir par uſufruit de tous les biens qui appartiennent à ſes enfans à quelque titre que ce ſoit, excepté des biens qu'ils ont acquis à la guerre, au barreau, ou au ſervice de l'Egliſe. Ces ſortes ¶¶ de biens ſont appellés par les loix Romaines, *pecu-lium caſtrenſe vel quaſi caſtrenſe.*

Il y a auffi des cas où le pere n'a pas l'ufufruit des biens adventifs de fes enfans ; fçavoir, 1°. lorfqu'il fuccéde conjointement avec eux à un autre de fes enfans prédécédé, il ne jouit pas des portions de fes enfans, parce qu'il a une portion virile en pro- priété. *Nov.* 118. *c.* 2. 2°. Lorfqu'il refufe d'autorifer fes enfans, pour ac- cepter une donation, fucceffion ou legs. *L.* 8. *de bonis quæ lib.* 3°. Lorf- que les biens font donnés ou légués à fes enfans, à condition qu'il ne jouira pas des fruits.]]

Le fecond effet eft, que les en- fans ne peuvent pas emprunter valable- ment, fans le confentement de leur pere, tant qu'ils font en fa puiffance, quelque âge qu'ils puiffent avoir. *Tot. tit. ff. ad Se- nat. Confe Maced.*

¶¶ Le troifiéme eft, que les enfans de famille ne peuvent tefter ; leur teftament n'eft pas valable, même après la mort du pere, ils peuvent feu- lement difpofer par teftament de leur *pecule caftrenfe* ou *quafi caftrenfe.*]]

Le quatriéme effet eft, que le pere ne peut point faire de donation entre-vifs à leur profit, fi ce n'eft par contrat de mariage ; toutes les autres donations que le pere fait à fes en- fans, font réputées donations à caufe *L. 25. C. de donat. inter vir. & uxor.*

de mort ; quoiqu'elles foient conçues entre-vifs, il les peut toujours révoquer quand bon lui femble, & elles ne font confirmées que par la mort du donateur.

¶¶ Le cinquiéme effet eft, que le pere qui marie fon fils étant en fa puiffance, eft refponfable de la dot de fa belle-fille, foit qu'il la reçoive lui même, ou que fon fils la reçoive.

Le fixiéme eft, que tout ce que le fils de famille acquiert du profit des biens qu'il avoit en fes mains, appartenant au pere, eft acquis au pere, non-feulement en ufufruit, mais même en propriété, furtout fi le fils faifoit valoir ce fonds au rifque du pere. *Inftit. per quas perfon. nob. acq. §. 1.*

Le feptiéme eft, que le pere qui émancipe fon enfant, conferve de droit pour prix de cette émancipation, l'ufufruit de la moitié des biens. *Ibid.* §. 2. Il a auffi droit de jouir de l'ufufruit d'une portion virile dans les biens maternels, échus à l'enfant depuis fon émancipation. *Leg.* 3. *cod. de bonis matern.*]]

La puiffance paternelle dure jufques à ce que les enfans foient émancipés, c'eft-à-dire tant qu'il plaît au

pere ; car on ne peut pas l'obliger
d'émanciper ſes enfans , quelque âge
qu'ils ayent ; & l'on voit ſouvent
dans le reſſort du Parlement de Toulouſe des hommes de ſoixante ans &
plus , qui ſont encore en la puiſſance
de leur pere. ☞ Il y a des cas où
les peres peuvent être contraints d'é-
manciper leur enfans. Ils ſont mar-
qués dans les obſervations *ſur Hen-*
rys , *tom.* 2. *liv.* 4. *queſt.* 13.]

Dans les pays de Droit écrit où le
mariage n'émancipe pas, comme à
Toulouſe. ☞ Dans tous les Parlemens de Droit écrit le mariage n'é-
mancipe pas. *Voyez la même obſer-*
tion .] Les enfans du fils de famille ne
ſont pas ſous la puiſſance de leur
pere , mais de leur ayeul paternel ,
qui garde toujours cette puiſſance ſur
tous ſes deſcendans du côté des mâles , en quelque dégré qu'ils ſoient ;
il peut même émanciper ſon fils ſans
émanciper ſes petits-enfans ; comme
auſſi il peut émanciper ſes petits-enfans ſans émanciper ſon fils ; & les
petits-enfans qui ont été ſous la puiſſance de leur ayeul , ne retombent
point dans la puiſſance de leur pere ,
ſoit qu'ils ayent été émancipés avant
lui , ſoit qu'il ait été émancipé avant

eux ; de forte qu'un fils qui fe' marie durant la vie de fon pere, ne peut jamais avoir fes enfans en fa puiſſance, fi ce n'eft qu'il ait été émancipé avant leur conception, ou que fon pere en l'émancipant, ne fe foit pas réfervé la puiſſance fur eux, où enfin que le pere foit mort fans avoir émancipé ni fon fils, ni fes petits-enfans.

Louet & *Brod.lett.* *M. n. 10.* Il faut néanmoins obferver que dans tous les pays de Droit écrit qui font du reſſort du Parlement de Paris, comme le Lyonnois, Forefts, Beaujollois, & une partie de l'Auvergne, les enfans font émancipés, & fortent de la puiſſance de leur pere par le mariage.

Dans la coutume de Paris, & dans la plûpart des autres, les peres n'ont guéres plus de pouvoir fur leurs enfans, que les tuteurs fur leurs pupilles ; ils ont le foin de leur éducation & de l'adminiſtration de leurs biens, jufques à ce qu'ils foient majeurs ou émancipés d'âge par des Lettres du Prince : mais ils n'ont pas l'ufufruit de leurs biens ; car la garde noble ou bourgeoife eſt commune au pere & à la mere, & ne leur donne que l'ufufruit de certains biens, jufques à un certain âge, & à des conditions ous parlerons dans la suite.

quelques autres coutumes,
Auvergne , Bourbonnois ,
, Berry , &c. les peres ont la
uissance sur les enfans qui ne
s émancipés , que dans les
Droit écrit ; mais elle finit
ertain âge , suivant les diver-
umes. Il y en a même quel-
es , comme celle de Bourgo-
à la puissance paternelle file moment que les enfans
s de la maison de leur pere ,
s tiennent un ménage à part.
'y a que les enfans légitimes
nt sous la puissance de leur
es bâtards & les adoptifs n'y
nt ; les bâtards , parce qu'ils
as les droits de la famille ; &
ptifs , parce que l'adoption
s en usage en France.

Il y en a de trois fortes en France ; celle des gens de main-morte, celle des mineurs, & celle des enfans de famille.

Les Seigneurs qui ont fous eux des gens de main-morte, ou des gens de fuite, peuvent les affranchir & leur donner la même liberté & les mêmes prérogatives dont jouiffent tous les autres François. Cela fe fait par un acte d'affranchiffement ou d'émancipation, ou en jugement, ou pardevant Notaires : ces fortes d'émancipations font très-rares.

Dans les pays de Droit écrit, la tutelle finit à quatorze ans pour les mâles, & à douze pour les filles ; & les mineurs qui ne font plus fous la puiffance paternelle, & qui ont atteint l'âge de puberté, peuvent de plein droit difpofer de leurs meubles & des fruits de leurs immeubles ; c'eft pourquoi ils n'ont pas befoin d'être émancipés.

Mais dans la plûpart des coutumes la tutelle dure jufques à vingt-cinq ans. Et comme il arrive quelquefois qu'il eft avantageux aux mineurs d'avoir eux-mêmes la conduite de leurs affaires, l'expédient qu'on a trouvé pour cela, eft de les faire éman-

ciper : voici la forme de ces émancipations. Les parens paternels & maternels du mineur s'affemblent ; ils
déclarent que le mineur eft capable
de gouverner fon bien, & qu'il eft
néceffaire de le faire émanciper. Les
parens qui ne peuvent pas fe trouver
à l'affemblée, envoyent une procuration dans laquelle leur avis eft inféré ; en conféquence de l'avis des parens, le Roi accord des Lettres d'é-
mancipation qui font fcellées en Chancellerie, & qui doivent être entérinées par le Juge Royal du lieu du domicile du mineur. * Les Lettres précédent toujours l'avis des parens.]

Réguliérement ces Lettres ne font
accordées qu'après la pleine puberté,
c'eft-à-dire à dix-huit ans accomplis.
Il y a néanmoins des occafions où les
parent jugent à propos de les accorder plutôt ; dès le moment qu'ils ont
donné leur avis, on ne les réfufe plus
au fceau , & on les expédie avec
beaucoup de facilité, parce qu'elles
doivent être entérinées avec connoiffance de caufe.

L'effet de ces lettres eft de donner
au mineur la libre difpofition de fes
meubles, & des revenus de fes immeubles, mais non pas la faculté d'a-

liéner ſes immeubles. Il faut même
créer un curateur au mineur émancipé, pour pouvoir paroître en Juſtice
pour les procès qui regardent ſes
droits immobiliers ; ce curateur s'appelle curateur aux cauſes.

L'émancipation des enfans de famille en pays de Droit écrit, les mettoit autrefois hors de la famille paternelle, enſorte qu'ils ne ſuccédoient
pas avec ceux que le pere avoit rete-
nus en ſa puiſſance ; mais aujourd'hui
tout l'effet de cette émancipation n'eſt
autre que de délivrer le fils de la
puiſſance paternelle, d'ôter au pere
l'uſufruit qu'il auroit pu avoir ſur les
biens de ſon fils, & de rendre le fils
capable d'emprunter ſans avoir beſoin du conſentement de ſon pere,
ſuppoſé qu'il ait d'ailleurs l'âge néceſſaire pour cela.

Le pere peut émanciper ſes enfans
à toutes ſortes d'âges, parce que cette
émancipation fait ſeulement ceſſer la
puiſſance paternelle, & ne met pas
les enfans hors de tutelle, s'ils ſont
encore impuberes, c'eſt-à-dire, les
mâles au-deſſous de quatorze ans, &
les filles de douze.

Il n'eſt pas néceſſaire que l'émancipation ſoit faite en jugement, il ſuffit

fit que le pere déclare sa volonté pardevant Notaires. ☞ Il n'y a qu'au Parlement de Toulouse où l'émancipation
puisse être faite par-devant Notaires ;
dans tous les autres pays de Droit écrit,
elle doit être faite en jugement.

CHAPITRE VI.

De la Garde-Noble, ou Bourgeoise.

LA garde-baillie, ou main-bour-
nie, est une faculté accordée par
la plûpart des coutumes aux peres,
meres, ayeuls, ayeules, & autres
personnes, de jouir de la totalité ou
d'une partie des biens des mineurs,
& de profiter des fruits sans en rendre compte.

La garde est différente, suivant les
différentes coutumes, qui néanmoins
se réduisent presque toutes à la coutume de Paris, avec très-peu de différence, excepté celle de Normandie
& celle d'Amiens.

Dans celle de Paris il y a deux sortes
de gardes, la noble & la bourgeoise :
elles ont quelque chose de commun,
elles ont aussi quelques différences.

Tout gardien a la faculté d'accepter la garde, ou d'y renoncer, mais *Paris,*
art. 169.

celui qui la veut avoir doit la demander en jugement ; la forme ordinaire
est de se faire assister d'un Procureur,
& d'aller devant le Juge à l'Audience,
demander acte de ce qu'on accepte la
garde ; il faut après cela faire un inventaire pour la conservation des titres
du mineur, & pour sçavoir la consis-
tance des meubles.

Paris, art. 267. Le gardien n'a que l'administration
des meubles du mineur, il les doit
rendre après la garde finie : il profite
des fruits des immeubles, sans être
obligé d'en rendre aucun compte,
c'est-à-dire, des biens que le mineur
avoit lorsque la garde a été ouverte ;
car s'il échet des successions collatérales * il en est de même des directes]
au mineur, durant la garde, le gardien
n'en jouit pas, & n'en a pas même
l'administration, à moins qu'il ne soit
tuteur.

Ibid. Comme le gardien profite des revenus du mineur, ils est chargé de
payer les dettes mobiliaires & les
arrérages des rentes, d'acquitter les
charges foncieres des héritages, de
faire les réparations viageres, &
tout ce qui est nécessaire pour rendre
les héritages en bon état après la
garde finie ; il est aussi tenu de nour-

rir & d'entretenir les mineurs, & de leur donner l'éducation convenable à leur qualité.

Dans la coutume de Paris, outre le gardien, le mineur doit avoir un tu- *Paris, art. 170.* teur pour agir dans toutes les affaires qui ne regardent ni les meubles, ni les fruits des immeubles ; mais le gardien peut être élu tuteur : ces deux qualités ne sont pas incompatibles.

La garde finit ¶¶ avant le tems *Paris,* prescrit par la coutume,]] si le gar- *art. 168.* dien ou la gardienne se remarient, ou s'ils abusent manifestement de leur droit par leur mauvais ménage ou autrement. Voilà ce qui est commun aux deux gardes.

Quant à la garde-noble, elle est dé- *Paris,* férée au pere ou à la mere, & à leur *art. 265.* défaut à l'ayeul ou à l'ayeule : l'ayeul *& 268.* est préféré à l'ayeule ; & s'il y a deux ayeuls, le paternel est préféré au maternel. Quand le pere ou la mere qui ont la garde de leurs enfans, viennent à se remarier, la garde finit & ne remonte point aux ayeuls ; elle finit à vingt ans pour les mâles, & à quinze ans pour les filles, & le gardien-noble n'est pas obligé de donner caution.

La garde-bourgeoise est donnée aux *Paris,* seuls bourgeois de Paris, & non pas à *art. 267.*

C ij

ceux des autres Villes qui sont du ressort de la coutume de Paris, & même les bourgeois de Paris n'avoient pas autrefois la garde de leurs enfans : elle leur a été accordée par des priviléges de nos anciens Rois, qui ont été confirmés par des Lettres Patentes de Charles V, du 9 Août 1371, & de Charles VI, du 5 Août 1390.

Paris, art. 266. 268. & 269. La garde-bourgeoise n'est déférée qu'au pere & à la mere, & non pas à l'ayeul ni à l'ayeule : elle finit à quatorze ans pour les mâles, & à douze pour les filles, & le gardien est obligé de donner caution.

Mante, art. 278. Il y a quelques coutumes qui n'admettent que la garde-noble, & qui ne donnent point de garde aux roturiers.

Clermont, art. 176. Il y a d'autres coutumes qui ne la donnent aux roturiers que pour les fiefs nobles seulement.

Tours, art. 340. Il y en a aussi plusieurs qui donnent la propriété des meubles au gardien-noble, mais non pas au roturier.

Normand. art. 213. 214. & suiv. En Normandie, la garde des mineurs n'appartient pas aux peres & aux meres, ni aux autres ascendans, mais aux Seigneurs de fiefs ; elle ne donne au gardien que la jouissance du fief qui est dans sa mouvance, de forte qu'il y a autant de gardiens qu'il y a des Seigneurs immédiats des fiefs que possède le mineur, excepté lorsqu'il y a quelque fief dans la mouvance immédiate du Roi ; car la garde Royale attire toutes les autres, c'est-à-dire qu'elle attribue au Roi le droit de jouir de tous les autres fiefs du mineur en quelque mouvance qu'ils soient ; mais le Roi accorde presque toujours aux mineurs les fruits de leurs fiefs, & se réserve seulement le droit de présenter aux bénéfices, dont le patronage est attaché aux fiefs. Cette espece de garde vient de ce qu'autrefois les possesseurs des fiefs étoient obligés au Service Militaire & à suivre leurs Seigneurs à la guerre, de sorte que, quand le vassal n'étoit pas en état de servir à cause de son bas âge, le Seigneur prenoit les fruits du fief servant, pour faire servir une autre personne en sa place.

Les Ducs de Bretagne avoient autrefois la garde des enfans mineurs de leurs vassaux ; mais il y a long-tems que cette garde est changée en un simple rachat, qui consiste à la jouissance d'une année du revenu des fiefs que le mineur a dans la mouvance du Duché de Bretagne.

La coutume d'Amiens a quelque chofe de celle de Paris, & quelque chofe auffi de celle de Normandie ; elle donne la garde ou baillie aux peres & aux meres, & non pas aux Seigneurs du fief ; mais elle ne donne aux gardiens que la jouiffance des revenus des fiefs & non pas des autres biens.

CHAPITRE VII.

Des Mineurs.

LEs mineurs de vingt-cinq ans ont de grands priviléges à caufe de l'infirmité de leur âge.

Tot. tit.
ff. de mi-
norib. 25.
an.
Par la difpofition de droit ils font reftitués contre tous les actes qu'ils ont paffés, & dans lefquels ils ont été lézés, pourvu qu'ils n'ayent pas fait ce qu'un majeur bon économe auroit fait en leur place ; car alors on ne confidére pas la lézion qui peut furvenir dans la fuite par un cas fortuit ; auquel la mauvaife conduite n'a pas donné lieu ; voici l'exemple qu'en donne la loi même. Si un mineur a accepté une fucceffion très-ample, dont les héritages font péris dans la fuite par des tremblemens de terre

par des inondations extraordinaires , ou par d'autres cas fortuits qu'un majeur n'auroit pas pu prévoir , il ne doit pas être reftitué ; mais fi la fucceffion confiftoit en efclaves , ou en beftiaux fujets à de grandes mortalités , ou en marchandifes fujettes à fe corrompre , ou à changer de prix , & qu'il y eut des dettes confidérables , le mineur fera reftitué pour n'avoir pas prévu le péril auquel il s'expofoit , & pour n'avoir pas vendu promptement des chofes fi périffables pour acquitter les dettes.

Quoique cette Jurifprudence paroiffe très-jufte , néanmoins on la fuit rarement en France : il fuffit qu'un mineur ait été lézé , pour fe faire reftituer. On n'examine prefque jamais la caufe de la lézion ; ce qui met les mineurs dans une efpéce d'interdiction , & leur fait fouvent perdre l'occafion de faire de bonnes affaires ; car perfonne ne veut contracter avec eux , parce qu'il n'y a point de fûreté.

L. 11. §. 5. ff. de minorib.

Autrefois quand un mineur s'étoit dit majeur pour tromper celui avec qui il contractoit , il n'étoit point reftitué , quelque lézion qu'il eût foufferte ; la loi n'accordoit fon fecours qu'à ceux qui avoient été trompés ,

Louet & Brod. lett. M. nomb. 7.

C iiij

& non pas à ceux qui avoient voulu tromper ; mais depuis on a confidéré que ceux qui vouloient tromper les mineurs , ne manquoient pas de les faire affirmer dans les contrats qu'ils étoient majeurs , & même de faire attacher au contrat de faux extraits baptiftaires : c'eft pourquoi par un Arrêt de réglement , il a été défendu aux Notaires d'inférer ces fortes de déclarations dans les contrats. ☞ Il y a un autre Arrêt de réglement femblable du 6. Mars 1624. Ces deux Arrêts de réglement font rapportés par *Brodeau fur Louet , lettr. M. chap. 7. n. 4. & dans le Praticien François , partie I. pages* 435. & 454.]

Du 6 Mars 1610.

Ordonn. de Louis XII. 1510. art. 40.

Les mineurs , après les dix ans de leur majorité ne font plus recevables à fe pourvoir contre les actes qu'ils ont paffés en minorité.

¶¶ Il faut néanmoins excepter la coutume de Normandie, dans laquelle, quoiqu'on foit majeur à 20 ans , on a jufqu'à l'âge de 35 ans pour fe faire reftituer contre les actes paffés en minorité , art. 39 des Placités.]]

La prefcription ne court point contre les mineurs, encore qu'elle ait commencé du vivant d'un majeur auquel ils ont fuccédé : mais elle dort , pour ainſi dire, durant tout le tems de leur minorité, & reprend ſon cours dès le moment qu'ils ſont devenus majeurs; il en faut excepter l'an du retrait lignager qui court contre le mineur ſans eſpérance de reſtitution ; comme auſſi lorſque le tuteur n'a point fait de pourſuites pour être payé des arrérages de rentes conſtituées, le mineur n'eſt pas reſtitué, & n'en peut demander que cinq années, ¶¶ de même que le majeur, parce que l'Ordonnance de 1510 qui prononce une fin de non-recevoir pour le ſurplus, n'eſt pas fondée ſur une préſomption de payement, ni ſur la preſcription, mais ſur la défaveur qu'avoient alors ces ventes, à cauſe de laquelle cette Ordonnance ne veut pas qu'on en puiſſe demander plus de cinq années.]] ☞ Dans les Parlemens de Droit écrit, les preſcriptions moindres de trente ans ¶¶ ne courent pas contre les mineurs ; à l'égard des preſcriptions de 30 & 40, elles ne courent pas contre les pupilles, mais elles courent]] contre les mineurs; ſauf à eux à s'en faire relever par bénéfice de reſtitution. *Voyez les obſervations ſur Henrys*, tome 2. l. 4. q. 21.]

Lorſqu'il eſt intervenu quelque arrêt ou jugement en dernier reſſort

Brodeau ſur Louet, lett. R. n. 7.

L. ult. in quib. conſ. in integr. reſtit. non eſt neceſſ. & l. 3. C. de præſcript. 30. vel 40. an. Ordonn. de 1667. tit. 35. art. 35.

C v

contre un mineur, quoiqu'il ait été affifté d'un tuteur ou d'un curateur, il §§ peut revenir par Requête civile, s'il n'a pas été défendu, c'eft-à-dire, s'il a été condamné par défaut ou for-clufion, ou s'il n'a pas été défendu va-lablement, c'eft-à-dire, fil'on a omis de produire une piéce néceffaire ou d'arti-culer un fait effentiel ; car la feule omif-fion des moyens de droit & d'équité, n'eft pas un moyen de Requête civile, attendu que les Juges doivent les fuppléer.]]

Louet &
Brod. lett.
D. n. 58.
& 68.

Ordon-
nance des
donat. art.
14. *& 31.*

Les mineurs ne font point reftitués contre le défaut d'acceptation des donations qui ont été faites à leur profit par des étrangers, autres que le pere ou le tuteur ; ils ne font pas reftitués non plus contre le défaut d'infinuation, du moins à l'égard des créanciers qui ont contracté avec le donateur depuis la donation ; mais fi les tuteurs ont eu connoiffance des donations, & qu'ils ne les ayent pas valablement acceptées & fait infi-nuer, ils en font refponfables envers les mineurs. §§ Avant la nouvelle Ordonnance des donations, au Par-lement de]] Touloufe, les mineurs étoient relevés contre les défauts d'acceptation & d'infinuation. *May-nard*, *l.* 2. *ch.* 54. *La Roche-Flavin*,

*liv. 2. tit. 9. Arrêt 1. & l. 6. tit. 40.
Art. 11. & 27. Cambolas, l. 2. ch.
27. & l. 3. ch. 31. Catelan, tom. 2.
l. 5. ch. 9. & 55.*]

Lorſque le tuteur ne s'eſt pas op- *Ibid. lett.*
poſé pour ſon mineur au décret des D. n. 52.
biens qui lui ſont hypothéqués, le
mineur ne peut pas être relevé du
défaut d'oppoſition, il a ſeulement ſon
recours contre le tuteur négligent.

En matiere de crimes, les mineurs
ſont traités comme les majeurs, pour-
vû qu'ils ſoient en âge de connoître
ce qu'ils ſont ; ce qui dépend des qualités du mineur & de la prudence du
Juge, qui peut auſſi adoucir la peine
ſuivant les diverſes circonſtances du
crime.

¶ Suivant l'Ordonnance du commerce, tit. 1. art. 6. tous Négo-
cians, Marchands & Banquiers ſont
réputés majeurs pour le fait de leur
commerce & banque, ſans qu'ils puiſſent être reſtitués, ſous prétexte de
minorité.

L'art. 14. du tit. 15. de l'Ordonnance de 1667. déclare les mineurs
de 25 ans qui ſeront pourvus de bénéfice, capables d'agir en Juſtice
ſans l'autorité & aſſiſtance d'un tateur ou curateur, tant en ce qui con-

cerne la poſſeſſion, que pour les droits, fruits & revenus du bénéfice.

Le bénéficier mineur eſt cependant quelquefois reſtitué, mais comme le feroit un majeur. *Dumoulin, de publicandis, n. 240.*

Un Officier public mineur de 25 ans, eſt réputé majeur pour le fait de ſon Office ; mais dans les autres affaires il eſt traité comme les autres mineurs.]]

CHAPITRE VIII.

Des Tuteurs.

LEs enfans juſques à un certain âge ne font pas capables de ſe conduire, ni d'avoir l'adminiſtration de leur bien ; c'eſt pourquoi on a jugé à propos de leur donner des tuteurs, qui ont le foin de leur perſonne & de leur bien : ils font nommés tuteurs, comme qui diroit défenſeurs, *tutores à tuendo.*

Tant que le pere & la mere font vivans, on leur laiſſe ordinairement la conduite de leurs enfans, ſans leur donner de tuteur, à moins qu'il n'y ait une cauſe néceſſaire d'en uſer au-

trement ; par exemple, fi le pere étoit
en démence, ou qu'il eût des droits
à démêler avec fes enfans.

Après la mort du pere ou de la mere, ou de tous les deux, on en ufe
différemment dans les pays de Droit
écrit & dans le pays coutumier.

En pays de Droit écrit, il y a trois
fortes de tutelles, la teftamentaire,
la légitime & la dative.

La tutelle teftamentaire a lieu, *Tot. tit.*
lorfque le pere qui a fes enfans en fa *ff. de tef-*
puiffance leur nomme un tuteur ; ce *tam. tut.*
tuteur doit être préféré à tous les autres, & il exerce la tutelle de plein
droit, fans avoir befoin d'être confirmé par le Juge. ☞ Dans le pays de
Droit écrit du reffort du Parlement
de Paris, le tuteur teftamentaire n'eft
pas toujours préféré au tuteur élu
par les parens, fuivant un Arrêt du
8. Juillet 1587, rapporté par *M.*
Louet, lettre T. chapitre 2. Il n'eft
pas vrai non plus qu'il n'ait pas befoin de confirmation, il doit être
confirmé par le Juge, après avoir
pris l'avis des parens, parce que dans
ces provinces les tutelles font datives. *Henrys, tom.* 2. *l.* 4. *q.* 15. Mais
à moins qu'il n'y ait de juftes caufes
pour exclure le tuteur nommé par le

teſtament du pere, il doit être préféré à tous autres, ſuivant les Arrêts
remarqués par *Brodeau ſur Louet à*
l'endroit ci-deſſus, & par *Mornac ſur*
la loi 20. Cod. de Epiſc. Aud.] On
ſuppoſe que nul ne peut mieux connoître le bien & l'utilité des enfans,
que le pere même qui a nommé le
tuteur.

Il peut arriver des cas où le tuteur
nommé par le pere ſeroit rejetté ; par
exemple, s'il avoit quelque défaut
inconnu au pere ; s'il avoit fait ban-
queroute, ou autres cauſes de cette
nature.

L. 7. ff.
cod.
Le tuteur nommé par le teſtament
du pere, n'eſt pas obligé de donner
caution ; mais ſi le pere a nommé
pluſieurs tuteurs, & que l'un d'eux
offre de donner caution pour avoir
ſeul l'adminiſtration, le Juge en connoiſſance de cauſe la lui peut accorder, après toutefois avoir demandé
aux autres s'ils veulent donner caution ; car s'ils offrent tous de la donner, ils doivent tous avoir part à
l'adminiſtration ; mais le Juge ne devroit pas admettre celui qui offre de
donner caution & d'adminiſtrer ſeul,
s'il y avoit quelque choſe à dire en
ſa perſonne ; & que les autres fuſſent

d'une réputation entiere, & euffent dès facultés fuffifantes pour répondre de la tutelle, parce qu'il y a fouvent plus de danger à confier l'adminiftration à de certaines gens, quoiqu'ils donnent caution, qu'à d'autres qui ne la donnent pas.

Le pere qui n'a pas fes enfans en fa puiffance, & la mere peuvent nommer un tuteur à leurs enfans ; mais il faut que ce tuteur foit confirmé par le Juge. Si c'eft le pere qui a nommé le tuteur, le Juge le doit confirmer fans autre connoiffance de caufe ; mais fi c'eft la mere, le Juge doit s'informer de la capacité & des facultés du tuteur qui a été nommé. *L. 2. ff. de confirm. tut.*

Au défaut de la tutelle teftamentaire, fuccéde la legitime que la loi défére au plus proche parent du côté paternel. Elle eft nommée légitime, parce que le tuteur eft appellé à l'adminiftration des biens du mineur, par le feul miniftere de la loi ; mais le tuteur légitime eft obligé de donner caution, avant que de s'immifcer en l'adminiftration des biens du mineur. *L. 5. ff. de legitim. tut. inftit. de legitim. aguat. tut.*

Il y a une autre efpéce de tutelle légitime, laquelle eft déférée par la loi au pere & à l'ayeul qui ont des en- *Inft. de legit parent. tut.*

fans ou petits-enfans émancipés.

Quand il n'y a point de tuteur testamentaire, ni de tuteur légitime qui
soient capables d'exercer la tutelle,
les parens du pupille se doivent assembler, & demander un tuteur au
Juge ; & s'ils ne le font pas, ils sont
privés de sa succession. Le Juge doit
prendre leur avis avant que de le
nommer ; & s'il voit que le tuteur ne
soit pas solvable, ou qu'il n'ait pas
une bonne réputation, il peut en nommer un autre d'office ; c'est ce qu'on
appelle tutelle dative. Les parens
qui ont choisi la tuteur, & le Juge
qui l'a nommé, doivent lui faire donner une suffisante caution ; car si le tuteur a dissipé les biens du mineur, &
qu'il soit insolvable, le mineur a son
recours contre la caution, & puis contre les parens qui ont donné leur avis,
& enfin contre le Juge qui a nomme le tuteur. ☞ Dans les pays de
Droit écrit du ressort du Parlement
de Paris, les parens qui ont donné
leur avis ne sont point responsables
de l'insolvabilité du tuteur. Ainsi jugé pour le pays du Mâconnois par
un Arrêt du 16 Juillet 1640, remarqué par *Brodeau sur Louet, let. T.*
ch. 1. n. 5.]

On donne quelquefois deux tuteurs L. 3. §. 2.
aux personnes de considération, sça- ff. de ad-
voir un tuteur honoraire, & un tu- minist.
teur onéraire ; le tuteur honoraire & peric.
n'administre pas les biens par lui-mê- tut.
me ; c'est le tuteur onéraire qui en a
tout le soin ; c'est lui seul qui rend
compte : mais s'il avoit mal geré, &
qu'il fût insolvable, le tuteur honoraire seroit subsidiairement tenu de
payer le reliquat du compte ; c'est
pourquoi le tuteur onéraire ne doit
rien faire sans prendre son avis, &
s'ils étoient de sentiment différent sur
l'administration de la tutelle, ils peuvent prendre un avis des parens, qui
leur sert de décharge à l'un & à l'autre. ☞ Il est vrai que suivant la disposition du Droit *dans la loi* 3. §. 73.
de admin. & peric. tut. la loi 60.
§. 2. *de Rit. Nupt. & la loi* 14. §. 1.
de Solut. les tuteurs honoraires sont
tenus subsidiairement de l'insolvabilité
des tuteurs onéraires ; mais dans
les pays de coutumes, même dans les
pays de Droit écrit du ressort du Parlement de Paris, cela ne se pratique
plus. D'abord on se relâcha de la rigueur du Droit en faveur des Princes
du Sang, ainsi que le remarque *Mor-*
nac sur la loi 60. *de Rit. Nupt.* en-

fuite en faveur des Seigneurs de la Cour , & à la fin en faveur de tous les tuteurs honoraires de quelque qualité qu'ils foient.]

Le tuteur honoraire a prefque toujours le foin de l'éducation du mineur ; & comme le tuteur onéraire eft plutôt un homme d'affaires, qu'un véritable tuteur, on lui donne ordinairement des appointemens raifonnables , qui font réglés par l'avis des parens, & qu'il employe dans fon compte.

Lorfque les mineurs ont du bien en diverfes Provinces éloignées les unes des autres , on peut nommer deux tuteurs , l'un pour les biens d'une Province, & l'autre pour ceux d'une autre province, & alors chaque tuteur n'eft tenu que des biens qu'il a adminiftrés. Ce feroit autre chofe s'il y avoit plufieurs tuteurs nommés par l'acte de tutelle , fans divifer leurs fonctions ; quoiqu'ils fuffent convenus enfemble de féparer la geftion, & d'en exercer chacun une partie ; chacun des deux ne laifferoit pas d'être tenu folidairement , tant pour la part qu'il auroit adminiftrée , que pour celle de fon cotuteur.

En pays coutumier , toutes les tutelles font datives, c'eft-à-dire , que

*L. 2. C.
de divd.
tutel.*

tous les tuteurs sont nommés par le Juge du lieu, où le pere des mineurs avoit son dernier domicile ; mais lorsque le pere ou la mere ont nommé un tuteur par leur testament, on ne le refuse guéres en Justice ; & quand le pere ou la mere sont vivans, s'ils veulent accepter la tutelle de leurs enfans, ils sont ordinairement préférés à tous les autres parens. ☞ Il en est de même dans les pays de Droit écrit du Parlement de Paris. *Henrys*, *tome 2. l. 4. q. 15.*]

Dans la plûpart des coutumes, les tuteurs ne sont point obligés de donner caution ; & les parens qui ont donné leur avis, le Juge qui a nommé le tuteur, ne sont point responsables de son administration.

Il y a néanmoins quelques coutumes où les tuteurs sont obligés de donner caution, & où les nominateurs & les Juges sont subsidiairement responsables de l'insolvabilité du tuteur qui a été nommé.

Bretag. art. 484. 502. 503. Normandie, Réglement du 7 Mars 1673.

Pour nommer un tuteur aux mineurs, les parens s'assemblent ; il faut qu'il y en ait du côté paternel & du maternel s'il se peut ; quelques coutumes en réglent le nombre, d'autres le laissent à l'arbitrage du Juge ;

celui qui eſt nommé à la pluralité des voix, doit exercer la tutelle, à moins qu'il n'ait une excuſe légitime, car la tutelle eſt une charge publique qu'on ne peut pas refuſer ſans cauſe. Au défaut des parens on prend l'avis des voiſins & des amis, & ceux qui donnent leur avis pour la nomination du tuteur, nomment auſſi un ſubrogé tuteur pour aſſiſter à la confection d'inventaire, & pour exercer les actions que le mineur peut avoir contre ſon tuteur; ce ſubrogé tuteur n'a aucun maniement, & n'eſt point comptable.

Les Religieux, les mineurs de vingt-cinq ans, les interdits, ſoit pour cauſe de diſſipation, ſoit pour démence, ſont incapables d'être tuteurs; les Religieux, parce qu'ils ſont morts au monde, & ne peuvent exercer aucunes fonctions civiles; les autres, parce qu'ils ont eux-mêmes beſoin de tuteurs ou de curateurs; les femmes en ſont auſſi incapables, excepté les meres & les ayeules. -

Tot. tit. ff. de ex-cuſ. tut. Les excuſes légitimes pour ſe faire décharger d'une tutelle ſont très-arbitraires en pays coutumier; en voici quelques-unes. Le nombre de cinq enfans, la charge de trois tutelles, & l'âge de ſoixante-dix ans; les infir-

mités notables, l'ignorance, la ruf-
ticité, & la grande pauvreté, font
auffi des excufes légitimes en certains
cas, ce qui dépend de la qualité
des perfonnes, & de la prudence du
Juge : s'il y avoit des parens proches, qui par cabale euffent fait nommer un tuteur très-éloigné, pour fe
faire décharger, les Juges y ont égard,
& ordonnent une nouvelle affemblée
des parens : il y a plufieurs offices qui
exemptent des charges publiques, &
par conféquent des tutelles ; les Pro-
feffeurs des Univerfités en font auffi
exempts.

Lorfqu'il n'y a qu'un feul tuteur,
& que la tutelle eft difficile à gerer,
foit par la qualité, foit par la quantité des biens, on lui permet de fe
faire foulager par un homme d'affaires, auquel on donne des appointemens qui font réglés par les parens ;
hors ce cas la tutelle doit être exercée
gratuitement. Il faut néanmoins obferver qu'en Normandie les tuteurs,
de quelque qualité qu'ils foient, ont
la dixiéme partie des revenus du mineur, pour s'indemnifer des faux frais
qu'ils font obligés de faire, & du
tems qu'ils employent à l'adminiftration de la tutelle.

Dans les maifons des Princes, on établit ordinairement un confeil de tutelle, qui eft compofé, ou d'Officiers des Cours Souveraines, ou d'anciens Avocats. Ce confeil eft choifi par les parens; & quand ils ne s'accordent pas, c'eft au Parlement à les régler; quelquefois le Roi même veut bien en prendre connoiffance, & nomme les perfonnes dont ce confeil doit être compofé : le tuteur eft obligé de fuivre les délibérations du confeil de tutelle, qui lui fervent de décharge valable.

⁋⁋ Les Juges ordinaires établiffent quelquefois de femblables confeils de tutelle, pour les perfonnes diftinguées, lorfque les parens le demandent.]]

Auth. minoris qui dare tut.
Henrys, tom. 2. liv. 4. ch. 6. queft. 36. Nov. 94.

Dans les pays de Droit écrit, dès le moment que le tuteur eft nommé, s'il fe trouve créancier du mineur, ou qu'il ait d'autres droits à démêler contre lui, il le doit déclarer avant que d'accepter la tutelle, autrement il en demeureroit déchu, & ne pourroit plus les pourfuivre en Juftice, il n'y a que les meres & les ayeules qui foient difpenfées de cette déclaration : mais comme la loi n'a été faite que pour empêcher les fraudes du tuteur, qui pourroit détourner les piéces qui fervent à la défenfe du mineur, elle n'eſt pas exécutée à la rigueur, lorſque l'on voit que le tuteur eſt dans la bonne foi, & qu'il n'a manqué à faire ſa déclaration que par pure ignorance, comme une perſonne ruſtique ; ce qui dépend des circonſtances. ☞ Les tuteurs teſtamentaires ſont auſſi diſpenſés de la rigueur de la loi, ſuivant les Auteurs cités dans l'obſervation ſur la queſtion 37. *d'Henrys, tom.* 1. *liv.* 4. *& tom.* 2. *liv.* 4. *q. ch.* 15.]

Le tuteur eſt obligé à deux choſes avant que de s'immiſcer dans l'adminiſtration des biens du mineur ; la premiere eſt de prêter ſerment de bien & fidélement adminiſtrer la tutelle ; le ſubrogé tuteur eſt auſſi obligé à faire un pareil ſerment. *Nov.* 71. *cap.* 8.

La ſeconde choſe à quoi le tuteur eſt obligé, c'eſt de faire faire un bon & loïal inventaire, pour connoître les effets du mineur, & pour la conſervation de ſes titres : on ne doit pas ſe contenter de faire inventorier les meubles, mais il les faut faire priſer par des gens connoiſſans ; & ſi le tuteur avoit manqué à faire faire un inventaire, comme il ſeroit en faute, on permet au mineur de faire informer, joint la commune renommée, c'est-à-dire, qu'il pourra faire entendre des témoins, qui déposeront que suivant le bruit commun, le pere ou les autres parens aufquels le mineur a fuccédé, avoient une telle quantité de biens, & fur l'information, le Juge peut déférer le ferment au mineur, jufqu'à une certaine quantité.

Ordonn. d'Orléans art. 102. Après que l'inventaire eft fait, le tuteur doit faire procéder à la vente des meubles à l'encan par un Officier public, qui les adjuge au plus offrant & dernier enchériffeur, à moins que les parens ne foient d'avis d'en conferver une partie : ce qui arrive quelquefois, quand le mineur approche de fa majorité, ou dans les meubles précieux des grandes maifons ; cela dépend de l'état des affaires du mineur.

Si le tuteur n'avoit pas fait vendre les meubles, il n'en feroit pas quitte pour payer le prix de l'eftimation portée par l'inventaire, parce qu'ils font fouvent prifés au-deffous de leur jufte valeur ; mais il doit outre cela payer la crue, c'eft-à-dire, le cinquiéme quart en fus de la prifée ; par exemple, fi les meubles ont
été

été eftimés 4000 livres, le tuteur doit
payer 5000 livres.

Six mois après la vente des meubles, le tuteur doit employer les deniers qui lui reftent entre les mains,
en acquifitions d'héritages, ou conftitutions de rentes; comme auffi les
forts principaux des rentes dont il eft
forcé de recevoir le rachat, & même
les deniers revenant bons de fes épargnes, lorfqu'ils forment un capital
affez confidérable fuivant les facultés
du mineur; en un mot, fi le tuteur
garde des deniers oififs entre fes
mains, on lui en fait payer les intérêts.

Il faut néanmoins obferver qu'à
l'égard des intérêts des épargnes, le
tuteur ne les couche pas année par
année dans fon compte; mais on en
fait une colonne à part, ou un chapitre féparé, dont on ne forme un
capital que quand les fommes cou-
chées dans ce chapitre féparé fe trouvent affez fortes, par rapport à la
qualité & aux biens du mineur, pour
que l'on en ait dû faire un emploi;
mais on obferve toujours un intervalle de fix mois, depuis que ces fommes
provenant des intérêts des épargnes
ont formé un capital.]

Comme un tuteur ne peut pas toujours à point nommé trouver un emploi affuré, & qu'il ne doit être tenu que de faire les diligences néceffaires; lorfqu'il a des deniers entre les mains, il peut le dénoncer aux parens, afin qu'ils lui indiquent un emploi, ou qu'ils donnent leur avis fur ceux qu'il propofe; après avoir fuivi l'avis des parens, il n'eft plus tenu de l'infolvabilité de ceux à qui il prête l'argent du mineur lorfqu'elle n'eft pas arrivée par fa négligence; car on ne peut jamais imputer au tuteur ce qu'il a fait par l'avis des parens, pourvu qu'il n'y ait pas une collufion vifible entre les parens & le tuteur; ce qu'on ne préfume jamais.

Cet avis de parens eft auffi néceffaire, ou du moins très-utile lorfque le tuteur eft obligé de diminuer notablement le prix des anciens baux, lorfqu'il y a des réparations de conféquence à faire dans les maifons, ou dans les fermes, & fur-tout pour foutenir des procès, foit en demandant, foit en défendant: il faut en un mot que le tuteur adminiftre les biens de fon mineur avec un grand foin, & une grande exactitude: car il eft refponfable des moindres fautes, quand même elles ne confifteroient qu'en une pure omiſſion ; c'eſt pourquoi il ne peut jamais prendre trop de précautions.

En Normandie les baux des biens de mineurs ne peuvent être faits qu'en Juſtice, après trois publications aux Prônes des Paroiſſes ; ☞ il en eſt de même en pays de Droit écrit. *Henrys,* *t. 2. l. 4. q. 14.*] Lorſqu'il y a des réparations à faire, quelque modiques qu'elles puiſſent être, le tuteur préſente ſa Requête au Juge, qui ordonne que les lieux ſeront vus & viſités, & qu'il en ſera dreſſé procès-verbal, & quand le procès-verbal eſt fait, il permet de faire les réparations juſqu'à concurrence d'une certaine ſomme, tout cela cauſe de grands frais aux mineurs ; mais ſi les tuteurs ne prenoient pas cette précaution, on ne leur alloueroit aucunes réparations.

Le tuteur doit auſſi pourſuivre très-exactement les débiteurs du mineur, pour les obliger de payer ce qu'ils doivent ; il doit prendre garde qu'ils ne deviennent pas inſolvables, qu'ils payent les intérêts ou arrérages de rentes réguliérement, & que leurs biens ne ſoient pas vendus par décret, ſans y former oppoſition.

Tit. de præd.min. sine decr. non alien. Il ne doit jamais vendre les immeubles du mineur sans une nécessité indispensable, & en ce cas il faut qu'il y ait une Sentence du Juge rendue en connoissance de cause, sur un avis de parens, & que la vente en soit faite en Justice au plus offrant, après plusieurs affiches & publications.

Voilà ce qui regarde l'administration des biens.

Tot. tit. ff. de aut. tut. Les tuteurs ont aussi une autorité légitime sur la personne des mineurs: ils doivent les nourrir & entretenir suivant leur condition, & avoir soin de leur éducation ; quelquefois les pensions du mineur sont réglées par le même avis de parens qui nomme le tuteur, quelquefois on les laisse à l'arbitrage du Juge ; mais lorsque le tuteur n'est point marié, ou qu'il est veuf, on ne lui confie pas l'éducation des filles, on les met en ¶¶ pension dans une Communauté de filles,]] ou chez quelque parente ; tout cela est très-arbitraire, & dépend presque toujours de la prudence des parens, sur-tout lorsqu'ils sont tous d'accord.

Ordonr. du 6. Nov. 1639. Le mineur ne peut contracter mariage sans l'autorité de son tuteur, & s'il le fait, le mariage est ordinairement déclaré non valablement con-

tracté : parce qu'on fuppofe qu'il y a
rapt, au moins féduction ; fi ce n'eft
que la plus faine partie des parens ait
réfolu un mariage avantageux contre
l'avis d'un tuteur opiniâtre. Les tu- *Ordonn.*
teurs mêmes, hors le pere, la mere & *de Blois,*
les afcendans, ne doivent pas confen- *art.* 43.
tir au mariage du mineur fans l'avis
des parens, & s'ils le font, les parens
s'y peuvent oppofer ; & le Juge fur
leur oppofition doit faire défenfes de
paffer outre à la célébration du mariage, jufqu'à ce qu'il ait été autrement ordonné en connoiffance de caufe. Il eft vrai que fi le mariage eft contracté avant les défenfes, il ne laiffe *Ordon.*
pas d'être valable, mais le tuteur en *d'Orléans*
ce cas doit être condamné à une peine *art.* 302.
afflictive, laquelle néanmoins eft arbitraire ; car l'Ordonnance porte feulement à peine de punition exemplaire.

Si le tuteur & les parens font d'avis
différent fur le mariage du mineur, les
Juges fuivent ce qui paroît le plus utile
pour le mineur : cela eft encore très-
arbitraire, & dépend de la prudence.

Le mineur ne peut ni contracter, *Tot. tit.*
ni paroître en Juftice, fans l'autorité *de auth.*
de fon tuteur, c'eft même le tuteur *tutor.*
qui eft nommé dans les actes judiciai-

..res, & contre lequel on dirige les actions ; mais les contrats que le mineur passe sans l'autorité de son tuteur, ne laissent pas d'être valables, lorsqu'ils lui sont avantageux.

Lorsqu'il y a un tuteur honoraire & un tuteur onéraire, il suffit que le mineur soit autorisé par l'un des deux ; il est vrai que le tuteur onéraire ne manque presque jamais de faire paroître le nom du tuteur honoraire dans tous les actes ; mais il le fait seulement par déférence, & sans aucune nécessité, excepté le mariage du mineur, où le consentement du tuteur honoraire prévaut à celui du tuteur onéraire.

En pays de Droit écrit, la tutelle finit de la part du mineur à l'âge de quatorze ans pour les mâles, & de douze pour les filles ; mais en ce point la plûpart des coutumes sont différentes : les unes sont conformes au Droit écrit ; il y en a d'autres où la tutelle finit à vingt ans : la plus grande partie est conforme à la Coutume de Paris, où la tutelle dure jusqu'à vingt-cinq ans.

Elle peut néanmoins finir par des Lettres d'émancipation ou de bénéfice d'âge, qu'on accorde ordinaire-

ment après dix-huit ans, ¶¶ & quelquefois plutôt ; ce qui dépend de la
capacité du mineur , & autres circonſtances, de l'avis des parens & de
la prudence du Juge :]] elle finit
auſſi par le mariage.

Mais de quélque maniere que la tutelle finiſſe avant l'âge de vingt-cinq
ans , le mineur eſt toujours conſidéré
comme mineur : il ne peut aliéner ni
hypothéquer ſes immeubles : il ne peut
agir en Juſtice , ſoit en demandant ,
ſoit en défendant , ſans l'autorité de
ſon curateur , à moins qu'il ne s'agiſſe
de la perception de ſes revenus. * Le
mineur ne peut agir en Juſtice pour
ſes revenus ſans ſon curateur.]

La tutelle finit de la part du tuteur
lorſqu'il décéde , lorſqu' il lui ſurvient
quelqu'accident qui l'empêche de
continüer l'exercice de la tutelle ,
lorſque le tuteur n'eſt donné que pour
un certain tems , & que ce tems eſt
fini : ce qui arrive ordinairement
quand le pere ou la mere ſurvivans
ſont encore mineurs ; car comme ils
ne peuvent pas être les tuteurs de
leurs enfans, on nomme en leur place
un autre tuteur pour gérer la tutelle,
juſqu'à ce que le pere ou la mere
ſoient majeurs : ſi le tuteur adminiſtre

mal la tutelle, s'il diffipe les biens du mineur, les parens peuvent la lui faire ôter, foit que la diffipation arrive par la feule négligence du tuteur, ou qu'il y ait de la mauvaife foi ; avec cette différence, que lorfqu'un tuteur eft convaincu de fraude, il n'eft pas néceffaire de prouver la diffipation, pour lui ôter la tutelle.

La mere & l'ayeule ceffent d'être tutrices, lorfqu'elles fe remarient. Le mari qu'elles époufent eft ordinairement nommé tuteur, lorfqu'il eft folvable : il eft même refponfable en fon nom de la tutelle, quoiqu'il n'ait pas été nommé, lorfque la mere ou l'ayeule qu'il a époufée, n'a pas fait nommer un autre tuteur à fes enfans ; ¶¶ il devient ce que l'on appelle *Pro-tuteur* ; on donne auffi la même qualité à ceux qui fe mêlent de la tutelle, fans en avoir été chargés.]]

Après la tutelle finie, les tuteurs doivent rendre compte aux mineurs, qui eft compofé de recette, de dépenfe & de reprife.

Le tuteur doit faire recette des deniers provenus de la vente des meubles du mineur, de l'argent comptant, s'il y en a eu des fommes contenues dans les promeffes & obliga-

tions , soit qu'il les ait reçues ou non ,
des revenus de quelque nature qu'ils
soient , non-seulement de ceux qu'il
a touchés , mais de ceux qu'il a pu
recevoir : il doit compter année par
année , afin de voir si à la fin de chaque année il y a eu des épargnes suffi-
santes pour former un capital.

· Il peut employer en dépense toute
celle qu'il a faite utilement pour le
mineur , laquelle doit être justifiée
par des quittances de toutes les sommes qu'il a été obligé de payer , hors
la dépense qui concerne la nourriture
& entretien du mineur , lorsqu'il a
été nourri chez son tuteur ; cette dépense est réglée à une certaine somme , suivant la qualité , l'âge & les
facultés du mineur : le tuteur peut
aussi employer dans son compte les
frais des voyages qu'il est obligé de
faire pour les affaires de la tutelle ,
pourvu qu'il y en ait quelque preuve ;
au moins par les régistres du tuteur ,
& qu'il paroisse que le voyage a été
nécessaire : il employe enfin les frais
nécessaires pour rendre le compte , ce
qu'on appelle dépense commune.

· Le chapitre de reprise est composé
de promesses & obligations dont le
tuteur s'est chargé en recette , &

dont il n'a pu faire le recouvrement ; cette reprife eft une efpéce de dépenfe qui eft toujours allouée, lorfque le tuteur juftifie qu'il a fait toutes les diligences néceffaires, fans pouvoir être payé ; mais s'il n'a point fait de diligences, la reprife eft rayée, à moins que les débiteurs ne fuffent notoirement infolvables, quand la tutelle a commencé.

Louet H.
n. 23.
Le mineur a une hypothéque tacite & légale pour le reliquat de fon compte fur tous les biens de fon tuteur du jour de l'acte de tutelle, s'il y en a, & s'il n'y en a point d'acte, du jour que le tuteur s'eft immifcé en l'adminiftration des biens du mineur ; mais cela n'eft pas réciproque, car fi le tuteur a fait des avances pour le mineur, il n'a hypothéque fur fes biens que du jour de la condamnation qu'il a obtenue contre lui. ☞ Dans les Parlemens de Droit écrit, l'hypothéque eft réciproque. Obfervation fur *Henrys*, tom. 1. l. 4. q. 36. Comme auffi en Normandie, *Bafnage des hypothéques*, chap. 6.]

Ordon. de
1666. tit.
34. art. 3.
Le mineur peut exercer la contrainte par corps après les quatre mois contre fon tuteur pour le reliquat de fon compte, fans que le tuteur puiffe faire

ceſſion de biens, ni obtenir des Lettres de répi.

Toutes les tranſactions faites entre le tuteur & le mineur devenu majeur ſur la geſtion de la tutelle, ſont nulles, & le mineur peut s'en faire relever dans les dix ans, à moins que le compte n'ait été examiné, & que toutes les piéces juſtificatives n'ayent été remiſes entre les mains du mineur. ☞ Dans les Parlemens de Touloufe & de Grenoble, les mineurs peuvent ſe faire relever pendant 30 ans des actes qu'ils ont paſſés avec leurs tuteurs, *non viſis tabulis.* Obſervations ſur *Henrys, tome 2. l. 3. queſt. 74. Idem,* au Parlement de Rouen, *Baſnage ſur l'article* 5 de la Coutume de Normandie.] *Louet T. n. 3.*

Les mineurs ne peuvent pas inſtituer héritiers leurs tuteurs ou curateurs, leurs femmes ni leurs enfans, ni faire aucun legs ni aucune donation à leur profit tant que la tutelle dure, juſqu'à ce que le compte ait été rendu. *Ordonn. de 1539. art. 131.*

Les tuteurs en pays de Droit écrit, ne peuvent pas épouſer leurs mineurs, ni marier leurs enfans avec leurs mineurs ; & il y a des exemples au Parlement de Touloufe, des tu- *Tit. tot. C. de inˑ terd. maˑ trim. inˑ ter pupilˑ & tutor.*

D vj

teurs qui ont été bannis pour l'avoir
fait. En pays coutumier cela eft permis lorfque les parens y confentent,
mais lorfqu'ils s'y oppofent, on défend aux tuteurs de paffer outre. Il
ne faut pas douter néanmoins que fi
un tuteur avoit vifiblement abufé de
fon autorité pour faire un mariage
inégal de cette nature, fans en avertir les plus proches parens, & fans
leur confentement, on ne pût prononcer contre lui une peine propor-
tionnée à fa faute. ☞ L'Auteur dit
en général que dans les pays du Droit
écrit, les tuteurs ne peuvent pas
époufer leurs mineures, ni les marier à leurs enfans. Cette prohibition
n'a lieu qu'au parlement de Touloufe. La peine n'eft pas du banniffe-
ment, mais la privation de la fucceffion. Le tuteur qui a époufé fa
pupille, ou qui l'a mariée à fon fils,
ne peut fuccéder à fes enfans ou petits-enfans. Ainfi jugé par un Arrêt
du 20 Mai 1637, rapporté par *d'O-
live, liv. 3. chap. 2.*]

¶¶ La prohibition faite aux tuteurs
d'époufer leurs pupilles, ou de les
marier à leurs enfans, ceffe lorfque
le compte de tutelle leur a été rendu
en majorité, ou même en minorité,

Ordonn. d'Orléans art. 102.

pourvu dans ce dernier cas que le
compte ait été rendu avec un légitime contradicteur, & que les parens
consentent au mariage.]]

CHAPITRE IX.

Des Curateurs.

ON donne des curateurs aux mi-*Institut.*
neurs qui sont hors de tutelle ;*de Cura.*
des curateurs continuent ordinairement d'administrer les biens du mineur, & sont obligés de lui en rendre compte, aussi-bien que les tuteurs ; je dis ordinairement, car le
mineur dont la tutelle est finie, peut
recevoir ses revenus par lui-même
sans le secours d'un curateur : les mineurs qui ont pris des Lettres de bénéfice d'âge reçoivent presque toujours leurs revenus sans curateurs :
mais s'ils ont à soutenir des procès,
ou à faire quelques actes judiciaires,
il faut nécessairement pour la validité de la procédure & des actes faits
en Justice, leur faire créer un curateur, qu'on nomme curateur aux
causes ; §§ on leur donne aussi un tuteur aux actions immobiliaires.

La femme, quoique mineure, peut procéder en Justice, conjointement avec son mari, & de lui autorisée, sans qu'elle ait besoin pour cet effet d'être assistée d'un curateur : mais il lui faut un tuteur aux actions immobiliaires,]] quand il s'agit de l'aliénation de ses immeubles, comme dans un décret, une licitation ou un partage, auxquels cas le mari peut être nommé son tuteur.]

Ceux qui doivent aux mineurs, ne peuvent pas leur payer valablement les sommes capitales des obligations ou contrats de constitution sans le consentement d'un curateur, quoiqu'ils soient hors de tutelle & émancipés, & s'ils l'avoient fait, & que le mineur eût dissipé les deniers, ils en seroient responsables : si le mineur n'a point de curateur, il faut que le débiteur lui en fasse créer un, si mieux il n'aime veiller à l'emploi des deniers qu'il paye ; & si le mineur ou ses parens ne vouloient pas donner les mains à la création du curateur, le débiteur qui voudroit se libérer, seroit bien fondé à demander qu'il lui fût permis de consigner, afin de faire cesser le cours des intérêts ou des arrérages. * Quand on fait un rachat à un mineur, il faut qu'il y ait un tuteur.]

On donne auſſi des curateurs aux mineurs qui ſont en tutelle, lorſqu'ils ont des actions à diriger contre leur tuteur, & qu'ils n'ont point de ſubrogé tuteur. * C'eſt un tuteur *ad hoc.*] *Ibid.*

On donne auſſi des curateurs aux majeurs qui ſont en démence, & à ceux qui ſont interdits, ſoit pour cauſe de diſſipation, ſoit pour leur imbécillité. L'interdiction eſt toujours ordonnée avec connoiſſance de cauſe ſur l'avis des parens à la requête de l'un d'eux ; le Juge, après une enquête ſommaire, interroge quelquefois celui qu'on veut faire interdire, & prononce enſuite l'interdiction. Le jugement qui porte l'interdiction, doit être ſignifié aux Syndics des Notaires : * il eſt plus ſûr de le faire ſignifier à tous les Notaires ; c'eſt à préſent l'uſage,] pour le faire enrégiſtrer ſur un tableau qui eſt chez tous les Notaires, où ſont les noms des interdits ; afin que ceux avec qui ils voudroient contracter ſoient avertis de leur interdiction ; après cela ſi un Notaire recevoit un contrat paſſé par une perſonne interdite, il ſeroit reſponſable de tous les domma- *Ibid.* *Brodeau ſur Louet, lettre S. n.* 16.

ges & intérêts de celui qui par ignorance auroit contracté avec l'interdit,
faute de l'avoir averti.

On n'ôte pas toujours l'entiere adminiftration du bien à ceux qui font
interdits pour caufe de diffipation, ou
pour une fimple foibleffe d'efprit,
lorfqu'il leur refte quelque peu de
bon fens : on ne leur donne pas même toujours un curateur, mais feulement un confeil que le Juge nomme d'office, fans lequel ils ne peuvent ni aliéner ni hypothéquer leurs
immeubles : tout cela dépend de la
prudence d'un Juge, & de la maniere
dont l'interdiction eft prononcée.

L. & 9.
ff. de Cu-
rat. fu-
riof. On donne encore des curateurs aux
biens vacans, lorfqu'un homme décéde fans héritiers apparens, ou qui
veuillent accepter fa fucceffion ; on
en donne aux biens d'un homme qui
a fait ceffion, & à la chofe abandonnée, c'eft-à-dire, à la chofe délaiffée
par le propriétaire pour fe libérer des
rentes ou hypothéques dont elle eft
chargée, ce qu'on appelle autrement
la chofe déguerpie ; ces curateurs
repréfentent le défunt, celui qui a fait
ceffion & celui à qui la chofe délaiffée
a appartenu ; c'eft contr'eux que l'on
doit diriger toutes les actions que

l'on avoit à diriger contre les véritables propriétaires ; c'eſt ſur eux que
les créanciers font vendre ; c'eſt ſur
eux que les Seigneurs Hauts-Juſticiers
ſe font adjuger les ſucceſſions vacantes.

On donne auſſi un curateur aux ca- *Ordonn.*
davres , lorſqu'il s'agit de faire le *crimin.*
procès à un homme qui s'eſt tué lui- *1670. tit.*
même , qui a été tué en duel , ou qui *21. art. 1*
eſt décédé coupable d'un crime de *& 2.*
leze-Majeſté ; car en tous ces cas le
crime n'eſt pas éteint par la mort du
coupable. Et comme ces ſortes de
curateurs n'ont ordinairement aucune
adminiſtration , & qu'on ſe ſert ſeulement de leur nom pour ſatisfaire
aux formalités de la Juſtice , on choiſit
preſque toujours un homme de néant,
qui eſt nommé ſans aucune connoiſſance de cauſe.

Enfin on peut donner un curateur *L. S. ff.*
à l'enfant qui eſt encore dans le ventre *de Curat.*
de ſa mere ; ce qui eſt néceſſaire en *furioſ.*
certains cas pour exercer les droits qui
lui peuvent appartenir ; mais ces cas
ſont très-rares , & on n'en voit preſque
point d'exemple. ☞ Les exemples
en ſont fréquens parmi nous , auſſi-
bien qu'en Droit. *Leg.* 20. *de Tutor.*
& Curator. dat. Lege 8. *de Curatorib.*
fur. & lege 24. *de reb. aut. jus poſſid.*]

CHAPITRE X.

Des Bâtards.

Parquet du droit de bâtardise.

LEs bâtards, qu'on appelle d'un nom plus doux enfans naturels, font les enfans nés hors d'un mariage légitime. Il y en a de deux fortes : les premiers font les fimples bâtards, nés de deux perfonnes abfolument libres, qui pouvoient fe marier enfemble ; les feconds font ceux qui viennent d'autres conjonctions plus criminelles, comme les adulterins & les inceftueux : les adulterins font les enfans nés d'un adultere, foit de la part du pere feul, fois de la part de la mere feule, ou de tous les deux.

On appelle auffi adulterins les enfans de ceux qui font conftitués dans les Ordres facrés, & les enfans des Religieufes ; ¶¶ quelques Auteurs les mettent dans la claffe des bâtards inceftueux.]]

On entend communément par bâtards inceftueux, ceux qui naiffent de deux perfonnes parentes ou alliées en dégré affez proche, pour ne pouvoir contracter mariage enfemble fans difpenfe.

Les bâtards en géneral ne font d'aucune famille, & n'ont point de parens.

Ils ne fuccédent dans la plûpart du Roïaume ni à leur pere, ni à leur mere, ni aux parens de leur pere & de leur mere ; comme auffi, lorfqu'ils n'ont point d'enfans, perfonne ne leur fuccéde : & en ce cas s'ils décedent fans avoir difpofé de leurs biens ou par donation, ou par teftament, leur fucceffion appartient au Roi, ou aux Seigneurs Hauts-Jufticiers : mais à l'égard de ces derniers, ils ne pouvent avoir la fucceffion des bâtards, que trois chofes ne concourent enfemble ; la premiere, qu'ils foient nés dans la Juftice du Seigneur ; la feconde, qu'ils y foient décédés ; la troifiéme, que leurs biens y foient fitués.

En Dauphiné, les bâtards qui ne font ni adulterins, ni inceftueux, fuccédent à leur mere, qui leur fuccéde réciproquement. ☞ Cette Jurifprudence eft certaine en Dauphiné; outre le témoignage de Baffet, nous avons celui de Guy Pape, *q.* 289. *d'Expilly, plaidoyer* 17. *de Salvaing, ch.* 66. *de Chorier, pag.* 199. Il y a auffi quelques coutumes qui admettent les enfans

Baffet, tom. 2. *liv* 5. *tit.* 10. *c.* 3.

naturels à la fucceffion de la mere.
Valenciennes, article 121. ¶¶ L'ancienne coutume de S. Omer ordonnoit la même chofe ; mais cela a été
retranché dans la nouvelle. *Saint
Omer, art. 1.*]]

Il font capables de toutes fortes
de contrats, & entr'autres de mariage : ils peuvent difpofer librement
de leurs biens, foit entre-vifs, foit
par teftament. Ils ne font incapables
ni d'offices ni de dignités ; mais ils
ne peuvent avoir des bénéfices fans
difpenfe, à moins qu'ils ne foient légitimés.

*Louet &
Brod. lett.
D. n. 3.*
Leur pere & leur mere ne peuvent
leur faire ni des donations ni des
legs immenfes : mais ils peuvent faire
des donations, ou des legs modérés
aux fimples bâtards : & à l'égard des
adulterins & des inceftueux, ils ne
leur peuvent laiffer que des alimens :
cette régle n'eft pourtant pas fuivie
à la derniere rigueur ; on étend,
ou l'on reftraint ces legs & ces alimens, fuivant que les circonftances
font plus favorables, ou plus odieu-
fes, mais les uns & les autres jufques
à ce qu'ils ayent appris un métier, &
qu'ils ayent été reçus maîtres, peuvent demander des alimens à leur

pere durant fa vie, & à fes héritiers
après fa mort, s'il n'y a pas pourvu
lui-même.

Les bâtards peuvent être légitimés
en deux manieres ou par des Lettres
du Prince, ou par un mariage fubféquent : mais ces deux fortes de légi-
timations ont des effets bien différens.

Le Roi peut donner des Lettres de
légitimation à toute forte de bâtards :
il y en a quelques exemples pour les
adulterins ; il faut néanmoins avouer
qu'ils font très-rares.

Aujourd'hui les bâtards, quoique *Brodeau*
légitimés du confentement de leur *fur Louet,*
pere, ne fuccédent point ; c'eft pour- *lett. L. n.*
quoi ces Lettres leur font prefque inu- 7.
tiles, & ne fervent qu'à couvrir le
vice de leur naiffance : elles font néceffaires aux bâtards des Rois & des
Princes : elles marquent la recon-
noiffance du pere, & par conféquent
elles affurent leur état.

Ces Lettres doivent être enrégif- *Cap. tan-*
trées au Parlement & à la Chambre *ta. vis ,*
des Comptes. *ext. qui fi-*
lii fint le-
Lorfque le pere & la mere d'un *git.*
fimple bâtard fe marient enfemble,
il eft remis dans le même état que
s'il étoit né de ce mariage, & jouit
de tous les priviléges des enfans légi-

times, excepté en un cas, qui eſt très-ſingulier : ſuppoſons qu'après la naiſſance du bâtard, ſon pere ſe marie à une autre femme, il en a des enfans mâles, ſa femme meurt, il épouſe la mere du bâtard ; ce mariage ſans doute a la force de légitimer le bâtard, qui devient par ce moyen de la même condition que ſes freres & ſes ſœurs nés du même mariage : mais ſi le pere a des biens dans des coutumes, qui donnent à l'aîné un préciput ou une portion avantageuſe, ce bâtard légitimé par le mariage de ſes pere & mere, ne jouira pas du droit d'aîneſſe, au préjudice de l'aîné de premier lit, auquel ce droit a été acquis dès le moment de ſa naiſſance. * *Dumoulin, des Fiefs*, §. 8. nomb. 32. & ſuivans; *Brodeau ſur l'art. de la coutume de Paris*, nomb. 6.]

Brodeau ſur Louet, lett. D. nomb. 52. La légitimation par le mariage ſubſéquent eſt ſi favorable, que ſi le pere ou la mere des bâtards ont fait des donations à des étangers, & qu'après cela ils viennent à ſe marier enſemble, ces donations ſont révoquées de plein droit, tout de même que par la naiſſance des enfans légitimes ; encore que les bâtards fuſſent nés dans le tems que les donations ont été faites.

Les adulterins ne peuvent pas être légitimés par le mariage subséquent, parce que cette légitimation n'est fondée que sur une fiction de droit : on suppose que le pere & la mere étoient mariés lors de la conception du bâtard ; & en effet ils le pouvoient être ; mais on ne peut pas feindre qu'un homme, par exemple, qui avoit une autre femme, fût marié à la mere du bâtard, lorsqu'il a été conçu, sans feindre en même tems qu'il ait deux femmes à la fois ; ce qui est encore plus criminel qu'un simple adultere.

On tient aussi que les incestueux ne sont pas légitimés par le mariage subséquent, quand même le pere & la mere obtiendroient dans la suite une dispense pour se marier ensemble.

CHAPITRE XI.

Des Aubins.

QUOIQUE le Droit François ne soit établi que pour les sujets du Roïaume : néanmoins, comme on voit tous les jours des étrangers s'y établir, il ne sera pas inutile d'exa-

V. Bacq. du droit d'Aubaine.

miner de quelle maniere ils y font confidérés.

Il y a deux fortes d'étrangers éta-blis en France : il y en a qui font na-turalifés, & d'autres qui ne font pas naturalifés.

Les étrangers naturalifés font ceux à qui le Roi accorde les Lettres Pa-tentes , par lefquelles il leur per-met de demeurer dans le Roïaume , de jouir des priviléges , fanchifes , libertés , immunités & droits , def-quels jouiffent les vrais & originaires fujets ; de tenir des offices & des bé-néfices , de difpofer de leurs biens par teftament , de fuccéder , comme auffi que leurs parens puiffent leur fuccéder , pourvu toutefois que l'hé-ritier de l'impétrant foit régnicole , c'eft-à-dire demeurant dans le Roïau-me , condition qui eft de Droit com-mun , & par conféquent elle feroit fous-entendue , quand même elle auroit été obmife , & dans les Let-tres , & dans l'Arrêt d'enrégiftre-ment : ces Lettres font appellées Let-tres de naturalité : elles font fcellées au grand Sceau , en cire verte , avec des lacs de foye , & doivent être en-régiftrées à la Chambre des Comptes.

L'effet de ces Lettres donne aux
étrangers

étrangers le même droit qu'aux sujets naturels du Roïaume ; c'est pourquoi il est inutile d'en parler davantage.

Les étrangers non naturalisés sont autrement appellés aubains : ils sont semblables aux naturalisés en plusieurs choses , & différens en plusieurs autres.

Ils sont capables de faire toutes sortes de contrats entre-vifs ; ils peuvent acquérir & posséder des immeubles ; ils peuvent les vendre, contracter mariage en France avec des François & avec des étrangers , faire & accepter des donations entre-vifs , même des donations mutuelles , soit de la propriété , soit de l'usufruit : ils peuvent emprunter ; & en tous ces contrats & autres semblables , ils sont considérés de la même maniere que les véritables François.

Durant tout le tems qu'ils demeurent en France , ils sont sujets à toutes les loix du Roïaume : s'ils y commettent des crimes , ils sont punis des mêmes peines que les sujets du Roi : mais à l'égard des crimes qu'ils ont commis avant que de se retirer en France , on fait ordinairement une distinction , si le crime est commencé en pays étranger , & qu'il

ait une fuite dans le Roïaume, à
l'exemple de ces deux étrangers qui
avoient volé des pierreries à Venife,
& qui les avoient expofées en vente
à Paris : la Juftice de France peut en
prendre connoiffance, & punir les
coupables. Mais fi le crime a eté entiérement confommé en pays étranger, & qu'il n'ait eù aucune fuite en
France, alors par un ufage univerfellement reçu dans tous les Etats, on
ne punit point l'étranger qui s'eft
réfugié dans le Roïaume, & l'on ne
permet pas même à ceux qui pourfuivent la vengeance du crime, de
venir prendre le coupable dans l'é-
tendue des pays de l'obéïffance du
Roi, à moins que d'avoir la permiffion expreffe du Prince, qu'il n'accorde prefque jamais, à moins que
l'étranger réfugié ne foit réclamé par
fon Souverain, comme criminel de
leze-Majefté.

Les étrangers qui ne font pas na-
turalifés, ne peuvent poffeder aucunes
charges, ni aucuns bénéfices en France, fans avoir une difpenfe expreffe
du Roi, dont il y a peu d'exemples,
parce que ces difpenfes ne peuvent
fervir que pour la charge, où pour
le bénéfice pour lequel elles font ac-

cordées ; c'eſt pourquoi la plûpart aiment mieux prendre des Lettres de naturalité.

Ils ne ſont pas reçus à plaider en France en demandant, qu'auparavant ils n'ayent donné caution de payer le jugé, c'eſt-à-dire, les ſommes auſquelles ils pourront être condamnés, tant en principal que dépens : cette caution peut être demandée tant en cauſe principale qu'en cauſe d'appel ; & lorſque deux étrangers plaident enſemble, ſi le défendeur la veut demander, il doit offrir de la donner reſpectivement.

Ils ne ſont point reçus à faire ceſſion de biens.

Ils ne peuvent point faire de donations à cauſe de mort, ni de teſtament ; ils ne peuvent pas même faire des legs pieux.

Ils ſont incapables de recevoir des legs & des donations à cauſe de mort.

Leurs parens ne leur ſuccédent pas ; on admet néanmoins aujourd'hui par équité leurs enfans à leur ſucceſſion, pourvu qu'ils ſoient régnicoles ; ce qui ne ſuffiſoit pas autrefois, car il falloit que les enfans fuſſent nés & demeurans dans le Roïaume , pour fuccéder à leur pere étranger non naturalifé.

La fucceffion des aubains appartient au Roi , à l'exclufion des Seigneurs Hauts-Jufticiers , nonobftant toutes les coutumes contraires , qui ne font fondées que fur l'ufurpation des Seigneurs Hauts-Jufticiers , & qui ne peuvent pas nuire aux droits du Roi. Il en faut ¶¶ néanmoins excepter le Haynaut François , dans lequel le droit d'aubaine appartient à ceux des Seigneurs Hauts-Jufticiers qui font en poffeffion.]

Les biens des]] Ambaffadeurs ne font point fujets à la loi de l'aubaine ; ils en peuvent difpofer par teftament ou autrement comme bon leur femble , & s'ils n'en difpofent pas , leurs héritiers légitimes y fuccédent quoiqu'étrangers , & demeurans hors du Roïaume.

Il en faut auffi excepter les marchandifes & autres effets mobiliers des Marchands étrangers , qui viennent trafiquer dans le Roïaume, dans le deffein de s'en retourner , & qui y décédent.

Les Marchands fréquentans les foires de Lyon , ont encore un privilége particulier ; car les Confuls &

Echevins de cette Ville ont obtenu des Lettres Patentes au mois de Mars de l'année 1583, qui exemptent du droit d'aubaine tous étrangers allant & venant, ou retournant des foires de Lyon, demeurant, féjournant, ou réfidant en la ville de Lyon, négociant fous la faveur des priviléges d'icelle ; fans toutefois y comprendre les immeubles & rentes conftituées, quelque part qu'elles foient conftituées, lefquelles pour ce regard feront tenues & réputées pour immeubles. ☞ L'Edit n'eft pas de l'année 1583, il eft de l'an 1569 ; cet Edit permet aux Marchands fréquentans les foires de Lyon, de difpofer de leurs rentes conftituées, mais c'eft l'Arrêt d'enrégiftrement qui excepte les rentes conftituées qu'il déclare immeubles pour ce regard. *Voyez l'obfervation fur la queft. 74. d'Henrys, tom. 1. l. 4.*]

Le Roi donne ordinairement les fucceffions des aubains ; l'un de Meffieurs les Sécrétaires d'Etat en expédie le brevet, qu'il faut faire enrégiftrer ¶ en la Chambre du Domaine,]] & enfuite prendre des Lettres Patentes, & les faire enrégiftrer à la Chambre des Comptes ; mais les

E iij

Fermiers du Domaine doivent avoir
en vertu de leur bail, toutes les au-
baines qui n'excédent pas la valeur
de deux mille livres, & le tiers de
celles qui font au-deffus, en telle
forte toutefois que la part des Fermiers foit au moins de 2000 liv. & le
donataire du Roi ne profite que du
furplus.

CHAPITRE XII.

Des Domiciles.

*Cujat. in
tit. cod. de
municip.
& incolis.
lib. 10.
D'Argen-
tré Breta-
gne, art.
447.
Bacquet,
Droits de
Juſtice,
ch. 8. n. 18.*

LE domicile eft le lieu ¶ où on
fait fa demeure ordinaire, où on
a fon principal établiffement, & où
on paye les charges publiques perfonnelles.]] Il faut deux chofes pour
l'établir, l'habitation réelle, & la
volonté de le fixer au lieu que l'on
habite; l'une & l'autre font néceffaires pour conftituer le domicile,
mais la volonté feule fuffit pour le
conferver; au contraire, la volonté
feule ne fuffit pas pour le perdre, il faut
que le fait y foit joint, & qu'on change actuellement de demeure.

Comme le domicile confifte plus
dans la volonté que dans le fait,

ceux qui ne font pas maîtres de leur
volonté, ne peuvent pas choifir un
domicile ; la femme n'a point d'autre domicile que celui de fon mari,
fi elle n'eft féparée de corps & d'habitation ; les mineurs, même après
la mort de leur pere, confervent toujours le domicile où il eft décédé,
jufqu'à ce qu'ils aient atteint l'âge
de 25 ans ; les tuteurs & les parens
ne peuvent pas le leur faire changer,
parce qu'il ne leur eft pas permis de
troubler l'ordre de leur fucceffion
mobiliaire, qui eft réglée par le domicile. Il y a néanmoins un cas où
le mineur peut changer de domicile
avec effet ; c'eft lorfqu'il fe marie
hors du lieu où fon pere avoit fon
domicile, & qu'il y établit fon habitation : alors les conventions de
fon mariage qui ne font point exprimées dans le contrat, fuivent la loi
du nouveau domicile. Par exemple,
lorfqu'un mineur, fils d'un homme
domicilié à Paris où la coutume feule introduit la communauté, va s'é-
tablir à Lyon, où il n'y a point de
communauté ; s'il fe marie dans fon
nouveau domicile, il n'y aura point
de communauté, parce que le mineur
qui eft capable de fe marier, eft

censé capable de toutes les conventions qui sont ordinairement reçues dans les contrats de mariage du lieu où il se marie, & n'ayant point fait de convention au sujet de la communauté, il s'est soumis à la loi du pays dans lequel il a contracté, & qu'il a choisi pour y faire son établissement.

Argentré, ibid. V. I. 6. §. 2. ff. ad munic. L. 7. C. de incolis.

On connoît les domiciles par les preuves de fait & les conjectures de la volonté. Si un homme achete une maison pour l'habiter; s'il a part aux charges & aux honneurs de la Paroisse, ou de la Ville; s'il a un office, un bénéfice, ou un emploi au lieu où il demeure; s'il s'y est marié; s'il y a ses parens, ses amis, ses habitudes; s'il y a son bien & sa fortune établie; s'il y a ses titres, & la plus grande partie de ses meubles; enfin une des plus grandes marques du domicile est la demeure continuelle, principalement si elle dure un long espace, comme de dix ans.

Il faut cependant se souvenir que toutes ces choses ne sont pas des preuves infaillibles du domicile, mais seulement des présomptions & des conjectures de volonté, auxquelles on ne doit point avoir d'égard,

quand la volonté eft évidente au
contraire. Ainfi un Ambaffadeur ,
¶¶ ou Envoyé, un Intendant de Province, les Officiers en quartier ou en
garnifon, les Employés dans les fermes du Roi & autres commiffions,]]
un prifonnier de guerre, un exilé
par Lettre de cachet, n'acquiérent
point de nouveau domicile par le fé-
jour qu'ils font hors du lieu de leur
ancienne demeure, fût-il de 40 ou
de 50 ans.

Réguliérement il n'y a point d'homme qui n'eft un domiicle, comme il
n'y a point de corps qui n'ait un lieu;
& comme un corps n'a qu'un lieu à la
fois, un homme ordinairement n'a
qu'un véritable & principal domicile, qui eft celui où fe rencontrent
toutes les marques que nous en avons
données, ou la plus grande partie.

Outre ce domicile véritable & effectif, il y a un autre domicile de fiction & fouvent même plufieurs.

Cette fiction vient de la difpofition
des loix, ou de la volonté des particuliers.

La loi feint qu'un Officier eft domicilié au lieu où il doit exercer fon
office, encore que fon véritable domicile foit établi ailleurs ; c'eft pour-

D'Arg.
Bretagne,
art. 9. n. 6.

E v

quoi les Officiers de la Couronne, les Officiers de la Maifon du Roi, généralement tous ceux que leur charge oblige de fuivre la Cour, font réputés domiciliés à Paris, qui eft le véritable domicile du Roi : ¶¶ les Seigneurs de fief font auffi cenfés avoir un domicile dans le principal manoir de leur fief ;]] ceux qui poffédent des bénéfices qui obligent à réfidence, font cenfés domiciliés au lieu de leur bénéfice.

¶¶ Mais tous ces domiciles fictifs ne font confidérés que pour les actes qui concernent le fief, office ou bénéfice.

Ord. de 1667. tit. 3. art. 1.

L'Ordonnance veut que tous les exploits de faifies & exécutions de meubles ou de chofes mobiliaires, contiennent l'élection de domicile du faififfant, dans la ville où la faifie & exécution fera faite ; & la faifie & exécution n'eft pas faite dans une ville, bourg ou village, que le domicile ne foit élu dans le village ou la ville qui eft plus proche.

Bacquet, Droits de Juftice, ch. 8. n. 16.

Il arrive fouvent que les particuliers qui paffent des contrats, élifent leur domicile dans le lieu où le contrat eft paffé, quoiqu'ils n'y demeurent pas effectivement ; ils choififfent la maison de quelqu'ami, de quelque Procureur, ou de quelqu'autre Officier. Toutes les significations, sommations & assignations qui sont données à ce domicile, concernant l'exécution du contrat, sont valables, comme si elles étoient faites au véritable domicile ; on prétend même que cette élection de domicile sert à proroger la Jurisdiction du Juge du lieu où le domicile est élu, sur-tout lorsqu'il ne s'agit que d'une demande en condamnation d'intérêts ou d'interrompre la prescription.

Ce domicile est irrévocable durant la vie de celui qui l'a choisi, mais il ne subsiste plus après sa mort.

¶¶ Pour ce qui est des domiciles élus chez un Procureur pour l'instruction des procès, ils cessent & sont révoqués par le décès de la Partie ou du Procureur.]]

C'est suivant le véritable domicile qu'on régle la qualité & la capacité de la personne ; ¶¶ c'est par le domicile au tems du mariage qu'on régle les droits de la femme, quand il n'y a point de contrat ;]] c'est par la coutume du dernier domicile du défunt qu'on régle sa succession mobiliaire ; c'est le véritable domicile

E vj

du défendeur qui est attributif de Jurifdiction ; c'est le même qu'on fuit pour impofer un homme à la taille, avec les exceptions portées par le Réglement de 1634, dont la matiere ne regarde point ce Traité.

Fin du premier Livre.

LIVRE SECOND.

Des Chofes.

CHAPITRE PREMIER.

De la Division des Chofes.

IL y a des chofes tellement hors du commerce de la fociété civile, que perfonne ne les peut aliéner ni engager, & perfonne ne les peut acquérir ; telles font les chofes facrées, comme les Eglifes. Il y en a d'autres qu'on ne peut aliéner que d'une certaine maniere, & fous de certaines conditions, comme le Domaine de la Couronne, qui ne peut être aliéné à perpétuité qu'à titre d'échange, mais il peut être vendu à faculté de rachat perpétuel. Il y a des chofes dont l'ufage eft commun à tous les hommes, quoique la propriété en appartienne à l'Etat, c'eft-à-dire, en France au Roi ; de ce nombre font les rivieres navigables, les grands chemins, les ports de mer, &c

Inft. de rerum divif.

Ord. de 1566.

Il y a enfin des chofes ¶¶ dont le commerce eft tellement libre, qu'il eft permis à tout le monde de les vendre & de les acquérir ;]] c'eft de ces dernieres dont nous parlerons ici.

On divife ordinairement les biens en meubles & immeubles ; cette divifion comprend toutes fortes de biens en pays coutumier ; car les droits incorporels, qui en effet ne font ni meubles ni immeubles, font néanmoins réputés meubles ou immeubles, fuivant les divers rapports qu'ils ont avec les meubles ou les immeubles corporels ; ainfi la faculté de rémeré eft une action immobiliaire, parce que fa fin tend à l'acquifition d'un immeuble ; une obligation eft mife au nombre des meubles, parce que l'action qu'elle produit tend à fe faire payer d'une fomme de deniers qui eft mobiliaire.

Cout. Paris, art. 88.

Ricard, des donat. part.2.ch. 49.n.128.

Mais il eft très-important d'obferver qu'en pays de Droit écrit, fous la dénomination des biens meubles & immeubles, on ne comprend point les obligations, ni les autres droits incorporels, de forte que fi un homme avoit donné ou légué tous fes biens meubles & immeubles, fans en rien excepter ni réferver, la donation ou le legs ne comprendroit que les meubles & immeubles réels & corporels, & non pas les droits, noms, raisons & actions, qui font en Droit une troisiéme espéce de biens, séparée des meubles & des immeubles.

Ricard. cod. n. 190.

Il y a des meubles & des immeubles véritables & effectifs : il y en a d'autres qui ne le font que par fiction.

Les veritables immeubles ne font pas seulement les corps absolument immobiles, comme les bâtiments, & les terres, mais aussi tout ce qui en fait partie, quoiqu'il en puisse être séparé, & devenir meuble ; ce qui est très-bien expliqué par trois articles de la coutume de Paris, qui font généralement observés dans toutes les coutumes où il n'y a point de disposition contraire : c'est pourquoi nous ne sçaurions mieux faire que d'en rapporter ici les termes.

Ustensiles d'hôtels qui se peuvent transporter sans fraction & détérioration, font aussi réputés meubles ; mais s'ils tiennent à fer ou à clou, ou font scellés en plâtre, & font mis pour perpétuelle demeure, & ne peuvent être transportés sans fraction & détérioration, font censés & réputés

Paris art. 90.

immeubles, comme un moulin à vent & à eau, preſſoir édifié en une maiſon, ſont réputés immeubles, quand ils ne peuvent être ôtés ſans dépecer ou déſaſſembler, autrement ſont réputés meubles.

Poiſſon étant en étang ou en foſſé, eſt réputé immeuble ; mais quand il eſt en boutique ou réſervoir, eſt réputé meuble.

Bois coupé, bled, foin ou grain ſcié ou fauché, quoiqu'il ſoit encore ſur le champ & non tranſporté, eſt réputé meuble ; mais quand il eſt ſur le pied, & pendant par racine, eſt réputé immeuble.

Par. art. 92.
Melun art. 282.
Auxer. art. 195.
Orléans, art. 324.
Calais, art. 5.
Reims, art 19.

Il y a quelques coutumes qui réputent les fruits pendans par les racines meubles, même avant qu'ils ſoient ſéparés de la terre. ☞ La coutume de Reims ne dit pas abſolument que les fruits pendans par les racines, ſoient meubles, mais elle diſtingue les ſaiſons ; elle dit que les foins à la mi-Mai, les raiſins à la mi-Septembre, les bleds à la ſaint Jean ſont réputés meubles : il y a pluſieurs coutumes qui font la même diſtinction. *Voyez Coquille dans ſes Inſtructions au Droit François, au titre : Quelles choſes ſont meubles.*]

Il y en a d'autres qui font diftinction entre les fruits naturels qui croiffent fans aucune culture , & les induftriaux qui ont befoin de culture ; elles mettent ces derniers entre les meubles, pour ce qui regarde les fucceffions & la communauté, quoiqu'ils foient encore pendans par les racines.

A l'égard des fruits civils , comme les loyers des maifons, & les arrérages de rentes conftituées, on les répûte meubles dès le jour qu'ils font échus ; c'eft-à-dire , fucceffivement de jour à autre, fans attendre que l'année , la demi-année, ou le quartier foient échus , parce que ces termes ne font que pour la facilité des payemens , pour ne pas divifer les loyers d'une maifon, ou les arrérages d'une rente en autant de portions qu'il y a de jours en l'année , quoique dans la vérité chaque jour ces arrérages & ces loyers foient dûs. *a*

Les rentes conftituées font réputées immeubles par la coutume de Paris, qui en cela eft obfervée dans toutes les Coutumes qui n'ont poifit de difpofitions contraires , même dans les pays de Droit écrit. ☞ Il y a des pays de Droit écrit où les rentes font meubles. *Obfervation 5. fur Henrys, t.* 1. *l.* 4. *q.* 74.

Meaux art. 69. 70. 71. & 72. *Bourbon.* art. 184. *Berry ; des meubles , art.* 24. *Niverna au titre :* Quelles *chofes font réputées meubles , art.* 4.

a *Brodi fur la coutume de Paris, art.* 92. & nomb. 4. *Paris ,* art. 94.

Troyes, art. 61.

Il y en a d'autres qui les réputent meubles.

Edit du mois de Fév. 1683.

A préfent les offices vénaux, même ceux de Judicature, font réputés immeubles : ils font fufceptibles d'hypothéque comme les autres immeubles, excepté les offices de la Maifon du Roi, qui ne payent pas le droit annuel.

¶¶ Il faut excepter les offices de la Maifon du Roi, qui ne font fujets à aucune faifie, privilége, ni hypothéque, & n'entrent point en partage dans les familles, ni dans le partage de la communauté, tellement que le mari ne doit point de récompenfe du prix de l'acquifition, & n'eft pas obligé de faire part d'un brevet de retenue, accordé même pendant la communauté ; cependant quand ils font vendus pendant la communauté, ils font fujets à remploi ; & la convention pour le prix & récompenfe ,. avec permiffion par écrit du Roi, valent en Juftice : en un mot le principe à l'égard de ces fortes de biens, eft]] que le Roi en eft le maître abfolu, & leur donne tel caractere que bon lui femble. *Voyez* l'Edit de Janvier 1678.

Ricard fur Paris, art. 173.

Voilà ce qui concerne les véritables meubles & les véritables immeubles. Quant à ceux qui ne le font que par fiction, ce font ceux qui contre leur nature font stipulés meubles ou immeubles, par des raisons de famille, ce qui n'arrive que dans des contrats de mariage, des donations, ou des testamens ; ainsi le pere, la mere, ou les autres ascendans en mariant leurs enfans, même les étrangers qui leur font des donations, peuvent stipuler que la somme qu'ils leur donnent, sera employée en achat d'héritages, & en ce cas la somme donnée est réputée immeuble, quoiqu'elle n'ait pas été employée : le mari même ou la femme peuvent stipuler qu'une partie de leurs immeubles demeurera ameublie à l'effet d'entrer dans la communauté, & cela parce que parmi nous les contrats de mariage font susceptibles de toutes les conventions qui ne font pas contre les bonnes mœurs. Tout de même celui qui donne, ou qui légue une somme de deniers, peut ajouter que cette somme sera réputée immobiliaire, à l'effet d'être propre à celui à qui elle est donnée ou léguée, & ne point entrer dans la communauté du donataire s'il est marié, & cela parce que le donateur &

le teftateur font les maîtres d'impô-
fer à leur libéralité telle condition
que bon leur femble ; mais hors ces
cas-là il n'eft pas permis aux particuliers de donner à leurs biens la qualité de meubles ou d'immeubles qu'ils
n'ont pas, à l'effet de changer l'ordre
établi par les coutumes dans leurs fucceffions.

Brodeau fur Louet, art. 2. On divife auffi en pays coutumier
les biens en propres & acquêts. Nous
appellons propres tous les immeubles
qui nous viennent par fucceffion, foit
en ligne directe, foit en collatérale ;
comme auffi tous les immeubles qui
nous viennent par donation & legs
en ligne directe ; même le douaire,
quoiqu'il foit préfix, eft propre aux
enfans qui ont renoncé à la fucceffion de leur pere. ¶¶ Pour le don fait
à l'héritier en collatérale, les coutumes ne font pas uniformes. Dans
celle de Paris & plufieurs autres, le
don fait à l'héritier préfomptif en
collatérale, qui renonce, eft acquêt.
S'il accepte, on diftingue fi c'eft une
donation entre-vifs, l'immeuble donné eft acquêt ; fi c'eft un legs fait
fucceffuro, il eft propre. *Voyez* Renuffon des Propres, *ch.* 1. *fect.* 8.
Dans les coutumes d'Anjou, du

Maine & autres, tout don d'immeuble fait à l'héritier préfomptif, même en collatérale, foit qu'il accepte la fucceffion, ou qu'il y renonce, eft propre.]] * S'il eft d'une fomme une fois payée, il n'eft point propre dans leur fucceffion ; l'Auteur s'eft expliqué de la forte, *liv.* 3. *chap.* 10. *page* 140. où il dit que le douaire préfix d'une fomme à une fois payer, eft purement mobilier.] L'héritage reçu en échange d'un propre, eft auffi réputé propre.

¶¶ L'héritage propre échu par licitation à un cohéritier, lui eft propre pour le tout, quoiqu'il y ait foute. Renuffon, *ibid. fect.* 5.]]

Les acquêts au contraire font tous les immeubles que nous avons acquis, foit par notre induftrie & notre économie, foit par des legs & des donations en ligne collatérale.

Il y a une autre forte de propres qu'on appelle propres de communauté, ce font généralement tous les biens qui n'entrent point dans la communauté, foit de leur nature, comme les immeubles tant propres qu'acquêts, qui appartiennent au mari ou à la femme avant le mariage ; foit par des conventions particulieres ;

par exemple, quand on ſtipule qu'une
partie des deniers dotaux demeurera propre à la femme, ou que ce
qui lui écherra par ſucceſſion, donation, legs, ou autrement, lui tiendra
lieu & nature de propres; c'eſt ce qu'on
appelle propres conventionnels.

Ricard
ſur Paris,
art. 93. Il faut obſerver que ces ſortes de
fictions de meubles, d'immeubles, de
propres, &c. ne s'entendent jamais
d'un cas à un autre. Par exemple, ſi
en me mariant j'ai ſeulement ſtipulé
qu'une ſomme de deniers me demeurera propre, cette fiction empêche
bien que la ſomme n'entre dans la communauté; mais la fiction ne va pas plus
loin, & ne change rien dans ma ſucceſſion, de ſorte que les héritiers des
meubles ſuccédent à la ſomme ſtipulée propre, comme à un véritable
meuble.

¶¶ Ces ſtipulations de propres ont
ordinairement trois dégrés; ſçavoir,
propre à lui, aux ſiens, & à ceux de
ſon côté & ligne; à lui, c'eſt pour le
conjoint; aux ſiens, c'eſt pour les
enfans; à ceux de ſon côté & ligne,
cela regarde tous les héritiers du même conjoint, les plus proches en dégré de ſuccéder, ſoit qu'ils ſoient héritiers des propres, ou ſeulement des
meubles & acquêts.

Ces fortes de ftipulations ne fe fup-pléent point , & ne s'étendent point hors de leur cas précis.]]

Il y a enfin une troifiéme nature de propres , qui ne le font ni à l'égard des fucceffions , ni à l'égard de la commu-nauté , mais feulement à l'égard du retrait lignager ; de ce genre eft l'hé-ritage que j'ai acheté d'un de mes pa-rens durant mon mariage , & qui lui étoit propre de mon côté & ligne ; tel héritage eft un conquêt de ma com-munauté , il eft acquêt dans ma fuc-ceffion ; mais fi je viens à le vendre , il pourra êrre retiré par retrait lignager. Celui qui a retiré un héritage par re-trait lignager, peut en difpofer par tef-tament, comme d'un véritable acquêt, mais l'héritier des propres , de la ligne d'où vient cet héritage , a la faculté de le retenir en rembourfant le prix qu'il a coûté avec les frais & loyaux-coûts.

Il y a des chofes corporelles & fen-fibles , comme une terre , une mai-fon, un cheval. Il y en a d'autres qui font incorporelles , comme les obligations , les actions , & générale-ment tous les droits ; car ils ne tombent point fous le fens, & ne fub-fiftent que dans la volonté des hom-mes qui ont partagé les biens pour

leur commune utilité, & en faisant
des loix, sont convenus des moyens
qui feroient passer ces biens des uns
aux autres.

Les choses corporelles ne nous sont
utiles que par le moyen des incorporelles, c'est-à-dire, des droits que
nous y avons; ainsi je ne jouis légitimement des revenus de ma terre,
que par le moyen du droit de propriété, qui fait qu'elle m'appartient plutôt qu'à mon voisin.

Ces droits sont de deux sortes: les
droits réels, & les droits personnels.

Les droits réels sont ceux qui sont
attachés à la chose, & qui font qu'elle
nous appartient, ou que nous en tirons
quelqu'utilité. Il y a quatre sortes de
droits réels; sçavoir, le droit de propriété, le droit de possession, le droit
de servitude, & les rentes foncieres.

Le droit de propriété est encore
de trois sortes; sçavoir, la propriété
utile, la propriété directe, & la propriété directe & utile tout ensemble.

Celui-là a la propriété utile d'une
chose, à qui elle appartient, qui en
jouit, & qui en reçoit les fruits; mais
qui reconnoît un Seigneur à qui il est
obligé de rendre de certains honneurs, ou de payer de certains droits

à cause de la chose même. Ainsi les Vassaux qui doivent la foi & hommage à leur Seigneur féodal, les censitaires, qui doivent un cens, & les emphytéotes, qui doivent le canon emphytéotique, ont seulement la propriété utile du fief, & de la chose donnée à cens ou à emphytéose; & les Seigneurs à qui ces droits & devoirs sont dûs, ont seulement la propriété directe, qui leur donne le droit de faire saisir la chose, d'engager les fruits, & même de réunir la propriété utile en certains cas dont nous parlerons dans la suite.

Celui-là a la propriété directe & utile en même-tems, à qui elle appartient, & qui n'en doit ni reconnoissance, ni redevance Seigneuriale à aucun Seigneur supérieur, ce qu'on appelle posséder en franc-aleu; & cela forme trois sortes de biens, les fiefs, les rotures & les biens allodiaux.

Il y a encore la pleine propriété, & la simple propriété. J'ai la pleine propriété de l'héritage qui m'appartient, lorsqu'il n'y a personne que moi qui ait droit d'en jouir; mais je n'ai que la simple propriété, qui est appellée une propriété par les loix Romaines, lorsque le fonds de l'héritage m'ap-

partient, & qu'un autre en a l'ufufruit, c'eft-à-dire, le droit d'en jouir
durant fa vie, ou pendant un certain
tems.

Paris, Lorfque j'ai joüi pendant un an &
art. 96. jour d'un héritage, ou d'une maifon,
j'ai acquis le droit de poffeffion, qui
tend à me maintenir dans la jouiffance de l'héritage, ou de la maifon, jufqu'à ce qu'un autre ait prouvé qu'il
en eft le véritable propriétaire.

Les fervitudes & les rentes foncieres feront expliquées dans des chapitres féparés.

Les droits perfonnels font ceux
par le moyen defquels nous avons la
faculté de pourfuivre quelqu'un en
Juftice pour l'obliger de nous donner,
ou de faire quelque chofe : ainfi quand
j'ai vendu ma terre, la vente me donne droit de pourfuivre l'acquéreur
pour le payement du prix, & ce droit
eft appellé perfonnel, parce qu'il fuit
toujours la perfonne de l'acquéreur,
quand même il cefferoit de poffèder
la terre vendue, parce qu'il s'eft obligé perfonnellement par le contrat de
vente, auquel il a donné fon confentement.

CHAPITRE II.

Des Fiefs.

LEs fiefs compofent parmi nous une efpéce de biens qui étoit entiérement inconnue dans le Droit Romain.

Ce que nous avons de plus certain fur leur origine, c'eft que nos premiers Rois donnoient à leurs Capitaines une partie des terres qu'ils avoient conquifes par la force de leurs armes, à la charge du fervice militaire ; mais ils ne les donnoient qu'à vie feulement ; & après la mort du Vaffal, foit qu'il eût des enfans ou non, elles retournoient au Roi, qui pouvoit en garantir telles perfonnes que bon lui fembloit ; ces conceffions étoient appellées bénéfices, ou bienfaits.

Sur la fin de la feconde race, & au commencement de la troifiéme, ces fiefs qui n'étoient qu'à vie, commencerent à devenir héréditaires : ils pafferent d'abord aux enfans mâles, enfuite aux collatéraux, puis aux filles, & enfin les Seigneurs permirent de les vendre, moyennant un certain droit qu'on leur payoit pour avoir leur confentement. Ces permiffions furent fi ordinaires, qu'elles pafferent en Droit commun, & dans la plûpart de coutumes, les Vaffaux vendirent leurs fiefs fans la permiffion du Seigneur, en payant le droit qu'on avoit accoutumé de payer pour obtenir cette permiffion.

Les Seigneurs mêmes auxquels les Rois avoient fait ces conceffions, en firent à des Gentilshommes inférieurs, ceux-là à d'autres, toujours à la charge du fervice militaire : d'où viennent les arriere-fiefs ; & dans le commencement de la troifiéme race, quand les Seigneurs fe faifoient la guerre les uns aux autres, leurs Vaffaux étoient obligés de les fuivre, & d'amener avec eux leurs arriere-Vaffaux.

Mais depuis que nos Rois ont été affez puiffans pour empêcher leurs Sujets de fe faire la guerre, le fervice militaire ¶¶ des Vaffaux envers d'autres Seigneurs particuliers, n'a plus été en ufage ; mais à l'égard de nos Rois,]] ce fervice a continué jufqu'à ce qu'ils ont mis fur pied des troupes réglées. Les feuls veftiges qui nous en reftent aujourd'hui, font la

convocation du ban & de l'arriere-
ban, par laquelle le Roi oblige tous
les Gentilshommes à servir durant un
certain tems à la guerre, soit qu'ils
possédent des fiefs ou non; & le droit
des francs-fiefs, que le Roi fait payer
de vingt ans en vingt ans aux roturiers qui possédent des fiefs, parce-
qu'autrement il n'étoit permis qu'aux
Gentilshommes d'en avoir.

Nous ne parlerons donc ici que des *Molineus*
fiefs tels que nous les possédons au- *in consuet.*
jourd'hui; & dans ce sens, le fief *des fiefs,*
n'est autre chose qu'une concession *n. 114.*
gratuite d'un héritage, ou d'un droit
immobilier, par laquelle le Seigneur
de la chose se réserve la propriété
directe, & transfére seulement au
Vassal la propriété utile, à la charge
de la fidélité, & de tels droits, &
devoirs qu'il veut retenir sur la chose
cédée.

Il n'y a proprement que la fidélité
qui soit de l'essence du fief, les autres
droits n'en sont que l'accessoire; &
l'on trouve encore aujourd'hui quelques fiefs qui n'en doivent aucuns.

L'origine de la plûpart des fiefs est
si ancienne, que si on vouloit obliger les Seigneurs de rapporter les titres des premieres concessions, qu'on

appelle proprement inféodation ;
pour se faire payer de leurs droits, il
n'y en a presque point qui fussent en
état de les représenter. Les coutumes
ont suppléé à ce défaut. Ceux qui les
ont rédigées, ont examiné quels
étoient les droits que les Seigneurs
avoient accoutumé de se réserver le
plus ordinairement dans chaque Province, ou dans chaque Bailliage, &
ils en ont formé un Droit commun ;
mais ce Droit commun cesse dans le
moment qu'il se trouve contraire aux
titres du Seigneur, ou à ceux du
Vassal : & dans la rédaction de plusieurs coutumes, les Seigneurs ou les
Vassaux voyant qu'on y vouloit inférer des articles contraires aux droits
portés par leurs anciens titres, ils s'y
sont opposés ; & par les procès-verbaux de ces coutumes, on a presque
toujours résolu que l'article demeureroit comme il avoit été rédigé, sans
préjudice néanmoins des titres particuliers de ceux qui s'étoient opposés.

Il y a peu de coutumes dans le
Roïaume qui soient entiérement
semblables sur la matiere des fiefs.
La plus raisonnable de toutes est celle de Paris : nous en expliquerons ici
les principales dispositions, & nous

nous contenterons de rapporter ce que les autres peuvent avoir de plus singulier. On pourra voir facilement le reste dans la conférence des coutumes.

Les droits des Seigneurs de fiefs font de deux fortes, les droits honorables, & les droits utiles.

Les droits honorables font la foi & hommage, l'aveu & dénombrement.

Les droits utiles font le relief, le droit de retrait féodal, de quint, de commife, d'empêcher le démembrement du fief, d'empêcher la prefcription de la féodalité, le droit d'indemnité fur les gens de main-morte, de privilége fur le fief du Vaffal pour les profits échus, le droit d'avoir colombier à pied & à boulins, jufques au rez-de-chauffée.

Le Vaffal doit la foi & hommage à fon Seigneur à toutes mutations, de quelque nature qu'elles foient, ou de la part du Vaffal, ou de la part du Seigneur. Les mutations de la part du Vaffal arrivent toutes les fois qu'un homme acquiert un fief fervant, foit à titre de fucceffion, donation, vente, ou autrement ; & fi le fief dominant change de propriétaire, à quelque titre que ce foit, il y a mutation de la part du Seigneur.

Cette foi & hommage qui n'eſt aujourd'hui qu'une ſimple formalité & une marque d'honneur, étoit autrefois un gage que ceux qui donnoient leurs terres en fiefs exigeoient de leurs Vaſſaux, pour les ſervir à la guerre contre leurs ennemis.

Paris, art. 65. Si la mutation arrive de la part du Seigneur, le Vaſſal n'eſt pas obligé de lui faire la foi & hommage, qu'au préalable le Seigneur n'ait fait publier que ſes Vaſſaux aient à lui venir faire la foi & hommage dans quarante jours.

Ibid. Si les fiefs ſervans, c'eſt-à-dire, les fiefs des Vaſſaux, ſont ſitués dans l'étendue des Duchés, Comtés, Baronnies & Châtellenies dont ils ſont mouvans, il faut que les proclamations ſoient faites à ſon de trompe & cri public, par trois jours de Dimanche ou de marché, s'il y en a.

Ibid. Mais ſi les fiefs ſervans ſont ſitués hors des Duchés, Comtés, Baronnies & Châtellenies dont ils ſont mouvans, il faut que la ſignification ſoit faite au Vaſſal, parlant à ſa perſonne, ou au manoir du fief ſervant, s'il y en a un, ou au Procureur du Vaſſal, s'il y en a un : ce qui ne s'entend que du Procureur Fiſcal, qui eſt commis par le Vaſſal pour tout ce qui regarde le fief, & non pas d'un autre Procureur, ¶¶ lequel n'a point de caractere public pour]] les choſes qui concernent l'adminiſtration du fief. Au défaut de tout cela, le Seigneur doit faire faire la proclamation au Prône de l'Egliſe Paroiſſiale du fief ſervant à un jour de Dimanche ou autre jour ſolemnel.

A l'égard des mutations qui arrivent de la part du Vaſſal, il y a quarante jours de délai pour faire la foi ; & quoique la coutume de Paris ne parle de ce délai que dans le cas de la mort de l'ancien Vaſſal, l'uſage a étendu ſa diſpoſition dans toutes les autres mutations ; ce qui eſt reçu dans toutes coutumes qui n'ont rien de contraire. *Paris, art. 7. & Ricard ſur cet art.*

Pour la validité de la foi & hommage, il faut que le Vaſſal la faſſe en perſonne ; car le Seigneur n'eſt pas obligé de la recevoir par Procureur, ſi le Vaſſal n'a une excuſe ſuffiſante ; & en ce cas, il eſt au choix du Seigneur, ou de recevoir la foi du Procureur, ou de donner ſouffrance, c'eſt-à-dire, un tems ſuffiſant au Vaſſal pour venir en perſonne. *Paris, art. 67.*

Il faut que le Vaſſal aille au principal manoir du fief dominant ; car le *Paris, art. 64.*

Seigneur n'eſt pas obligé de recevoir ailleurs la foi & hommage.

Paris, art. 63.

Pour la forme de faire la foi, le Vaſſal étant allé au lieu du fief, doit demander ſi le Seigneur y eſt, ou s'il y a autre pour lui, ayant charge de recevoir la foi & hommage & offres; & s'il trouve le Seigneur ou ſes Officiers, il doit mettre un genouil en terre, nue tête, ſans épée & éperons, & dire qu'il lui porte la foi & hommage qu'il eſt tenu de lui faire, à cauſe de tel fief mouvant de lui, & déclarer à quel titre le fief lui eſt avenu, le requérant qu'il lui plaiſe le recevoir; & ſi le Seigneur ou ſes Officiers ne ſont pas ſur le lieu, il faut faire la foi & hommage, & les offres à la principale porte du manoir, s'il y en a, ſinon au lieu ſeigneurial d'où dépend le fief, après avoir appellé le Seigneur par trois fois; & il faut de plus notifier les offres au proche voiſin du lieu ſeigneurial, & lui en laiſſer copie.

Lorſque les Seigneurs ſont ſur les lieux, ils obligent rarement les Vaſſaux à toutes ces formalités, ils ſe contentent des offres qui leur ſont faites; mais il faut néanmoims que ces formalités ſoient toutes exprimées

dans l'acte de foi & hommage qui est
dreffé par le Notaire, fur-tout fi la foi
a été faite en l'abfence du Seigneur.

Lorfque le fief appartient à des enfans mineurs, le Seigneur est obligé
de leur donner fouffrance, ou à leur
tuteur jufqu'à ce qu'ils foient majeurs ; les mâles font réputés majeurs
à vingt ans pour faire la foi, & les filles à quinze. Le tuteur est obligé de
déclarer le nom & l'âge des mineurs,
pour lefquels il demande fouffrance.
Cela vient encore de ce qu'autrefois
ceux qui portoient la foi, s'enga-
geoient à fervir leur Seigneur à la
guerre, & que les Seigneurs ne vouloient recevoir cet engagement que
de ceux qui étoient actuellement capables de fervir.

Paris,
art. 41.

Mais la coutume n'oblige le Sei-
gner de donner fouffrance que pour
la feule foi & hommage, à caufe de
l'incapacité qui fe rencontre en la perfonne des mineurs ; c'est pourquoi
s'ils doivent quelques droits, le tuteur doit les payer; autrement le Seigneur pourroit faire faifir, avec perte
de fruits, fauf le recours des mineurs
contre le tuteur.

Brodeau
fur Paris,
art. 41.

Lorfqu'un fief est faifi réellement
fur un Vaffal obéré, qui néglige de

Paris,
art. 34.

faire la foi & hommage, le curateur ou commissaire établi par les créanciers au fief saisi, peut faire la foi & hommage ; ce qui a été introduit avec beaucoup d'équité, afin d'empêcher les collusions du Vassal & du Seigneur, pour faire perdre les fruits aux créanciers.

Paris,
art. 35. Lorsqu'il y a plusieurs enfans, si l'aîné fait la foi & hommage, il en acquitte ses sœurs, lesquelles ne sont plus obligées à la faire durant leur premier mariage ; mais pour cela le fils aîné est obligé de déclarer le nom & l'âge de ses sœurs.

Paris,
art. 5. Lorsque le mari a fait la foi & hommage des fiefs qu'il a acquis durant le mariage, quoique la femme accepte la communauté, elle ne doit point de nouvelle foi & hommage par la mort de son mari.

Bourgo-
gne, ch. Il y a quelques coutumes qui dans le cas de mutation par mort, donnent
9. art. 1. un an & jour aux héritiers du Vassal pour faire foi & hommage.

Melun,
art. 78. D'autres permettent au Seigneur de faire saisir immédiatement après la mort du Vassal ; & si les héritiers se mettent en devoir de faire la foi dans 40 jours, ils doivent avoir main-levée sans perte de fruits, & sans payer les frais : mais s'ils laissent

écouler ce tems sans faire la foi, ils perdent les fruits du jour de la saisie.

Il y en a qui permettent au Vassal *Chauny,* de faire la foi par Procureur, pourvu *art. 50.* qu'il ait une procuration portant pouvoir spécial de la faire.

Il y en a qui obligent le Vassal d'al- *Orléans,* ler au domicile du Seigneur, s'il est *art. 12.* à dix lieues près du fief dominant.

Pour la forme de faire la foi & hommage au Seigneur, la plûpart des coutumes sont conformes à celle de Paris; & à l'égard des autres, elles ont toutes des formalités particulieres qu'il est impossible de spécifier ici.

La plûpart des coutumes obligent le tuteur d'aller demander au Seigneur la souffrance pour ses mineurs. Il y en a même qui permettent au Seigneur de saisir & faire les fruits siens, si le tuteur ne s'est point ac- *Etampes,* quitté de ce devoir, sauf le recours *art. 19.* des mineurs contre leur tuteur; mais dans celles qui ne parlent point de la perte des fruits, Dumoulin tient que le Seigneur peut à la vérité faire sai- *Molin. in* sir, sans craindre les dommages & *consuet.* *Parif. §.* intérêts, mais qu'il ne gagne pas les *42. gl. 2.* fruits. *n. 5 Melun*

Il y a des coutumes qui obligent *art. 48.*

la veuve qui a accepté la communauté, de faire la foi & hommage de la portion qui lui tombe en partage.

Voilà ce qui est le plus ordinaire à l'égard de la foi & hommage. Il faut *Paris*, parler présentement de la maniere dont *art.* 1. le Seigneur peut contraindre son Vassal à la faire, lorsqu'il est négligent.

Toutes les coutumes permetrent au Seigneur de faire saisir le fief de son Vassal, faute d'homme, droits & devoirs non faits & non payés, & de faire les fruits siens en pure perte pour le Vassal, jusqu'à ce qu'il ait satisfait à son devoir. Les coutumes disent faute d'homme, parce que le Vassal qui a fait la foi & hommage, devient l'homme du Seigneur, & jusques-là il n'y a point d'homme pour couvrir le fief servant.

Cette falculté de faire saisir, vient de ce que les Seigneurs se mettoient en possession du fief servant, quand le Vassal ne faisoit pas le service, & employoit les fruits à faire servir une autre personne.

Il faut observer que, quoique dans la plûpart des coutumes le Seigneur ne puisse saisir féodalement, & faire les fruits siens, que lorsqu'il y a ouverture de fief, c'est-à-dire, quand le

Vaſſal n'a pas fait la foi & hommage, & qu'à l'égard des droits utiles qui ſont dûs au Seigneur, comme le relief, les quints, &c. il ne puiſſe pas procéder par voye de ſaiſie, mais ſeulement par ſimple action, quand une fois il a reçu ſon Vaſſal à la foi & hommage ; néanmoins le Seigneur n'eſt pas obligé de recevoir la foi de ſon Vaſſal, juſqu'à ce qu'il ait été entiérement payé des ſes droits ; c'eſt ce que la coutume de Paris déſigne aſſez, en diſant que le Seigneur peut faire ſaiſir par faute d'homme, droits & devoirs non faits & non payés : ainſi les Seigneurs prudens ne reçoivent point en foi leurs Vaſſaux, juſqu'à ce qu'ils ayent payé les droits ; & les Vaſſaux de leur côté doivent avoir ſoin d'offrir au Seigneur tous les droits qui lui ſont dûs : car les ſimples offres de la foi & hommage ne ſont pas ſuffiſantes, & ne les mettent pas à couvert de la perte des fruits.

Les formalités de la ſaiſie féodale ſont différentes ſuivant les diverſes coutumes. Voici les plus ordinaires.

Le Seigneur doit prendre une commiſſion du Juge pour faire ſaiſir, & le Sergent doit ſe tranſporter ſur le fief, exprimer dans ſon exploit la

cause de la saisie, il doit saisir le fief,
& non pas simplement les fruits : on
a accoutumé d'établir Commissaire à
la saisie féodale, & l'on peut établir
pour Commissaire le fermier même
du Vassal ; le Seigneur est obligé de
faire signifier la saisie à son Vassal, au
principal manoir de son fief, ou à celui qui tient le fief ou qui en laboure
les terres ; & s'il ne trouve personne,
il doit la faire publier au Prône de
l'Eglise Paroissiale du fief saisi, & la
faire enrégistrer au Greffe de la Justice du lieu.

Paris,
art. 50.

La saisie féodale doit être renouvel-
lée de trois en trois ans, autrement elle
n'a effet que pour trois années.

Paris,
art. 31.

L'effet de la saisie féodale est d'acquérir au Seigneur les fruits qui sont
recueillis sur le fief saisi durant la saisie. Mais il faut observer qu'il y a
trois sortes de fruits ; les fruits civils,
qui sont ceux qui proviennent d'une
rente, des loyers d'une maison, &
d'un moulin, quoique cette rente &
ces loyers ne sont payables qu'à un
certain terme ; néanmions ils échéent
tous les jours, & par cette raison dès
le moment que la saisie féodale est
valablement faite, le Seigneur gagne
ces sortes de fruits, à proportion du

tems que la faisie dure. ¶ Il faut néanmoins obferver que par rapport aux fermages, repréfentatifs d'héritages, qui produifent des fruits naturels ou induftriaux, on ne confidére pas le tems de l'échéance, mais le tems de la récolte des fruits qu'ils repréfentent. Dupleffis, Ordonn. des Fiefs, *liv.* 2. *c.* 4.

Les reliefs & les quints font encore des fruitscivils, mais ils font dûs dès le moment qu'ils font échus ; c'eft pourquoi s'il échet un relief, ou un droit de quint, ou de lods & ventes avant la faifie féodale, le Seigneur n'y peut rien prétendre, quoique l'année du relief ne foit pas encore finie : mais fi ces mêmes droits arrivent durant la faifie, ils appartiennent pour le tout au Seigneur.

Il y a des fruits purement naturels, que la nature produit d'elle-même, comme les foins, les bois taillis, les poiffons des étangs, & il y a des fruits induftriaux qui demandent du foin & de la dépenfe, comme les grains & le vins, il faut labourer, il faut femer, &c. A l'égard de ces deux efpéces de fruits, quand la faifie féodale auroit duré huit ou dix mois, ils n'appartiennent point au

Seigneur féodal , s'il ne les a recueillis, ou un autre pour lui ; & quand le
Vassal ne feroit des offres valables qu'à
la veille de la récolte, il en doit avoir
main-levée ; mais aussi ces mêmes
fruits appartiennent entiérement au
Seigneur, dès le moment qu'ils sont
recueillis, quand même la saisie n'auroit duré que huit jours , & encore
moins.

Paris ,
art. 56.
Si le Vassal a donné son fief à ferme , le Seigneur qui a fait saisir , ne
peut pas expulser le fermier ; mais il
doit se contenter des loyers à proportion des fruits qui ont été recueillis durant la saisie.

Ibid.
Si le Vassal tient son fief par ses mains
en tout ou en partie, le Seigneur peut

Molin.
in conf.
Parif. §.
1. gl. 8.
p. 28.
exploiter par ses mains ce que tenoit
le Vassal ; mais il doit rendre au Vassal les labours & semences.

Lorsque la saisie dure moins d'une
année , si le fief saisi consiste en
étangs , en taillis , ou autres fruits
qui ne sont pas recueillis tous les ans,
on fera une ventilation de ce que les
étangs & les taillis ont pu produire
durant chaque année , & le Seigneur
n'en aura que l'estimation d'une année. * Il aura sçu si la coupe ou la
pêche arrivent pendant la saisie ;

fecùs, il n'aura rien. *Dupleſſis, des V. Paris ;*
fiefs, liv. 5. *chap.* 4. *feĉt.* 1.] Ce fe- *art.* 48. &
roit autre chofe, fi tous les ans il y ^{58.}
avoit des étangs en pêche, & des
taillis en coupe, parce qu'alors ces
étangs & ces taillis produiroient un
revenu ordinaire qui n'excéderoit pas
celui de l'année.

Quand le Seigneur féodal a fait fai- *Paris ;*
fir le fief de fon Vaſſal, il peut faire *art.* 54. 55.
faifir tous les fiefs qui font mouvans
du fief faifi, qu'on appelle commun-
nément arriere-fiefs ; s'ils fe trouvent
ouverts, & que les Vaſſaux n'ayent
pas fait la foi au Vaſſal, quand même l'ouverture feroit arrivée avant la
faifie, il gagne les fruits de ces arriere-fiefs, tout de même que le Vaſ-
fal auroit pu faire ; & en ce cas les ar-
riere-Vaſſaux, pour avoir main-levée
de leurs fiefs, doivent faire la foi au
Seigneur dont ils ne font mouvans
que médiatement, & lui payer les
droits qui lui peuvent être dûs.

Si le Vaſſal tient fon fief par fes *Paris ;*
mains, le Seigneur qui a fait faifir, *art.* 58.
doit avoir les caves, les greniers, &
autres lieux du principal manoir fervant, pour recueillir & garder les
fruits : il doit auſſi avoir une portion
du logis pour y loger, quand il y

voudra aller, sans toutefois déloger le Vassal, ni sa famille.

Paris, art. 59 — Si le Vassal avoit baillé son fief en tout ou en partie, à rente, sans démission de foi, le Seigneur qui a fait saisir, peut percevoir les fruits par ses mains, & n'est pas obligé de se contenter de la rente, si elle n'est pas inféodée, c'est-à-dire, si elle n'est pas approuvée par le Seigneur.

Paris, art. 28. — Le Seigneur qui a fait saisir, n'est tenu de payer les rentes, & autres charges constituées par le Vassal sur le fief saisi, lorsqu'elles ne sont pas inféodées.

Paris, art. 29. — Si le Vassal continue de jouir durant la saisie, comme il arrive assez souvent, il doit rendre au Seigneur tous les fruits qu'il a perçus.

Paris, art. 35. — L'usufruitier du fief dominant peut faire saisir les fiefs servans, lorsqu'ils sont ouverts ; mais il ne peut le faire qu'après avoir fait sommer le propriétaire de faire lui-même la saisie ; il faut de plus que l'usufruitier fasse mettre le nom du propriétaire dans l'exploit de saisie, & en ce cas, le propriétaire ne peut donner mainlevée, qu'après que l'usufruitier a été payé de ses droits.

Paris, art. 1. — Le Seigneur qui a fait saisir, ne doit point recueillir les fruits avant le tems deftiné à la récolte, il ne doit rien dégrader; & s'il jouit par fes mains, après avoir fait la récolte, il ne doit pas laiffer les terres en friche, ce que la coutume exprime en un mot, en difant qu'il doit jouir comme un bon pere de famille.

Il faut préfentement paffer à l'aveu & dénombrement, qui n'eft autre chofe qu'un mémoire exact de la confiftance du fief fervant, dans lequel le Vaffal doit employer le château & les autres manoirs de fon fief, s'il y en a, la Juftice, s'il y en a, & fi elle eft mouvante du même fief, les terres labourables, les près, vignes, bois, étangs, en un mot tout le domaine du fief fervant; enfuite le Vaffal doit employer toutes les cenfives & les rentes qui font dues à fon fief: il doit enfin y employer tous les arrierefiefs qui en dépendent. On dreffe ordinairement le nouvel aveu fur les anciens, & l'on n'y change rien lorfqu'il n'y a rien de changé dans le fief fervant.

Quarante jours après que le Vaffal a été reçu à la foi & hommage, il eft obligé de donner fon dénombrement au Seigneur, écrit en parchemin, & paffé pardevant Notaires; l'ufage eft d'en donner deux originaux, un pour

Paris,
art. 8. &
9.

le Seigneur , & l'autre pour le Vaſſal.
Après les quarante jours paſſés , le
Seigneur peut faire ſaiſir le fief faute
d'aveu & dénombrement : mais il ne
gagne pas les fruits : il doit établir
des Commiſſaires qui en rendent
compte au Vaſſal, après qu'il a ſatiſ-
fait à la coutume ; mais l'ancien Vaſſal qui a une fois donné ſon aveu &
dénombrement, n'eſt pas obligé d'en
donner un autre au nouveau Seigneur, à moins qu'il n'y en ait une
juſte cauſe : auquel cas le Seigneur ne
peut pas l'y contraindre par la voye
de la ſaiſie ; il n'a qu'une ſimple action pour le demander.

Molin. in conſ. Pa-riſ. §. 8. ſl. 3.

Paris, art. 10. Quand le Vaſſal a donné ſon dénombrement , le Seigneur eſt tenu de
le blâmer dans les quarante jours ; &
s'il ne le blâme point, l'aveu eſt tenu
pour reçu ; toutefois le Vaſſal eſt tenu
d'envoyer querir le blâme au lieu du
principal manoir du fief dominant.

Le blâme conſiſte en deux points ;
à marquer ce que le Vaſſal a mis de
trop dans ſon dénombrement ; par
exemple, s'il y a compris la Juſtice
qu'il n'a pas , & qui appartient au Seigneur dominant ; s'il a mis au nombre des arriere-fiefs des terres qui
ſont mouvantes en plein fief, c'eſt-à-

dire, immédiatement du Seigneur dominant, & autres chofes de cette nature. Le fecond point confifte à marquer ce que le Vaffal a omis dans fon dénombrement.

Les coutumes font différentes fur le fujet du dénombrement, tant pour le délai que pour la peine, faute de l'avoir donné.

Les unes donnent 60 jours de ter- *Berry, tit.* me, les autres un an entier; il y en a *5. art. 24.* qui prononcent une amande contre *Bretag.* le Vaffal négligent, & d'autres qui ac- *art. 360.* cordent au Seigneur la perte des fruits, *Blois ; art. 105.* fi le vaffal ne donne fon aveu dans un *Chaumont* certain tems après la faifie. *art. 19.*

Le relief, ou rachat, eft un droit *Paris ;* qui eft dû pour les mutations qui ar- *art. 33.* rivent de la part du Vaffal, autres que la vente du fief; à l'égard des muta- tions qui arrivent de la part du Sei- gneur, il n'en eft jamais dû aucun droit, à moins qu'il n'y en ait un titre exprès, ce qui eft très-rare.

Réguliérement quand les mutations *Paris ;* arrivent par fucceffion ou donation *art. 2. 4.* en ligne directe, foit afcendante ou defcendante, il n'eft dû aucun relief; c'eft le Droit commun qui eft reçu dans toutes les coutumes qui n'ont point de difpofition contraire; la coutume de Paris en excepte les fiefs qui font régis par la coutume du Vexin-le-François, dans lesquels il eſt dû relief à toutes les mutations, même de pere à fils ; mais en récompenſe ces mêmes fiefs ne doivent point de quint en cas de vente.

Le Maine art. 67. Il y a des coutumes où il n'eſt dû relief en cas de ſucceſſion, ſi ce n'eſt qu'on vienne par repréſentation.

Noyon, art. 25. S. Quentin, art. 62 Mante, art. 6. Amiens, art. 47. D'autres ne font point payer de relief en ligne directe, mais un droit de chambellage, qui eſt une ſomme modique, comme de 20 ſ. pariſis, d'un demi-écu d'or, d'un écu d'or ; d'autres qui réglent le fief à une ſomme modique, & donnent outre cela le droit de chambellage.

Paris, art. 47. Le droit de relief eſt ordinairement le revenu d'un an, ou le dire de prud'hommes, ou une ſomme pour une fois offerte de la part du Vaſſal. Pour faire des offres valables, le Vaſſal eſt obligé d'offrir ces trois choſes, autrement le Seigneur ne pourroit pas choiſir.

Paris, art. 57. Si le Vaſſal a affermé ſa terre, le Seigneur qui a choiſi le revenu d'une année pour ſon droit de relief, doit ſe contenter du prix du bail.

Paris, art. 49. L'année de jouiſſance du Seigneur commence à courir du jour des offres acceptées

acceptées par le Seigneur, ou valablement faites par le Vaſſal.

Les filles qui ont des fiefs venant *Paris, art.* à ſe marier, quelques coutumes les *36. & 37.* exemptent du relief pour leur premier mariage ; mais ſi elles paſſent à des ſecondes ou autres nôces, elles les obligent de payer un relief ; d'au- *Tours* tres coutumes veulent qu'elles payent *art. 231.* relief, même pour le premier mariage : la raiſon de ce relief eſt, qu'il y a mutation de poſſeſſeur, parce que le mari perçoit les fruits du fief de ſa *Ricard* femme ; d'où l'on inſére que, quand *ſur Paris,* la femme eſt ſéparée de biens par ſon *art. 37.* contrat de mariage, ſoit en premieres ou ſecondes nôces, elle ne doit point de relief, parce qu'il n'y a aucune mutation, non pas même de poſ-ſeſſeur.

Réguliérement la veuve ne doit ni *Paris,* la foi & hommage, ni le relief ; mais *art. 40.* l'héritier eſt tenu de l'acquitter de la *Poitou,* foi, & de payer le relief s'il en eſt dû *art. 105.* de ſon chef ; il y a néanmoins des coutumes qui obligent la femme à payer le relief pour la portion à laquelle monte ſon douaire ; & d'autres por- *Chau-* tent que le ſecond mari doit rachat *mont,* du douaire que ſa femme a eu d'un *art. 27.* premier mari.

Tome I. G

Molin.
in conſ.
Pariſ. §.
33. *gl.* 1.
n. 113.

Il arrive quelquefois que dans une même année le fief change deux ou trois fois de main ; on demande en ce cas, ſi le Seigneur peut prétendre autant d'année de jouiſſances qu'il y a de mutations ? Il faut diſtinguer, ou ces mutations arrivent par cas fortuit, ſçavoir, par le décès de pluſieurs propriétaires du fief, qui ont ſuccédé les uns aux autres en collatérale, & alors il n'eſt dû qu'un relief ; ou les mutations ſont volontaires ; ce qui arrive quand pluſieurs propriétaires conſécutivement donnent pluſieurs fois le fief dans une même année, & alors il eſt dû autant de reliefs qu'il y a eu de mutations, les contractans ayant bien voulu s'y aſſujettir par leur propre fait.

Le Seigneur ayant opté pour ſon relief l'année du revenu, il reçoit durant l'année de ſa jouiſſance tous les caſuels qui arrivent au fief ſervant, c'eſt-à-dire, les lods & ventes, les quints & les reliefs qui ſont dûs par les ventes, les échanges, & autres mutations des arriere-fiefs & cenſives dépendans du fief ſervant ; & ſi durant l'année du relief il échet un relief par l'ouverture d'un arriere-fief, cela s'appelle relief de rencontre.

La vente du fief produit deux différens droits au Seigneur, sçavoir, le
retrait féodal, ou le droit de requint,
qui est la cinquiéme partie du prix de *Paris,*
l'acquisition ; mais ces deux droits *art. 22.*
sont incompatibles, & le Seigneur n'a
que le choix de l'un des deux ; de
sorte que si le Seigneur a reçu le quint
qui lui est dû à cause de la derniere
vente, ou même s'il a donné souffrance, il ne peut plus se servir du
retrait féodal.

Le droit de retrait féodal est une *Paris,*
faculté accordée au Seigneur de pren- *art. 30.*
dre & retenir par puissance de fief, le
fief tenu & mouvant de lui, qui est
vendu par son Vassal, en remboursant l'acquéreur du prix & des loyaux-
coûts dans 40 jours après qu'on lui a
notifié la vente, exhibé les contrats,
& d'iceux baillé copie.

Le retrait lignager est préférable *Paris,*
au retrait féodal ; mais si un parent *art. 2.*
du vendeur veut user du retrait sur le
Seigneur qui a déjà retiré par retrait
féodal, il lui doit payer les droits de
quint, avant que le Seigneur soit tenu
de le recevoir en foi & hommage.

Quoique le retrait féodal n'ait été *Brod. sur*
introduit en faveur des Seigneurs, que *Paris, art.*
pour réunir au fief dominant le fief *20.*

fervant, qui en avoit été diftrait par l'ancienne conceffion ; néanmoins il eft certain dans l'ufage , que le Seigneur peut céder ce droit , & le ceffionnaire peut retirer par retrait féodal, tout de même que le Seigneur auroit pu faire , à moins qu'il n'y en ait une prohibition expreffe dans la coutume, comme dans celle de Tours, art. 181 & 188.

Ibid. Si l'acquéreur a acquis plufieurs héritages par un même contrat, & pour un même prix, le Seigneur n'eft obligé de retirer que ceux qui font dans fa mouvance ; & s'il y a plufieurs fiefs dans la mouvance du même Seigneur, il peut retirer celui que bon lui femble , fans retirer les autres.

Ibid. Mais fi l'acquifition n'eft que d'un feul fief, & qu'il y ait plufieurs Seigneurs du fief dominant, l'acquéreur n'eft pas obligé de fouffrir la divifion de fon contrat, les Seigneurs doivent tous retirer fuivant la part & portion qu'ils ont dans le fief; & s'ils ne s'accordent pas, celui d'entr'eux qui veut retirer, doit retirer tout le fief fervant.

Chaumont, art. 17. Il faut obferver qu'il y a quelques coutumes qui accordent au Seigneur le quint denier , conjointement avec le retrait féodal ; ce que Dumoulin trouve très-injuſte. Il y en a d'autres où le vendeur eſt chargé de payer le quint, leſquelles n'accordent le droit de retrait & le droit de quint tout enſemble, que quand la vente n'eſt pas faite francs deniers, c'eſt-à-dire, quand le vendeur n'a pas chargé l'acquéreur de payer le quint en ſon acquit. *Amiens, art. 38.*

Quand le fief eſt vendu par le Vaſſal, toutes les coutumes accordent un droit au Seigneur ; les unes obligent l'acquéreur à payer la cinquiéme partie du prix, de cent livres, vingt livres ; les autres obligent le vendeur à payer ce quint, & ſi la vente eſt faite francs deniers, c'eſt-à-dire, ſi le vendeur a chargé l'acquéreur de l'acquiter du quint, l'acquéreur doit le quint & le requint, qui eſt la cinquiéme partie du quint. Il y en a où l'acquéreur doit le treiziéme du prix, & outre cela un rachat ; il y en a où il n'eſt dû qu'un ſimple relief de quelque contrat que ce ſoit. *Paris, art. 2.* *Norm. art. 171. Mante, art. 16.*

Le droit de quint n'eſt pas toujours dû en matiere de vente ; car ſi le fief ſervant ne peut pas être commodément partagé entre cohéritiers, & qu'ils ſoient obligés d'en faire une licitation, c'eſt-à-dire, de le faire adjuger au plus offrant & dernier *Paris, art. 80.*

nier enchérisseur, le cohéritier qui
se rend adjudicataire de la totalité,
ne doit point de droit de quint ; mais
si c'étoit un étranger, il le devroit.

Brodeau
sur cet
art.

Cette disposition de la coutume de
Paris a été trouvée si juste, qu'elle a
été étendue par l'usage aux licitations
qui sont faites dans les partages de
communauté, & même dans les autres sociétés, ¶¶ pourvu que ceux qui
licitent fussent copropriétaires à titre
commun, & non à titre singulier. Arrêt du 6 Mars 1734.]]

Paris, art.
43. 44.
& 45.

Lorsqu'un Seigneur a fait saisir le
fief servant, le Vassal qui veut avoir
main-levée de la saisie, est obligé d'a-
vouer ou désavouer le Seigneur ; si le
Vassal avoue, il doit faire la foi &
hommage, & payer les droits, &
après cela le Seigneur est obligé de
lui communiquer ses titres, qui sont
les anciens actes de foi & hommage,
les aveux & dénombremens, & autres de cette nature, & se purger par
serment s'il en est requis ; le Vassal
doit faire la même chose, & est obligé de satisfaire le premier : si au contraire le Vassal désavoue le Seigneur,
c'est-à-dire, s'il dénie être son Vassal,
& relever de lui, c'est au Seigneur à
prouver la mouvance, & durant le

procès le Vaſſal doit avoir main-levée ; mais auſſi il perd ſon fief, qui
demeure confiſqué au profit du Seigneur, ſi par l'événement le déſaveu
ſe trouve mal fondé ; c'eſt ce qu'on
appelle droit de commiſe.

Quand le Vaſſal prétend que ſa terre eſt en franc-aleu, il faut de néceſſité qu'il avoue ou qu'il déſavoue, il
n'a point de tempérament à prendre
entre ces deux extrêmités ; mais s'il
prétend que ſa terre eſt mouvante
d'un autre Seigneur que celui qui a
fait ſaiſir, il peut engager ce Seigneur à faire ſaiſir de ſon côté, &
former un procès entre les deux Seigneurs , qu'on appelle combat de
fief ; & dès le moment qu'il paroît
deux Seigneurs qui prétendent la
mouvance du fief ſervant, le Vaſſal
doit ſe pourvoir à la Juſtice Royale or- *Paris ,*
dinaire de ſon fief, y faire la foi aux *art. 60. &*
Officiers, & conſigner les droits qu'il *Brodeau.*
Ibid.
peut devoir, moyennant quoi il doit
avoir main-levée de ſon fief durant le
procès ; mais 40 jours après la ſignification qui lui ſera faite de la Sentence ou Arrêt définitif, il doit faire
la foi à celui qui aura gagné le procès.
L'uſage le plus ſûr en matiere de
combat de fief, eſt de prendre des

Lettres en Chancellerie, adreſſantes
au plus prochain Juge Royal des
lieux ; * ces Lettres ne ſont plus en
uſage,] & cette maniere de faire la
foi au Roi pour conſerver le droit des
deux Seigneurs, eſt appellée réception en main ſouveraine.

*Bacquet,
Droits de
Juſtice,
ch. 11.*

Lorſque le Vaſſal a tué ou bleſſé ſon
Seigneur, ou commis d'autres crimes
contre lui qui méritent la mort, les
fiefs mouvans du Seigneur offenſé lui
ſont acquis par le droit de commiſe,
& n'appartiennent point au Seigneur
Haut-Juſticier, comme les autres
biens confiſqués : les crimes commis
par le Vaſſal contre ſon Seigneur, ſont
appellés crimes de félonie.

Le Vaſſal peut vendre ſon fief en
tout ou en partie : mais il ne peut
pas le démembrer ſans le conſentement de ſon Seigneur ; il y a un véritable démembrement du fief, quand
le Vaſſal vend des dépendances de ſon
fief ſans retenir aucun droit ſeigneurial, ni aucune ſupériorité ſur la choſe aliénée : il ne peut auſſi remettre
à ſes Vaſſaux qui poſſédent les arriere-fiefs, ni à ceux qui poſſédent des
cenſives dans ſa mouvance, le droit
qu'il a ſur eux, ni leur permettre de
poſſéder en franc-aleu, ou les céder

à d'autres Seigneurs; ce feroit démembrer fon fief, en retrancher des membres, & porter préjudice au Seigneur dominant, qui ne feroit plus reconnu, & qui n'auroit plus d'homme, qui lui pût faire la foi pour les chofes ainfi démembrées. Le Vaffal ne peut pas auffi divifer fon fief en telle forte, que d'un fief il en faffe plufieurs, car ce feroit encore une efpéce de démembrement : mais le fief peut être divifé en plufieurs parties, foit par des partages, ou autrement, pourvu que ces parties ne compofent toutes enfemble qu'un feul & même fief. Voilà les véritables efpéces du démembrement qui eft défendu par toutes les coutumes.

Molin. in conf. Par.

Mais la plûpart permettent au Vaffal de difpofer des dépendances de fon fief fans le confentement du Seigneur, & fans lui payer aucun droit, pourvu qu'il retienne la foi entiere, & quelque droit feigneurial fur ce qu'il aliéne : ainfi le Vaffal peut aliéner les terres qui dépendent de fon fief, & les donner en arriere-fief, ou en cenfive, parce qu'alors il conferve la foi entiere à fon Seigneur, & ne fait aucun démembrement du fief qu'il reconnoît toujours tout entier, & dans toute fon étendue ; c'eft ce

G v

que les coutumes appellent se jouer
de son fief. Il y en a qui permettent
au Vassal de se jouer ainsi de tout le
fief, pourvu qu'il retienne la foi :
quelques-unes ne permettent l'aliénation que d'une partie, comme des
deux tiers ; & d'autres permettent
seulement au Vassal de le donner à
cens raisonnable, & ne veulent pas
qu'il reçoive aucuns deniers pour faire l'accensement à plus petits cens.

Etampés,
art. 35.
Paris,
art. 52.
Chálons,
art. 194.

Mais il faut observer qu'il est très-
dangereux de faire ces aliénations
avec rétention de foi, sans le consentement du Seigneur ; car s'il n'y a
pas consenti, soit par un consentement exprès, en inféodant le droit
qui a été retenu sur la chose aliénée,
ou par un consentement tacite en re-
cevant l'aveu & dénombrement dans
lequel le Vassal a employé ce droit,
il peut en cas d'ouverture du fief servant, faire saisir non-seulement tout
ce que le Vassal a retenu, mais aussi
tout ce qu'il a aliéné ; & même le
Vassal venant à vendre son fief, le
Seigneur qui n'a pas consenti à l'aliénation, peut retirer, par retrait féodal, le fief entier, avec les dépendances qui ont été aliénées, en remboursant le prix de l'acquisition du

Bacquet,
des-francs
fiefs, ch.
2. n. 20.

fief, & les deniers reçus par le Vaſſal lors du bail à cens & rente, avec les bâtimens & améliorations, frais & loyaux-coûts.

Il y a quelques coutumes qui appellent depié du fief, comme qui diroit dépecement, diviſion de fief, ce que les autres appellent démembrement de fief ; dans ces coutumes, le depié de fief arrive en deux manieres. La premiere, quand le Vaſſal aliéne quelque portion de ſon fief, ſans retenir aucun devoir ſur la choſe aliénée : l'autre, quand le Vaſſal aliéne plus du tiers, ou ſelon d'autres coutumes, plus de deux tiers avec devoir ou ſans devoir, pourvu qu'en précomptant le devoir il y ait plus du tiers ou des deux tiers d'aliéné. Quand le Vaſſal retient la foi ſur la choſe aliénée, cela s'appelle faire de ſon domaine ſon fief.

Le Maine, Anjou, Touraine tit. du depié de fief & des partager.

La peine du depié du fief eſt différente dans les coutumes ; celles d'Anjou & du Maine puniſſent le Vaſſal qui a dépecé ou dépiecé le fief, de la perte de la féodalité, laquelle eſt dévolue au fief dominant ; de ſorte que le Vaſſal n'a plus de fief, plus de juſtice, ni de ſeigneurie ; ſes Vaſſaux, ſujets & cenſitaires deviennent Vaſ-

Anjou, art. 203. & 204.

faux , fujets & cenfitaires du Seigneur dominant ; & fi le Vaffal avoit
aliéné peu à peu , en retenant un devoir fur les chofes aliénées , la peine
du depié commencera à courir contre lui du jour qu'il aura fait la derniere aliénation , laquelle , jointe aux
précédentes , excédéra le tiers du fief.

Anjou,
art. 205. Mais fi le Vaffal , après avoir dépecé fon fief, retire les chofes aliénées ,
ou s'il vend le refte du fief à ceux
qui poffédent les chofes aliénées , de
forte que les parties démembrées y
foient réunies & confolidées avec le
lieu dont elles font parties , la peine
du depié ceffe , & le tout demeure
à la foi & hommage où il étoit avant
le depié , nonobftant les jugemens que
le Seigneur pourroit avoir obtenus ,
& la poffeffion où il pourroit être.

Pallu fur
Tours,
art. 21. En Touraine , lorfque le fief eft
dépecé , les poffeffeurs des chofes
aliénées deviennent les hommes du
Seigneur dominant , & ceffent de reconnoître le Vaffal;mais le Vaffal n'eft
pas privé de la mouvance des chofes
qu'il a retenues.

Anjou,
art. 212.
Pallu fur
Tours,
art. 120. Le partage eft une efpéce de depié
du fief, qui n'eft point défendu par
ces coutumes : mais dans quelques.
unes le partage n'a lieu qu'entre no-

bles ; & dans d'autres, il a lieu à l'égard des roturiers auffi-bien que des nobles.

Quand un Vaffal marie fa fille ou fa sœur, il peut donner la troifiéme partie de fon fief, fans y tetenir aucun droit ; de même un fief peut être partagé entre cohéritiers ; enforte que les portions des puînés ne doivent aucun droit ou devoir à celle de l'aîné ; c'eft ce qu'on appelle parage : l'aîné eft appellé le parageur, & les puînés font appellés les parageaux.

On nomme cette maniere de démembrer le fief, parage, comme qui diroit parentage, parce qu'elle n'a lieu qu'entre parens ; ou comme qui diroit pairage ou pariage, parce que les parageaux font égaux en dignité avec le parageur.

Tant que le parage dure, le parageur feul porte la foi pour tout le fief, & en garantit fes parageaux ; mais s'il y a ouverture de la part du parageur, le Seigneur peut faire faifir les portions des parageaux ; comme auffi lorfque la portion du parageur tombe en rachat, le Seigneur doit jouir de la portion des parageaux, comme de celle du parageur, fauf le recours des parageaux contre le parageur.

Anjou, art. 213.

Tours,
art. 127. Lorsque le parage est fini, les posfesseurs des portions données aux parageaux doivent la foi & hommage au parageur, & non pas au Seigneur dominant.

Tours,
art. 26. Le parage finit de trois manieres : la premiere, quand le lignage ou parenté du parageur & du parageau sont tellement éloignés, qu'ils se peuvent marier ensemble sans dispense d'Eglise, c'est-à-dire, du quatre au cinquiéme dégré ; la seconde, quand le parageau transporte sa portion à tout autre qu'à son héritier présomptif ; la troisiéme, lorsque le parageau, sans sommer son parageur, a fait hommage au Seigneur suzerain, qui est le Seigneur dominant du parageur ; en ce cas l'obéissance en peut être rendue au parageur, s'il le requiert.

Paris,
art. 22. On dit communément que le Vassal ne peut prescrire contre son Seigneur, ni le Seigneur contre son Vassal, pas même par cent ans & plus : mais cette maxime n'est pas vraie dans toute son étendue ; elle doit être restrainte à la disposition de la coutume de Paris, qui porte que le Vassal ne peut prescrire contre son Seigneur la foi qu'il lui doit, ni la mouvance de son fief, quand il auroit été plus

de cent ans sans reconnoître le Seigneur ; & à l'égard du Seigneur, qu'il ne peut prescrire contre son Vassal le fief qu'il a saisi sur lui faute d'homme, ou de dénombrement ; mais à l'égard des choses qui ne regardent point le droit de féodalité en soi, le Seigneur & le Vassal peuvent se servir de la prescription l'un contre l'autre : c'est pourquoi si le Vassal a acquis d'un faux propriétaire le fief dominant à juste titre, & s'il l'a possédé de bonne foi dix ans entre présens, & vingt ans entre absens, il peut se servir de la prescription contre le véritable propriétaire qui le veut révendiquer ; même les profits de fiefs échus font jujets à la prescription de trente ans, s'il n'y a ni saisie, ni demande judiciaire.

Un Seigneur de fief peut aussi prescrire contre un autre Seigneur, mais il faut que celui qui se veut servir de la prescription, ait en effet un fief, & qu'il le prouve par des aveux qu'il ait rendus à son Seigneur, ou par d'autres actes.

Paris , art. 123. Bacquet , des francs fiefs, n. 17.

L'Eglise & les Communautés séculieres sont appellées communément gens de main-morte, parce que dès le moment qu'ils ont acquis un héritage, & qu'ils l'ont fait amortir, il ne fort plus de leurs mains : ces gens de main-morte ne peuvent poſſéder des immeubles dans le Roïaume ſans la permiſſion du Roi, qui la leur accorde quelquefois par des Lettres Patentes, appellées Lettres d'amortiſſement : quand le Roi leur accorde ces Lettres, les Seigneurs dans la mouvance deſquels ils ont acquis, ſouffrent un grand préjudice, parce qu'il n'y a plus de mutations fréquentes, ni par mort, ni par aliénation, à titre de vente ou d'échange, & par conſéquent plus de reliefs ni de quints : c'eſt pourquoi on les oblige de payer une indemnité au Seigneur, quelquefois même ils conviennent de nommer une certaine perſonne, laquelle venant à mourir, ils payent un relief, & la perſonne qui eſt nommée fait la foi & hommage : cet homme que les gens de main-morte nomment au Seigneur, eſt appellé homme vivant & mourant.

Molin. in conf. Pariſ. §. 31. gl. 1. n. 62.

Paris, art. 358. Les Seigneurs ſont préférés à tous les autres créanciers pour les droits de quints, reliefs & autres droits ſeigneuriaux, lorſqu'ils ſe ſont oppoſés au décret de l'héritage qui eſt dans leur mouvance.

Les Seigneurs ayant haute juſtice Paris ; *art.* 69. 70.
ou cenſive, ou même ſimple fief, cenſives, & terres en domaine juſqu'à 50 arpens, peuvent avoir co-
lombier à pied, ayant boulins juſqu'au
rez-de-chauſſée.

Lorſqu'un Seigneur acquiert des
fiefs ou des rotures qui ſont dans ſa
mouvance, il eſt en ſa faculté de déclarer, lors de l'acquiſition, s'il les
veut tenir ſéparément, ou les réunir
à ſon fief, & n'en compoſer qu'un
ſeul & même fief ; mais s'il ne fait *Paris ;*
point de déclaration, quelques cou- *art.* 53.
tumes veulent que la réunion ſoit faite *Verman-*
de plein droit ; d'autres, que les choſes *dois, art.*
demeurent au même état qu'elles 260.
étoient avant l'acquiſition.

Lorſqu'il s'agit des formalités de
la foi & hommage, il faut ſuivre la
coutume du fief dominant ; mais lorſqu'il s'agit de régler les droits utiles, il faut ſuivre la coutume du fief
ſervant.

En certaines coutumes il y a des
fiefs qui ſont appellés fiefs de danger ; parce que ſi le nouvel acquéreur
s'en met en poſſeſſion ſans le conſentement du Seigneur, il perd ſon fief,
lequel tombe en commiſe au profit du
Seigneur.

Voilà ce qu'on peut dire en général sur la matiere des fiefs : il reste beaucoup d'autres choses qu'on ne peut pas expliquer dans une institution. ☞ Il y a plusieurs Provinces où il n'est dû ni droit de relief, ni de quints, ni aucuns droits pécuniaires, *Voyez les observ. sur Henrys, tom. 1. l. 3. q. 38.*

CHAPITRE III.

Du Franc-aleu.

L E franc-aleu n'est autre chose qu'un héritage qui ne dépend d'aucun Seigneur, ni en fief, ni en censive, qui ne doit ni foi & hommage, ni autres devoirs seigneuriaux.

Ducange , gloss. in verb. alodis. Les mots aleu , alodis, alodus, alodium , aleudum , dans les anciennes loix & dans les anciens titres , signifient une terre , un héritage, un domaine , ¶¶ que l'on possédoit en pleine propriété , & qui étoit héréditaire, à la différence des bénéfices ou fiefs qui n'étoient encore qu'à vie ou à tems; le mot franc , marque un héritage libre & exempt de tous devoirs.

Paris , art. 68. Il y a deux sortes de franc-aleu, le noble & le roturier : le franc-aleu

noble eft celui qui a juftice , cenfive ,
ou fief mouvant de lui ; le franc-aleu
roturier , eft celui qui n'a ni juftice ,
ni aucunes mouvances.

Il y a trois fortes de coutumes dans *Troyes,*
le Roïaume : les unes veulent que *art.* 51.
tout héritage foit réputé franc , fi le *Chau-*
Seigneur , dans la Juftice duquel il eft *mont , art,*
fitué , ne montre le contraire. Dans 62.
ces coutumes il n'eft pas néceffaire au
propriétaire d'une terre , de produire
des titres pour montrer qu'elle eft al-
lodiale , la loi du pays lui fert de titre : les pays qui font régis par le Droit
écrit , font de cette nature , & préten- *Meaux ,*
dent que toutes les terres font préfu- *art.* 389.
mées être en franc-aleu , s'il n'y a titre au contraire. Il y a d'autres coutumes où le franc-aleu n'eft point
reçu fans titre particulier. Dans ces
coutumes le Seigneur d'un territoire
eft bien fondé à prétendre que tous
les héritages qui y font enclavés font
mouvans de fon fief , en fief ou en
cenfive ; & ceux qui prétendent que
leurs héritages font libres , en doivent
produire les titres. De plus les héritages qui ne font enclavés dans aucun
territoire , ne font pas préfumés libres , & la mouvance eft cenfée appartenir au Roi , comme Seigneur

univerfel de tout le Roïaume. Il y a enfin des coutumes qui n'ont point de difpofition particuliere fur le fujet du franc-aleu : on tenoit autrefois que dans ces coutumes c'étoit au Seigneur à prouver fa mouvance : lorfqu'il n'avoit pas un territoire circonfcrit & limité, dont toute l'étendue fe trouvoit dans fa mouvance, mais aujourd'hui on tient pour maxime dans tous les pays coutumiers, qu'il n'y a point de terre fans Seigneur, & que ceux qui prétendent que leurs terres font libres, le doivent prouver, à moins que la coutume n'en difpofe au contraire.

Molineus in confuet. Parif. §. 57. n. 13. & 14. Dans les coutumes mêmes qui admettent le franc-aleu fans titres, le Roi & les Seigneurs font bien fondés à demander que ceux qui poffédent des terres en franc-aleu, ¶¶ dans leur Haute-Juftice]] ayent à leur en donner une déclaration, afin de connoître ¶¶ les héritages & les perfonnes foumis à leur Juftice, & de conferver les droits inhérens à la Juftice. *Voyez* l'Edit d'Août 1692, qui oblige les poffeffeurs de francs-aleux roturiers provenans d'affranchiffemens particuliers, ou fondés fur la prefcription de payer au Roi un droit pour la confirmation de l'allodialité.]]

CHAPITRE IV.

Des Cenfives & Droits Seigneuriaux.

L'ORIGINE des cenfives eft auffi ancienne que celle des fiefs ; les Seigneurs qui avoient une trop grande étendue de domaine, en donnoient une partie en fief, à la charge du fervice militaire, & une autre partie à cens, avec amende faute de payer le cens au jour de l'échéance, pour marque de la Seigneurie directe que le Seigneur fe réfervoit fur l'héritage.

Dans le commencement il n'étoit pas permis au cenfitaire de vendre l'héritage qui lui avoit été baillé à cens, fans avoir le confentement du Seigneur ; & pour avoir fon confentement on lui payoit une certaine fomme; ce qui a depuis paffé en Droit commun. Il eft aujourd'hui permis au cenfitaire de vendre l'héritage chargé de cens, en payant au Seigneur un droit qui eft réglé par les coutumes, & qu'on appelle communément lods & ventes.

Le cens dans les premiers tems égaloit prefque la valeur des fruits de l'héritage donné à cens, comme font aujourd'hui nos rentes foncieres ; de sorte que les censitaires n'étoient quasi que les fermiers perpétuels des Seigneurs, dont les revenus les plus considérables consistoient dans leurs censives : les sols & les deniers étoient une monnoie d'or & d'argent pur, qui valoit incomparablement plus que les sols & deniers ne valent aujourd'hui. L'Auteur du nouveau Traité historique des monnoies, explique la valeur de ces monnoies dans les différens tems, & remarque que dans les altérations qui en ont été faites peu à peu, & qui les ont enfin réduites au bas prix où elles sont aujourd'hui, les Seigneurs qui avoient leurs censives & leurs rentes seigneuriales en sols & en deniers, furent entiérement ruinés, & ceux au contraire qui les avoient constituées en grains & en autres espéces, n'ont rien perdu de leurs revenus ordinaires.

Cette grande altération des monnoies a trompé la plûpart des Auteurs qui ont écrit depuis deux cens ans sur la matiere des censives : ils ont vu que le cens ordinairement n'étoit que d'un ou de deux sols par ar-

pent, plus ou moins : ce qui leur a
fait croire que les Seigneurs avoient
plutôt impofé cette redevance pour
une marque d'honneur & de fupério-
rité , que comme un revenu ordinaire ; mais cela n'eft vrai qu'à l'égard
des cenfives qui ont été créées depuis
que ces fortes de monnoies ont été
réduites au point où nous les voyons
aujourd'hui.

Le cens eft la premiere redevance
qui eft impofée par le Seigneur direct , dans la conceffion qu'il fait de
fon héritage : §§ fi depuis la premiere conceffion il fe trouve quelque
autre redevance , impofée au profit
de la même Seigneurie , on l'appelle
furcens ou rente feigneuriale :]] toutes les autres charges qui font impofées fur le même héritage §§ au profit d'autre perfonne que le Seigneur
direct ,]] n'ont point le privilége du
cens : ce n'eft point des droits fei-
gneuriaux, mais des fimples rentes ou
charges foncieres, parce qu'un même
héritage ne peut pas être tenu en cenfive de deux différens Seigneurs , §§ &
qu'il n'y a que le Seigneur direct de
l'héritage , qui puiffe imprimer le caractere de cens, furcens & rentes feig-
neuriales, aux charges qu'il y impofe.]]

V. Ra-
gueau, in-
dice des
DroitsRo-
yaux.

Le cens reçoit diverses dénomina-
tions suivant les différens titres des
Seigneurs ; tantôt il est appellé cens ;
tantôt champart, terrage, avenage ;
carpot, agrier, complant, & autres termes de cette nature, qu'il est
impossible de rapporter ici ; il suffit
d'observer que tous ces droits, quelque dénomination qu'ils ayent, sont
droits seigneuriaux, qui portent avec
eux le droit de lods & ventes, lorsqu'ils ont été imposés par le Seigneur
dans la premiere concession de l'héritage, & qu'il n'y a point d'autre
cens : ce sont au contraire de simples charges foncieres, lorsqu'ils n'ont
pas été imposés dans la premiere
concession.

Paris ,
art. 85.

Les censitaires par la coutume de
Paris sont obligés de payer les cens au
lieu & jour qu'ils sont dûs, à peine de
cinq sols parisis d'amende : les hérita-
gés situés en la ville & banlieue de Paris, sont exempts de cette amende.

La plus grande partie des coutumes du Roïaume sont différentes sur
ce sujet. Il y en a qui ne prononcent
point d'amende faute de payement de
cens ; & dans toutes les autres, l'a-
mende est si différente, qu'à peine
en trouve-t'on cinq ou six où elle soit
semblable :

femblable : elle va ordinairement depuis 3 f. jufqu'à 7 f. 6 d. Il n'y a *Laon, art.*
que la coutume de Laon qui fixe l'a-
mende à 40 f. parifis : il faut obferver en général que quoiqu'il y ait
plufieurs piéces d'héritages fujettes
au cens, & qu'il foit dû plufieurs années d'arrérages , il n'eft dû néan- *Ricard fur*
moins qu'une feule amende, à moins *Paris, art.*
que le Seigneur n'ait fait faifir , ou 85.
qu'il n'ait intenté fon action à la fin
de chaque année , ou que la coutume
ne le porte expreffément , comme
celle de Chartres.   *Chartres*

    Outre l'amende qui eft dûe par le *art. 111.*
cenfitaire, le Seigneur a droit de faire *Paris,*
procéder par voie de fimple faifie, *art. 65.*
que la coutume appelle arrêt ou
brandon, fur les fruits pendans fur
l'héritage redevable du cens , pour
les héritages qui en font dûs : cette
faifie n'eft qu'un fimple empêche-
ment à la jouiffance du cenfitaire ;
car le Seigneur ne peut pas faire *Ibid. art.*
vendre les fruits , ni en profiter com- 76.
me dans la faifie féodale : mais fi
le cenfitaire s'oppofe à la faifie, il
doit avoir main-levée par provifion,
en confignant trois années du cens :
le Seigneur peut auffi dans la ville *Idem. 86.*
& banlieue de Paris , procéder par

    Tome I.   H

voie de simple gagerie sur les meubles qui sont dans les maisons sujettes au cens, c'est-à-dire, saisir & arrêter simplement les meubles, sans les déplacer, ni les vendre; la gagerie ne peut être faite que pour trois années d'arrérages de cens & au-dessous.

Les droits de mutations ne sont pas les mêmes pour les censives, que pour les fiefs; car autrefois il n'y avoit que la vente, ou autre contrat équipollent à vente, qui pût produire des droits au Seigneur; mais à présent l'échange produit les mêmes droits que la vente: il est vrai que les droits d'échange n'appartiennent pas aux Seigneurs, mais au Roi, à moins que les Seigneurs n'en ayent traité avec le Roi.

Edit de Fév. 1674 Déclaration du 20 Juillet 1674. Paris art. 78.

Les contrats équipollens à vente sont le bail à vente rachetable, l'échange d'un héritage contre des meubles; ¶ même par la Déclaration du 1 Mai 1696, tout échange d'héritage, soit contre d'autres héritages ou contre des rentes réputées immeubles, est sujet aux droits envers le Roi ou envers ceux qui les ont acquis de lui.

Les autres contrats équipollens à vente sont,]] le délaissement que fait le propriétaire de l'héritage à son créancier pour s'acquitter de ce qu'il lui doit, qu'on appelle, *Datio in fo-* *Ibid.* 83. *lutum* ; l'adjudication par décret, à la charge d'une rente rachetable, & autres de cette nature.

Si l'héritage eft donné à la charge *Ibidem* ; d'une rente fonciere non rachetable, *art.* 87. il n'en eft dû aucun droit au Seigneur, parce que la rente fonciere tient lieu de l'héritage ; & par la même raifon toutes les fois que la rente eft vendue, ou même fi elle eft rachetée, les droits en font dûs. Il réfulte de-là qu'il n'en eft point dû pour les baux emphytéotiques, quand il n'y a point d'argent déboursé.

Lorfque l'acquéreur d'un héritage *Ibidem* ; le fait décréter fur lui-même pour *art.* 84. purger les hypothéques, il n'eft dû qu'un feul droit pour la vente & pour le décret, aux choix du Seigneur, parce qu'en effet le décret n'eft pas une nouvelle vente ; ce n'eft proprement qu'une affurance de la premiere.

Si l'acquéreur d'un héritage eft *Ibidem* ; contraint de le déguerpir ou délaif- *art.* 79. fer pour les dettes de fon vendeur, lorfque cet héritage eft vendu par décret à la pourfuite des créanciers, l'acquéreur qui a déguerpi fuccéde au droit du Seigneur, & prend en fa place les ventes du décret ; ce qui a été introduit par une grande raison d'équité, parce qu'il n'est pas juste que cet acquéreur perde les droits qu'il a payés pour un héritage qu'il est obligé d'abandonner malgré lui, par le fait d'autrui. Il est néanmoins au choix du Seigneur de prendre les ventes du décret, en rendant celles qu'il a reçues de la premiere acquisition.

Ibid. art. 80.

Lorsqu'un héritage est possédé par indivis par plusieurs cohéritiers, ils peuvent le partager entr'eux ; mais s'ils ne le peuvent pas faire commodément, on en vient à une licitation ; & en ce cas, si l'héritage est adjugé tout entier à l'un des cohéritiers, il ne doit aucuns droits, ni de sa portion, ni de celle qui appartenoit à ses cohéritiers ; ¶¶ lorsque la licitation se fait par Justice,]] il faut faire faire une visite par Experts, dont les Parties conviendront, ou qui seront nommés d'office, lesquels feront leur rapport, que l'héritage ne se

Brodeau, ibid.

peut commodément diviser ; sur quoi le Juge ordonnera la licitation. Et quand elle est une fois ordonnée en Justice, les Parties peuvent la faire volontairement pardevant Notaires, pour éviter les frais ; mais si l'héritage licité eft adjugé à un étranger, il doit les droits entiers au Seigneur, comme d'une véritable vente. ☞ ¶¶ Entre majeurs qui font d'accord,]] il n'eft pas néceffaire que la licitation foit faite en Juftice, ni qu'il y ait eu une vifite faite par des Experts. ¶¶ Elle peut fe faire devant Notaires, pourvu que ce foit fans fraude.]] Il n'eft dû aucuns droits, quoique la licitation fe faffe par une convocation volontaire, & fans vifite d'Experts. *Auzanet fur l'article* 80 *de la coutume de Paris.*

Cette difpofition de la coutume de Paris a été trouvée fi jufte, qu'elle a été étendue à toutes les coutumes qui n'en ont point de difpofition expreffe; elle a auffi été étendue à la licitation qui eft faite entre le furvivant des deux conjoints, & les héritiers du prédécédé pour un héritage de fa communauté. ☞ Il en eft de même de la licitation faite entre copropriétaires, légataires & autres affociés. *Auzanet eodem, & Dupleffis.* Mais il faut que l'affociation ou communauté foit forcée, *neceffitate juris;* car fi un étranger acquiert la portion divifée de l'un des cohéritiers, ou copropriétaires, & qu'enfuite il faffe liciter l'héritage, & s'en rendre adjudicataire, les droits seigneuriaux sont dûs. *Dupleſſis, des Cenſ. pag.* 95.]

Nous avons dit que quand le propriétaire d'un héritage le donne en payement de ce qu'il doit à son créancier, les ventes en sont dûes au Seigneur : cela reçoit une exception conſidérable ; car ſi un pere ou une mere ont promis une ſomme dé deniers à quelqu'un de leurs enfans en le mariant, & que pour s'acquitter de cette ſomme ils lui donnent un de leurs héritages, il n'en eſt rien dû au Seigneur, on ſuppoſe que c'eſt l'héritage même qui a été donné en avancement d'hoirie ; de ſorte qu'il faudroit dire le contraire, ſi le pere ou la mere avoient donné à un de leurs enfans quelqu'héritage pour s'acquitter d'une autre dette, parce qu'alors ce ſeroit une véritable vente.

On tient pour maxime certaine au Palais, que quand le décret d'un héritage eſt pourſuivi ſur un héritier bénéficiaire, qui demande & obtient que l'héritage lui ſoit adjugé pour un certain prix, l'héritier ne doit point les ventes au Seigneur, parce qu'en effet il n'y a point de mutation, & que l'héritier par bénéfice d'inven-

taire étoit véritable propriétaire de
l'héritage, à la charge de payer les
créanciers, ou de leur tenir compte
du prix qu'il peut valoir, qui n'eſt autre que la derniere enchere qui eſt
faite en Juſtice.

Les Chevaliers des Ordres du Roi,
les Conſeillers du Parlement de Paris, les Maîtres des Comptes, & les
Sécrétaires du Roi, ſont exempts des
lods & ventes des héritages qu'ils achetent dans la mouvance du Roi. * Les
Maîtres des Requêtes en ſont auſſi
exempts; les Tréſoriers de France de
Paris ont auſſi cette exemption.]

Il faut que le contrat de vente ſoit
bon & valable pour produire des
droits au Seigneur; il n'en peut point
prétendre d'un contrat qui eſt nul.
Mais ſi le contrat eſt bon dans ſon
origine, & qu'il vienne à être réſolu
dans la ſuite, on demande ſi les ventes en ſeront dûes au Seigneur ? Il faut
diſtinguer, ſi le contrat eſt réſolu
pour une cauſe ancienne, qui procéde du contrat même, & en ce cas le
Seigneur ne peut demander aucuns
droits; il eſt même obligé de rendre
ceux qu'il a reçus. Par exemple, ſi le
tuteur a vendu l'héritage de ſon mineur, avec toutes les formalités re-

quifes, & que le mineur fe faffe reftituer contre la vente pour caufe de
lézion, il ne fera dû aucuns droits au
Seigneur, ni pour le contrat de vente,
ni pour la réfolution, parce que la caufe de la réfolution procéde du contrat
même par lequel le mineur a été lézé.

Si le contrat eft réfolu pour une
caufe qui furvient dans la fuite ; par
exemple, lorfque le vendeur rentre
dans la chofe vendue, faute par l'acquéreur d'en pouvoir payer le prix,
le défaut de payement qui caufe la
réfolution du contrat, eft une nouvelle caufe, qui n'eft point dans le
contrat même, & qui n'en tire point
fon origine ; c'eft pourquoi en ce cas
les droits du premier contrat font dûs
au Seigneur ; mais il n'en doit point
avoir de la réfolution, parce qu'elle
n'eft pas volontaire.

Mais fi après que le contrat eft
parfait & accompli, les Parties viennent à le réfoudre volontairement,
les droits feront dûs au Seigneur,
tant du contrat de vente, que de la
réfolution, laquelle étant purement
volontaire, n'eft en effet qu'une feconde vente. Dumoulin tient néanmoins, par une grande raifon d'équité, que, fi les chofes font encore en-

tieres, c'eſt-à-dire, ſi le contrat n'a
eu aucune exécution, les Parties
peuvént en conſentir la réſolution,
ſans devoir aucuns droits au Seigneur, ni du contrat, ni de la réſolution ; mais pour cela il faut que
trois choſes concourent enſemble ;
que l'acquéreur ne ſoit pas entré en
poſſeſſion de l'héritage ; que le vendeur n'ait pas reçu le prix ; & que le
Seigneur n'ait formé aucune demande
de ſes droits.

Quand un héritage eſt vendu à fa- *Bretag*
culté de rémeré, il y a pluſieurs cou- *art. 50.*
tumes qui veulent que, ſi la faculté
n'excéde pas 9 ans, & qu'elle ſoit
exercée durant ce tems par le vendeur, il ne ſoit dû aucuns droits au
Seigneur, pourvu que la faculté ſoit
accordée dans le même tems du contrat, & qu'elle faſſe partie de la condition ; car ſi elle étoit accordée depuis le contrat parfait & achevé, non
ſeulement les droits ſeroient dûs pour
la premiere vente, mais même pour
l'exercice de la faculté de rémeré,
qui feroit en ce cas une ſeconde
vente.

D'autres coutumes décident que *Auvergne*
quand la faculté eſt ſtipulée par le con- *tit. 26.*
trat de vente, quoique dans la ſuite *art. 11.*

H v

elle foit exercée, & que le vendeur retire en effet la chofe vendue, les droits ne laiffent pas d'être dûs au Seigneur ; mais il n'en peut point demander pour l'exercice de la faculté.

V. Louet & Brod. lett. V. n. 82.
Il y a enfin des coutumes qui n'en décident rien, comme Paris ; & dans ces coutumes il y a beaucoup de difficulté : les uns tiennent que les droits font dûs, quoique la faculté foit exercée, & les anciens Arrêts l'ont jugé de la forte ; les autres tiennent qu'en ce cas les droits ne font pas dûs, & les derniers Arrêts ont confirmé cette opinion.

En matiere de vente d'ufufruit ou de bois de haute-futaye, qui font vendus féparément du fonds, il n'eft point dû de droits au Seigneur, excepté le cas de fraude, qui feroit, fi la propriété étoit vendue quelque tems après à l'ufufruitier, ou le fonds de la haute-futaye à celui qui a acquis la fuperficie.

Paris, art. 76.
Dans la coutume de Paris, le droit de vente eft de douze deniers un denier, c'eft-à-dire, la douziéme partie du prix de la vente ; de forte que fi l'héritage eft vendu douze mille livres, l'acquéreur doit mille livres au

Seigneur : c'eſt la coutume qui donne ce droit aux Seigneurs , fans qu'ils ayent befoin d'autre titre ; mais la coutume ne déroge point en cela à leurs titres particuliers , fuppofé qu'ils en ayent qui leur donnent des droits plus forts.

Dans la plûpart des coutumes , les droits font différens : dans quelques-unes , le vendeur doit les ventes , & l'acquéreur doit les lods ; de forte que dans ces coutumes les Seigneurs ont le double de ce qui leur eſt dû dans celle de Paris. *Melun, art. 125. Troyes, art. 54.*

Dans toutes les coutumes , le Seigneur peut obliger ceux qui poffé-dent des héritages dans fa cenſive , de lui communiquer les titres de leur acquifition , pour fçavoir s'il en eſt dû des droits , & à quoi ils montent ; c'eſt une exception à la régle générale , qui ne veut pas qu'on puiffe être contraint de produire des titres contre foi-même. *Paris, art. 73.*

Dans la coutume de Paris , le Seigneur fe doit pourvoir par action feulement pour être payé des ventes qui lui font dûes : il y a d'autres coutumes qui permettent au Seigneur de faire faifir l'héritage pour raifon duquél les droits lui font dûs. *Ibid. art. 82. Chaumont, art. 60.*

H vj

Paris,
art. 77. Mais si l'acquéreur cache son contrat au Seigneur, & ne lui donne pas
connoissance des ventes qu'il lui doit
dans les vingt jours, il encourt une
amende d'un écu, & un quart d'écu
dans la coutume de Paris : cette amende est dûe dans la plûpart des coutumes ; mais il y a quelque différence,
& pour le terme auquel la notifica-
tion doit être faite, & pour la qualité
de l'amende.

Anciennement on ne pouvoit pas
acquérir un héritage ou censive sans le
consentement du Seigneur, qui mettoit l'acquéreur en possession, ce qu'on
appelloit saisine, vest & dévest, pour
raison de quoi on payoit quelques
droits au Seigneur : cet usage de prendre la saisine du Seigneur dure encore
aujourd'hui ; mais il est différent dans
les diverses coutumes.

Paris,art.
82.&130. Dans la plûpart il n'est pas nécessaire de faire ensaisiner son contrat, &
l'ensaisinement n'est utile que pour
empêcher la durée de l'action en retrait lignager, dont l'an ne commence
à courir que du jour que le contrat de
vente a été ensaisiné : quand on prend
la saisine, il est dû douze deniers parisis au Seigneur.

Il y a quelques coutumes où l'ac-

quéreur eft obligé de prendre la faifi-
ne du Seigneur à peine de foixante
fols d'amende.

Il y en a d'autres dans lefquelles *Laon, art.*
pour acquérir le droit de propriété *53. & 126.*
d'un héritage, il faut que le vendeur,
ou fon Procureur fondé de procuration fpéciale, fe dévête ou défaififfe
ès mains de la Juftice fonciere, fous
laquelle l'héritage acquis eft fitué, &
que l'acquéreur en foit vêtu & faifi
de fait ; la chofe eft requife pour acquérir la propriété d'un héritage donné par donation entre-vifs ; ces coutumes font communément appellées
coutumes de veft & de déveft.

Il y en a enfin qui étendent la cho- *Artois,*
fe plus loin & qui n'accordent la pro- *art. 20. &*
priété à l'héritier des héritages qui ont *101.*
appartenu au défunt, qu'en les rele-
vant & droiturant du Seigneur dont
ils font mouvans, c'eft-à-dire, en les
reprenant des mains du Seigneur, &
lui payant fes droits : & faute de relever les rotures dans un certain tems,
elles reviennent de plein droit à la table du Seigneur, qui en peut prendre
les fruits, & les appliquer à fon profit, auffi-bien que des fiefs faute de
foi & hommage.

Quoique la coutume n'accorde aux

Seigneurs que les droits qui ont été ci-devant expliqués , néanmoins ils en peuvent avoir d'autres s'ils ont des titres pour cela : de ce nombre font la bannalité , les corvées, les péages, &c.

La bannalité eſt un droit qu'a le Seigneur de contraindre les habitans de ſon territoire , d'aller moudre à ſon moulin les bleds qu'ils recueillent dans l'étendue de ſa Seigneurie , de faire cuire le pain à ſon four , ou porter la vendange à ſon preſſoir.

Les corvées ne ſont autre choſe que des journées de travail que les Seigneurs peuvent exiger de leurs cenſitaires ; en leur fourniſſant quelque choſe pour leur nourriture , ſans être obligés de leur payer des ſalaires. Les corvées ſont différentes , ſuivant les titres des Seigneurs ; car ceux qui les doivent ne ſont ſouvent obligés que de fournir le travail de leurs corps : quelquefois ils ſont tenus de fournir des charrettes attelées avec des bœufs ou des chevaux.

Paris ,
art. 71.
Dans la coutume de Paris , les Seigneurs ne peuvent pas prétendre le droit de bannalité ou de corvées , s'ils n'en ont des titres valables , ou des aveux & dénombremens anciens ; &

le titre n'eft pas réputé valable, s'il
n'eft avant vingt-cinq ans.

Pour les péages, travers, paffages
par eau & par terre, pontonage, &
autres droits de cette nature, que
quelques Seigneurs ont droit de lever
fur les rivieres navigables, fur les
ponts & fur les grands chemins, il ne
fuffit pas aux Seigneurs d'avoir un titre pour les lever, il faut outre cela que ces droits foient attachés à quelqu'ouvrage public que le Seigneur
foit obligé d'entretenir; par exemple,
de nettoyer la riviere, réparer les
ponts, les chauffées & les grands chemins, &c.

Ordonn. des eaux & forêts, 1669. tit. des droits de péages, &c. art. 5.

Il y a des coutumes où le Seigneur
a droit de lever une taille en certain
cas fur fes fujets. ¶¶ Il y en a quatre
principaux; ce qui fait qu'elle eft appellée communément, *la taille aux*
quatre cas:] [fçavoir, quand * il eft
fait Chevalier, quand il marie noble-
ment fa fille aînée; & pour lui ai-
der à payer fa rançon, quand il eft
prifonnier de guerre pour le fervice
du Roi. ¶¶ Il y avoit encore un quatriéme cas; fçavoir, pour les voyages d'outre-mer, c'eft-à-dire,
les expéditions qui fe faifoient en la
Terre Sainte, ou les voyages que

* Anjou, art. 128. Maine, art. 138. Tours, art. 85. Norman-die, art. 169. Bretagne, art. 87. Auver-gne, ch. 25. art. 2. La Mar-che, art. 130.

l'on y faifoit pour la vifite des lieux Saints. Ce quatriéme cas n'eft plus d'ufage :]] cette taille eft le double des devoirs que le fujet doit ordinairement chaque année ; pourvu qu'ils n'excédent pas 25 fols. Si le fujet ne doit point de devoir, il payera feulement 25 fols. Le Seigneur ne peut éxiger ces tailles qu'une fois en fa vie pour chaque cas.

Nivern. tot. tit. des bordelages. Dans quelques coutumes il y a des terres tenues en bordelage, qui ont été concédées par les Seigneurs avec une redevance annuelle, portant Seigneurie directe, aux charges & conditions fuivantes. 1°. Que fi le tenancier ceffe de payer la redevance, le Seigneur peut rentrer dans l'héritage par droit de commife, en le faifant ordonner en Juftice : toutefois le tenancier peut purger la demeure, en offrant de payer les arrérages au Seigneur avant qu'il ait ufé de fon droit, & demandé fa commife. 2°. Le tenancier ne peut, fans le confentement du Seigneur, divifer ou démembrer les chofes données en bordelage par un même bail ; & s'il le fait, le Seigneur peut faire enjoindre au détenteur, par fa Juftice, ou s'il n'en a point, par celle du lieu, de remettre les cho-

fes en leur premier état dans l'an &
jour ; & ce tems expiré , les chofes
tenues en bordelage lui font acquifes
par droit de commife. 3°. Le détenteur doit entretenir les chofes tenues
en bordelage, en bon & fuffifant état :
il ne peut abattre les édifices , couper ou abattre les arbres fruitiers ,
ni convertir l'héritage en autre nature de pire & moindre valeur ; &
s'il le fait , le Seigneur a action contre lui pour fes dommages & intérêts. 4°. Les héritiers collatéraux du
détenteur ne peuvent fuccéder à la
chofe tenue en bordelage , s'ils ne
font communs avec le défunt de communauté coutumiere ; mais en ce cas
le Seigneur fuccéde lorfqu'il n'y a
point d'enfans. 5°. Si le détenteur
vend l'héritage qu'il tient à bordelage , le Seigneur a le choix de le retenir en payant le prix , avec les frais
& loyaux-coûts , ou de prendre le
tiers-denier du prix de la vente ; fçavoir , de 10 livres tournois , cent
fols , parce que le tiers – denier fe
prend outre le prix , & en montant ;
c'eft-à-dire proprement , que le Seigneur a la moitié du prix porté par
le contrat de vente. Enfin le détenteur peut fe charger de la redevan-

ce, en laiſſant au Seigneur l'héritage au même état qu'il l'a reçu, & lui payant les arrérages du paſſé.

Coquille, ibid. Bordelage vient de borde, ou borderie, ancien mot François qui ſignifie un domaine aux champs, deſtiné pour le ménage, labourage & culture.

Ordonn. des eaux & forêts, 1669. tit. des chaſſes, art. 25. Les Seigneurs de fief ont droit de chaſſer ¶¶ & faire chaſſer par qui ils jugent à propos]] dans l'étendue de leur fief; ¶¶ mais ils ne peuvent affermer la chaſſe, parce qu'elle eſt conſidérée plutôt comme un droit honorifique, que comme un droit utile.]]

Les Seigneurs Hauts - Juſticiers ¶¶peuvent chaſſer en perſonne]] dans toute l'étendue de leur Haute-Juſtice, quoique le fief appartienne à un autre, ſans néanmoins qu'ils puiſſent y envoyer chaſſer leurs domeſtiques, ou autres perſonnes de leur part, ni empêcher le propriétaire du fief de chaſſer & faire chaſſer dans l'étendue de ſon fief.

Ibid.art. 27. Si la Haute-Juſtice eſt diviſée ou démembrée entre pluſieurs enfans ou particuliers, celui ſeul à qui appartient la principale portion, a droit de chaſſer dans l'étendue de la Juſtice, à l'excluſion des autres Cojuſti-

ciers, qui n'ont point de part au fief ;
& fi les portions font égales , celle
qui procéde du partage de l'aîné, a
feule cette prérogative.

Mais les Seigneurs de fief, ni les *Ibid. art.*
Hauts-Jufticiers ne peuvent chaffer 14. & 15.
même fur leurs terres, à moins qu'elles ne foient éloignées d'une lieue des
plaifirs du Roi ; & pour pouvoir chaffer aux chevreuils & bêtes noires, il
faut que leurs terres foient éloignées
des plaifirs du Roi au moins de trois
lieues.

La plûpart des Seigneurs ont auffi
droit de pêche dans les rivieres qui
font dans l'étendue de leur Seigneurie , fur-tout quand les rivieres ne
font pas navigables de leur propre
fond : mais ils font obligés de faire
obferver les Ordonnances faites fur
le fait de la pêche , qui regardent proprement la police , & par conféquent
le Droit public qui n'eft pas de notre
fujet.

Outre ces droits, il y a quelques
Seigneurs qui poffédent des dixmes
qu'on appelle dixmes inféodées ,
parce que ceux qui les poffédent les
tiennent en fief d'un Seigneur fupérieur , à qui ils en rendent la foi &
hommage.

Grimau-
det , des
dixmes
d. 1. ch. 4.
& l. 2. ch.
6. Louet
& Brod.
lett. D. n.
8. & 9.

Nos Auteurs ne s'accordent pas fur l'origine des dixmes inféodées ; les uns tiennent que ce font des dixmes eccléfiaftiques que Charles Martel ôta à l'Eglife pour les donner à fes Capitaines , ou qui ont été ufurpées dans les tems des guerres d'outre-mer : d'autres prétendent que ce font de véritables dixmes laïques , impofées par les Seigneurs dans la conceffion qu'ils faifoient de leurs héritages, comme le cens, le cham-part , & les autres droits feigneu-riaux. Il y en a enfin qui de ces deux opinions en ont formé une troifié-me , difant qu'à la vérité il y a eû des dixmes purement laïques , qui n'ont jamais appartenu à l'Eglife ; mais auffi qu'il y a eu des dixmes ufurpées fur les Eccléfiaftiques ; & que de ces deux fortes de dixmes font venues celles qu'on appelle aujour-d'hui dixmes inféodées.

Cap. pro-
hibemus
ext. de de-
cim. &
Brod. fur
Louet, let.
D. n. 9.

Par le Concile de Latran, qui fut tenu en l'an 1179 fous Alexandre III, il fut défendu aux laïques poffeffeurs des dixmes, de les transférer à d'au-tres laïques ; mais comme les canons de ce Concile ne pouvoient pas don-ner atteinte au droit qui étoit acquis aux particuliers poffeffeurs des dixmes inféodées, il n'a pas été reçu en France : de forte que les dixmes inféodées font dans le commerce comme tous les autres fiefs : on les peut vendre, hypothéquer, léguer, &c. foit conjointement avec la terre dont elles font partie, foit féparément, lorfqu'elles ne font pas partie d'un autre fief, ou que le Seigneur confent qu'elles en foient démembrées.

Il eft vrai que quelques anciens Auteurs ont tenu qu'il n'étoit pas permis aux laïques de poffeder une dixme à titre de dixme inféodée, à moins que de prouver qu'elle avoit été inféodée avant le Concile de Latran ; mais cette opinion a été rejettée avec beaucoup de raifon ; car elle iroit à détruire toutes les dixmes inféodées, n'y ayant point de Seigneurs qui ayent pu conferver des titres fi anciens. Il fuffit donc aujourd'hui, pour poffeder juftement une dixme inféodée, de prouver la poffeffion immémoriale, & de rapporter quelqu'aveu & dénombrement, ou quelqu'autre titre, pour prouver qu'elle eft tenue en fief. Toutefois s'il étoit prouvé inconteftablement que la dixme étoit eccléfiaftique dans

ſon origine, & qu'elle n'a paſſé à des
laïques, que depuis le Concile de Latran, elle ſeroit en ce cas jugée dixme
eccléſiaſtique.

Le Jugé d'Egliſe ne peut pas prendre
connoiſſance des dixmes inféodées;
& il ſuffit d'alléguer l'inféodation,
pour en attribuer la connoiſſance au
Juge Royal.

Brod. ſur Louet, let. D. n. 60. Quoique les dixmes inféodées
ſoient conſidérées parmi nous comme
des biens temporels, & qu'elles ne retiennent rien de la nature des biens
eccléſiaſtiques, néanmoins lorſqu'il
s'agit de payer la portion congrue des
Curés, & qu'il n'y a point de dixmes
eccléſiaſtiques, ou qu'elles ne ſuffiſent pas pour la portion congrue,
les dixmes inféodées y ſont ſubſi-
diairement obligées : la faveur du Curé
qui a un miniſtere abſolument néceſſaire dans l'Egliſe, & qui doit y trouver ſa ſubſiſtance, l'emporte ſur toutes les autres conſidérations.

Ibid. Quoique les dixmes inféodées
ſoient retournées à l'Egliſe à quelque
titre que ce ſoit, elles ne deviennent
pas pour cela dixmes eccléſiaſtiques;
elles retiennent toujours la qualité
de dixmes inféodées, elles en ont tous
les priviléges, & ne jouiſſent point

auffi de ceux des dixmes eccléfiaſti-
ques : d'où il réſulte que l'Egliſe ne
les peut pas poſſéder , fans obtenir
des lettres d'amortiſſement.

Il y en a une raiſon très-ſenſible ; les
dixmes inféodées ſont toujours ſujettes
à la mouvance d'un Seigneur ſuze-
rain , auquel on ne peut pas faire perdre cette mouvance en les transférant
à l'Egliſe. Il y a cependant quelques
Arrêts contraires ; mais on ne les doit
pas tirer à conséquence.

Les Seigneurs qui ſont fondés en *Louet ,* titres valables , pour prendre les dix- *lett.* D. *n.* mes inféodées dans un certain terri- 53. toire , peuvent preſcrire les novales ,
par l'eſpace de 40 ans , c'eſt-à-di-
re , qu'ils peuvent continuer à jouir
des dixmes des terres défrichées avant
40 ans , pourvu qu'ils les ayent poſſédées paiſiblement durant tout ce
temps ; mais ils ne peuvent pas preſcrire le droit de percevoir les novales ſur les terres qui ſeront défrichées
à l'avenir dans le même territoire ;
car en matiere de preſcription , on
ne peut preſcrire qu'autant que l'on
poſſéde , *Tantùm præſcriptum quan-
tùm poſſeſſum.*

Il y a deux choſes à remarquer *Paris ,*
en général ſur les droits ſeigneu- *art.* 358.

riaux : la premiere, que les Seigneurs ont un privilége sur la chose qui est sujette à leurs droits, & qu'ils sont préférés à tous autres créanciers.

Paris, art. 124. & 355.

La seconde est, que les droits seigneuriaux ordinaires, comme le cens, ne sont pas sujets à la prescription, & ne sont point purgés par le décret, ce qu'on doit entendre du droit en soi-même ; mais les arrérages échus sont prescriptibles, & sont purgés par le décret.

Bourbonnois, art. 22.

Auvergne, des prescrip. 17. art. 2.

La Marche, art. 92.

Il y a néanmoins quelques coutumes où le possesseur de l'héritage chargé de cens, le peut prescrire par 30 ans entre majeurs, & 40 ans contre l'Eglise, pourvu qu'il n'en ait pas passé titre nouvel.

CHAPITRE V.

Des Droits de Justice.

§§ TOUTES Justices Royales ou Seigneuriales sont émanées du Roi, & relevent toutes de lui médiatement ou immédiatement.]] Les Justices des Seigneurs sont patrimoniales en France : elles attribuent

buent plufieurs droits à ceux à qui
elles appartiennent ; mais quelques-
uns des ces droits font purement de
droit public, comme la nomination
ou provifion des Officiers, l'exercice
de la Juftice, les matieres dont leurs
Officiers peuvent connoître, &c.

Il y a d'autres droits purement lu-
cratifs ou honoraires, & qui peuvent
être confidérés commme un véritable
patrimoine : quoique les Seigneurs
n'en jouiffent qu'à caufe de la Haute-
Juftice qui leur appartient, on peut
néanmoins mettre ces droits au nombre des droits des particuliers.

Les Seigneurs Hauts-Jufticiers ont
droit de confifcation des biens meubles, des héritages fitués dans l'é-
tendue de leur Juftice, fi ce n'eft pour
les crimes de leze-Majefté, & de
fauffe monnoie, dont la confifcation
appartient au Roi feul, & les crimes
de felonie, dans lefquels le fief con-
fifqué appartient au Seigneur du fief
dominant qui a été offenfé, quoiqu'il
n'ait pas la Haute-Juftice.

Les biens vacans, c'eft-à-dire, les
immeubles qui ne font réclamés d'aucun propriétaire ; les deshérences,
c'eft-à-dire, les fucceffions auxquelles il n'y a point d'héritiers ; & les

Bacquet,
Droits de
Juftice,
ch. 2.

Ibid.

Tome I.   I

épaves, qui font les beftiaux ou autres meubles particuliers de quelque nature qu'ils foient, trouvés dans l'étendue de la Haute-Juftice d'un Seigneur, & non réclamés, lui appartiennent. Et fi dans la fucceffion vacante il y a des biens fitués dans l'étendue de plufieurs Juftices, chaque Seigneur a le droit de deshérence fur ce qui fe trouve dans fa Haute-Juftice.

Ibidem. Celui qui a trouvé une épave, eft obligé d'en faire la dénonciation aux Officiers du Seigneur, à peine d'une amende arbitraire, à moins qu'il n'ait une excufe légitime.

Le Seigneur eft obligé de faire publier les épaves aux lieux accoutumés à faire cris & proclamations, & aux Prônes des Paroiffes, durant trois Dimanches confécutifs ; & fi dans 40 jours après la premiere publication, celui auquel elles appartiennent les vient demander, elles lui doivent être rendues, en payant la nourriture, garde & frais de Juftice ; & après ce tems, elles font acquifes, & appartiennent au Seigneur Haut-Jufticier.

Ibid. Celui qui trouve un tréfor caché d'ancienneté & de tems immémorial dans fon propre héritage, en doit avoir la moitié, & l'autre moitié appartient au Seigneur Haut-Justicier ; & si le trésor est trouvé dans l'héritage d'autrui, celui qui lui trouve en doit avoir le tiers, le propriétaire de l'héritage un tiers, & le Seigneur Haut-Justicier l'autre tiers.

Les successions des bâtards décédés sans enfans, & sans avoir disposé de leurs biens, appartiennent quelquefois au Seigneur Haut-Justicier ; mais il faut pour cela que trois choses concourent ensemble : la premiere, que le bâtard soit né dans l'étendue de la Justice du Seigneur ; la seconde, qu'il y soit décédé ; & la troisieme, que les biens du bâtard auxquels le Seigneur veut succéder, soient situés dans l'étendue de sa Haute-Justice : si l'une des deux premieres conditions manque, toute la succession du bâtard appartient au Roi ; mais si le bâtard est né & décédé en la Justice d'un Seigneur, le Roi ne succéde qu'aux biens que le bâtard avoit hors de l'étendue de cette Justice. *Bacquet du droit de bâtardise. part. 2. ch. 8. n. 9.*

Les Seigneurs Hauts-Justiciers ont aussi les droits honorifiques dans les Eglises Paroissiales qui sont situées dans l'étendue de leur Haute-Justice.

Voilà les droits qui appartiennent

I ij

ordinairement aux Seigneurs Hauts-
Justiciers, & qui font presque universellement reçus dans toutes fortes de coutumes; mais il y a quelques coutumes particulieres, qui attribuent d'autres droits aux Seigneurs
qui ont Justice haute, moyenne ou
basse : en voici quelques exemples.

Anjou, art. Il y a des coutumes qui donnent
9. & 13. au Bas-Justicier un droit de levage
ou petite coutume, fur toutes les den-
rées qui ont séjourné huit jours en
leur Justice, & qui font vendues ou
autrement transportées hors de leurs
fiefs : ce droit consiste en une légére
redevance, comme d'un denier, d'une
obole, plus ou moins, fur chaque
animal, ou chaque nature de denrée.

Anjou, Il y en a qui donnent les épaves
art. 10. immobiliaires, c'est-à-dire, les immeubles non réclamés par aucun propriétaire, au Seigneur Bas-Justicier.

Idem. art. Elles lui donnent encore le droit
74. & 23. d'avoir un moulin bannal, & de contraindre tous les sujets d'y aller moudre, à peine de confiscation ; & s'il
a un bourg en tout ou en partie dans
fa Justice, elles lui permettent d'a-
voir un four bannal.

Idem. art. Elles permettent aux Comtes, Vi-
49. comtes, Barons & Seigneurs Châte-

lains , d'avoir foires & marchés , droit de péages , acquits & travers : ces droits confistent à lever une certaine redevance sur toutes les marchandises qui sont vendues dans les marchés publics , ou qui sont voiturées dans les grands chemins , ou chemins de traverse , dans toute l'étendue de leur Seigneurie.

Les autres droits des Seigneurs Justiciers dépendent ou de leurs titres , ou des coutumes particulieres des lieux , qu'il est impossible de spécifier ici.

¶¶ Les Seigneurs Hauts-Justiciers sont obligés de faire les frais de tous les procès criminels qui se pourfuivent à la requête de leur Procureur Fiscal, lorsqu'il n'y a pas de Partie civile ; ils sont aussi tenus de se charger des enfans exposés dans l'étendue de leur Haute-Justice.]]

CHAPITRE VI.

Des Droits honorifiques.

QUOIQUE les Eglises ne soient destinées que pour le Service Divin , & les prieres des fidéles , néanmoins les hommes y ont porté leur vanité, & ont souvent des démêlés & des querelles qui causent des scandales publics, & quelquefois des meurtres & des assassinats: pour éviter ces désordres, on a fait quelques Réglemens sur le rang, la préséance & les autres honneurs que les Fondateurs, les Seigneurs & les personnes qui ont quelque qualité qui les distingue des autres, peuvent recevoir dans les Eglises Paroissiales ; c'est ce qui fait la matiere des droits honorifiques.

Maresch. des Droits honorifiq. chap. I. Ces droits consistent en la préséance, soit dans l'Eglise, aux Processions, à l'Offertoire, soit dans les assemblées qui regardent le bien de l'Eglise, à avoir le premier l'aspersion de l'eau bénite, l'encensement, la distribution du pain béni, le baisement de la paix, la recommandation particuliere aux prieres publiques, banc, séance & sépulture au chœur, litre ou ceinture funebre, & de deuil autour de l'Eglise.

Ibid. Tous ces honneurs n'appartiennent de droit qu'à deux sortes de personnes ; sçavoir, aux Patrons qui ont fondé, construit & doté l'Eglise, & à leurs successeurs, & aux Seigneurs Hauts-Justiciers, dans la Jus-

tice desquels l'Eglise est bâtie. Il y a même quelques-uns de ces droits qui ne
peuvent pas être communiqués à d'autres personnes, comme le banc dans le
chœur, la recommandation particuliere aux prieres publiques, & le droit
de litre ou ceinture funebre ; & si
l'on donne la préféance à des Gentilshommes, ou à des Officiers sur
d'autres particuliers, c'est plutôt par
une raison de bienséance, que par
aucun droit qui leur soit acquis.

Les droits honorifiques sont dûs *Ibid. & ch.*
au Patron préférablement au Sei- 4.
gneur Haut-Justicier, quand ils sont
en concurrence. Le Patron a le premier rang, il est nommé le premier
aux prieres, son banc & sa sépulture
sont au lieu le plus honorable dans
le chœur : la litre ou ceinture avec
les armes du Patron, est mise au-
dessus de celle du Haut - Justicier
¶¶ dans l'Eglise ; mais au-dehors celle
du Seigneur Haut-Justicier doit être
au-dessus de celle du Patron, & aux
Processions & autres cérémonies qui
se font hors de l'Eglise, le Seigneur
Haut-Justicier a le premier rang.]]

Les Patrons & les Seigneurs Hauts- *Ibid. ch.*
Justiciers peuvent empêcher toutes
sortes d'autres personnes d'avoir banc

& sépulture dans le chœur ; & néanmoins ils le souffrent souvent par to-
lérance aux Moyens & Bas-Justiciers,
& aux Seigneurs de fief.

Lorsque les Officiers du Seigneur
Haut-Justicier sont gradués, ils représentent le Seigneur en son absence , & précédent tous les Gentilshommes de la Paroisse ; mais dans
les petites Justices de village, où le
plus souvent ils ne sont point gradués, on ne leur accorde par la même prérogative.

Nous avons dit qu'il n'y avoit réguliérement que le Patron & le Seigneur de fief qui ¶ soient fondés
à prétendre les droits honorifiques.
Les autres personnes qui demeurent
dans la Paroisse , ou qui s'y trouvent
en passant , quelque qualifiées qu'elles soient , ne peuvent prétendre les
droits honorifiques , mais seulement
de simples préséance sur les autres
personnes moins qualifiées , autres
néanmoins que le Patron & le Seigneur Haut-Justicier.

L'ordre des préséances doit être réglé,]] pour éviter autant que l'on peut
les querelles : voici ce que la Jurisprudence des Arrêts, qui ont été rendus sur
cette matiere , a établi de plus certain.

Les Moyens & Bas-Justiciers, & le *Ibidem.* Seigneur du fief sur lequel l'Eglise est bâtie, ont ordinairement la préséance sur les autres Gentilshommes.

A l'égard des Gentilshommes en- *Ibidem.* tr'eux, ceux qui sont en possession d'avoir la préséance au-dessus des autres, y sont ordinairement maintenus.

Au défaut de la possession, cela *Ibidem.* doit être réglé par d'autres circonstances : s'il y a plusieurs fiefs dans une Paroisse, qui relevent tous d'un même fief, le Seigneur du fief dominant précédera ses Vassaux, & ensuite ceux qui possédent le fief le plus noble, passeront avec les autres : si deux Gentilshommes possédent un fief par indivis, celui qui possédera la portion qui vient de l'aîné, l'emportera sur l'autre ; & si on ne peut connoître la part de l'aîné, le plus ancien aura le pas sur l'autre. On a plus d'égard aux Gentilshommes qui ont un fief, qu'à ceux qui n'en possédent point ; à ceux mêmes qui n'ont que des rotures dans la Paroisse, qu'à ceux qui n'y possédent rien ; à ceux qui ont des dignités militaires, ou autres, qu'à ceux qui n'en ont point : on préfére des Gentilshommes de race aux annoblis, & quand toutes choses paroîssent égales, on donne les honneurs au plus âgé, ne le fût-il que d'un seul jour.

Voilà en général ce qu'on peut dire pour les droits honorifiques ; car il est impossible de prévoir tous les cas qui peuvent arriver , & qui sont ordinairement terminés par rapport aux circonstances particulieres , qui ne sont presque jamais les mêmes.

¶¶ On peut voir sur cette matiere, outre Maréchal, le nouveau Traité des droits honorifiques de Monsieur Guyot.]]

CHAPITRE VII.

Des Servitudes & Rapports d'Experts.

IL y a trois sortes de servitudes : les personnelles, les mixtes & les réelles. Les servitudes personnelles sont proprement celles qui assujettissent une personne à une autre, comme les esclaves étoient sujets à leurs Maîtres dans le Droit Romain, & parmi nous les serfs de main-morte à leurs Seigneurs. Nous avons assez parlé de cette premiere espéce de servitude dans le premier Livre.

Les servitudes mixtes sont celles

qui affujettiffent une chofe à une perfonne; elles font auffi appellées perfonnelles, & tirent alors leur dénomination de la partie la plus noble,
fçavoir, de la perfonne qui a le droit
fur la chofe.

Les fervitudes mixtes font de trois
fortes, l'ufufruit, l'ufage & l'habitation.

L'ufufruit eft le droit de jouir d'u- *Inftit. de*
ne certaine chofe, d'en tirer tout *ufuf.*
le profit & toute l'utilité qu'elle peut
produire, fans en confumer la fubftance. Pour entendre cette définition
il faut fçavoir, qu'il y a des chofes
qui produifent par elles-mêmes une
utilité à celui qui les poffède, fans
que leur fubftance foit changée par
l'ufage que l'on en fait : comme une
terre produit des fruits, une maifon des loyers, un cheval le fervice
des voyages ou du labourage, &
ainfi du refte, celui qui a l'ufufruit de
ces fortes de chofes, doit les conferver autant qu'il eft poffible, pour
les rendre au propriétaire quand l'u-
fufruit eft fini ; & c'eft proprement
dans ces fortes de chofes que confifte
le véritable ufufruit.

Il y a d'autres chofes dont la fubf- *Ibid. §. 2.*
tance eft changée & corrompue par

l'ufage que l'on en fait , comme le bled , le vin , l'huile , &c. qui deviennent inutiles à ceux qui les poffédent , s'ils ne les confument pas : naturellement ces fortes de chofes ne font pas fufceptibles d'ufufruit , & néanmoins l'utilité publique y a fait admettre une efpéce d'ufufruit ; ainfi on a permis à l'ufufruitier de les vendre ou de s'en fervir à tel ufage que bon lui femble , à la charge de les faire eftimer , & d'en rendre l'eftimation au propriétaire , après que l'ufufruit fera fini ; ainfi l'argent comptant eft fufceptible d'ufufruit , parce que celui qui en a joui, ou fes héritiers,peuvent rendre une pareille fomme,quoiqu'ils ne rendent pas les mêmes efpéces.

L. 3. ff. de ufuf. L'ufufruit peut être établi par toutes fortes de titre , par contrat de vente , par donation , tranfaction , échange , teftament , &c.

L. 7. §. 2. & 3. ff. eod. & l. 8. L'ufufruitier eft tenu de jouir en bon pere de famille , c'eft-à-dire , de tenir les lieux en bon état , & d'y faire toutes les réparations viageres : il ne peut pas changer la fuperficie des héritages fans le confentement du propriétaire , parce que la chofe ne lui appartient pas , & qu'il la doit rendre en l'état qu'il l'a reçue :

il ne lui eft pas même permis de changer de bien en mieux, non plus qu'au propriétaire : tant que l'ufufruit dure, il eft obligé de fubftituer des arbres fruitiers en la place de ceux qui meurent ; mais auffi le bois de ceux qui font morts lui appartient. Si l'ufufruit confifte en la jouiffance d'un cheval, & qu'il meure fans la faute de l'ufufruitier, il n'eft pas obligé d'en rendre un autre, ni d'en payer l'eftimation ; mais à l'égard d'un troupeau, comme *L. 68. §.* l'ufufruitier profite de tout le croît 2. *& l. 66.* du troupeau, il doit fubftituer des *ff. eod.* animaux en la place de ceux qui meurent.

    L'ufufruitier prend les lieux en l'é- *L. 27. ff.* tat qu'il les trouve, lorfque fon ufu- *eod.* fruit commence ; c'eft pourquoi il jouit des fruits pendans par les racines, quand même ils feroient en maturité, & le propriétaire a le même avantage quand l'ufufruit eft fini.

    L'ufufruitier eft en droit de tirer *L. 13. §.* tous les émolumens que la chofe fu- *5. ff. eod.* jette à l'ufufruit avoit accoutumé de produire au propriétaire ; il peut fouiller les carrieres & en vendre la pierre, il peut tirer les métaux des mines, &c. mais toujours à la charge d'en ufer en bon pere de famille.

L. 12. §.
2. l. 15. §.
8. & l. 15.
§ 4. ff. eod.

Il faut diftinguer entre les car-
rieres qui ne ruinent pas le fonds de
l'héritage, & celles qui les rendent
inutiles, comme les mines de char-
bon & autres de cette qualité. *Henrys,
tom. 1. l. q. 45.*]

Il peut vendre les fruits, il peut les
affermer, il peut louer les maifons,
pourvu qu'il ne les loue pas à des
gens qui par leur profeffion y pourroient caufer quelque dommage, &
auxquels le propriétaire n'avoit pas
accoutumé de les louer. Mais fi le teftateur lui a légué l'ufufruit de quelques meubles, comme d'une tapiffe-
rie, &c. il ne doit s'en fervir que
pour fon ufage, & ne les pas louer à
d'autres perfonnes.

L. 12. ff.
eod.

Si les arbres d'une haute-futaye font
abattus par le vent, ils n'appartiennent pas à l'ufufruitier, mais au propriétaire, qui peut être contraint de
les faire enlever à fes dépens; mais
s'il y a des réparations à faire dans la
chofe fujette à l'ufufruit, l'ufufruitier
les y peut employer, & en faire abattre
d'autres, fi ceux-là ne fuffifent pas.

L. 13. ff.
eod.

L'héritier n'eft pas obligé de con-
fentir à la délivrance du legs de l'ufufruit, jufqu'à ce que le légataire
ait donné caution de rendre la chofe

en bon état, après que l'ufufruit fera fini, à moins que le teftateur ne l'ait déchargé de ce cautionnement.

L'ufufruit finit par la mort civile ou naturelle de celui ou de ceux à qui il a été accordé ; & s'il n'a été laiffé que pour un tems, il finit dès le moment que ce tems eft expiré, & retourne de plein droit à la propriété. *L. ff. quib. mod. ufuf. amitt.*

Il finit auffi par l'extinction de la chofe fujette à l'ufufruit : enforte que fi l'on m'a légué l'ufufruit d'une maifon, & qu'elle foit brûlée ou abattue, non-feulement je perds l'ufufruit de la maifon, mais même l'ufufruit de la place où elle étoit bâtie, excepté en deux cas : le premier, fi j'ai l'ufufruit de la totalité, ou d'une partie des biens, à titre univerfel ; & le fecond, fi j'ai l'ufufruit d'une terre où il y ait des bâtimens, parce que dans ces deux cas, ce n'eft pas principalement la maifon en quoi confifte l'ufufruit, elle n'en eft que l'acceffoire & la dépendance, non plus que la place qui demeure. *L. 34. §. 2. ff. de ufuf.*

L'ufufruit finit auffi par la confolidation à la propriété ; c'eft-à-dire, quand l'ufufruit & la propriété concourent en la même perfonne ; & cet *L. 17. ff. quib. mod. ufuf. amitt.*

uſufruit n'eſt point rétabli, quand même celui qui en avoit le droit viendroit à perdre la propriété : la loi en donne un exemple très-ſingulier. Un teſtateur m'a légué l'uſufruit d'une maiſon, ſans aucune condition ; il a légué à un autre la propriété, ſous une condition incertaine : avant que la condition, ſous laquelle le legs de la propriété a été fait, ſoit échue, j'acquiers cette propriété, à laquelle par conſéquent mon uſufruit eſt conſolidé ; enſuite la condition arrive, & m'oblige de rendre au légataire la propriété que je n'ai pu acquérir qu'à cette charge : je ne puis pas en ce cas retenir l'uſufruit qui m'avoit été légué, & qui eſt éteint par la confuſion qui en a été faite en ma perſonne avec la propriété. Cela, quoique rude, eſt fondé en raiſon : jamais l'uſufruitier ne peut devenir propriétaire malgré lui ; c'eſt pourquoi c'eſt par ſon propre fait, & ſon propre conſentement que l'uſufruit eſt éteint par la conſolidation à la propriété ; il a dû prévoir que la condition pouvoit arriver, & il en a bien voulu courir le riſque.

Quoique dans l'ancien Droit on eût fait différence entre l'uſufruit & l'ha-

V. Cujas ad lib. 35. Digeſt. Salvis Julian. dict. l. 17.

L. 13. C. de uſuf. & habit.

bitation d'une maison, néanmoins ce n'est plus aujourd'hui qu'une différence de nom, puisque Justinien a permis à celui qui a l'habitation, non-seulement d'habiter lui-même dans la maison avec sa famille, & d'y recevoir ses amis, mais même de la louer, comme pourroit faire un usufruitier.

Quant à l'usage, il n'est pas de si grande étendue que l'usufruit ; celui qui a le droit d'usage d'un héritage, peut à la vérité cueillir des légumes, des fruits, des fleurs, du foin, du bois pour son usage quotidien ; il peut même y habiter, mais sans incommoder le maître, ni ceux qui sont destinés à la culture de l'héritage, & au travail des champs ; mais il ne peut ni vendre, ni louer, ni céder gratuitement son droit à un autre. *Inſtit. de uſuf. & habit.*

Ces sortes d'usages ne sont pas fréquens parmi nous ; mais nous en avons aussi d'une autre espéce, dont il n'est pas parlé dans le Droit Romain.

Dans la plûpart des forêts du Roïaume, soit qu'elles appartiennent au Roi, ou à des Seigneurs particuliers, il y a quantité de communautés, d'habitans des villages voisins de ces forêts, qu'on appelle vulgairement Riverains, lesquels ont *Ordonnances des eaux & forêts, 1669. tit. des Droits de pâturage, panage. Et tit. des chauffages & autres uſages, &c.*

des droits d'usage dans ces forêts ;
ces usages sont réglés par leurs titres
particuliers, & consistent ou à mener paître leurs porcs & bêtes aux
mailles dans les forêts, dans les tems
de la paisson & glandée, ce qu'on
appelle droit de pâturage & panage ; ou à prendre du bois pour leur
chauffage, & même pour bâtir &
réparer leurs maisons. Il est vrai que
dans les forêts du Roi, on ne donne
plus de chauffage en espéce, si ce n'est
aux Communautés Ecclésiastiques,
auxquelles ils ont été accordés pour
des fondations ; à l'égard des autres
chauffages dont les forêts du Roi
étoient chargées, ils ont été réduits en
argent, ou entièrement supprimés.

On ne peut rien dire de certain
touchant les usages dans les bois &
forêts qui appartiennent aux particuliers, cela dépend des titres des usagers, qui sont presque aussi différens
qu'il y a divers usagers ; il faut seulement sçavoir, que le propriétaire
d'une forêt ne peut pas la faire abattre, sans indemniser les usagers, &
cette indemnité est réglée par proportion à leurs droits.

Nivern.
tit. des bois Mais les habitans voisins des bois
& forêts. taillis, peuvent par une espéce de

Droit commun, y mener paître leurs bestiaux en vaine pâture, tant que les bois ne sont pas en défenses, c'est-à-dire, 3, 4 ou 5 ans après la coupe; ce qui est réglé diversement par les coutumes. On appelle vaine pâture, les herbes qui croissent sous le bois à la différence de la glandée, qui est toujours réservée au propriétaire, à moins que les usagers n'ayent un titre exprès, qui leur en permette l'usage.

Il y a encore une espéce d'usage introduit par quantité de coutumes pour la commodité publique, & pour y maintenir l'abondance des bestiaux; cet usage consiste à permettre aux particuliers de mener paître leurs bestiaux, à l'exception des porcs, dans les prés d'autrui, qui sont en prairie, sitôt que les foins & regains, ou revivres sont fauchés & hors du pré; mais il n'est pas permis de mener paître les bestiaux dans les prés qui ne sont pas en prairie, lorsqu'ils sont clos & fermés par le propriétaire; ce que la coutume de Nevers exprime en ces termes: Qui bouche, il garde. Cette faculté n'est accordée qu'aux habitans de la communauté dans le territoire de laquelle

Nivern. tit. des prés & revivres.

les prairies font fituées. Voilà ce qui regarde les fervitudes perfonnelles , ou mixtes.

Les fervitudes réelles font celles qui affujettiffent un héritage à un autre héritage ; elles font de deux fortes, fçavoir , les fervitudes de la ville, & celles de la campagne : ces deux efpéces de fervitudes ne font pas réglées par la fituation , mais par la qualité des héritages qui doivent la fervitude , & de ceux à qui elle eft dûe ; car fi c'eft une maifon qui doit une fervitude à une autre maifon, cette fervitude eft appellée fervitude de ville , quoique les maifons foient fituées à la campagne.

Les fervitudes de ville les plus ordinaires dans le Droit Romain, font d'empêcher le voifin d'élever fa maifon, le droit d'égoût, le droit d'appuyer des poutres contre le mur du voifin, le droit d'avancer un toît fur fon fonds, d'avoir des vues fur lui, & autres femblables.

Il y a quelques-unes de ces fervitudes qui ne peuvent jamais être impofées, quand il y a une rue ou un chemin public entre les deux maifons ; par exemple, le droit d'égoût, le droit d'appuyer des poutres contre

L. 1. ff. de ferv. præd. urb.

le mur du voisin, & autres de cette
nature ; la raison en est très-naturel-
le : il ne suffit pas que la rue ou le
chemin public soit libre, mais il
faut que le ciel & l'air qui est au-dessus le soient aussi : car les particuliers,
par une convention qu'ils font entre
eux, ne peuvent imposer aucune servitude sur le public, mais rien n'empêche qu'ils n'imposent une servitude
qui n'est qu'à leur seule charge ; ainsi
quoiqu'il y ait une rue entre deux, ils
peuvent convenir que l'un des deux
ne pourra élever sa maison que jusqu'à un certain point, pour ne pas
nuire au jour ou aux vues de celle
du voisin.

Il y a peu de principes généraux
dans le Droit Romain touchant les
servitudes de ville, autres que ceux
qui conviennent à toutes sortes de
servitudes ; & il y en a beaucoup au
contraire dans la coutume de Paris,
& dans la plûpart des autres ; cette
différence vient de ce que dans le
droit il n'y avoit point de mur mitoyen, ou commun entre deux voisins, s'ils n'en convenoient expressément ; ceux mêmes qui vouloient bâtir étoient obligés de laisser un espace vuide de deux pieds & demi en-

tre leur bâtiment & celui du voisin,
ce qui rendoit la plûpart de leurs maiſons iſolées, c'eſt-à-dire, que les
quatre murs ne touchoient que rarement à ceux des voiſins : d'où vient
que dans la plûpart des loix, les
maiſons ſont appellées Iſles. Le ſeul
principe que nous ayons dans le Droit
L. 19. ff. touchant le mur mitoyen (car il en
de ſerv. pouvoit avoir de la convention des
præd. urb. voiſins) c'eſt que l'un des voiſins n'y
peut point appliquer de canaux mal-
V. tout le gré l'autre pour conduire l'eau qui
tit. des ſer- vient du ciel, ou d'un réſervoir.
vitudes de
la coutume Dans la coutume de Paris, dès le
de Paris. moment qu'un homme fait bâtir, à
moins qu'il ne laiſſe une eſpace vuide
ſur ſon propre terrein, il ne peut pas
empêcher que ſon mur ne devienne
mitoyen entre lui, & ſon voiſin, qui
peut appuyer ſon bâtiment contre
ce mur, en payant la moitié du mur,
de la fondation, & de la terre ſur laquelle le mur eſt bâti ; mais s'il n'é-
leve pas ſon bâtiment ſi haut que le
mur qui eſt déjà conſtruit, il ne
payera que juſqu'à concurrence de
la hauteur de ſon bâtiment, ce que
la coutume explique en ces termes :
Juſqu'à ſon heberge ; & s'il veut
faire ſon bâtiment plus haut que le

mur mitoyen, il le pourra faire hauffer à fes dépens, fans le confentement du voifin, s'il n'y a titre contraire, en payant au voifin, de fix toifes l'une de ce qui fera bâti au-deffus de dix pieds. On ne peut rien faire faire à un mur mitoyen fans le faire fçavoir au voifin avec qui il eft commun ; les Maçons même ne doivent pas y travailler avant qu'il y ait eu du moins une fignification au voifin, à peine de rétablir le mur, & des dépens, dommages & intérêts. L'un des voifins peut obliger l'autre de contribuer aux réparations du mur mitoyen, à proportion de fon heberge, & pour la part qu'il a au mur mitoyen ; le voifin ne peut percer le mur mitoyen, pour y placer les poutres de fa maifon, que jufqu'à l'épaiffeur de la moitié du mur ; & il eft obligé d'y faire mettre des jambes, parpaignes ou chaînes & corbeaux fuffifans de pierre de taille, pour porter les poutres : mais pour les murs des champs, cela n'eft pas néceffaire, il faut feulement y mettre une matiere fuffifante pour porter le fardeau. Dans les villes & fauxbourgs on peut contraindre les voifins de contribuer aux murs de clôture pour séparer les maisons, cours & jardins, jusqu'à la hauteur du rez-de-chaussée, compris le chaperon : le rez-de-chaussée est depuis le niveau de la terre, jusqu'au premier étage, & l'on appelle chaperon les pierres qui sont au haut du mur, & qui débordent. Hors les villes & fauxbourgs on ne peut pas contraindre le voisin de faire un nouveau mur de séparation, mais on peut l'obliger tant dans les villes & fauxbourgs, qu'à la campagne, de contribuer aux réparations des anciens murs, si mieux il n'aime quitter le droit qu'il a sur le mur, & sur la terre sur laquelle il est assis; & néanmoins il peut rentrer en son premier droit, en remboursant la moitié du mur & du fonds. Quand le chaperon qui est au bout d'un mur de clôture, déborde des deux côtés, c'est une preuve qu'il est mitoyen ; quand il ne déborde que d'un côté, il est censé appartenir au propriétaire du fonds, du côté duquel il déborde ; & quand il n'y a ni marque extérieure au mur, ni titre par écrit ; le mur est réputé mitoyen. Si celui qui a place, jardin, ou autre lieu vuide qui tient immédiatement au mur d'autrui, ou au mur mitoyen, veut faire labourer, ou fumer auprès du mur, il doit faire faire un contre-mur de demi-pied d'épaisseur, & s'il y veut jetter des terres, que l'on appelle terres jectisses, le contre-mur doit être d'un pied d'épaisseur. Qui veut faire étable contre un mur mitoyen, doit faire un contre-mur de huit pouces d'épaisseur, & de hauteur jusqu'au niveau de la mangeoire. Qui veut faire cheminées & âtres contre un mur mitoyen, doit faire un contre-mur de thuillots, ou autre chose suffisante, de demi-pied d'épaisseur. Qui veut faire forge, four & fourneau contre le mur mitoyen, doit laisser demi-pied de vuide entre le mur mitoyen & celui du four ou forge; le mur du four ou de la forge doit être de demi-pied d'épaisseur. Qui veut faire aisances de privés, ou puits contre un mur mitoyen, il doit faire un contre-mur d'un pied d'épaisseur; s'il y a puits d'un côté & aisances de l'autre, il suffit qu'il y ait en tout quatre pieds d'épaisseur de maçonnerie entre deux; mais entre deux puits, il suffit de trois pieds. Nul ne peut faire fossés à eaux, ou cloaques, s'il n'y a six pieds de distance en tout sens, des murs appartenans au voifin, ou des murs mitoyens. Un voifin ne peut faire des fenêtres ou vues, en quelque maniere que ce foit, dans le mur mitoyen, fans le confentement de l'autre; mais celui à qui le mur appartient, y peut faire des vues & fenêtres, pourvu qu'il obferve les régles fuivantes. S'il y a fix pieds de diftance entre le mur de celui qui veut faire les vues, & la maifon ou la place du voifin, il peut faire les vues droites, & telles que bon lui femble. S'il n'y a que deux pieds de diftance, il ne peut faire que des fenêtres de côté, qui n'ont pas la vue droite : la coutume les appelle Bées. Enfin fi le mur joint immédiatement l'héritage du voifin, les fenêtres doivent être à neuf pieds de haut au-deffus du rez-de-chauffée pour le premier étage, & pour les autres à fept pieds de haut, le tout à fer maillé, & verre dormant. Fer maillé, eft un treillis de fer, dont les trous ne peuvent être que de quatre pouces en tout fens ; & le verre dormant, eft un verre attaché & fcellé en plâtre, qu'on ne peut ouvrir.

L'invention des murs mitoyens eft très-utile pour épargner la place, &

la dépenfe des bâtimens ; les autres réglemens de la coutume font encore très-néceffaires pour la confervation des murs mitoyens, pour empêcher que les voifins ne fe nuifent les uns aux autres, & pour la police. Auffi ils ont été reçus dans la plus grande partie des autres coutumes, dont quelques - unes néanmoins contiennent quelque différence, foit pour les diftances, foit pour les épaiffeurs des murs & contre-murs.

Outre ces fervitudes, il y en a une infinité d'autres, dont la coutume n'a point parlé, parce qu'elles dépendent entiérement de la convention des parties, & de leurs titres.

Les fervitudes de la campagne font celles qu'un héritage doit à un autre héritage, comme le droit de chemin, le droit de mener boire fes beftiaux dans la fontaine d'autrui, le droit de prendre de l'eau dans les fources d'un autre pour arrofer fes prés, le droit de conduire des canaux, ou un aqueduc par l'héritage d'autrui, & autres de cette nature.

La plûpart des fervitudes dépendent de la convention des parties ; & il y en a d'autant d'efpéces qu'elles en peuvent imaginer : on y met telle

régle que l'on veut ; on les étend ,
& on les reſtraint autant que l'on
veut : il y a néanmoins quelques ſer-
vitudes naturelles auxquelles la nature même a aſſujetti de certains héritages par leur propre ſituation ; par
exemple , l'héritage inférieur eſt naturellement obligé de recevoir les
eaux qui coulent de celui qui eſt au-
deſſus ; & le propriétaire de l'héritage inférieur ne peut pas faire des
chauſſées , ou autres ouvrages pour
faire remonter l'eau ; comme auſſi le
propriétaire de l'héritage ſupérieur
ne peut pas faire des ſaignées ou foſ-
fés pour faire écouler ſes eaux dans
les héritages voiſins ; il ne peut point
rompre les digues ou chauſſées , naturelles ou artificielles,qui empêchent
que les eaux nuiſent aux voiſins , il
ne peut point faire de canaux , ni
d'autres ouvrages qui détournent les
eaux qui couloient chez le voiſin, pour
les faire couler dans ſon héritage ; en
un mot , il ne peut rien faire qui nuiſe
aux commodités que la nature avoit
données à l'héritage voiſin.

Lorſqu'un héritage eſt enclavé dan
pluſieurs autres , & qu'il n'y a poin
de chemin pour y aller , les voiſin
ſont obligés de donner un paſſage

Tot. tit. ff. de aquâ & aq. pluv. arcend.

Tot. tit. ff. de aqua quotid. & eſt.

L. 12 ff. de re leg. & ſumpl. ſur Louet lett. C. n. 1.

dans le lieu le moins incommode de leur héritage, en leur payant l'eftimation du droit de chemin, à dire d'Experts.

La coutume de Nevers permet à chacun de labourer les terres & les vignes d'autrui, non labourées par le propriétaire, fans autre requifition, en payant les droits de champart, ou une partie fuivant l'ufage du lieu où l'héritage eft fitué, pourvu que le propriétaire ne le défende pas. Coquille dit que cette coutume a été introduite pour le bien public, pour procurer l'abondance des bleds & des vins, & pour fuppléer à la négligence ou à l'impuiffance des propriétaires ; on peut dire néanmoins que cette coutume eft extraordinaire, en ce qu'elle accorde cette permiffion fans avertir le propriétaire, qui peut avoir de bonnes raifons de laiffer fa terre en friche, foit pour la laiffer repofer, ou autrement, & qui n'eft pas en état de faire des défenfes, lorfqu'il ignore le deffein de ceux qui veulent labourer fa terre fans lui en donner aucune connoiffance.

Nivern. tit. des champarts & partie, art. 1.

Coquille ibid.

Les fervitudes font indivifibles de leur nature : de forte qu'on ne peut pas les conferver en partie, & les per-

L. 29. ff. de fervit.

K iij

dre en partie ; ainsi lorsque deux personnes ont un héritage par indivis,
auquel il est dû une servitude, si l'un
des deux s'oppose au décret de l'héritage qui doit la servitude, il la conserve pour tous les deux. Si j'ai stipu-
lé un droit de chemin pour un héritage, & que je laisse plusieurs héritiers qui partagent cet héritage, chacun d'eux a le droit de chemin tout
entier, quoiqu'il n'ait qu'une portion
de l'héritage dans son lot.

L. ult. c.
de præscr.
long. tem.

Par le Droit Romain l'on peut acquérir les servitudes par la prescription, & l'on peut par la même voie
acquérir la liberté contre la servitude ; par la coutume de Paris au contraire, on ne peut jamais acquérir la
servitude sans titre, quand même on
en auroit joui plus de cent ans ; mais
la liberté peut être acquise par une
prescription de trente ans, entre
âgés & non privilégiés ; la destina-
tion même du pere de famille ne
sert pas de titre, à moins qu'elle ne
soit par écrit ; de sorte qu'un homme qui a deux maisons, & qui en
vend une, doit déclarer en particulier & par le détail, toutes les
servitudes qu'il veut conserver à l'u-
ne ou à l'autre des maisons, & la

Paris, art.
214. 215.
& 216.

réferve des fervitudes en général ne feroit pas valable, & ne pourroit rien opérer. Les autres coutumes font différentes ; il y en a qui fuivent le Droit Romain, il y en a auffi qui font conformes à celle de Paris.

Les fervitudes font éteintes par la confufion, lorfque le propriétaire de l'héritage à qui la fervitude ap-partient, acquiert l'héritage qui la doit ; & s'il aliéne l'un des deux héri-tages, les fervitudes éteintes ne font pas rétablies, à moins qu'il n'y en ait une ftipulation expreffe. *L. 1. ff. quemadm. fervit. am. L. 30. ff. lib. ferv. præd. urb.*

Le décret parmi nous purge les fer-vitudes cachées, comme le droit de chemin ; mais il ne purge point celles qui font vifibles, comme le droit d'é-goût ; l'état des lieux & la fcience de l'adjudicataire valent en ce cas une oppofition. *Louet, lett. S. n. 1.*

Lorfqu'il s'agit de connoître l'é-tat des lieux, d'en fçavoir la valeur, & autres chofes de cette nature, qui confiftent en des faits dont les Juges ne peuvent pas être inftruits par eux-mêmes, on ordonne que les lieux feront vus & vifités par Experts, & gens connoiffans, dont les Parties conviendront, ou qui feront nommés d'office par le Juge, en la place de *Paris, art. 184. 185. Ordonn. de 1667. tit. 21. art. 9. 10. 11. 12. & 13.*

la Partie qui n'en voudra pas nommer. Ces Experts font obligés de faire ferment pardevant le Juge. * Les Experts Jurés en titre d'office font difpenfés par leur Edit de création de faire ferment,] de faire leur rapport par écrit , & en figner la minute, qu'ils doivent délivrer au Juge ou Commiffaire qui a reçu leur ferment ; s'ils font d'accord , ils doivent donner un feul avis par un même rapport, qui fera tranfcrit dans la groffe du procès-verbal de preftation de ferment : * il y a des Greffiers des bâtimens qui confervent les minutes des rapports.] Si un Artifan eft intéreffé en fon nom contre un Bourgeois, on ne pourra prendre pour tiers Expert qu'un Bourgeois. Quelquefois le Juge ordonne qu'il fera fait un plan & figure des lieux ; & en ce cas , outre les Experts , il nomme un Peintre pour faire la figure. * Ce font les Experts Jurés qui font les plans.]

CHAPITRE VIII.

Du Retrait lignager.

LE retrait lignager, qu'on appelle en Bretagne, *prefme* ou *premeffe*, eft un droit que la plûpart des coutumes accordent aux parens de ceux qui ont vendu quelqu'héritage propre, de le pouvoir retirer fur l'acquéreur, en le rembourfant du prix, des frais & loyaux-coûts.

Ce droit eft fondé fur l'affection naturelle que les François ont pour le patrimoine de leurs ancêtres. Il le faut confidérer ou par rapport aux perfonnes à qui il eft accordé, ou par rapport aux chofes fur lefquelles il peut être exercé, ou enfin par rapport aux folemnités néceffaires pour s'en fervir utilement.

Dans la plûpart des coutumes, il *Paris,* ne fuffit pas d'être parent du vendeur, *art. 128.* mais il faut être fon parent du côté & ligne dont l'héritage eft venu, c'eft-à-dire, qu'il faut auffi être parent de celui qui a le premier acquis l'héritage, & qui l'a mis dans la famille; il y a même quelques coutumes qui

Norman.
art. 438. veulent qu'on soit descendu de lui ; mais en d'autres au défaut des parens de la ligne, on reçoit au retrait lignager les autres parens.

Paris,
art. 142. Les enfans du vendeur peuvent exercer le retrait lignager durant sa vie ; ses héritiers le peuvent après sa mort, pourvu qu'ils soient de la qualité requise, & qu'ils exercent leur action en retrait dans le tems pres-

M. Louet,
lett. R. n.
38. crit par la coutume ; on a même admis au retrait lignager le tuteur d'un enfant qui n'étoit ni né, ni conçu au tems de la vente, parce que ce droit est plutôt accordé à la famille en général, qu'à une certaine personne, & qu'il suffit d'être de la famille dans le tems que l'on intente l'action.

Art. 143. Quand deux parens lignagers veulent tous deux retirer le propre qui a été vendu, la coutume de Paris &

Troyes,
art. 145 beaucoup d'autres préférent le plus diligent, d'autres préférent le plus prochain ; & s'il y en a plusieurs en même dégré, le plus diligent l'emporte. Lorsque deux lignagers ont intenté leur action en retrait dans le même tems, ils y sont tous deux admis par concurrence ; & en ce cas si l'un des deux manque à quelque formalité qui le fasse déchoir du re-

trait, l'autre peut, si bon lui semble, retirer le tout ; mais il n'est pas recevable à retirer seulement sa moitié, à moins que l'acheteur n'y consente, parce qu'il doit être entièrement dédommagé, & il ne le seroit pas, si on l'obligeoit de retenir la moitié d'un héritage, qu'il n'auroit pas voulu acquérir, si on ne lui avoit vendu le tout.

Le mari peut exercer le droit de retrait lignager pour sa femme sans être fondé de procuration.

Quoique l'acquéreur ne soit pas de la ligne, s'il a des enfans qui en soient, le retrait n'a point lieu ; mais si dans la suite l'héritage venoit à sortir de ligne par un partage, il y auroit lieu au retrait. *C. de P. art.* 156. *&* 157.

Pour ce qui est de la chose qui peut être retirée par le retrait lignager, il faut premiérement que ce soit un immeuble ; car les meubles, quelque précieux qu'ils soient, ne sont point sujets au retrait. *Paris, art.* 344.

Il faut que ce soit la propriété d'un héritage, d'une maison ou d'une rente fonciere. L'usufruit n'est point sujet à retrait, non plus que les rentes constituées, & les offices : car l'usufruit étant éteint par la mort de l'usufruitier, on ne peut pas dire que *Paris, art.* 147.

l'héritage ait été mis hors de la ligne par la vente de l'ufufruit ; à l'égard de rentes conftituées, l'affection de la famille n'y peut pas être attachée, puifqu'elles font de leur nature rachetables à perpétuité; & pour les offices, le choix de la perfonne dépend plutôt du Roi, qui en donne les provifions, que non pas du vendeur, qui ne fait que donner fa démiffion, qu'on appelle procuration *ad refignandum*.

Paris, art. 147. Il faut que la chofe que l'on veut retirer, ait été aliénée par un contrat de vente, ou équipolent à vente, c'eft-à-dire, qu'elle ait été aliénée à prix d'argent, donnée en payement d'une dette mobiliaire, ou à rente rachetable, ou à bail à longues années ; comme auffi en matiere d'échange,

Paris, art. 145. s'il y a foulte excédant la moitié du prix de l'héritage, il eft fujet à retrait, fuivant la difpofition de la coutume de Paris ; mais il y en a d'autres qui ont une difpofition contraire.

Anvergne ch. 23. art. 31.

Coquille inftit. au droitfrançois, fous le titre de Retrait lignager, rapporte Il y a des coutumes qui difent que quand il y a un échange d'héritage à meubles, le retrait a lieu ; d'autres qui admettent le retrait en matiere de donations pour récompenfe des services ; d'autres qui, lorfque l'héritage eft donné à rente rachetable, fuf-

pendent le retrait jufqu'à ce que la
rente foit rachetée ; en un mot, chaque coutume a des difpofitions différentes fur cette matiere.

Il faut enfin que l'héritage foit propre ; car s'il eft acquêt, il n'y a lieu
au retrait, fi ce n'eft dans la coutume de Normandie, & très-peu d'autres.

Il eft vrai que fi un parent de la ligne a acquis un héritage propre, quoiqu'il foit acquêt en fa perfonne, s'il
vient à le revendre, tel héritage eft
fujet à retrait, & alors le premier
vendeur le peut retirer, parce qu'il
ne l'a pas mis hors de ligne.

Il en eft de même, lorfque le mari
a acquis ou retiré par retrait lignager,
un héritage propre de fon côté, ou du
côté de fa femme : tant que le mariage dure, il n'y a pas lieu au retrait ;
mais après le trépas de l'un des conjoints, celui qui eft de la ligne, ou
fes héritiers, s'ils en font auffi, peuvent retenir tout l'héritage, en rembourfant la moitié du prix & des
frais & loyaux-coûts, fuppofé que
l'autre conjoint, ou fes héritiers, ne
foient pas de la ligne ; c'eft ce qu'on
appelle retrait de demi-denier.

L'héritage échangé contre un propre tient lieu de propre , & eſt ſujet à retrait.

C. de P. art. 150. & 154. Paris, art. 151. 153.

En matiere de vente par décret, ou par licitation , il a lieu au retrait. ☞ Il y a pluſieurs coutumes , comme *Orléans* art. 180. *Tours* art. 180. qui décident que dans les ventes par décret le retrait lignager n'a pas lieu , & cela avec beaucoup de raiſon , comme prouve fort bien *Auzannet* ſur l'art. 150. *de la coutume de Paris.*] Le retrait a lieu , quoique l'héritage propre ait été vendu ſur un curateur aux biens vacans , ou ſur un héritier par bénéfice d'inventaire ; mais s'il eſt vendu ſur un curateur à la choſe abandonnée , il n'eſt pas ſujet à retrait.

L'héritage retiré par retrait lignager eſt tellement affecté à la famille que ſi le retrayant meurt , laiſſant un héritier des acquêts , & un héritier des propres , tel héritage doit appartenir à l'héritier des propres de la ligne , en rendant toutefois dans l'an & jour du décès , aux héritiers des acquêts , le prix de l'héritage.

M. Louet &Brodeau lett. R. n. 73.

C'eſt auſſi par cette raiſon , que les parens de la ligne ne peuvent pas céder le droit de retrait lignager à ceux qui n'en ſont pas , & quand il y a collusion entre le retrayant & l'acquéreur, les autres lignagers qui ont intenté leur action dans l'an, & qui ont été prévenus par celui qui prête son nom à l'acquéreur, peuvent revenir au retrait dans l'an & jour, à compter du jour que la fraude est découverte.

Si une partie de l'héritage vendu *M. Louet,* est propre, & l'autre partie acquêt, *lett. R. n.* l'acquéreur a le choix de laisser au ²⁵· retrayant la totalité de l'héritage, ou seulement la portion qui est propre. Il en est de même, quand l'acquéreur a acheté par un seul contrat, & un seul prix, plusieurs héritages, dont les uns sont propres, & les autres acquêts ; mais ce seroit autre chose si chaque héritage avoit un prix séparé par le contrat, parce qu'en ce cas il y auroit autant de ventes que d'héritages différens, quoiqu'il n'y eût qu'un seul acte.

Le retrait lignager est tellement *Paris,* préférable au retrait féodal, qu'un *art. 150.* parent de la ligne peut exercer le retrait lignager, contre le Seigneur qui a retiré par retrait féodal un fief qui étoit propre.

Quant aux formalités du retrait lignager, elles sont presque différentes dans chaque coutume ; on s'attachera feulement ici à celles qui font prefcrites par la coutume de Paris : ceux qui auront la curiofité d'en voir davantage , pourront lire Coquille dans fon Inftitution au Droit François , tit. du retrait lignager.

Ces formalités confiftent , au tems dans lequel l'action doit être intentée , aux offres qui doivent être faites , & au payement ou à la confignation réelle & actuelle du prix , lorfque le retrait a été adjugé.

Paris ,
art. 130. L'action en retrait doit être intentée , & le terme de l'affignation qui eft donné à l'acquéreur , doit échoir dans l'an & jour , à compter : 1°. Pour les héritages tenus en cenfive ou roture , du jour de l'enfaifi-
Paris ,
art. 129. nement. 2°. Pour les fiefs , du jour de l'inféodation , ou réception en foi.
Paris ,
art. 132
135. 150. 3°. Pour les héritages tenus en francaleu , & pour les fiefs & héritages acquis par le Seigneur dans fa mouvance & cenfive , & par lui rétirés par retrait féodal , du jour que l'acquifition ou le retrait féodal ont été publiés en Jugement au plus prochain Siége Royal.

Voyez l'Edit des Infinuations Laïques du mois de Décembre 1703. *art.* 26.

L'an du retrait court contre toutes Paris, art. 131. fortes de perfonnes, majeurs, mineurs, abfens, & autres, fans efpérance de reftitution.

La premiere affignation doit contenir des offres en ces termes, *offre, bourfe, deniers, loyaux-coûts, & à parfaire*; pour cela il n'eft pas néceffaire dans la coutume de Paris, ni dans la plûpart des autres, que l'on offre réellement tout le prix de l'héritage; il fuffit que le Sergent ait une bourfe à la main, dans laquelle il y ait quelque piéce d'argent, & qu'il infére dans l'original & dans la copie de fon exploit, tous les mots portés par là coutume fans en changer un feul, car ils font tous effentiels; & tel a été déchu du retrait pour avoir omis le mot *à découvert*, dans une coutume qui le réquiert, & un autre pour avoir omis le mot *à parfaire*. Paris, art. 140.

M. Louet, lett. R. n. 52.

Il faut auffi répéter ces offres dans toutes les journées de la caufe, c'eft-à-dire, dans toutes les procédures faites ou préfumées faites en jugement, comme les fommations de fournir de défenfes, les repliques, &c. fçavoir, en caufe principale, jufqu'à la conteftation en caufe in- Paris, art. 240.

clufivement , & durant l'appel , jufqu'à la conclufion fur l'appel auffi
inclufivement. * Il ne faut point d'offres dans les procédures , mais feulement dans ce qui fe fait ou eft préfumé
fait par le Juge , & dont l'acte eft ex-
pédié par un Greffier.]

§§ Une Sentence par défaut ne con-
tenant point d'offres , emporte dé-
chéance du retrait ; ainfi jugé par Arrêt du 8 Juin 1751 , en la Grand-
Chambre de relevée.]]

Si la caufe eft plaidée à l'Audience ,
il faut que l'Avocat tienne une bourfe
avec l'argent , & qu'il réïtére les offres
dans les mêmes termes.

Il arrive fouvent que des Clercs de
Procureurs, ignorans ou négligens ,
omettent , ou changent dans l'original , ou dans la copie de quelqu'acte,
des mots dont l'omiffion ou le changement fait perdre la caufe au retrayant. C'eft pourquoi quand on veut
faire réuffir une action en retrait lignager , il eft important de tout faire ,
ou de voir tout faire par foi - même ,
ou du moins d'en donner le foin à des
gens très-fidéles , très-exacts , & très-
éclairés.

Celui qui intente une action en retrait, doit avoir fon argent tout prêt ;

car quoiqu'il ne foit pas obligé dans la
coutume de Paris , de faire des offres
réelles à chaque journée de la caufe ,
c'eft-à-dire, de faire porter le prix entier de l'acquifition par l'Huiffier qui
fait les fignifications ; fi l'acquéreur
reçoit les offres , ce qu'on appelle
tendre le giron , ou fi le retait eft adjugé par une Sentence , le retrayant
eft obligé de payer à l'acquéreur , ou *Paris ,*
art. 136.
à fon refus , de configner le prix principal , vingt-quatre heures après que
l'acquéreur aura remis les titres de fon
acquifition au greffe , partie préfente ,
ou appellée , & qu'il aura affirmé le
prix s'il en eft requis.

Pour faire une confignation valable, *Tournet*
fur Paris ,
art. 136.
il faut offrir auparavant tout le prix
en bonnes efpéces ayant cours , qui ne
foient point légéres , il eft même bon
d'en mettre plus qu'il ne faut , pour
fuppléer à celles qui pourroient être
fauffes , ou légéres ; fi l'acquéreur ne
veut pas recevoir le prix , il le faut faire
appeller pour voir faire la confignation , & configner enfuite , tant en préfence qu'abfence , les mêmes efpéces
qui ont été offertes ; & tout cela doit
être fait dans les 24 heures.

Il faut auffi configner les frais &
loyaux-coûts 24 heures après qu'ils

ont été liquidés , & y observer les mêmes formalités , que pour le prix principal. * Cela n'est point vrai ; il n'y a ni forme , ni tems limité pour le payement de loyaux-coûts.

M. Louet & Brod. lett. S. n. 22. Les loyaux - coûts consistent aux frais de l'expédition du contrat , aux droits seigneuriaux , que le retrayant doit rembourser en entier, quoique le Seigneur ait fait remise d'une partie à l'acquéreur. C'est pour cela que quelques coutumes les considèrent comme une partie du prix , & veulent qu'ils soient consignés avec le prix , parce qu'ils sont certains & liquidés.

Paris , art. 134. Les labours & sémences font partie de loyaux-coûts, parce que le retrayant qui est obligé de garder son argent inutile, gagne les fruits du jour du premier ajournement.

Paris , art. 130. Les réparations nécessaires doivent aussi être remboursées ; car l'acquéreur n'en peut point faire d'autres durant l'an du retrait ; comme aussi il lui est défendu d'empirer l'héritage , autrement il seroit facile d'éluder le retrait, en changeant entièrement l'état des lieux : il y a même quelques coutumes qui ne considèrent les réparations nécessaires , que lorsqu'elles ont été faites par autorité de Justice.

Dans les coutumes où il faut faire *M. Louet*
des offres réelles, en deniers à décou- *lett. R. n.*
vert, à toutes les journées de la cause, 35.
il est permis de consigner après les
premieres offres, pour éviter l'embarras de faire toujours porter une si
grande quantité d'argent.

Le retrait n'est point considéré comme une seconde vente, & le retrayant
ne doit point des droits seigneuriaux
de son chef, si ce n'est qu'il retire sur
le Seigneur même, qui avoit acquis
ou retenu par puissance de fief.

Lorsqu'un Sécrétaire du Roi retire *M. Louet-*
sur un Sécrétaire du Roi, il ne le doit *& Brod.*
point rembourser des droits seigneu- *lett. S. n.*
riaux ; mais il les doit rembourser au 22.
particulier qui n'a point de privilége,
& qui les a payés : celui qui n'est point
privilégié, les doit rembourser au Sé- *Poitou,*
crétaire du Roi, comme s'il les avoit *art.* 354.
effectivement payés, parce que l'exemption des droits seigneuriaux fait partie
des émolumens de leurs charges.

En matiere de retrait lignager, il *M. Louet,*
faut observer les formalités prescrites *lett. R. n.*
par la coutume, dans laquelle les hé- 31.
ritages sujets à retrait sont situés, &
non pas celles de la Jurisdiction, où
l'action est intentée.

CHAPITRE IX.

De la Possession.

Paris,
art. 96.
Ordonnance de
1667. tit.
8. art. 1.
2. 3. & 4.

CElui qui a la possession d'une chose, quoiqu'il n'en soit pas le véritable propriétaire, a beaucoup d'avantage sur ceux qui ne la possédent pas.

1. S'il est troublé dans sa possession, après avoir possédé par an & jour, il a une action, que les Praticiens appellent complainte en matiere de saisine & nouvelleté, par laquelle il se fait maintenir en sa possession, même contre le véritable propriétaire, qui est réduit à se servir de l'action pétitoire, à justifier le titre de sa propriété, & à laisser jouir le possesseur durant le cours du procès, sauf à demander contre lui la restitution des fruits.

2. Le possesseur n'est pas obligé de montrer le titre de sa possession ; & quand on lui demande à quel titre il posséde, il suffit de dire, je posséde parce que je posséde ; & si la possession est contestée, comme elle est de fait, on en peut ordonner la preuve par témoins.

3. Le possesseur peut prescrire & acquérir la propriété de la chose qu'il posséde, si elle est sujette à la prescription, & que le propriétaire le laisse posséder assez long-tems pour cela.

Mais comme il y a plusieurs sortes de possessions, & qu'elles ne produisent pas toutes les mêmes effets, il est nécessaire d'en connoître la nature & les différences.

Le Droit Romain n'a parlé que de la possession naturelle, & de la possession civile ; les Interprêtes en ont introduit une troisiéme, que quelques-uns ont aussi appellée possession civile, & d'autres plus convenablement possession artificielle, ou possession feinte.

La possession purement naturelle, est une simple détention de la chose, sans aucun dessein de la posséder en qualité de propriétaire. Telle est la possession du fermier, celle de l'usufruitier, de celui qui ne jouit que précairement, du créancier auquel on a donné une terre en engagement, & autres semblables, qui ne possédent pas en leur nom, mais au nom du propriétaire. Les Loix ne l'appellent pas proprement possession : elle ne

D'Argentré des apropriances, artances, art. 255. In verb. saisi versic, qualis posses. L. 38. §. 7. ff. de verb. ob. V. Cujas ad L. 1. §. 2. ff. de acquir. vel amitt. poss.

L. 9. ff. eod.

produit point d'autre effet que de conferver la poffeffion civile à celui qui
l'a acquife, mais elle ne donne aucun
droit à celui qui ne poffède que naturellement.

Tot. tit.
ff. de ac-
quir. vel
amitt. poff. La poffeffion civile, qui eft la véritable poffeffion, eft la détention de
la chofe, accompagnée du deffein de
la pofféder, en qualité de propriétaire ; on peut acquérir cette poffeffion, quoiqu'on n'ait point de titre ;
un homme qui s'empare d'une terre
qui ne lui appartient pas, à deffein de
la garder, & de fe l'approprier, pof-
féde civilement, auffi-bien que celui
qui a un titre légitime, quoiqu'il
y ait une grande différence de l'un à
l'autre.

L. 1. §.
ufque ad
fin. ff. eod. Nous pouvons acquérir la poffeffion civile par nous-mêmes, ou par
autrui, par nos tuteurs, fi nous fommes mineurs, par nos domeftiques,
& par des Procureurs, pourvu que
nous ayons véritablement le deffein de
poffëder, lequel eft fuppléé en la
perfonne des enfans par le confentement & l'autorité de leur tuteur.

Quoique cette poffeffion ne puiffe
être acquife par la feule intention de
celui qui veut poffëder, fans une poffeffion réelle & actuelle, elle peut
péanmoins

néanmoins être conservée par le seul
dessein de la conserver. Lorsque j'ai
habité ma maison , si j'en sors avec
toute ma famille , a dessein d'y revenir à mon retour de la campagne ,
j'en conserve la possession civile , tant
que j'ignore qu'un autre s'en soit em- *L. 7. ff.*
paré ; mais dès le moment que je le *eod.*
sçai , si je le souffre , ou par négligence , ou par crainte , ou par quelqu'autre motif que ce soit , je cesse alors de
posséder.

Et en cela il y a différence entre le *L. 25. §.*
Droit civil, & notre usage ; car dans *2. ff. eod.*
le Droit civil , tant qu'un homme
croyoit posséder , & qu'il ignoroit
que la chose fût possédée par un autre , il conservoit sa possession ; & la
possession de l'autre étant réputée
clandestine , ne pouvoit pas passer
pour une possession civile , ni lui attribuer aucun droit ; parmi nous au
contraire , dès le moment qu'un hom- *D'Argen-*
me a été en possession par an & jour, *tré, des ap-*
au vu & sçu de tout le voisinage , il *prop. art.*
est réputé le véritable possesseur , *265. in*
quand même celui qui possédoit avant *brev. &*
lui auroit ignoré la possession. *saisi.*

Mais il est certain, & dans le droit *L. 5. ff.*
& dans nos mœurs, que dès le mo- *eod.*
ment qu'un homme a été chassé par

Tome I. L

force & par violence, il cesse de posséder ; mais il a une action qu'on appelle réintégrande, laquelle il peut intenter dans l'an & jour, pour être rétabli dans la possession qui lui a été ôtée par force ; action si favorable, que quand ce seroit le véritable propriétaire qui auroit commis la violence, & qu'il justifieroit sa propriété sur le champ, on ne l'écoute point, jusqu'à ce qu'il ait rétabli celui qu'il a dépouillé ; c'est ce que disent les Canonistes : *Spoliatus ante omnia restituendus.*

L. 1. ff. de vi & vi armat.

Imbert. prat. liv. 1. ch. 17. & les notes de Guernois.

Ibid.

Ordonn. de 1667. tit. 18. art. 4.

Il n'y a point de doute que celui qui possède civilement, ne jouisse de tous les droits & de tous les privilèges qui ont été expliqués ci-devant, parce que la possession civile est la plus parfaite de toutes.

La possession artificielle n'est pas proprement une possession, ce n'est qu'une fiction qui a été inventée à l'imitation de la possession civile ; car comme celui qui a une fois acquis la possession civile de son domaine, la retient par les mains de son fermier, quand il le donne à ferme ; par les mains de l'usufruitier, quand il en transfère l'usufruit à une autre personne, & par les mains de celui qu'il

D'Argentré, ibid. vers. qualis possess. exig. in auct.

laisse jouir à titre de précaire ; ainsi on a cru que le propriétaire qui donnoit ou qui vendoit la propriété d'une terre , & qui s'en réservoit l'usufruit, cessoit de posséder pour lui-même , & commençoit à posséder pour celui à qui il avoit transféré son droit , qui acquéroit la possession par ce moyen. On a aussi inventé les clauses de rélocation , de constitut , & de précaire , pour produire le même effet. Par la rélocation , l'acquéreur qui veut laisser jouir le vendeur , ou le donateur , lui fait un bail de la chose pour un certain tems ; par la clause de constitut , le vendeur ou le donateur qui retient la chose , déclare qu'il se constitue possesseur pour & au nom du propriétaire ; & par le précaire, il déclare qu'il ne possède que précairement , sous le bon plaisir du propriétaire , & à la priere qu'il lui en a faite. Ces trois clauses sont inutiles , lorsqu'il y a rétention d'usufruit ; leur usage le plus fréquent est dans les contrats de ventes à faculté de rémeré , lorsque le vendeur veut demeurer en possession de la chose vendue , durant le tems qui lui est accordé pour la retirer.

Cette possession feinte produit deux

effets confidérables ; elle donne le
pouvoir à l'acquéreur de fe mettre en
poffeffion de plein droit de la chofe
qu'il a acquife , dès le moment que
l'ufufruit eft fini , ou que le terme de
la rélocation , du conftitut , ou du
précaire eft expiré : fans en demander la permiffion au vendeur , ou à fes
héritiers : elle fert à transférer la propriété à l'acquéreur ; car c'eft une efpéce de tradition , & par le Droit Romain les fimples conventions ne font
pas fuffifantes pour acquérir la propriété , fi elles ne font fuivies de la
tradition.

La poffeffion feinte ne donne pas
la faculté d'exercer les actions poffef-
foires , qui font la complainte & la
réintégrande , parce qu'il n'y a que
ceux qui poffédent véritablement
d'une poffeffion civile , qui puiffent
être troublés , ou dépouillés de leurs
poffeffions. Nous verrons dans le chapitre fuivant ce que la poffeffion feinte opére à l'égard de la prefcription.

CHAPITRE X.

De la Prescription.

IL n'y a rien de plus salutaire pour conserver le repos des familles, & pour ne pas laisser leur fortune dans une incertitude perpétuelle, que la prescription ; on a cru avec beaucoup de raison qu'il y avoit moins d'injustice à priver les particuliers d'un bien qu'ils avoient eux-mêmes abandonné, que de dépouiller ceux qui en avoient joui paisiblement durant un tems considérable. On a considéré que celui qui ne s'oppose pas à la jouissance publique qu'un autre fait de son bien, est présumé y consentir ; ¶¶ que la longue possession fait présumer qu'il y a eu un titre, qui peut avoir été perdu ;]] en un mot, que la sûreté & l'utilité publique devoient l'emporter sur l'intérêt de quelques particuliers, qui n'auroient à se plaindre que de leur propre négligence.

D'Argentré sur le tit. des appropr. in protheor.

La prescription peut produire deux effets différens, elle peut nous donner un droit que nous n'avons pas ; par exemple, si j'achete une terre de celui qui n'en est pas le véritable propriétaire, & que je la posséde assez long-tems pour prescrire, la prescription m'en donne la propriété que mon titre ne me donnoit pas.

Quelquefois la prescription ne donne aucune propriété, ni aucun droit réel, & ne sert qu'à libérer un débiteur des actions que l'on auroit pu intenter contre lui, & à lui acquérir une défense légitime ; par exemple, si j'achete une terre du véritable propriétaire, mon titre qui m'en assure la propriété, ne délivre pas la terre des hypothéques, des servitudes & des autres charges auxquelles elle est sujette ; mais je puis acquérir cette liberté par la prescription : si j'ai passé une obligation, & que mon créancier laisse écouler trente ou quarante ans sans me rien demander, l'obligation est éteinte par la prescription, & il ne peut plus avoir d'action contre moi.

Quelquefois ce mot, prescription, est équivoque ; car quand je dis, qu'on peut prescrire une servitude, tantôt cela signifie, qu'on peut acquérir une servitude par la voie de la prescription, & tantôt cela veut dire, qu'on peut se libérer d'une servitude par la prescription. Pour éviter

ces équivoques, lorsque je parlerai
de la maniere d'acquérir un droit par
la prescription, je me servirai de cette
expression, *prescrire une servitude,
prescrire des censives, &c.* Et quand
je voudrai exprimer la maniere de
prescrire l'exemption & la libération
d'un droit, ou d'une action, je dirai,
*prescrire contre la servitude, prescrire
contre une obligation.*

Toutes les prescriptions qui nous *L. 44. §.*
servent à acquérir un droit, sont fon- *ult. ff. de*
dées sur la possession, sans laquelle *usurp.*
on ne peut jamais prescrire ; mais il
n'y a que la possession civile qui puisse
servir à la prescription : la naturelle
seule ne suffit pas.

La possession feinte ne suffit pas *V. l. 3. §.*
aussi, parce que n'étant pas publique, *3. ff. de*
elle est inconnue au propriétaire, le- *acquir. vel*
quel par conséquent n'est point en *amitt. pos-*
état de la pouvoir interrompre ; d'ail- *ses.*
leurs cette position n'est pas établie
par le Droit civil, elle ne provient que
de l'invention des Docteurs.

Il est certain que tous ceux qui peu- *D'Argen-*
vent acquérir, peuvent se servir de la *tré, de ap-*
prescription; mais on ne prescrit point *prop. art.*
contre toute sorte de personnes. *266.*

Les Docteurs ne s'accordent pas
entr'eux sur la question de sçavoir si

on peut prescrire contre les mineurs, & auquel cas ils peuvent être restitués contre la prescription ; toutes ces questions sont inutiles parmi nous: car il est certain dans notre usage, que la prescription ne court jamais contre les mineurs , excepté dans la coutume de Bretagne.

Il faut encore excepter, même à Paris & dans le Droit commun, les prescriptions annales ou moindres, coutumieres, qui courent contr'eux sans espérance de restitution. Loisel en ses Instit. coutum. liv. 5. tit 3. reg. 11.

D'Argentré, ibid. Les interdits, soit pour cause de dissipation , soit pour cause de démence , ou de fureur, ne sont pas capables d'aliéner leur bien ; c'est pourquoi la prescription étant une espéce d'aliénation, ne leur peut pas nuire.

L. 3. §. 3. & 4. C. Commun. de legat. On ne peut pas prescrire contre les personnes qui ne peuvent pas agir, comme les substitués , avant que la substitution soit ouverte ; les douairiers , avant que le douaire soit ouvert, parce qu'avant ce tems-là, ni les uns ni les autres n'ont aucune qualité pour agir. Par la même raison, l'acquéreur ne pouvant agir en garantie contre son vendeur , avant qu'il ait été troublé dans la possession ou la propriété de la chose vendue, le vendeur ne commence à prescrire contre l'action en garantie, que du jour du trouble. Au contraire, si le vendeur aliéne les immeubles hypothéqués à la garantie, le premier acquéreur peut intenter son action en déclaration d'hypothéque contre les acquéreurs subséquens ; c'est pourquoi ils peuvent prescrire contre l'action hypothécaire, même avant que le trouble soit arrivé.

Loyseau du déguer. l. 3. ch. 2.

A l'égard des choses, il y en a qui font imprescriptibles de leur nature, comme les choses sacrées, les choses publiques, & les droits Royaux, parce que toutes ces choses font hors du commerce, & ne peuvent pas être légitimement possédées par les particuliers ; le Domaine de la Couronne est aussi inaliénable & imprescriptible suivant les Ordonnances.

Inst. de rerum divis. §. res facræ, l. ult. ff. de usur.

Ordonn. de 1566. art. 2. & 6.

Les dixmes Ecclésiastiques ne peuvent pas être prescrites par les Laïques, parce qu'ils font incapables de les posséder ; ils ne peuvent pas même prescrire l'exemption contre le droit de dixme, mais ¶ une Eglise peut acquérir les dixmes par prescription, contre une autre Egli-

C. quamvis 17. ext. de decim.

L v

se. Pour ce qui est de l'exemption de la dixme, l'Eglise même ne peut l'acquérir sans titre, par quelque tems que ce soit, si ce n'est les Curés pour les terres, qui par une longue possession seroient réputées de l'ancien domaine de leur Cure. *Voyez* les Loix Eccles. tit. des Dixmes, n. 11. & 31.]]

Paris,
art. 12. &
124.

Le vassal ou le censitaire ne peuvent pas prescrire contre les droits seigneuriaux & féodaux, qui font de l'essence du fief, quoiqu'ils puissent prescrire contre là quotité, & les arrérages ; ces droits ne font pas néanmoins imprescriptibles de leur nature, ce n'est que par un droit positif, parce que la coutume l'ordonne ; en effet, il y a des coutumes dans lesquelles on peut prescrire contre le droit de cens par 30 ou 40 ans.

Paris,
art. 186.

Dans la coutume de Paris, & dans plusieurs autres, on ne peut pas prescrire fans titre le droit de servitude ; quoique dans le Droit Romain, on le puisse acquérir par une jouissance de trente ans ; mais on peut prescrire la liberté contre la servitude en toutes fortes de coutumes.

Les choses dérobées étoient imprescriptibles par le Droit Romain, mais parmi nous, elles font pres-

criptibles par une possession de trente
ans. ¶¶ Ce qui ne doit néanmoins s'entendre que d'un possesseur, autre que
celui qui a volé la chose ; car celui-
ci ne pouvant être de bonne foi, ne
peut jamais prescrire, & il en seroit
de même du tiers possesseur, s'il étoit
prouvé qu'il fût de mauvaise foi.
Voyez ce qui est dit ci-après, sur la
prescription de 30 ans. On peut aussi
appliquer ici les principes qui sont
établis ci-après pour les fermiers, usufruitiers & autres simples détenteurs,
où l'on établit que personne ne peut
changer la cause de sa possession.]]

A l'égard des immeubles, si le possesseur a un juste titre, il peut prescrire par une jouissance de dix ans
entre présens, & vingt entre absens
âgés & non privilégiés ; mais il faut
que cette jouissance soit continuelle,
paisible, & accompagnée de bonne
foi. On peut par le moyen de cette
prescription acquérir la propriété de
l'immeuble, & l'exemption des hypothéques, & des autres droits dont
il est chargé.

On tient pour présens ceux qui demeurent dans l'étendue d'un même
Bailliage Royal, quoique l'immeuble
soit situé ailleurs.

Tot. tit.
C. de præs-
crip. long.
temp.

L. 12. C.
eod.

L vj

Novell. Si celui contre lequel on veut pref-
112. cap. crire , eſt préſent durant une partie
eod. du tems , & abſent durant l'autre
partie , il faut alors doubler le tems
qui reſte depuis ſon abſence ; par
exemple , ſi un homme étoit préſent
durant les dix ans , la preſcription
ſeroit accomplie. Suppoſons qu'il n'ait
été préſent que ſix ans , en ce cas , au
lieu des quatre qui reſtent pour aller
juſqu'à dix , il en faut huit pour achever de preſcrire, à cauſe de ſon abſence. ☞ La diſpoſition du droit ſur
cette queſtion, eſt ſuivie par les Arrêts.
Mornacſur la Loi 7. §. Quem de ſervit.
Journal du Palais,part. 1. pag. 25.]

Tot.tit.C.   Si le poſſeſſeur n'a point de titre ,
de præſcr. il lui faut trente ans de jouiſſance pai-
30.vel 40. ſible & continuelle entre âgés & non
ann. privilégiés , pour pouvoir preſcrire,
ſans diſtinction de préſence ou d'abſence , de bonne ou de mauvaiſe foi.

Ibid.   On preſcrit par 30 ans contre les
actions perſonnelles , ou pour mieux
dire , elles ne durent que 30 ans ;
mais ſi l'action perſonnelle eſt jointe
L. cum à l'hypothécaire , c'eſt-à-dire, ſi ce-
notiſſimi , lui qui eſt obligé perſonnellement,
C. eod. poſſéde des immeubles qui ſoient hypothéqués à ſon créancier , alors l'action dure quarante ans. ☞ Il y a

plusieurs coutumes , comme Auvergne , Berry , Bourbonnois , Bourgogne , où la prescription ne dure que
30 ans, quoique ces deux actions soient
conjointes ensemble : Dans les Parlemens de Toulouse & de Bordeaux ,
l'action personnelle jointe à l'hypothécaire ne dure que 30 ans. *Observations*
sur Henrys , tom. 1. *liv.* 4. *qu.* 75.]

On ne peut prescrire contre l'Egli- *Nov.* 111.
se que par l'espace de 40 ans , soit à *cap.* 2. &
l'égard des choses corporelles , ou des *Nov.*131.
actions & droits incorporels , soit qu'il *art.* 1.
y ait un titre, ou qu'il n'y en ait point ;
il est nécessaire d'avoir de la bonne foi
pour prescrire contre l'Eglise : c'est
pourquoi on dit communément en ce
cas , qu'il vaut mieux souvent n'avoir
point de titre , que d'en avoir un , parce que le moindre vice du titre fait
présumer la mauvaise foi , & empêcher la prescription.

Il faut pour pouvoir prescrire, que *L.* 20. *ff.*
la possession soit continuelle ; c'est *de usurp.*
pourquoi , si après avoir joui plusieurs
années d'un héritage , une autre s'en
empare, quoique je vienne ensuite à
y rentrer , je ne puis pas joindre ces
deux possessions pour acquérir la prescription , je ne dois compter que du
jour de la derniere possession.

Il faut que la poſſeſſion ſoit paiſible, & ſans aucun trouble : ſur quoi il faut obſerver qu'il y a deux ſortes de troubles ; trouble de fait par la force & par la violence, & trouble de droit par les voies de la Juſtice.

Le trouble de fait n'interrompt pas la preſcription ; de ſorte que, quand même le véritable propriétaire d'une maiſon ou d'un héritage, dont je ſuis en poſſeſſion, s'en feroit emparé par force, il ne m'empêcheroit pas de preſcrire, parce que les loix n'approuvent point les voies de fait, qui ne tendent qu'à introduire la confuſion & le déſordre dans l'état : c'eſt pourquoi dès le moment qu'un homme juſtifie ſa poſſeſſion, & le trouble qui lui a été fait, les Juges doivent ordonner qu'il ſera remis en poſſeſſion, ſans examiner les titres de la propriété, de part ni d'autre ; c'eſt ce qu'on appelle juger le poſſeſſoire avant le pétitoire ; mais il faut en ce cas, que celui qui a été troublé, intente ſon action en complainte dans l'an & jour du trouble ; autrement il perdroit ſa poſſeſſion & ne pourroit plus preſcrire.

Le trouble de droit, eſt lorſqu'un homme eſt aſſigné en Juſtice, pour ſe voir condamner à ſe déſiſter & dé-

Ord. de 1667. tit. 18. art. 4.

L. 2. C. de præſcrip. long. temp.

partir de la possession & propriété d'un tel héritage, pour voir déclarer l'héritage affecté & hypothéqué à une telle dette, pour payer une certaine somme, en vertu d'un tel titre : lorsque l'assignation est donnée dans les régles, elle interrompt la prescription ; mais il faut que l'assignation soit poursuivie ; car si on la laisse périr, elle n'interrompt pas la prescription.

Nous avons dit qu'il faut un juste titre pour prescrire par dix ans entre présens, & vingt ans entre absens ; il n'importe pas que ce titre soit lucratif ou onéreux, mais il faut qu'il soit particulier ; car s'il étoit universel, il ne serviroit de rien pour la prescription. Par exemple, les héritiers, les légataires ou les donataires universels ne peuvent pas prescrire en vertu du *L. 4. C.* teftament ou de la donation, parce *eod.* qu'ils représentent le testateur ou le donateur, & succédent généralement en tous ses droits, & par conséquent à sa mauvaise foi, s'il possédoit sans titre.

Nous avons dit qu'il faut que le titre soit accompagné de bonne foi, *L. 10. ff.* pour pouvoir prescrire par dix ans *de usurp.* entre présens, & 20 ans entre ab- *Inftit. de usurp. §. 12* fens. Par le Droit Romain il fuffit que l'acquéreur foit en bonne foi dans le tems du contrat, & dans le tems de la tradition ; la mauvaife foi qui furvient après, n'eft comptée pour rien ; mais dans notre ufage il n'en eft pas de même, il faut que la bonne foi dure autant que la poffeffion : il eft vrai que dès le moment que la poffeffion a commencé de bonne foi, il faudroit que la mauvaife foi fut bien pofitive, pour empêcher le cours de la prefcription ; en effet une fimple fommation de la part du propriétaire, ou des autres qui prétendent quelque droit à la chofe, n'eft pas fuffifante pour conftituer le poffeffeur en mauvaife foi, parce qu'il n'eft pas obligé de les croire fur leur parole ; une affignation même en Juftice, qui ceffe d'être pourfuivie durant trois ans, n'interrompt point la bonne foi, quoique le poffeffeur ait eu communication des titres de fa partie adverfe, parce qu'il a jufte fujet de croire, qu'elle a trouvé elle-même fon action injufte, puifqu'elle l'a laiffé périr : c'eft pourquoi il arrive très-rarement, que durant le cours de la poffeffion, il furvienne une mauvaife foi affez

Dumoulin fur l'art. 67. de l'ancien. cour. de Paris, & en fes notes fur Decius, cap. jurav. ext. de probat.

Bacquet, Droits de Juftice, ch. 21. n. 186.

Chopin fur Paris, tit. 8. n. 2.

Journ. du Palais, quatriéme vol. pag. 299.

forte pour interrompre la preſcription. Il y en a néanmoins quelques
exemples , qu'il n'eſt pas néceſſaire
de rapporter ici.

Celui qui veut preſcrire , peut ſe
ſervir , ſi bon lui ſemble , de la poſſeſſion de ſes Auteurs , & la joindre à
la ſienne : il peut auſſi ſe ſervir de ſa
ſeule poſſeſſion , & rejetter celle de ſes
Auteurs : cela peut être avantageux ou
déſavantageux , ſuivant les diverſes circonſtances : par exemple , quand on
a acquis d'un homme qui poſſédoit à
juſte titre & de bonne foi , il eſt toujours utile de ſe ſervir de ſa poſſeſſion.
La raiſon eſt que par ce moyen l'acquéreur n'a beſoin , pour preſcrire ,
que de poſſéder pendant le tems qui
reſtoit à ſon Auteur pour achever la
preſcription ; car joignant la poſſeſſion de ſon Auteur à la ſienne propre ,
il gagne tout le tems de la poſſeſſion
de ſon Auteur.

Si l'acquéreur n'a pas poſſédé tout le
tems néceſſaire pour pouvoir preſcrire ,
il peut encore joindre utilement la poſſeſſion de ſon Auteur à la ſienne , quoique ſon Auteur n'eût point de titre ;
parce que ſi ces deux poſſeſſions jointes enſemble , en forment une de 30
ans , elle ſuffit pour preſcrire ſans titre.

Mais si l'acquéreur a possédé assez long-tems pour prescrire de son chef, il ne doit pas s'embarrasser de la possession d'un Auteur qui n'avoit point de titre, à moins qu'elle ne soit de 30 ans, étant jointe à la sienne : car la possession de 30 ans est toujours plus commode que les autres, parce que la bonne foi n'y est pas exigée, & qu'on ne s'embarrasse pas de la présence ou de l'absence de celui contre lequel on veut prescrire.

D'Argen-
tré, des
appropr.
art. 266.
On dit communément que les simples détenteurs, qui ne possédent pas civilement, comme les usufruitiers, les fermiers & autres, ne peuvent pas changer la cause de leur possession, c'est-à-dire, que quelque longue que soit la possession naturelle, ils ne peuvent jamais acquérir la possession civile, à l'effet de prescrire ; à moins qu'il n'intervienne quelqu'acte extérieur, qui marque ce changement de possession, ce qui peut arriver en deux manieres.

L. 33. §.
1. ff. de
usurp.
Lorsque le fermier, ou l'usufruitier achetent d'un homme qu'ils croyent être le véritable propriétaire, & qui ne l'est pas, ce contrat de vente marque non-seulement que les acheteurs ne veulent plus posséder

comme fermiers , ou ufufruitiers ,
mais c'eſt un acte extérieur, qui prouve ce changement de volonté , qui
change en effet la cauſe de leur poſ-
feſſion , & qui fait qu'ils peuvent prefcrire par dix ans entre préſens , &
vingt ans entre abſens ; parce qu'ils
ont un juſte titre , & qu'ils ſont dans
la bonne foi.

Lorſque le fermier pourſuivi pour
le payement du prix de ſa ferme ,
ou l'uſufruitier pour tenir les lieux
en bon état, ou pour quelqu'autre
occaſion que ce ſoit, déclarent au
propriétaire, qu'ils ne le reconnoiſ-
ſent point pour propriétaire, & qu'ils
poſſédent eux-mêmes à titre de propriété, cette déclaration eſt un acte
extérieur qui change la cauſé de leur
poſſeſſion ; ils peuvent alors prefcrire
par trente ans, à compter du jour de
ce changement, & c'eſt au propriétaire qui ne l'a pas ignoré , à s'imputer ſa propre négligence. Quoique cela paroiſſe d'abord extraordinaire, il n'y a rien néanmoins dans
le fond qui ne ſoit très-juſte ; tant
qu'il n'y a point d'acte extérieur qui
marque le changement de poſſeſſion
du fermier & des autres détenteurs,
on ne pénétre point dans leur pen-

fée, on ne cherche point quelle a
été leur intention, & l'on suppose
qu'ils n'ont possédé que de la maniere dont ils devoient posséder, c'est-
à-dire, conformément à leurs titres :
mais dès le moment qu'ils ont fait
connoître ce changement par des actes dont on ne peut pas douter, ils ne
sont plus considérés que comme des
gens de mauvaise foi, qui veulent
s'approprier injustement le bien d'autrui. Or la mauvaise foi, ni même
la violence n'empêchent pas l'effet de
la prescription de trente ans.

Voilà à peu près les principes généraux des prescriptions suivant le
Droit commun qui est reçu dans tous
les lieux où il n'y a point de disposition contraire.

Auverg.
ch. 16.
art. 1.
La Marc.
art. 91.
Bourbonn.
art. 23.
Berry tit.
12. art. 1.
Anjou art.
422. 430.
431.

Mais il y a quelques coutumes,
qui n'admettent à l'égard de toutes
sortes de personnes, & de choses
prescriptibles, que la seule prescription de trente ans, soit qu'il y ait
un titre, ou qu'il n'y en ait point.
Il y en a d'autres, où l'on peut
prescrire par une possession de cinq
ans, contre toutes les rentes, charges & hypothéques constituées sur
l'héritage depuis trente ans, hors les
droits seigneuriaux, & les dixmes.

Cette prescription court contre les abfens, auffi-bien que contre les préfens, & on l'apelle tenement de cinq ans ; mais dans ces mêmes coutumes, on ne peut prefcrire, ni contre les actions perfonnelles, ni même la propriété des héritages, que conformément au Droit commun.

Il ne refte plus qu'à expliquer quelques fortes de prefcriptions qui n'ont rien de commun avec les autres.

La premiere eft tirée de l'Ordonnance, qui ne veut pas qu'on fe puiffe pouvoir par Lettres de refcifion contre les contrats, & autres actes, *Ordonn.* foit pour lézion, dol perfonel, ou *de 1510.* *art. 46.* autre caufe, telle qu'elle puiffe être, *1515. ch.* fi ce n'eft dans les dix ans, à comp- *8. art. 30.* ter du jour des actes, s'ils ont été *1539. art.* paffés en majorité ; & s'ils ont été paffés *134. &* *Bourdin* par des mineurs, à compter du jour *fur cet art.* qu'ils ont atteint l'âge de majorité. Il eft vrai que fi la reftitution eft fondée fur un dol perfonnel, les dix ans ne commencent à courir que du jour que la fraude a été découverte.

¶ Il y a feulement une exception pour la Province de Normandie, fuivant l'article 39 des Placités de 1666, qui porte que celui qui a contracté avant l'âge de vingt ans accom-

plis (qui en Normandie eſt la majorité parfaite) peut en obtenir relé-
vement dans l'an trente-cinquiéme
de ſon âge.]]

Paris,
art. 155
& 187.
Ordon. de
1512 art.
67.

La ſeconde eſpéce de preſcription
irréguliere regarde les Médecins,
Chirurgiens, Apothicaires, Drapiers,
Merciers, Epiciers, Orfévres, &
autres Marchands groſſiers, Maçons,
Charpentiers, Couvreurs, Barbiers,
Serviteurs, Laboureurs, & autres
mercenaires que ne peuvent faire aucune action, ni demande de payement de leurs marchandiſes, ſalaires
& ſervices après un an paſſé, à compter du jour de la délivrance de leur
marchandiſe, ou vacation, s'il n'y a

Paris,
art. 116.
& 118.

cédule, obligation, arrêté de compte par écrit, ou interpellation judiciaire. Les gens de métier & autres vendeurs de marchandiſes en
détail, comme Boulangers, Pâtiſ-
ſiers, Couturiers, Selliers, Bou-
chers, Bourreliers, Paſſementiers,
Maréchaux, Rôtiſſeurs, Cuiſiniers
& autres ſemblables, n'ont que ſix
mois pour intenter leur action.

Mais il faut obſerver que ſi celui
à qui la demande eſt faite après
l'an ou les ſix mois, avoue la délivrance des marchandiſes, ou les

ſervices dont on lui demande le payement, & qu'il demeure d'accord de n'avoir pas payé, alors cette preſcription n'a point d'effet, parce qu'elle n'a pas été introduite pour priver les Marchands, ou les ouvriers, de ce qui leur eſt légitimement dû; mais parce qu'on préſume qu'ils ont été payés, lorſqu'ils n'ont pas intenté leur action dans le tems qui eſt limité par la coutume.

La derniere eſpéce regarde les Officiers chargés des procès des Parties; Meſſieurs du Parlement, leurs veuves & héritiers en demeurent déchargés après trois ans. *Ibidem.*

Les Avocats & Procureurs ſont auſſi déchargés des procès jugés, cinq ans après la date des récépiſſés qu'ils en ont donnés; mais ils ne ſont déchargés des procès indécis qu'après dix ans. L'on a jugé la même choſe en faveur des veuves & héritiers des Huiſſiers du Parlement & des Requêtes du Palais. *Ordon. du* 11. *Sept.* 1597.

Louet, ibid.

CHAPITRE XI.

Des Donations entre-vifs.

L. 1. ff. de donat. LA véritable marque de la donation entre-vifs, est quand le donateur se dépouille de tout le droit qu'il a dans la chose donnée pour le tranférer en la personne du donataire, & qu'il s'ôte en même tems la liberté de pouvoir révoquer la donation ; ce que les Notaires expriment ordinairement par ces termes, *donation entre-vifs irrévocable*. C'est la différence essentielle de la donation entre-vifs, d'avec la donation à cause de mort, que le donateur peut toujours révoquer quand bon lui semble.

L. 152. ff. de reg. jur. Il faut avoir la libre disposition de son bien, pour pouvoir faire une donation entre - vifs : c'est pourquoi ceux qui sont morts civilement, les mineurs, les interdits, ne peuvent pas donner entre-vifs. Il est vrai que les mineurs de 25 ans qui se marient, *Paris,* ou qui ont obtenu des Lettres de bé- *art. 172.* nefice d'âge entérinées en Justice, peuvent à 20 ans accomplis dispo- ser de leurs meubles dans la coutu- me me de Paris, & dans plusieurs autres, ce qu'on doit néanmoins restraindre aux meubles ordinaires, qui ne font que la moindre partie des biens du mineur ; car si un marchand avoit laissé tout son bien en effets mobiliers, on n'autoriseroit pas son fils, quoiqu'âgé de vingt ans, & émancipé, à donner tout son bien par donation entre-vifs.

Les donations entre-vifs qu'un accusé de crime capital a fait depuis le crime commis, dépendent de l'événement de l'accusation ; si l'accusé est absous, il n'y a aucun sujet de douter qu'elles ne soient valables, parce qu'il n'y a aucune incapacité en sa personne ; mais s'il est condamné, elles sont présumées faites en fraude du fisc, c'est pourquoi on n'y a aucun égard. *L. 15. ff. de donat.*

Dans le pays de Droit écrit, les enfans de famille, tant qu'ils sont en la puissance paternelle, ne peuvent point faire de donations entre-vifs, si ce n'est du consentement de leur pere. Il en faut excepter leur pécule militaire, ou quasi militaire, dont ils ont la libre disposition : ils peuvent aussi donner entre-vifs les choses qui leur ont été données ou lé- *L. 3. C. de donat. inter vir. & uxor.*

Tome I. M

guées, à condition qu'ils en auront la libre difpofition, & que le pere n'y pourra prétendre aucun ufufruit ; par la raifon que les enfans de famille n'ont aucune incapacité abfolue de donner entre-vifs, la loi ne le leur défend que par rapport à l'intérêt du pere fous la puiffance duquel ils font ; de forte que dès le moment que le pere confent à la donation, ou que les chofes données n'appartiennent point au pere, ni en propriété, ni en ufufruit, rien ne peut plus empêcher la validité de la donation.

L. 2. ff. de donat. inter vir. & uxor.

Par le Droit Romain le mari & la femme ne fe peuvent point faire de donations entre-vifs durant le mariage ; la raifon que la loi en donne, eft de crainte qu'ils ne fe dépouillent eux-mêmes trop facilement par un amour mutuel ; on pourroit peut-être dire avec plus de vraifemblance, de crainte que le plus adroit & le plus intéreffé ne trompe l'autre, ou que le plus violent & le plus emporté ne force l'autre à donner malgré lui : mais les donations entre-vifs entre

L. 9. 10. & 11. & feq. ff. eod.

mari & femme ne font pas abfolument nulles, elles font feulement réduites en donations à caufe de mort ; de forte que la mort du donateur

qui décéde le premier, fans avoir révoqué la donation, la confirme & la
rend valable; c'eft pourquoi ces fortes de donations, en pays de Droit
écrit, dépendent toujours d'un événement incertain.

Nos coutumes font très-différentes
& du Droit civil, & entr'elles, fur
cette matiere.

Il y en a plufieurs qui défendent *Paris*,
au mari & à la femme de fe faire au- *art.* 182.
cun avantage durant le mariage, directement ni indirectement, foit par
des donations entre-vifs, ou par quelqu'autre acte que ce puiffe être, fi
ce n'eft par don mutuel. Cela eft fi *Louet*,
exactement obfervé dans ces coutu- *lett. M.*
mes, que quand il a été ftipulé par *n. 4.*
le contrat de mariage qu'il n'y aura
point de communauté, on ne permet
plus au mari d'admettre fa femme à
la communauté durant le mariage,
parce qu'il lui feroit par ce moyen un
avantage indirect.

Il y a d'autres coutumes qui per- *Noyon*,
mettent les donations entre-vifs entre *art.* 11.
mari & femme, de certaine nature des *Poitou*,
biens, & fous de certaines conditions. *art.* 229.

Il y en a enfin qui permettent au 212. 113.
mari de donner tout fon bien à fa *Auvergne*
femme, fauf la légitime des enfans, *art.* 39. 46.

mais elles ne veulent pas que la femme puisse rien donner à son mari, ni à autre à qui son mari puisse succéder.

Louet,
lett. I. n.
15.

Mais les femmes mariées ne peuvent jamais faire de donation entrevifs en faveur de qui que ce soit, à moins qu'elles ne soient autorisées de leur mari. Cette autorisation est si nécessaire, que son défaut rend la donation nulle, non-seulement à l'égard du mari & de la femme, mais même à l'égard des héritiers de la femme après sa mort.

Ricard,
des donat.
entre-vifs
part. 1. ch.
8. sect. 2.

Quelques-uns tiennent que ceux qui sont sourds & muets de nature, ne peuvent point faire de donation entre-vifs, parce qu'il est très-difficile qu'ils puissent connoître ce qu'ils font ; cette opinion en général est sans doute la meilleure, quoiqu'il n'y ait aucune loi qui prononce cette prohibition : mais il y a des cas particuliers où elle ne devroit pas être reçue. Nous avons vu par exemple de notre tems des sourds & muets de nature avoir autant de connoissance des affaires civiles, que ceux qui parlent, & qui entendent le mieux, & quelques-uns même qui sçavent écrire ; quelle raison y auroit-il d'ôter à ces derniers la faculté de donner entre-vifs, qui eſt accordée à tous les autres hommes.

Dans la coutume de Paris, & dans plusieurs autres, les donations qui ſont faites par des perſonnes malades de la maladie dont ils décédent, quoique conçues entre-vifs, ſont néanmoins réputées à cauſe de mort ; ¶¶ à quoi il faut joindre l'art. 4. de l'Ordonnance des Donations, qui porte que toute donation entre-vifs qui ne ſeroit valable en cette qualité, ne pourra valoir comme donation ou diſpoſition à cauſe de mort ou teſtamentaire, de quelque formalité qu'elle ſoit revêtue.]]

Paris, *art.* 277.

La raiſon de ces coutumes eſt la conſervation des propres dans les familles ; elles ont permis de diſpoſer de tous les propres par donation entre-vifs, parce qu'il arrive rarement qu'un homme veuille ſe dépouiller lui-même durant ſa vie, & s'ôter la liberté de diſpoſer de ſon bien ; & néanmoins, s'il le veut faire, la coutume le lui permet, ne voulant pas l'obliger à avoir plus d'égard pour ſes héritiers, qu'il en a pour lui-même. Mais la coutume ne permet de diſpoſer par teſtament que d'une partie de ſes propres, & dans la crainte qu'un

malade qui désespére de sa vie, n'é-
lude la prohibition de la coutume,
en donnant entre-vifs ce qu'il croira
ne pouvoir plus garder : ¶¶ l'Ordonnance veut que ces donations, conçues entre-vifs, ne puissent valoir
même comme testament.]]

Ricard,
des donat.
entre-vifs
part. 1.
ch. 3. sect.
1.

Il faut néanmoins observer que toutes sortes de maladies ne servent pas
à faire déclarer la donation à cause
de mort, quand elle est faite entre-
vifs, quoique le donateur vienne à
décéder dans la suite ; une femme
grosse, par exemple, peut mourir en
couches, la donation qu'elle aura faite
durant sa grossesse ne laissera pas d'être
exécutée, comme une véritable donation entre-vifs. Un homme qui est atteint de la pierre, peut être contraint
de se faire tailler, & mourir de l'opé-
ration ; néanmoins si la donation entre-vifs est faite long-tems auparavant
qu'il se fasse tailler, elle sera valable.

Paris,
art. 277.

La coutume se sert de ces termes,
Gisant au lit malade, qui ne doivent
pas être pris à la lettre ; mais qui marquent néanmoins qu'il faut que la maladie soit dangereuse, & qu'elle ait
trait à la mort ; ainsi cela doit dépendre des circonstances du fait, & de la
prudence du Juge.

On a étendu la difposition de ces *Ibidem.* coutumes aux donations entre-vifs, qui font faites par ceux qui entrent en religion, durant l'année de leur noviciat, parce que la même raifon s'y rencontre.

Il y a quelques autres coutumes qui *Sens,* *art.* 208. *Montar- gis,ch* 15. *art.* 3. dans la même vue ont décidé, que les donations entre - vifs, quoique faites durant la derniere maladie, ne laiffent pas d'avoir leur entiere exécu- tion, pourvu que le donateur furvive la donation de 40 jours ; il y en a même qui ne demandent que 30 jours de furvie.

S'il y a des perfonnes incapables de *Louet & Brod. lett.* R. *n.* 42. donner, il y en a auffi qui font incapa- bles de recevoir ; de ce nombre font tous ceux qui font morts civilement, foit par des condamnations capitales, foit par la profeffion en religion.

Il y en a d'autres qui font incapa- *Ricard, des donat. entre-vifs part.* 1. *ch.* 3. *feſt.* 8. bles de recevoir des donations entre- vifs, non pas de toutes fortes de per- fonnes, mais feulement par rapport à la perfonne du donateur ; ainfi les donations faites à ceux avec qui on a commis le crime d'adultere, font réprouvées parmi nous. Il y a mê- *Anjou, art.* 342. me des coutumes qui les défendent expreffément de concubin à concu-

bine, quoiqu'il n'y ait point d'adultere ; & dans les coutumes qui n'en par-

Ricard, ibid.
lent point, on ne les souffre de concubin à concubine, que quand elles
sont modiques, plutôt par forme d'alimens, que pour récompense du vice.

Ibidem.
Les bâtards sont incapables des
donations universelles, mais non pas
des donations particulieres ; & néanmoins si elles absorboient tout le bien
du donateur, elles seroient sujettes à
être modérées ; c'est un des points des
plus arbitraires de notre Droit François, & qui dépend le plus de la prudence des Juges. Il faut seulement
observer qu'on ne permet de donner
que des alimens aux incestueux, &
aux adulterins.

1539. art. 32.
Les Ordonnances ont déclaré nulles toutes les dispositions entre-vifs,
ou testamentaires, qui sont faites par
les donateurs ou testateurs au profit
de leurs tuteurs, curateurs, gardiens, baillistes, ou autres qui sont

Paris art. 176.
leurs administrateurs ; mais on a
excepté de la rigueur de l'Ordonnance, les peres, meres, ayeuls,
ayeules, ou autres ascendans ; au
profit desquels les enfans & autres
descendans, peuvent faire des dispositions entre-vifs, ou testamentaires,

quoiqu'ils foient leurs tuteurs, pourvu que lors de la donation entre-
vifs, ou teftamentaire, ou lors du
décès du teftateur, les afcendans ne
foient point remariés. ☞ La difpofition de la coutume de Paris contre
les afcendans mariés, eft exorbitante
du Droit commun ; ainfi elle n'a point
été étendue aux autres coutumes ni
dans le pays de Droit écrit. *Voyez les
Obfervations fur Henrys*, tome 1. *l.* 5.
q. 38.] Cette exception eft très-jufte,
car on ne doit pas avoir les mêmes
foupçons contre les afcendans que
contre les autres tuteurs.

Les tuteurs honoraires, & les tu- *Ricard,*
teurs fubrogés, ne font pas auffi com- *ibid. fect.*
pris dans la prohibition de l'Ordon- *9.*
nance, lorfqu'ils n'ont aucune adminiftration, ni aucune geftion, &
qu'ils fervent feulement de confeil à
la tutelle ; mais cette exception dépend toujours des circonftances particulieres, & de la prudence du Juge : car il y a fouvent des tuteurs honoraires qui ont beaucoup plus de
pouvoir & d'autorité fur l'efprit du
mineur, que les tuteurs onéraires,
fur-tout quand ils ont le foin de leur
éducation.

Quoique la tutelle foit finie, le tu- *Paris,*
art. 276.

M v

teur eſt toujours cenſé & réputé tuteur, juſqu'à ce qu'il ait rendu compte à ſon mineur, parce que juſqu'a-
lors il eſt toujours ſaiſi de tous les titres & de tous lés papiers du mineur,
& par conſéquent il eſt le maître de
toutes ſes affaires, dont il peut abuſer, & extorquer des diſpoſitions en
ſa faveur : ainſi par une juſte crainte
qu'il n'en abuſe en effet, on le juge
auſſi incapable de ces ſortes de libéralités que s'il étoit encore tuteur.

Ricard, *ibid.*
Tous ceux qui ont un empire trop
grand ſur l'eſprit de ceux qui font des
diſpoſitions en leur faveur, ſont compris dans la prohibition de l'Ordonnance ; les Précepteurs à l'égard des
enfans dont ils ont la conduite ; les
Maîtres à l'égard des écoliers qui ſont
en penſion chez eux ; les Monaſteres
de Religieuſes à l'égard des jeunes filles qui y ſont penſionnaires, pour y
apprendre les exercices de Piété ; les
Médecins, Chirurgiens, & Apothicaires, à l'égard des malades qu'ils
traitent ; ¶¶ néanmoins par Arrêt du
27 Février 1740 on a confirmé un legs
univerſel fait à un Apothicaire : le motif de cette exception pourroit être,
que l'Apothicaire qui vend ſimplement les drogues dans ſa boutique,

n'a pas de pouvoir fur l'efprit du malade, comme le Médecin & le Chi-
rurgien qui le voyent continuelle-
ment.]]

Les Avocats, Procureurs & Solliciteurs qui extorquent des difpofitions
entre-vifs de leurs Parties, durant le
cours des procès dont elles leur ont
confié la conduite, ¶¶ font auffi prohi-
bés ; un Arrêt du 12 Avril 1685, Journal des Audiences, confirma une donation entre-vifs faite à un Avocat.
M. le Procureur Général qui porta la
parole, dit que les Auteurs & Arrêts
contraires ne devoient s'entendre, que
des cas où il paroîtroit qu'un Avocat
auroit ufé de méchans artifices, pour
extorquer la donation.

Les Confeffeurs ni les Monafteres
dans lefquels ils font engagés, ne
peuvent pas recevoir des donations de
leurs pénitens, à moins qu'elles ne
foient très-modiques, & qu'elles ne
paffent pas les bornes d'une jufte re-
connoiffance ; les Novices pareillement
ne peuvent pas difpofer au profit du
Monaftere où ils doivent faire profeffion, ni de l'ordre dont le Monaftere
eft dépendant.

Il y a outre cela quelques coutumes *Normand.*
qui défendent de donner entre-vifs à *art.* 417.
418. 419.

ſes héritiers préſomptifs, au préjudice les uns des autres. Il y en a d'autres qui ne font cette prohibition qu'entre roturiers, & d'autres enfin qui défendent de donner ſes immeubles à des étrangers, lorſqu'il y a des enfans ; mais dans toutes ces coutumes les donations qui ſont faites contre la prohibition, ne ſont pas abſolument nulles, elles ne le ſont que reſpectivement & par rapport aux cohéritiers, pour conſerver l'égalité entr'eux, ou par rapport aux enfans pour leur conſerver les immeubles de leur pere & de leur mere : d'où il réſulte deux choſes ; la premiere, que les donataires qui ſe trouvent obligés de rapporter le don après la mort du donateur aux cohéritiers ou aux enfans, ne ſont pas obligés de rapporter les fruits qu'ils ont reçus pendant la vie du donateur, parce qu'ils les ont poſſédés à juſte titre & de bonne foi. La ſeconde, que lorſqu'au tems du décès du donateur, il n'y a point de cohéritiers, ni d'enfans, ou qu'ils renoncent tous à ſa ſucceſſion, alors la donation demeure dans toute ſa force, ſans que les créanciers du donateur ayent droit d'en demander la révocation, ou le

Tours art. 213.

La Marche, art. 306.

L. 9. §. x. ff. de donat.

Brodeau ſur Louet, lettre D. n. 56.

rapport que la coutume n'a ordonné qu'en faveur des enfans, & des autres cohéritiers ; ainſi le rapport ceſſe , dès le moment qu'il ne ſe trouve point d'héritiers du défunt, qui ayent intérêt de le demander.

Par l'énumération des perſonnes qui ſont incapables de donner ou de recevoir , il eſt facile de connoître ceux qui ont cette capacité ; car c'eſt une maxime générale que tout homme peut faire , ou accepter une donation entre-vifs , à moins que la loi , ou la coutume ne le défende.

Il en eſt de même à l'égard des biens ; réguliérement chacun peut donner entre-vifs tous les biens dont la loi , ou la coutume ne lui défend pas de diſpoſer.

Suivant le Droit Romain , on peut diſpoſer de tous ſes biens , pourvu qu'ils ne ſoient pas ſubſtitués , que le donateur ne ſoit pas remarié ayant des enfans d'un premier lit , & qu'il réſerve la légitime à ſes enfans, ou à ſes aſcendans.

A l'égard des biens ſubſtitués , la donation n'eſt pas nulle dans ſon principe , elle dépend d'un événement incertain ; car ſi tous ceux qui ſont appellés à la ſubſtitution , décédent

avant le donateur, la donation sera
valable ; si au contraire la substitution est ouverte au profit de quelqu'un de ceux qui y sont appellés, le
substitué rentrera de plein droit dans
les biens donnés ; mais en ce cas le
donataire ne sera pas tenu de rendre
les fruits qu'il aura reçus durant la
vie du donateur, qui pouvoit en disposer librement.

Quant aux secondes nôces, & à
la légitime, nous en avons fait des
chapitres particuliers.

Lorsqu'un pere a épuisé ses biens
par plusieurs donations entre-vifs,
en faveur de quelques-uns de ses
eufans, ensorte qu'il ne reste pas
dans sa succession de quoi remplir la
légitime des autres, on a demandé
si toutes les donations seront retranchées également pour fournir le supplément de la légitime, ou s'il faut
retrancher les dernieres donations
avant que donner atteinte aux premieres. Cette question a fait d'abord

Ricard,
ibid. part.
3. ch. 8.
sect. 10.

beaucoup de difficulté ; quelques-uns
ont cru qu'il falloit retrancher toutes
les donations, se fondant sur la faveur
de l'égalité qui doit être conservée
autant qu'il se peut entre les enfans ;
mais aujourd'hui l'opinion la plus sai-

ne & la plus commune, eſt qu'il faut épuiſer les dernieres donations avant que de toucher aux premieres, parce que ce ſont en effet les dernieres donations qui ont abſorbé la légitime, qui avoit été laiſſée entiere par les premieres, & que d'ailleurs le droit a été acquis aux premiers donataires, avant que les derniers euſſent rien à prétendre dans les biens de leur pere.

Nos coutumes ſont très-différentes ſur la qualité & quantité des biens dont elles permettent la donation entre-vifs ; il y en a qui ſont conformes au Droit Romain, & qui permettent de tout donner. Il y en a qui permettent de donner tous les meubles & acquêts, & le quint des propres ; d'autres diſent le tiers des propres ; d'autres la moitié des propres. Il y en a qui ne permettent de donner en propriété que les meubles, l'uſufruits des acquêts, & le tiers des propres : Quelques-unes ne permettent de donner les meubles & acquêts, que quand le donateur a des propres ; mais s'il n'y a que des meubles, il n'en peut donner que le tiers, & s'il n'a que des meubles & acquêts immeubles, il peut alors donner la to-

Paris ;
art. 272.
Ponthieu
art. 20. &
21.
Lodunois
ch. 15. *art.*
1.
Blois ;
art. 167.
Tours ,
art. 233.
Poitou ,
art. 233.
& 234.

talité de ses meubles, & le tiers seulement de ses acquêts immeubles : ces dernieres coutumes sont appellées coutumes de subrogation, parce qu'en effet elles subrogent les acquêts & les meubles aux propres. Voilà les principales différences, on peut voir les autres dans la conférence des coutumes.

Après avoir vu les personnes qui peuvent donner entre-vifs, celles qui peuvent recevoir, & les biens dont on peut disposer, il faut examiner les formalités qui sont necessaires pour rendre la donation valable.

Ordon n. de 1550. *art.* 132. *& 133.* La donation n'est point parfaite jusqu'à ce qu'elle ait été acceptée par le donataire, & jusques-là il est au pouvoir du donateur de la révoquer. Il ne suffit pas que le donataire soit présent & qu'il signe la donation, il faut qu'il l'accepte expressément en

Déclar. de Févr. 1549. ces termes, *Présent & acceptant*, & si la donation est faite en l'absence du donataire, il peut l'accepter en l'absence du donateur, pourvu que le donateur soit encore vivant, qu'il n'ait point révoqué la donation, que l'acceptation soit faite pardevant Notaires, & que l'instrument ou copie de la donation soit inféré dans l'acte d'acceptation. S'il n'y avoit point de

Notaire dans le lieu de la demeure du donataire , je ne doute point qu'il ne pût faire l'acceptation pardevant le Juge ou Greffier, en préfence de témoins , puifque l'Ordonnance dit : *En préfence de perfonnes publiques & témoins.* ¶¶ L'acceptation peut être faite par le Procureur général ou fpécial du donataire : Ordonnance des donat. art. 5.]]

L'acceptation eft tellement de l'effence de la donation , que les mineurs ne font pas relevés du défaut d'acceptation , ¶¶ fauf leur recours contre le tuteur, s'il a eu connoiffance de la donation : Ordonnance des donat. art. 14.]] ☞ Au Parlement de Touloufe , les mineurs étoient relevés du défaut d'acceptation, ainfi qu'il a été remarqué ci-deffus au titre des mineurs ; ¶¶ mais cette diverfité de Jurifprudence a dû ceffer , au moyen de l'article 14. de l'Ordonnance des donations.]] Le Notaire qui paffe la donation , ne peut pas accepter pour le mineur, ¶¶ Ordonnance des donations , art. 5.]] il faut que ce foit le tuteur ; on a néanmoins confirmé des donations acceptées par les peres & les ayeuls , quoiqu'ils ne fuffent pas tuteurs de

Ricard,
part. 1.
ch. 4. *feſt.*
1.

leurs enfans ; parce que ces sortes de personnes sont censées avoir une procuration générale & perpétuelle pour faire tout ce qui regarde le bien de leurs enfans. ¶¶ Ordonnance des donations, art. 7.

Brodeau sur Louet, lett. D. n. 58. Il faut néanmoins observer que dans l'usage les donations faites par un pere à son fils, ou par un tuteur à son mineur, ne sont pas jugées nulles par le défaut d'acceptation, parce que c'est au pere & au tuteur qui donnent, à veiller à la perfection de la donation, & qu'ils ne doivent pas, non plus que leurs héritiers, profiter de leur négligence.

Louet, lettre D. n. 51. De-là on tire la conséquence, que les donations faites, même hors d'un contrat de mariage aux enfans à naître de certaines personnes, sont valables, si elles sont faites, ou acceptées par le pere, & non autrement. ¶¶ L'Ordonnance des donations, art. 12. y est précise.]]

Ordonnance de Moulins, art. 58. *Ordonn. des donat. art. 20.* Il faut que la donation soit insinuée dans les quatre mois, à compter du jour qu'elle a été acceptée & qu'elle soit enregistrée au Greffe de la Jurisdiction Royale ordinaire du domicile du donateur, & de la situation des choses données : d'où il résulte que si

la donation eſt univerſelle de tous
les biens préſens & à venir, à meſure
que le donateur acquiert des immeubles dans une Juriſdiction où la donation n'a pas été inſinuée, il faut
une nouvelle inſinuation, autrement
la donation n'auroit pas ſon effet ſur
les immeubles nouvellement acquis.

. L'Ordonnance comprend toute ſorte de donations, mutuelles, onéreu-
ſes, pour récompenſe de ſervices, en
faveur de mariage, & autres ; elle les
aſſujettit toutes à l'inſinuation, à peine de nullité, tant à l'égard des héritiers du donateur, que de ſes créanciers ; mais elle n'eſt pas exécutée à
la rigueur, & la Juriſprudence des
Arrêts y a apporté beaucoup de mo-
difications qui ſont ſuivies par un uſage conſtant.

Il eſt certain que le donateur ne ſe
peut point ſervir du défaut d'inſinuation, ni révoquer la donation ſous prétexte qu'elle n'a pas été inſinuée.

On a auſſi fait une diſtinction entre les héritiers du donateur & ſes
créanciers ; à l'égard des héritiers,
il n'importe que l'inſinuation ait été
faite dans les quatre mois, ou après,
pourvu qu'elle ſoit faite durant la vie
du donateur.

Ordonn.
des donat.
art. 27.
Louet lett.
P. n. 1.
Décla-
ration de
Novembre
1690.
Bacquet
Droits de
Juſt. n. 373
Ordonn.
des donat.
art. 26.

D'Olive,
liv. 4. *ch.*
1. Au parlement de Touloufe les mineurs étoient relevés du défaut d'infinuation, fuivant les Arrêts remarqués par *Maître Maynard, l.* 2. *ch.*
54. *la Roche, l.* 2. *tit.* 9. *art.* 1. *& l.*
6. *tit.* 40. *art.* 11. *&* 27. *d'Olive, l.*
4. *ch.* 4. *Cambolas, l.* 2. *ch.* 27. *& l.*
3. *ch.* 30. *Catelan,* tom. 2. *l.* 5. *ch.* 9.
de même au Parlement de Bordeaux,
fuivant un certificat de Meffieurs les
Gens du Roi de ce Parlement, dont
Ricard fait mention dans fon traité
des Donations, page 276, à la fin.
Mais au Parlement de Paris les mineurs n'étoient point relevés du défaut d'infinuation, fuivant les Arrêts
remarqués par Ricard, *des Donations,*
pag. 255. 256. *&* 263. ¶¶ L'Ordonnance des donations qui a rendu la
Jurifprudence uniforme fur cette matiere, décide article 32. que les
mineurs ne font point relevés du
défaut d'infinuation, fauf leur recours, tel que de droit contre leurs
tuteurs.]]

Louet,
lett. I. *n.*
1. & let.
D. *n.* 68.
Décla -
ration de
*Nov.*1690 A l'égard des créanciers, fi l'infinuation a été faite dans les quatre
mois, ils n'ont rien à dire, quand
même ils auroient contracté avec le
donateur dans l'intervalle de tems
qui s'eft écoulé depuis la donation

jufqu'à l'infinuation ; fi au contraire l'infinuation n'a été faite qu'après les 4 mois, la donation ne porte aucun préjudice à tous les créanciers qui ont contracté depuis la donation jufqu'au jour de l'infinuation.

Dans les donations faites de mari à femme, foit par le contrat de ma- riage, ou après, dans les cas permis par les coutumes, fi le mari veut jouir de l'effet de la donation, il doit faire infinuer la donation durant la vie de la femme ; mais on a confi- déré que tant que le mariage dure, la femme eft en la puiffance de fon mari, qu'elle ne peut rien faire fans fon confentement, & qu'il ne feroit pas jufte de la priver de la libéralité que le mari lui a faite par un défaut d'infinuation, qui vient toujours de la faute & de la négligence du mari ; c'eft pourquoi on juge que ce défaut d'infinuation ne peut point nuire à la femme, ni à l'égard des héritiers, ni à l'égard des créanciers du mari, pourvu que la femme faffe infinuer la donation dans les 4 mois, à compter du jour du décès du mari, ou du jour qu'elle eft féparée de biens.

¶¶ Cette Jurifprudence a changé par l'Ordonnance des donations, qui

Ordnn. des donat. art. 16. Louet, lett. I. n. I.

porte art. 27. que le défaut d'insinuation pourra être opposé à la femme
commune en biens ou séparée, sauf à
elle ou à ses héritiers le recours contre
le mari ou ses héritiers, sans que sous
prétexte de leur insolvabilité, la donation puisse être confirmée.]]

Ricard,
des donat.
entre-vifs,
part. 1. ch.
4. sect. 3.
gl. 1.

Ordonn.
des donat.
art. 19.

Quand les peres & les meres font
des donations à leurs enfans en les
mariant, on juge que ces donations
ne sont pas sujettes à l'insinuation, ni à
l'égard des créanciers, ni à l'égard des
autres enfans ; quant aux créanciers,
ils doivent s'informer si celui, à qui
ils prêtent, a des enfans mariés, ou
non, & peuvent demander à voir leur
contrat de mariage, ce qui leur est
encore plus facile que d'aller chercher
les Registres des Insinuations ; & à
l'égard des autres enfans, on ne présume pas qu'ils pussent ignorer les
contrats de mariage de leurs freres &
de leurs sœurs.

Louet &
Brod. lett.
D. n. 24.

Les donations universelles de tous
les meubles, de la moitié, ou autre
portion, sont sujettes à l'insinuation ;
mais pour les donations particulieres
de certains meubles, elles ne sont
point sujettes à insinuation ; il n'est
pas même nécessaire qu'il y en ait un
acte par écrit, quand la délivrance en

eſt faite à l'inſtant par le donateur, la
ſeule tradition en ce cas étant ſuffiſante pour la perfection de la donation. Il en eſt de même quand le donateur donne manuellement une ſomme
d'argent ; mais s'il donne une ſomme
avec rétention d'uſufruit, ou clauſe
de conſtitut & de précaire, en un
mot, ſi la ſomme donnée n'eſt pas
délivrée ſur le champ, la donation
peut être exécutée ſur les effets mobiliers du donateur, mais elle ne peut
être exécutée ſur les immeubles,
à moins qu'elle n'ait été inſinuée.
§§ L'Ordonnance des donations,
art. 12. excepte de l'inſinuation les
donations de choſes mobiliaires, où
il y a tradition, & celles d'une ſomme qui n'excéde pas 1000 liv. une
fois payées.]]

Il n'y a point de doute que les donations de penſions viageres, d'uſufruit, & autres ſemblables, ne ſoient
ſujettes à l'inſinuation ; elles n'en ſont
exceptées, ni par l'Ordonnance, ni
par l'uſage.

Outre l'acceptation & l'inſinua- *Statut.*
tion, le ſtatut de Dauphiné exige *Delphin.*
encore une formalité pour la validité *tit. de*
d'une donation entre-vifs : il veut que *donat.*
la donation ſoit faite en préſence du

Juge, Baillif, Châtelain, ou Lieute-
nant de la Justice du domicile du donateur, & en présence de trois de ses
plus proches parens, s'il en a dans la
même Paroisse, & s'il n'y en a point,
& s'ils ne veulent pas être présens à la
donation, après y avoir été appellés,
la donation doit être faite en présence
de trois honnêtes gens de la même Paroisse. ☞ Au Parlement de Provence
il y a aussi un statut qui désire que le
donateur déclare en présence du Juge
& des Consuls du lieu, que telle est
son intention. *Mornac, pag. 57. 58.*
Boniface dans la suite de son Recueil,
tom. 2. pag. 376.

La tradition est nécessaire dans les
donations pour les rendre valables ;
c'est-à-dire qu'il faut que le donateur
se désaisisse & qu'il quitte la possession
de la chose donnée, pour en mettre
le donataire en possession ; mais hors
les coutumes de vest & de déest, il
n'est pas nécessaire que cette possession soit réelle & actuelle ; il suffit
d'une possession feinte, par la rétention d'usufruit, & les clauses de constitut & de précaire.

Ordonn. Nous avons dit que le véritable ca-
des donat. ractere d'une donation entre-vifs est
art. 16. d'être irrévocable, c'est-à-dire, que

le

le teſtateur ne la puiſſe pas révoquer ;
d'où il réſulte que les donations qui
ſont faites ſous une condition poteſ-
tative, dont l'événement dépend abſolument de la volonté du donateur,
ne peuvent jamais être conſidérées
comme des donations entre-vifs : par
exemple, ſi le donateur s'étoit expliqué en ces termes : Je donne ma maiſon en cas que je n'y aille pas demeurer ; car comme il ne tient qu'à lui
d'y transférer ſon domicile, c'eſt la
même choſe que s'il avoit dit, je donne, mais je me réſerve la faculté de
révoquer la donation.

Cela n'empêche pas que les donations qui ſont faites ſous une condition caſuelle, dont l'événement dépend du haſard, ou même ſous une
condition qui dépend de la volonté
du donataire, ne ſoient de véritables
donations entre-vifs : par exemple,
je donne ma maiſon à Pierre en cas
que la paix ſoit faite dans un an, ou
à condition qu'il y viendra demeurer, car il ſuffit qu'il ne ſoit pas au
pouvoir du donateur de révoquer la
donation, quoiqu'elle puiſſe être révoquée par le défaut d'une condition
qui ne dépend pas de lui.

Autrefois les donations de tous

biens préfens & à venir étoient au-
torifées, quoiqu'elles ne fuffent pas
faites par contrat de mariage : il étoit
même permis au donataire d'accepter
la donation toute entiere après la
mort du donateur, ou de la divifer,
en fe tenant aux biens préfens, c'eft-
à-dire, à ceux que le donateur avoit
au tems de la donation, & renonçant
aux biens qu'il a acquis depuis la donation.

¶¶ Préfentement fuivant l'Ordonnance des donations art. 15. aucune donation entre-vifs ne peut comprendre d'autres biens, que ceux qui
appartiennent au donateur, au tems
de la donation ; & fi elle contient
des effets mobiliers dont il n'y ait
pas de tradition réelle, il en faut un
état figné des parties, annexé à la
minute de la donation, & les donations de biens préfens & à venir font
nulles même pour les biens préfens, à
moins qu'elles ne foient faites par contrat de mariage.

L'article 16. déclare pareillement
nulles les donations de biens préfens,
lorfqu'elles feront faites à condition
de payer les dettes & charges de la
fucceffion du donateur, en tout ou
partie, & autres dettes & charges

que celles qui exiſtoient lors de la donation, même de payer les légitimes des enfans au-delà de ce dont le donataire peut être tenu de droit. Cet article ordonne la même choſe pour toutes les donations faites ſous des conditions, dont l'exécution dépend de la ſeule volonté du donateur.

L'article 17. autoriſe les donations de tous biens, préſens & à venir, faites par contrat de mariage en faveur des conjoints ou de leurs deſcendans, & donne le choix au donataire de ſe tenir aux biens & dettes qui exiſtoient lors de la donation, ou de prendre tous les biens qui ſe trouvent au décès du donateur, en payant toutes les dettes.

L'article 18. veut auſſi que les donations de biens préſens, faites par contrat de mariage, puiſſent contenir la condition de payer toutes les dettes de la ſucceſſion.]]

Il faut obſerver que le donataire univerſel, ſoit d'une partie, ou de la totalité des biens, eſt obligé de payer les dettes du donateur juſqu'à concurrence de la portion qui lui eſt donnée : s'il eſt donataire de tous les biens, il doit payer toutes les dettes ; s'il n'eſt donataire que de la moitié, il ne doit que la moitié des dettes ; mais il ne peut jamais être tenu des dettes au-delà de la valeur des biens.

Ricard, des donat. entre-vifs art. 3. ch. 11.

Il n'en est pas de même du donataire d'un corps certain, comme d'une terre, d'une maison, ni du donataire d'une certaine somme ; ces donataires particuliers ne font jamais tenus des dettes du donateur ; les créanciers antérieurs à la donation n'ont qu'une action en déclaration d'hypothéque contre le donataire d'un immeuble, s'il le possède encore, & s'il n'a pas prescrit, ils n'ont aucune action contre le donataire d'un meuble particulier, ou d'une somme de deniers, parce que les meubles n'ont point de suite par hypothéque.

Ibid. part. 3. ch. 7. sect. 3.
Ord. des donat. art. 16.

Lorsqu'un homme a donné, avec rétention d'usufruit, tous ses biens, à l'exception d'une somme dont il s'est réservé la faculté de disposer en faveur de qui bon lui semblera, quoiqu'il décéde sans avoir disposé de cette somme, elle n'appartiendra pas au donataire, mais à l'héritier du donateur, quand même il y auroit clause dans la donation, qu'en cas que le donateur n'eût pas disposé de la chose réservée elle appartiendroit au donataire, parce que le donataire ne peut pas donner entre-vifs, & se réserver en même tems la faculté de disposer de la chose donnée ; ce que la coutume de Paris explique en ces termes : *Donner & retenir ne vaut.* ¶¶ Néanmoins suivant l'art. 18. de l'Ordonnance des donations, on peut par contrat de mariage se réserver la liberté de disposer d'un effet compris dans la donation, ou d'une somme fixe à prendre sur les biens donnés, & si le donateur meurt sans en avoir disposé, ledit effet ou ladite somme appartiennent au donataire ou à ses héritiers & sont censés compris dans la donation.]]

Paris, art. 273.

Lorsqu'un homme qui n'a point d'enfans, fait une donation entre-vifs de ses biens, en tout ou partie, soit à un parent, soit à un étranger, s'il lui survient des enfans après la donation, elle est révoquée de plein droit, parce que la nature fait présumer que le donateur n'auroit pas donné, s'il avoit cru avoir des enfans : on suppose toujours que ces sortes de donations sont faites sous la condition tacite, que le donateur n'aura point d'enfans.

L. si unquam C. de revocand. don. Ordonn. des donat. art. 39.

¶¶ Toute clause ou convention par

laquelle le donateur auroit renoncé à la révocation de la donation, par survenance d'enfans, sera regardée comme nulle, & ne pourra produire aucun effet. Ordonnance des donat. art. 44.]]

Molin. de donat. in contract. matrim.

Si la donation est faite à un tiers qui se marie, même en faveur de son mariage, elle est révoquée par la survenance des enfans du donateur.

Ordonn. des donat. art. 59.

Ibidem.

Lorsqu'un homme qui a des bâtards qui ne sont point adulterins, fait une donation à tout autre qu'à l'un d'eux, & qu'ensuite il épouse leur mere, la légitimation des bâtards par le mariage subséquent, a le même effet pour la révocation de la donation, que la naissance des enfans qui survient après la donation, parce qu'en effet le pere ne les a regardés comme ses enfans légitimes, & comme ses véritables héritiers, que depuis la légitimation.

¶¶ La donation demeure révoquée de plein droit par survenance d'enfans, quand même le donataire seroit en possession des biens, & que le donateur l'y auroit laissé depuis la survenance d'enfans; mais le donataire n'est tenu de rendre les fruits, que du jour qu'on lui a notifié la

survenance d'enfans , ou légitimation par mariage subséquent. Ordonnance des donations , art. 41.]]

Il y a une autre cause de révocation *Ibid. ch.*
des donations entre-vifs qui est très- *6. sect. 1.*
raisonnable , c'est l'ingratitude du
donataire envers son bienfaicteur. Il
n'y a point de donation si favorable qu'elle puisse être, qui ne soit sujette à être révoquée pour une cause si juste ; cela s'entend néanmoins
des donations qui viennent de la pure
libéralité du donateur , & non pas de
celles , où sous le titre de donation
il ne fait que payer ce qu'il doit en
effet , & qu'il seroit obligé de payer
d'ailleurs.

Mais pour ne pas donner lieu au *L. ult. c.*
caprice du donateur , de révoquer la *de revo-*
donation sous un prétexte frivole d'in- *cand. do-*
gratitude , la loi a spécifié toutes les *nat.*
causes d'ingratitude pour lesquelles
une donation peut être révoquée, &
les a réduites à cinq.

La premiere est, quand le donataire a dit , ou fait des injures atroces au
donateur ; l'atrocité des injures dépend des circonstances particulieres ,
des personnes, du lieu, du tems , &
de tout le reste qui peut aggraver
l'injure , ou la rendre excusable ; ce

que les bons Juges doivent examiner très-exactement.

La 2. quand le donataire s'est porté jusqu'à battre le donateur.

La 3. quand le donataire par de mauvaises voies a suscité des affaires au donateur pour lui faire perdre tout son bien, ou du moins une partie considérable.

La 4. quand le donataire a mis le donateur en peril de sa vie, ou par des voies de fait, ou par des accusations criminelles, ou même par des dénonciations.

La 5. quand le donataire refuse d'accomplir les charges sous lesquelles la donation a été faite, & tout ce qu'il a promis au donateur.

Ricard, ibid. ch. 6. sect. 2. Je ne puis assez m'étonner qu'un des meilleurs Auteurs de notre tems ait soutenu qu'il est à propos en ce cas, que le Juge rende quelques Sentences comminatoires, avant que de prononcer diffinitivement la révocation. Il n'y a pas un plus grand abus dans notre Jurisprudence, que ces Jugemens comminatoires. Ils fomentent la mauvaise foi de ceux qui ne veulent pas exécuter ce qu'ils ont promis s'ils sont en état de le faire, ils ne méritent aucune grace, lorsqu'ils le refufent ; & s'ils ne peuvent pas accomplir les conventions aufquelles ils fe font engagés , n'ont-ils pas dû prévoir qu'ils promettoient ce qu'ils ne pourroient pas tenir ? Je ne donne mon bien qu'à la charge que le donataire fera ou donnera quelque chofe dans un certain tems ; ce tems que j'ai limité par le contrat, eft fouvent d'une très-grande importance , doit-il dépendre du Juge de proroger ce terme fatal , contre l'intention de toutes les parties qui ont contracté ? & quelle fureté pourra-t'on prendre déformais dans toutes les affaires de la fociété civile , fi l'on continue à donner cours à ces jugemens comminatoires ?

Difons donc hardiment qu'en bonne Jurifprudence , lorfqu'un homme s'eft obligé par quelque contrat que cè foit , de faire ou de donner quelque chofe dans un certain tems , à peine de la réfolution du contrat , il ne faut ni fommation , ni jugement comminatoire , puifque la loi que les parties ont voulu fe faire elles-mêmes , n'a rien de contraire au bien public , ni aux bonnes mœurs ; que s'il n'y a point de tems porté par le contrat , le Juge lè peut limiter

V. l. 23. ff. de actionib. & oblig. L. 23. de verb. obl.

N v

en connoissance de cause ; mais après cela il ne doit plus le proroger : l'expérience ne fait que trop connoître que les parties qui espérent cette facilité des Juges, en abusent tous les jours. §§ Il paroît seulement nécessaire, que le donataire ait été mis en demeure d'exécuter les charges de la donation.]]

Déclaration du 26 Nov. 1639 Nos Ordonnances ont introduit une autre cause de révocation des donations contre les enfans qui se marient sans le consentement de leur pere & de leur mere, si l'on peut dire que ce soit une nouvelle cause ; car elle semble être comprise dans la premiere de celles qui sont exprimées par la loi, puisque la plus grande injure que les enfans puissent faire à leur pere & à leur mere, est de se marier malgré eux.

L. ult. C. de revoc. donat. La résolution de la donation pour cause d'ingratitude ne se fait pas de plein droit : le donateur est toujours présumé avoir pardonné l'injure qui lui a été faite, jusqu'à ce qu'il ait intenté son action pour poursuivre la révocation ; c'est pourquoi s'il meurt auparavant, il ne transmet pas cette action à ses héritiers ; de même que si le donataire meurt auparavant, le donateur ne peut plus inquiéter ses héritiers.

Si le donataire a aliéné les biens donnés, ou s'il les a hipothéqués, la révocation pour cause d'ingratitude ne nuit point aux tiers acquéreurs, ni aux créanciers de l'ingrat; parce que la révocation provenant d'une cause qui survient depuis la perfection de la donation, les tiers acquéreurs & les créanciers ont pu contracter avec le donataire qui étoit alors le propriétaire incommutable de la chose donnée. *L. 7. C. eod.*

Comme les véritables donations viennent de la pure libéralité de celui qui donne, les loix n'ont pas voulu qu'il puisse être contraint à la rigueur d'accomplir entiérement la donation, lorsqu'il ne le peut faire sans se réduire dans une extrême nécessité ; les hommes se croient quelquefois plus riches qu'ils ne sont en effet ; il leur peut arriver de donner plus qu'ils n'ont de bien, en ce cas le donataire ne peut pas tout ôter au donateur, il lui doit laisser de quoi vivre, ce qui est arbitraire, & dépend de la qualité & des facultés du donateur. *L. 19. §. 1. & l. 30. ff. de re judic.*

Lorsque le donateur veut donner

plus qu'il ne lui eſt permis par la coutume, ou lorſqu'il veut donner à une
perſonne incapable de recevoir, on
demande ſi le conſentement de l'héritier préſomptif durant la vie du donateur, rend la donation valable.

Vitry, art. Il y a quelques coutumes qui déci-
99. dent pour l'affirmative, mais elles
ſont contraires au Droit commun ; car
Bourgo- ces ſortes de conſentemens ne ſont
gne, des jamais préſumés libres ; l'héritier ne
droits ap- conſent que dans la crainte qu'il a que
par. à gens le donateur ne cherche des voies indi-
mariés. rectes pour faire encore pis, & les
art. 7. particuliers ne doivent pas éluder la
Ricard, diſpoſition des loix & des coutumes,
ibid. part. par les conſentemens qu'ils exigent
1. c. 3. de ceux qui peuvent y avoir intérêt,
ſect. 17.

CHAPITRE XII.

Des Teſtamens.

NOus appellons Teſtament un
écrit ſolemnel, par lequel un
homme déclare ſa derniere volonté,
touchant ce que l'on doit faire de ſes
biens après ſa mort.

Pour ſçavoir ſi un teſtament eſt valable, il faut conſidérer la qualité des

perſonnes qui diſpoſent ou qui reçoivent les choſes dont on diſpoſe , & la
forme extérieure de l'acte.

Dans le Droit Romain , il falloit *Vaſquius*
être Citoyen Romain pour avoir la *de ſucceſſ.*
capacité de teſter ; parmi nous il faut *t. 2. l. 1.*
être François naturel , ou naturaliſé *§. 1. n. 124.*
par Lettres du Prince.

Il falloit être libre , car les Citoyens *Inſt. quib.*
Romains qui avoient été pris en guerre *non per-*
par les ennemis , ne pouvoient point *miſſ. §. 5.*
faire de teſtamens tant qu'ils étoient
eſclaves ; mais s'ils avoient fait un
teſtament avant que d'avoir été pris,
il étoit valable ; ſoit qu'ils revinſſent,
ou non. Ceux qui avoient été pris *L. 13. ff.*
par des voleurs , pouvoient faire leur *quib. teſt.*
teſtament , parce qu'ils demeuroient *fac. poſſ.*
libres.

Les enfans de famille qui ſont en la
puiſſance de leur pere , ne peuvent point
faire de teſtament , même du conſentement de leur pere , ſi ce n'eſt qu'ils
ayent acquis des biens à la guerre ou au
barreau ; auquel cas ils peuvent diſpoſer par teſtament de ces biens , qui
étoient appellés , *Peculium caſtrenſe,*
vel quaſi caſtrenſe. Ce qui eſt encore
obſervé parmi nous dans les pays de
Droit écrit , & dans les lieux où la
puiſſance paternelle eſt obſervée.

Inst. quib.
non est per-
miss. §. 1.
& 2.
Les furieux, ceux qui sont en démence, ou imbécilles, ceux qui
sont interdits, ne peuvent point faire
de testament ; mais si le furieux, ou
celui qui est en demence, avoient
fait un testament dans un intervalle
de tems où ils étoient dans leur bon
sens, ou si l'interdit avoit testé avant
son interdiction, le testament est valable. La raison en est bien naturelle ;
il faut être dans son bon sens, & capable de gouverner son bien, pour
en disposer par testament.

L. 10. c.
qui test.
fac. poss.
Ordon. des
test. art. 8.
& 11.
Ceux qui sont muets & sourds de nature conjointement ne peuvent point
faire de testament ; mais celui qui n'est
que sourd, ou celui qui n'est que muet,
s'il sçait écrire, peut tester ; il en est
de même en pays coutumier.

L. 8 C. eod.
Ordon. des
test. art. 7.
Celui qui est aveugle, peut tester ;
mais il faut qu'il fasse son testament
d'une maniere particuliere, c'est-à-
dire, qu'outre les sept témoins, il y
ait un Notaire, ou un huitiéme témoin, qui écrive le testament, & qui
le récite hautement en présence du
testateur & de tous les témoins : ainsi
l'aveugle ne peut pas faire un testament secret.

Vasquius
t. 2. l. 1.
§. 1. n. 51.
Ceux qui sont morts civilement ne
peuvent point faire de testament,

parce qu'ils ſont incapables de tous
les actes civils ; ¶ ainſi les Religieux
ne peuvent point teſter. Ordonnance
des Teſtamens , art. 41.

Par le Droit Romain les impubé- *Inſt. quib.*
res , c'eſt-à-dire, les mâles avant l'â- *non eſt*
ge de 14 ans accomplis , & les filles *permiſſ.*
avant l'âge de 12 ans accomplis ne *§. 1.*
peuvent point faire de teſtament,
parce qu'ils n'ont pas encore le jugement aſſez ferme.

Les coutumes en France ne s'accordent pas ſur l'âge , auquel il eſt
permis de faire un teſtament.

Il y a des coutumes où il faut avoir *Paris, art.*
20 ans accomplis , pour diſpoſer de *293. &*
ſes meubles & de ſes acquêts , & 25 *294. &c.*
ans pour diſpoſer du quint des propres ; mais quand on n'a ni meubles ,
ni acquêts, on peut diſpoſer du quint
des propres à l'âge de 20 ans.

Il y en a où les mâles ne peuvent *Melun*
diſpoſer des meubles & acquêts qu'à *art. 247.*
l'âge de 20 ans , & les filles à 18, &
pour les propres il faut avoir 25 ans.

Il y en a où il eſt permis aux mâles *Auxerre,*
de diſpoſer des meubles , des acquêts *art. 215.*
& du quint des propres à 20 ans , &
aux filles à 18.

Il y en a où les mâles à 20 ans *Eſtampes,*
& les filles à 18 ne peuvent teſter *art. 103.*

que des meubles, & à 25 ans des immeubles.

Mantes, art. 155. Il y en a où les mâles & les filles peuvent faire leur testament dès le moment qu'ils sont mariés.

On peut voir les autres différences des diverses coutumes sur cette matiére, dans la conférence des coutumes.

Ricard des donations, liv. 1. ch. 3. sect. 3. Mais on a demandé à quel âge il étoit permis de faire un testament dans les coutumes qui n'en disent rien ; il a été jugé par plusieurs Arrêts, qu'il falloit suivre la disposition de droit, & que les mâles pouvoient tester à 14 ans, & les filles à 12 ; mais la Jurisprudence a changé, & par un dernier *Journ. du Palais, tom. 1.* Arrêt, il a été jugé qu'il falloit suivre la coutume de Paris, ce qui reçoit encore quelque difficulté.

En général, lorsqu'il s'agit de la capacité de la personne, il faut examiner si elle étoit capable de tester dans *L. 19. ff. qui test. fac. poss.* le tems que le testament a été fait. Ainsi le testament fait par un fils de famille, par un pupille, ou par un esclave, n'est point valable, quoique dans l'entre-tems du testament & de la mort du testateur, le fils de famille ait été émancipé, que le pupille ait atteint l'âge de 14 ans, & que l'esclave soit devenu libre.

Après avoir examiné ceux qui ne peuvent pas difpofer par teftament, il faut parler de ceux qui ne peuvent pas recevoir.

Par l'ancien Droit Romain, ceux qui n'étoient pas mariés après un certain âge, ne pouvoient recevoir par teftament qu'une partie de ce que le teftateur leur avoit laiffé : mais cela a été abrogé par le Droit nouveau.

Les étrangers & ceux qui font morts civilement, font incapables de recevoir par teftament.

Les enfans adulterins ou inceftueux *L. 1. C.* ne peuvent rien recevoir du tefta- *de hæred.* ment de leur pere ; mais parmi nous *Inft. Ric.* ils font capables d'un legs modique *des donat.* pour leur tenir lieu d'alimens. Les *lett. ch. 3.* autres bâtards étoient capables de *fect. 4.* recevoir tout ce que le pere leur vou- *Aut. Ex* loit laiffer, & les anciens Arrêts le *complexu.* jugeoient de la forte. Dans les der- *C. de inc.* niers tems on a jugé qu'ils n'étoient *& inutil.* pas capables des difpofitions univer- *nupt.* felles, comme d'être inftitués héritiers *Ricard,* ou légataires univerfels ; mais ils peu- *des donat.* vent recevoir des legs particuliers. *l. 1. ch. 1.* *fect. 8.*

Ceux qui étoient condamnés pour *L. 18. ff.* avoir fait des libelles diffamatoires, *qui teft.* étoient incapables de recevoir par *fac. poff.* teftament ; ce qui n'a pas lieu aujourd'hui, à moins que la condamnation n'emporte mort civile.

Ricard, On ne pouvoit pas par le Droit Ro-
des do. l. 1. main inftituer héritieres les commu-
c. 3. fect. nautés qu'ils appelloient *Collegia*, à
13. moins qu'elles ne fuffent approuvées
par le Prince : on ne pouvoit pas
auffi leur faire des legs. La même
chofe eft obfervée parmi nous. ¶¶
Elles ne peuvent même préfentement recevoir aucuns immeubles,
fans en avoir obtenu une permiffion
fpéciale par des Lettres Patentes.
Voyez l'Edit du mois d'Août 1749.]]

Ricard, Par le Droit Romain ceux qui fer-
des donat. vent de témoins pour la forme du
l. 1. ch. 3. teftament, ne peuvent pas être infti-
fect. 10. tués héritiers, mais ils peuvent recevoir des legs, & nul ne peut écrire
un legs à fon profit, pas même par
l'ordre exprès du teftateur, fans en-
courir la peine prononcée contre les
fauffaires. Dans nos coutumes on ne
peut rien léguer aux témoins qui ont
figné le teftament, encore moins aux
Notaires, Curés ou Vicaires qui l'ont
reçu.

Paris, Dans quelques-unes de nos coutu-
art. 252. mes le mari & la femme ne fe peuvent
rien donner par teftament, ni à plus
forte raifon les concubins & les con-

cubines , fi ce n'eft quelque modique penfion alimentaire ; autrement le vice feroit traité plus favorablement qu'un mariage légitime.

Mais dans les coutumes où le mari & la femme ne fe peuvent rien donner par teftament, la prohibition n'eft faite qu'en faveur des parens capables de fuccéder ; car s'il n'y en avoit point, le légataire univerfel, ou le fifc , ne pourroient pas difputer les difpofitions faites au profit du mari ou de la femme, parce qu'au défaut des parens , ils font appellés naturellement à la fucceffion l'un de l'autre , par le titre appellé en Droit , *Unde vir & uxor.*

Dans quelques autres coutumes il eft permis au mari & à la femme de fe donner par teftament tout ce qu'ils pourroient donner à des étrangers. *Perone, art. 111.*

Dans quelques autres ils fe peuvent léguer l'ufufruit des meubles , & des acquêts & conquêts feulement. *Clermont, art. 132.*

Il y en a qui ne permettent pas au mari & à la femme de faire des difpofitions en faveur de l'un de l'autre , lorfqu'il y a des enfans ; mais elles le permettent quand il n'y en a point. *Amiens, art. 106.*

Les tuteurs , curateurs , & autres adminiftrateurs , & leurs enfans durant la vie de leur pere , font incapa- *Ordonn. de 1639. art. 131. Décl. de 1549.*

bles de recevoir des legs de ceux dont ils ont eu l'adminiſtration, juſqu'à ce qu'ils ayent rendu compte.

Ricard, des donat. liv. 1. ch. 3. ſect. 9. Par la Juriſprudence des Arrêts, les peres tuteurs de leurs enfans ont eté exceptés de la rigueur de l'Ordonnance, parce qu'on ne craint pas les mêmes inconvéniens d'un pere, que d'un tuteur étranger.

Ibidem. Les tuteurs honoraires & les ſubrogés tuteurs en ont encore été exceptés, parce qu'ils n'ont point d'adminiſtration, & ſervent ſeulement de conſeil aux tuteurs onéraires.

Ibidem. Les enfans des tuteurs après la mort de leur pere ſont capables de recevoir, quoiqu'ils n'ayent pas rendu compte, parce qu'ils n'ont ſur l'eſprit des mineurs aucune autorité dont ils puiſſent abuſer.

Ibid. Les Arrêts ont étendu l'Ordonnance aux Précepteurs, aux Confeſſeurs, même aux Monaſteres dans leſquels les Confeſſeurs ſont engagés.

Ibid. Elle a auſſi été étendue aux Médecins & Chirurgiens, qui ne peuvent recevoir des legs des malades qu'ils traitent. A l'égard des Avocats, Procureurs & Solliciteurs, ils ne ſont pas incapables de recevoir par teſtament de leurs parties.

Les Novices qui font profeffion dans une Maifon Religieufe, né peuvent difpofer en faveur des Monafteres, foit du même Ordre, ou autres ; ce qui a été ordonné pour empêcher les fuggeftions qui pourroient être faites aux Novices, & les Monafteres de fe prêter la main les uns aux autres. *Ordon. d'Orléans, art. 19. Et de Blois art. 26.*

Il y a quelques coutumes où la qualité d'héritier préfomptif rend incapables de recevoir des legs, parce que dans ces coutumes il n'eft pas permis, au moins aux roturiers, de faire la condition d'un de fes héritiers préfomptifs meilleure que celle des autres. On appelle ces coutumes des coutumes d'égalité. *Tours, art. 325. & 233.*

Il faut être capable de recevoir dans le tems que le teftament a été fait ; il faut auffi être capable de recevoir au tems du décès du teftateur, à moins que l'inftitution d'héritier, ou les legs ne contiennent un terme ou une condition, auquel cas il fuffit d'être capable lors de l'échéance du terme ou de la condition. *L. 3. ff. ad reg. Caton Jac. Goth. ad l. 210. ff. de reg. jur.*

Quant aux chofes dont on peut difpofer par teftament, il eft certain que dans le Droit Romain la volonté des teftateurs n'a point de bor- *Tot. tit. C. de inoff. teftam.*

nes ; ils peuvent difpofer de tout leur bien , pourvu qu'ils laiffent la légitime à leurs enfans ou aux afcendans. Quand le teftateur a épuifé tous fes biens par des legs immenfes , il pourroit arriver que l'héritier inftitué ne voudroit pas accepter la fucceffion ; pour prévenir cet inconvénient , les *Tot. tit. ff.* loix Romaines ont ordonné que quel- *ad leg.* ques legs que le teftateur faffe , l'héri- *Falcid.* tier retiendra la quatriéme partie du bien exempte de toutes fortes de legs : c'eft ce qu'on appelle *la Falcidie* , ou la quarte Falcidie , du nom de Falcidius Auteur de la loi ; mais comme cette loi n'a été faite qu'en faveur des teftateurs , & pour faire *Auth. Sed* valoir leur teftament , ils y peuvent *cum teft.* déroger , & ordonner que l'héritier *ff. ad leg.* fera tenu de payer tous les legs , fans *Falcid.* retenir la Falcidie.

Les coutumes font très-différentes fur la qualité & la quantité des biens dont on peut difpofer par teftament.

Paris , Dans les unes on peut difpofer des *art. 292.* meubles & acquêts , & du quint des propres.

La Mar- Dans quelques autres on peut dif- *che , art.* pofer du tiers de tous les biens, de *211.* quelque nature qu'ils foient.

Les unes permettent de diſpoſer *Auvergne* ſeulement du quart de tous les biens. *ch. 12. art.*

Les autres permettent de diſpoſer *41. & 43.* des meubles & acquêts, & du tiers *Meaux,* des propres. *art. 26.*

Il y a des coutumes qui permer- *La Roch.* tent de diſpoſer de tous les meubles *art. 44.* & acquêts, pourvu que l'on ait des propres ; mais quand on n'a point de propres, les acquêts ſont ſubro- gés en la place des propres ; & s'il n'y a point de propres ni d'acquêts, les meubles tiennent lieu de propres ; on les appelle coutumes de ſubrogation.

§§ La capacité de teſter en géné- ral, & de diſpoſer de ſes meubles, ſe régle par la loi du domicile, au tems du teſtament ; mais quant à la faculté de diſpoſer plus ou moins de ſes immeubles, elle dépend de la loi de leur ſituation.]]

A l'égard des ſolemnités, il faut *Ricard,* d'abord obſerver que pour la validi- *des donat.* té du teſtament, on ne ſuit point les *part. 1. ch.* formalités requiſes dans le lieu du *5. ſect. 2.* domicile du teſtateur, ni celles du lieu où les biens ſont ſitués ; mais celles du pays où le teſtament a été fait, quand même ce ſeroit en pays étranger.

§§ Suivant l'Ordonnance des teſ- tamens, art. 4. il n'y a plus que deux

formes de tefter qui foient approuvées pour les pays de Droit écrit, &
autres qui fuivent les mêmes ufages;
fçavoir, les teftamens nuncupatifs
écrits, & les teftamens miftiques ou
fecrets.

Pour faire un teftament nuncupa-
tif écrit, il faut que le teftateur en
prononce intelligiblement toutes les
difpofitions en préfence au moins de
fept témoins, y compris le Notaire
ou Tabellion, lequel doit écrire les
difpofitions à mefure qu'elles font
prononcées par le teftateur, après
quoi il doit en être fait lecture au
teftateur, & être fait mention de ladite lecture, & le teftament doit être
figné par le teftateur & par le Notaire, & les autres témoins, le tout de
fuite, & fans divertir autres actes;
& en cas que le teftateur déclare qu'il
ne fçait ou ne peut figner, il en fera
fait mention. Ordonnance des donations, art. 5.]]

Ordonn.
des teftam.
art. 9.

La feconde forte de teftamens,
qu'on appelle teftamens miftiques,
ou fecrets, eft quand le teftateur a
écrit ou fait écrire fon teftament, qu'il
met dans une enveloppe cachetée de
fon fceau, qu'il préfente au Notaire
en préfence de fept témoins, y compris

pris le Notaire qui écrit ſur l'enveloppe, qu'un tel jour, en préſence
de tels & tels témoins, le teſtateur
a préſenté un papier plié, qu'il a dit
être ſon teſtament, qu'il a écrit ou
fait écrire, de laquelle déclaration le
teſtateur a requis acte au Notaire &
aux témoins, les a priés d'en porter témoignage, & pour cet effet de
ſigner l'acte, ce qu'ils ont fait avec
le teſtateur & le Notaire ; il n'eſt
plus néceſſaire d'y appoſer le ſceau de
chaque témoin.

Il faut que le teſtateur ſigne, ou *Ordonn.*
qu'il faſſe ſigner un huitiéme témoin *des teſtam.*
en ſa place. *art.* 10.

Quand le teſtateur eſt décédé,
ceux qui prétendent avoir quelque
intérêt au teſtament, font appeller
les héritiers préſomptifs pardevant
le Juge du domicile du teſtateur,
pour voir procéder à l'ouverture du
teſtament, & les témoins pour reconnoître ſi leurs ſceaux ſont ſains &
entiers ; après quoi le teſtament doit
avoir ſon exécution, s'il ne s'y trouve
aucuns défauts, ou qu'il n'ait pas été
valablement révoqué.

La plus ſaine opinion eſt, qu'un *Henrys,*
homme qui ne ſçait ni lire, ni écri- *tom.* 1. *l.*
re, ne peut pas faire un teſtament 5. c.1.q.1.

Tome I.   O

Journal du Palais part. 4. p. 157.
Ordonn. des test. art. 11.

secret, quoique cela paroisse d'abord contraire à la loi, *Hac consultissima*, qui dit, que si le testateur ignore les lettres, il prendra un huitième témoin, pour signer en sa place ; néanmoins si on permettoit à un homme qui ne sçait pas lire de faire un testament secret, la conséquence en seroit trop dangereuse ; car le testateur pourroit facilement être trompé par celui auquel il auroit dicté son testament ; & pour sauver la disposition de la loi, on dit que ces termes, *S'il ignore les lettres*, signifient seulement, s'il ne sçait pas écrire.

Auth. Quod fin. C. de test.
Ord. des test. art. 16

Lorsqu'un pere veut disposer de son bien entre ses enfans, il n'est point obligé à toutes ces formalités ; s'il sçait écrire, il lui suffit d'écrire de sa main tout au long, sans aucunes notes ou abréviations, le tems auquel il fait son testament, les noms de ses enfans, & les portions, où les choses qu'il leur veut laisser. Il peut même faire d'autres legs ou fidéi-

Auth. Hac inter libe-ros. C. eod.

commis dans ce testament ; mais il ne le peut révoquer que par un testament fait avec les solemnités ordinaires, ou en déclarant devant sept témoins, qu'il révoque sa premiere disposition.

Il y a encore une autre efpéce de teftament appellé olographe, que la Jurifprudence des Arrêts a confirmée dans les pays de Droit écrit, qui font dans l'étendue du reffort du Parlement de Paris. ¶¶ L'Ordonnance des teftamens, art. 19. limite ces teftamens aux pays & au cas où ils ont été admis jufqu'à préfent.]] Les teftamens olographes font ceux qui font entiérement écrits & fignés de la main du teftateur, fans qu'il y ait aucune écriture étrangere.

Henrvs, t. 2. l. 3. qu. 1.

Une chofe effentielle pour tous les teftamens des pays de Droit écrit, c'eft que par le teftament il y ait un héritier inftitué, c'eft-à-dire, une ou plufieurs perfonnes qui fuccédent en tous les droits actifs & paffifs du teftateur, fans en rien excepter. Il faut que cet héritier furvive le teftateur, & qu'il accepte la fucceffion; car fi l'héritier mouroit avant le teftateur, ou qu'il ne voulût point accepter l'inftitution faite de fa perfonne, le teftament demeureroit caduc, & les autres difpofitions contenues dans le teftament n'auroient aucun effet, à moins que la rénonciation de l'héritier ne fût faite en fraude des légataires, pour

Tot. tit. ff. & C. fi omif.cauf. teftam.

O ij

faire paſſer les biens aux plus proches héritiers, avec leſquels il ſeroit d'accord, ſans aucune charge de legs. Par exemple, ſi un fils unique ne vouloit pas accepter l'inſtitution, afin de faire paſſer la ſucceſſion à ſon pere ſeul héritier *ab inteſtat* du teſtateur, il ſeroit aiſé de voir que la renonciation ſeroit frauduleuſe. Comme les Romains étoient fort jaloux de leurs dernieres volontés, afin que leurs teſtamens ne fuſſent pas caducs par le défaut de l'héritier inſtitué, ils inventerent les ſubſtitutions, dont nous parlerons dans la ſuite.

On a trouvé auſſi un autre moyen de faire exécurer les legs & les fidéicommis portés par le teſtament, quoique l'inſtitution demeure caduque : c'eſt la clauſe codicillaire, laquelle eſt conçue en ces termes, ou autres équipolens : *Et ſi mon teſtament ne vaut pas comme teſtament, je veux qu'il vaille comme codicille, donation à cauſe de mort, & de la meilleure maniere dont il pourra valoir.* En ce cas les héritiers *ab inteſtat* ſont tenus de payer les legs & les fidéicommis ; car pour faire des diſpoſitions particulieres de certaines ſommes, ou de certains effets,

il n'étoit pas nécessaire de faire un
testament, il suffisoit de faire un codicille ; & l'usage fondé sur le sentiment des Docteurs, a introduit les
clauses codicillaires dans tous les
pays de Droit écrit.

On peut instituer un héritier purement & simplement, on le peut instituer sous une ou plusieurs conditions.
S'il est institué purement & simplement, il peut accepter la succession,
& devenir héritier dès le moment que
le testament a été ouvert.

Mais s'il a été institué héritier sous *Tot. tit.*
condition, il faut distinguer. Il y a *ff. de con-*
des conditions impossibles contre les *dit. inst.*
bonnes mœurs, ou contre les loix ;
on n'y a pas plus d'égard que si elles
n'étoient point écrites dans le testament ; l'héritier est considéré comme un héritier institué purement &
sans condition.

Il y a des conditions purement casuelles, c'est-à-dire, qui dépendent
purement du hazard ; par exemple,
j'institue un tel héritier, si un tel
navire arrive à bon port ; alors l'institution est suspendue jusqu'à ce que la
condition arrive, ou qu'il soit certain qu'elle n'arrivera pas ; durant
tout ce tems l'hérédité est appellée

jacente, c'est-à-dire, sans maître, & tous les fruits & revenus qui échéent jusqu'à ce qu'il y ait un héritier, augmentent la succession, & en font partie.

Il y a des conditions potestatives, c'est-à-dire, qu'il dépend de la volonté de l'héritier d'accomplir, ou de ne pas accomplir: par exemple, j'institue un tel héritier, à condition qu'il fera ou qu'il ne fera pas telle chose; & celles-là font encore de deux fortes.

Il y en a qui confistent à faire, ou à donner quelque chose, & l'héritier est obligé de les accomplir avant que de pouvoir accepter la succession. Il est vrai que s'il ne tient pas à lui que la condition ne soit accomplie, elle est censée accomplie; comme s'il offre l'argent que le testateur l'a obligé de donner, & que celui à qui il est destiné ne veuille pas le recevoir.

Il y en a d'autres qui confistent à ne pas faire quelque chose: par exemple, j'institue un tel héritier, à condition qu'il ne vendra pas sa maison. Or comme ces fortes de conditions font toujours incertaines durant la vie de l'héritier, parce qu'il est toujours en état de contrevenir à la condition s'il

ne pouvoit fe porter héritier, que lorfque la condition feroit échue, il s'en-
fuivroit qu'il ne jouiroit point de la
fucceffion durant fa vie. Pour éviter
cet inconvénient, & fuivre en même
tems la volonté du teftateur, on oblige
de donner caution, qu'il ne contre-
viendra pas à la condition de fon inftitution. Cette caution eft appellée en
Droit, *Cautio Mutiana*, du nom de
Mutius qui en étoit l'Auteur.

Lorfque le teftateur a inftitué plufieurs héritiers, fi l'un d'eux vient à décéder avant le teftateur, ou s'il ne peut
ou ne veut être héritier, fa part accroît aux autres, pour telles parts & *Inftit. de*
portions qu'ils font héritiers; tout de *hær. inft.*
même que lorfque le teftateur n'a infti- *§. 5.*
tué qu'un feul héritier; quand il ne
l'auroit inftitué que pour une portion,
ou pour une chofe particuliere, il ne
laiffera pas d'avoir toute la fucceffion,
à moins que ce ne foit un teftament
militaire; parce que c'eft une maxime
en Droit, qu'un homme ne peut pas
difpofer par teftament d'une partie de
fes biens feulement & mourir *ab inteftat*, c'eft-à-dire fans teftament, à
l'égard du furplus.

Mais fi le teftateur inftitue deux *L. 35. ff.*
héritiers; l'un pour une telle efpéce *de hæred.*
inft.

de biens, & l'autre pour une autre eſpéce, ils feront tous deux héritiers par
moitié, & payeront les dettes par égales portions ; mais dans le partage de
la ſucceſſion, chacun d'eux ſera obligé
de ſe contenter de la portion qui lui
aura été aſſignée par le teſtateur, à
moins qu'il n'y ait encore d'autres
biens dont le teſtateur n'ait parlé,
auquel cas ces autres biens feront partagés également.

L. 32. ff.
de hæred.
inſt.

L. 7. §. 1.
ff. de reb.
dub.

Tot. tit.
ff. de cond.

Le teſtateur ne peut pas laiſſer indéfiniment le choix de ſon héritier à
la volonté d'un tiers ; mais il peut
laiſſer à qui bon lui femble le choix
d'une certaine perſonne entre pluſieurs
qu'il déſigne. Je puis, par exemple,
inſtituer celui de mes freres qu'il plaira
à un de mes amis de nommer. On
peut auſſi indirectement par une condition qu'il eſt au pouvoir d'un tiers
d'accomplir, ou de ne pas accomplir, faire que ce tiers exclue l'héritier nommé de la ſucceſſion, ou qu'il
la lui conſerve ; car ſi j'inſtitue un
héritier au cas que Pierre monte au
Capitole, il ne tiendra qu'à Pierre
d'y monter pour faire valoir l'inſtitution, ou de n'y monter pas pour la
rendre caduque

Il arrive ſouvent en pays de Droit

écrit, que celui des deux conjoints qui décéde le premier, inſtitue ſon héritier univerſel celui des enfans que le ſurvivant voudra choiſir ; & qu'il inſtitue le ſurvivant même, à la charge de rendre la ſucceſſion à celui des enfans qu'il voudra choiſir. Cette faculté de choix a fait naître pluſieurs queſtions, dont il ne ſera pas inutile de parler ici, parce que cette matiere eſt très-fréquente dans ces ſortes de provinces.

Il y a des Auteurs qui ont cru que cette faculté étoit un avantage que le teſtateur avoit fait au ſurvivant, & qu'il le perdoit dès le moment qu'il étoit convolé en ſecondes nôces ; mais on juge le contraire avec beaucoup de raiſon, parce que la faculté de choix n'eſt qu'un ſimple miniſtere, & un honneur qui a été déféré au ſurvivant, qui ne lui apporte aucun profit, puiſque toute la ſucceſſion paſſe à celui des enfans qu'il veut nommer. *Henrys, t. 1. l. 5. c. 3. q. 17.*

Les meilleurs Auteurs tiennent auſſi que lorſque le ſurvivant a fait un teſtament, & qu'il s'eſt nommé un héritier, cela ne tient pas lieu de choix, lorſqu'il n'a pas expreſſément diſpoſé en faveur de ſon héritier de la ſucceſſion du prédécédé. ☞ Cette *Ibid. q. 16. & ch. 4. q. 61.*

opinion n'eſt pas bonne, l'inſtitution univerſelle tient lieu d'élection, ſuivant la commune opinion des Auteurs cités dans l'*Obſervation ſur les q. 16. & 61. d'Henrys, tom. 1.*]

l'id. qu. 18. Celui à qui la liberté du choix eſt laiſſée, ne peut pas en nommant un de ſes enfans lui ſubſtituer les autres, parce qu'il ne lui donne rien par cette nomination, & ne fait que s'acquitter du miniſtere qui lui a été confié.

l'id. qu. 20 & 21. l. 5. qu. 9. Celui qui a la faculté d'élire peut varier, & ſi le premier choix lui déplaît, il en peut faire un autre, à moins qu'il n'eût fait le premier par un contrat de mariage, ¶ ou par un acte entre-vifs accepté par celui qui eſt élu. *Ordonnance des teſtamens, art. 64.*]]

Celui qui a le pouvoir d'élire un des enfans, ne peut pas choiſir le fils d'un enfant décédé au préjudice des ſurvivans.

Idem, t. 1. l. 5. ch. 4. qu. 62. Ordonn. des teſtam. art. 62. Idem, t. 2. l. 1. qu. 11. Celui qui a le pouvoir d'élire tel de ſes enfans qu'il voudra choiſir, peut en nommer deux au lieu d'un, puiſqu'il a la liberté de laiſſer la ſucceſſion à tous les enfans, en ne ſe ſervant pas de la faculté qui lui a été donnée. Il peut auſſi par ſon teſtament remettre ce pouvoir à une autre per-

fonne, & s'il a le pouvoir indéfini de
choifir entre les mâles & les filles,
& qu'il ne permette à cette autre perfonne que de choifir entre les mâles, il
eft cenfé les avoir choifis lui-même,
en cas que celui à qui il a remis ce
pouvoir vienne à décéder fans avoir
fait le choix.

Il faut préfentement examiner de
quelle maniere les teftamens peuvent
être révoqués.

La maxime générale eft qu'un tef- *L. 1. &*
tament parfait dans les formes ordi- *2.ff. de in-*
naires, ne peut être révoqué que par *juft. rupt.*
un autre teftament également par- *vel irrit.*
fait, qui contienne une inftitution *façt. teft.*
d'héritier.

Cette régle reçoit trois excep- *L. 13. §.*
tions. La 1. lorfque dans le premier *penult. 6.*
teftament l'héritier inftitué n'eft pas *de reftam.*
du nombre des héritiers du fang, &
que dans le fecond le teftateur a inftitué celui qui lui devoit fuccéder *ab*
inteftat.

La 2. exception eft, lorfque le *L. 27. C.*
teftateur a furvécu à fon teftament *eod.*
plus de dix ans ; s'il ne change point
de volonté, fon teftament demeure
valable, & s'il change, il lui fuffit
de déclarer après ce tems devant
trois témoins, ou par un acte public,

O vj

qu'il ne veut pas que son testament subsiste.

La 3. exception est, quand l'acte de révocation est revêtu de toutes les solemnités requises pour un testament; on suppose alors que le testateur a institué ses héritiers, *ab intestat*.

L. 2. ff. de h's quæ in testam. detent. Mais ce que le testateur ne peut pas faire par un acte exprès qui n'est point un testament, il le peut faire tacitement; car il n'a qu'à barrer son testament, ou effacer les noms de tous les héritiers, & alors son testament n'aura plus d'effet.

Il faut encore observer que le testateur ne peut pas s'ôter la liberté de changer son testament quand bon lui semble; mais pour éviter les surprises, les Docteurs ont inventé la clause dérogatoire, par laquelle le testateur déclare qu'il ne veut pas que les testamens qu'il pourra faire ci-après, soient valables, à moins qu'il n'y ait inféré de certaines paroles; ces sortes de clauses dérogatoires ont été diversement reçues. Il y a des Arrêts qui ont confirmé des testamens postérieurs, quoique la clause dérogatoire n'y fût pas répétée, il y en a d'autres qui les ont cassés. ¶ L'Ordonnance des testamens, qui fait le dernier état,

abroge l'ufage des claufes dérogatoires , & veut qu'à l'avenir elles foient
regardées comme nulles , & de nul
effet , en quelques termes qu'elles
foient conçues.]]

Dans prefque toutes nos coutumes , l'inftitution d'héritier n'a point
lieu , ce qui ne veut pas dire feulement , que l'inftitution d'héritier
n'eft pas néceffaire pour la validité
du teftament ; mais auffi que le teftateur ne peut pas fe faire d'autres
héritiers que ceux que la loi du fang
lui a donnés ; c'eft ce qui fait dire à
quelques-uns de nos Praticiens que
nous n'avons point de véritables teftamens en pays coutumier , & que ce
qu'on appelle vulgairement des teftamens ne font que des codicilles.

En effet , quoique le teftateur puiffe
faire des legs particuliers , & même
des legs univerfels , néanmoins ces legs
univerfels ne comprennent qu'une certaine efpéce de biens , comme dans la
coutume de Paris , les meubles & acquêts & le quint des propres , dont
les quatre autres quints font réfervés
aux héritiers du fang ; c'eft pourquoi
nous ne parlerons que des folemnités
des teftamens du pays coutumier , que
dans le titre des codicilles.

CHAPITRE XIII.

De l'Inftitution ou Exhérédation des Enfans, & de la Légitime.

Inft. de exhær.lib. Henrys tom. 1. l. 5. ch. 4. qu. 40. Ordonn. des teftam. art. 50. & fuiv.

IL y a encore une autre folemnité néceffaire pour la validité d'un teftament : ¶ en pays de Droit écrit,]] lorfqu'un pere ou une mere ont des enfans , il faut qu'ils les inftituent héritiers nommément par leur teftament , ou qu'ils les deshéritent nommément ; fi le pere n'en avoit fait aucune mention dans fon teftament , il ne vaudroit rien ; car on fuppofe qu'un pere qui a oublié quelqu'un de fes enfans dans un acte auffi important , n'a pas l'entendement affez fain pour difpofer de fes biens. Il ne fuffit pas de faire un legs à fes enfans , quand même il excéderoit la légitime , il faut qu'elle leur foit laiffée à titre d'inftitution , parce que l'inftitution eft un titre d'honneur , dont aucun des enfans ne doit être privé fans caufe légitime. ¶ Ce titre eft auffi utile en ce qu'il produit droit d'accroiffement entre les héritiers.]] ☞ Dans les Parlemens de

Touloufe & de Bordeaux, l'on dif-
tinguoit fi l'héritier univerfel eft un
des enfans, ou un étranger ; dans le
premier cas, il n'étoit pas néceffaire de laiffer la légitime aux autres
enfans à titre d'inftitution. *Voyez
l'obfervation fur la queft.* 40. *d'Henrys, tome* 1. *l.* 3. ¶¶ mais l'Ordonnance des teftamens, article 25. rejette
toutes ces diftinctions. ¶¶

Non feulement le teftament ne **L. 1. ff de**
vaut rien fi le pere a oublié un des *injuf. rup.*
enfans qu'il avoit lors du teftament ; *& irrit.*
mais s'il furvient des enfans après le *fact. teft.*
teftament, dont le pere n'ait pas *Inft. de*
parlé, ils rompent le teftament : **§. 2.**
pour éviter cet inconvénient, le pere *Ordonn.*
peut inftituer fes enfans pofthumes, *des teftam.*
c'eft-à-dire, ceux qui naîtront après *art.* 50.
le teftament, foit avant, ou après la
mort du pere.

Il ne fuffit pas d'inftituer fes enfans **L. 4. ff.**
héritiers, il faut que l'inftitution foit *de hæred.*
pure & fimple, c'eft-à-dire, fans con- *inft.*
dition, ou fi le pere veut ajouter une
condition, il faut qu'elle foit potef-
tative, & qu'elle dépende entiérement de la volonté du fils ; autrement
fi la condition venoit à manquer, il
fe trouveroit que le fils ne feroit ni
inftitué, ni deshérité, & la validité

du testament du pere ne doit pas dépendre de l'événement de la condition.

Autrefois la puissance des peres étoit si grande, qu'ils pouvoient tuer leurs enfans, ils pouvoient les vendre, ils pouvoient les abdiquer de leur famille, & par conséquent les deshériter, sans être obligés d'en donner aucune raison; dans la suite des tems on permit aux enfans qui avoient été prétérits, c'est-à-dire, oubliés dans le testament de leur pere, & à ceux qui avoient été injustement deshérités, ou à qui le pere avoit laissé moins que la légitime, de se pourvoir contre le testament du pere, par une action qu'ils appelloient la plainte ou querelle d'inofficiosité, comme si le testateur ne s'étoit pas acquitté du devoir de pere.

Inst. de inoff. test.

Par la derniere Jurisprudence Justinien a corrigé & ajouté quelque chose à l'ancien Droit; il l'a corrigé, en ce qu'il n'a pas voulu que le testament fût déclaré nul, lorsque le pere n'avoit pas laissé sa légitime entiere à l'enfant institué; mais il a réservé à cet enfant une action en supplément de légitime, qui lui conserve son droit sans donner atteinte au testament du pere.

L. 3. C. de inoff. test.

Ordonn. des testam. art. 51.

Il l'a auffi corrigé, en ce qu'au lieu que par l'exhérédation injufte tout le teftament étoit caffé, il n'y a plus que la feule inftitution; mais à l'égard des legs & des fidéicommis, même univerfels, ils demeurent valables.

Auth. ex caufa C. de liber. præterit. Maynard l. 5. c. 11. 12. & 13. Ord. des teft. art. 53.

Il a ajouté deux chofes à l'ancien Droit. Par la premiere, il a ordonné que la légitime feroit laiffée aux enfans, franche, quitte & exempte de toutes charges, fans terme & fans condition, lefquelles feront rejettées du teftament, comme fi elles n'y étoient pas écrites.

L. 31. C. eod.

Par la feconde, il a réglé les juftes caufes qui peuvent rendre une exhérédation légitime, lefquelles étoient autrefois arbitraires; il a voulu que le pere qui deshérite fon fils, en exprime la caufe dans fon teftament, & que cette caufe foit prouvée par l'héritier inftitué.

Novell. 115.

Les caufes pour lefquelles un pere peut deshériter fon fils font au nombre de quatorze.

1. Lorfque les enfans ont battu leur pere ou leur mere. 2. Lorfqu'ils leur ont fait quelqu'injure atroce. 3. S'ils les ont accufé de quelque crime qui ne foit pas contre la perfonne du

Prince, ou contre l'Etat. 4. S'ils ont eu société avec des gens qui commettent des maléfices, pour en commettre avec eux. 5. S'ils ont attenté à la vie de leur pere ou de leur mere, par le poison ou autrement. 6. S'ils ont eu commerce de débauche avec la femme ou la concubine de leur pere. 7. S'ils ont fait des dénonciations contre leur pere, dans quelqu'affaire qui lui ait porté un grand préjudice. 8. S'ils ont laissé emprisonner leur pere, faute de vouloir cautionner. 9. S'ils ont empêché par des voies de fait leur pere de faire un testament, & qu'ensuite il l'ait pu faire, il y a droit d'exhéréder ses enfans; & si le pere est mort sans pouvoir tester, ils doivent être punis des mêmes peines de ceux qui empêchent un homme de tester, qui sont, d'être privés de tout le profit qu'ils auroient pu tirer de sa succession. 10. Si les enfans se font gladiateurs, ou comédiens sans le consentement de leur pere, à moins qu'il ne soit de la même profession. 11. Si le pere ayant voulu marier sa fille, & lui donner une dot suivant ses facultés, elle a mieux aimé mener une vie scandaleuse; si mais le pere a négligé de la

Tot. tit.ff. si quis aliq. test. proh.

marier jusqu'à vingt ans, & qu'après cet âge elle ne vive pas dans l'ordre, ou qu'elle se marie sans son consentement, pourvu que ce soit à un homme libre, il ne peut plus la deshériter.

Nos Ordonnances ont changé & ajouté quelque chose à cette cause d'exhérédation ; elles portent que les peres & les meres pourront deshériter leurs enfans qui se marieront sans leur consentement, à moins que les fils excédans l'âge de 30 ans, ou les filles celui de 25, ne soient mis en devoir de requérir l'avis & conseil de leurs peres & meres ; & à l'égard des meres qui se marient, il suffit de requérir leur conseil & avis sans attendre leur consentement. La 12. cause d'exhérédation est lorsque les peres ou les meres étant tombés en fureur ou démence, les enfans négligent d'en avoir soin ; s'ils reviennent en santé, ils les peuvent deshériter ; & en ce cas, si un étranger en prend le soin, après en avoir fait des sommations aux enfans, la succession lui est adjugée, & ils en sont déclarés indignes, quand même le pere ou la mere les auroient institués avant leur maladie. 13. Si les enfans négligent

Ordonn. de 1556. & 1639.

de racheter leur pere ou leur mere, lorſqu'ils ſont en captivité. 14. Lorſque le pere eſt catholique, & que ſes enfans ſe font hérétiques, il les peut deshériter.

Nov. 15.
cap.
Ord. des
teſt. art. 50
& ſuiv.
Les enfans qui décédent ſans enfans, & qui laiſſent un pere, une mere, ou à leur défaut d'autres aſcendans, ſont pareillement obligés pour la validité de leur teſtament de les inſtituer héritiers, & ne peuvent les deshériter que pour huit cauſes. 1. Si le pere ou la mere les ont accuſés d'un crime capital, autres toutefois que celui de leze-Majeſté. 2. S'ils ont attenté à leur vie par le poiſon ou autrement. 3. Si le pere a un commerce de débauche avec la femme, ou la concubine de ſon fils. 4. Si le pere ou la mere ont voulu empêcher les enfans de teſter. 5. Si leur pere ou leur mere ont attenté à la vie l'un de l'autre. 6. S'ils n'ont pas eu ſoin de leurs enfans en fureur. 7. S'ils ont négligé de les racheter étant en captivité. 8. S'ils ſont hérétiques, & les enfans catholiques.

Inſt. de
tinof. eſt.
§. 8.
Les freres & les ſœurs peuvent auſſi mutuellement faire caſſer le teſtament les uns des autres en un cas ſeulement ; ſçavoir, quand l'un d'eux,

au préjudice des autres, a inftituué une perfonne infâme & de mauvaife vie.

Il y a une efpéce d'exhérédation officieufe, que les loix, bien loin de condamner, confeillent aux peres fages & prudens; lorfqu'un fils diffipateur a des enfans, fon pere peut les deshériter, lui laiffer fimplement des alimens, & inftituer les enfans de ce diffipateur. Mais parmi nous, par un ufage très-abufif, lorfque le fils eft deshérité, ou que fes biens font fubftitués pour caufe de diffipation, on laiffe la légitime franche & libre à fes créanciers, comme s'ils méritoient quelque faveur, & s'ils n'étoient pas au-contraire coupables de la corruption de ce malheureux, dont ils ont fomenté les débauches, en lui prêtant trop facilement de l'argent.

L. 16. §. 2. de curat. furiof. & al.

Les Romains avoient plus de foin de leurs efclaves, que nous n'en avons de nos enfans; ils puniffoient les corrupteurs de leurs efclaves, & nous récompenfons ceux des enfans de famille, jufqu'à donner atteinte à la fage difpofition des peres, pour payer les créanciers de ce qu'ils ont prêté, ou avec malice, ou du moins avec beaucoup d'imprudence; car tant qu'un pere eft vivant, nul ne peut mieux connoître que lui les befoins de fa famille, & ceux qui prêtent à fes enfans fans fon confentement, n'en fçauroient jamais donner de caufe raifonnable. ¶¶ La derniere Jurifprudence confirme en ce cas la fubftitution, même de la légitime, lorfqu'elle n'excéde point ce que l'enfant pourroit prétendre à titre d'alimens, eu égard à fa condition & à fa fortune.]]

Nov. 18. *cap.* 1. Quant à la légitime, en pays de Droit écrit celle des enfans eft à préfent diverfement réglée fuivant leur nombre; s'il y a quatre enfans, ou au-deffous, ils doivent avoir à eux tous le tiers de la fucceffion du pere, qui peut difpofer librement des deux autres tiers au profit de telle perfonne que bon lui femble, foit du nombre de fes enfans, ou d'un étranger; & s'il y a plus de quatre enfans, leur légitime en ce cas eft la moitié de la fucceffion du pere à partager entr'eux; fur quoi les enfans doivent parmi nous imputer tout ce qu'ils ont reçu de la libéralité du pere ou de la mere.

Quand les afcendans font feuls héritiers préfomptifs de leurs enfans, ou petits-enfans, qui n'ont laiffé ni freres ni fœurs, il eft fans difficulté que

leur légitime doit être le tiers de
toute la fucceffion; mais comme les
loix n'ont point réglé leur légitime
depuis que Juftinien a admis les freres
& les fœurs du défunt à la fucceffion
de leur frere ou de leur fœur, conjointement avec les afcendans, on a
demandé lorfqu'il y a des freres ou
des fœurs, fi la légitime des afcendans en ce cas doit être le tiers de
toute la fucceffion, ou feulement le
tiers de la portion que les afcendans
auroient eue *ab inteftat.* Cette queftion eft jugée diverfement dans les
différens Parlemens : à Paris on juge
indifféremment, dès le moment qu'il
y a des freres ou des fœurs, que la
légitime des afcendans n'eft que le
tiers de la portion qu'ils auroient eue
ab inteftat. A Touloufe au-contraire
on diftingue, fi les freres ou les fœurs
ont été inftitués héritiers par le défunt, on ne donne aux afcendans
pour leur légitime que le tiers de
leur portion héréditaire, non plus
qu'à Paris; mais fi le défunt n'a inftitué que des héritiers étrangers, alors
on donne pour légitime aux afcendans le tiers de toute la fucceffion :
quoique cette diftinction paroiffe d'a-
bord très-équitable, la Jurifpruden-

Henrys,
t. 1. l. 6.
ch. 5. q. 16.

M. d'Oliv.
liv. 3. ch. 9.

ce du Parlement de Paris eft plus conforme au Droit. ☞ Dans les autres Parlemens du Droit écrit, la légitime des afcendans eft toujours du tiers, fans aucune diftinction ni reftriction. *Obfervation fur la queftion d'Henrys, tom. 1. liv. 9.*]

Dans les pays coutumiers les afcendans n'ont point de légitime ; & à l'égard de celle des defcendans, elle eft réglée diverfement, fuivant les diverfes coutumes.

Paris art. 298. Dans quelques-unes la légitime eft la moitié de la part & portion que chaque enfant ont eu en la fucceffion de fon pere & de fa mere, s'ils n'euffent fait aucune difpofition.

Bourgog. Duché, ch. 7. art. 2. & 3. Il y en a d'autres où la légitime eft le tiers de tous les biens fans aucune diftinction, à partager entre tous les enfans.

Tours, art. 233. Il y en a où les peres qui ont des enfans, ne peuvent difpofer que de la propriété de leurs meubles, & de la moitié de l'ufufruit de leurs acquêts, en faveur des étrangers ; & comme ils ne peuvent pas avantager leurs enfans au préjudice les uns des autres, tout le furplus leur tient lieu de légitime.

La

La plûpart des coutumes ne ré‑ *Ricard,*
glent point la légitime des enfans, *des donat.*
ce qui a donné lieu à la question de *part. 3. ch.*
sçavoir, si dans les coutumes qui n'en *8. sect. 6.*
disposent point, il faut suivre la cou‑
tume de Paris, ou le Droit écrit. Jugé
qu'il faut suivre le Droit écrit. * On
juge à présent qu'il faut suivre la cou‑
tume de Paris.] ☞ Cela est vrai
dans les coutumes qui n'ont pas rela‑
tion au Droit. *Voyez la note sur Bar‑
det, tom. 2. à la fin.*]

Il faut dans la régle que les enfans
se portent héritiers de leurs peres ou
de leurs meres, pour pouvoir préten‑
dre la légitime dans leur succession.
Il y a néanmoins un cas où les Arrêts
les ont dispensés de prendre cette
qualité par une grande raison d'équi‑
té ; c'est lorsqu'un pere ou une mere,
après avoir fait des donations consi‑
dérables au profit d'un de leurs en‑
fans, ou d'un étranger, viennent à
contracter des dettes qui montent à
beaucoup plus que les biens qu'ils
laissent dans leur succession ; il est
certain que les enfans qui n'ont rien
reçu, peuvent faire révoquer la dona‑
tion jusqu'à concurrence de leur lé‑
gitime. Il est certain aussi que s'ils pou‑
voient avoir cette légitime en qualité

d'héritiers, les créanciers viendroient la leur enlever ; ce qui ne seroit pas juste, puisque les créanciers ne pourroient rien demander aux donataires, & que ce n'est qu'en faveur des enfans que la donation est retranchée ; c'est pourquoi on permet en ce cas aux enfans de renoncer à la succession, & néanmoins de prendre leur légitime sur les biens donnés.

CHAPITRE XIV.

Des Substitutions & Fidéicommis.

IL y a plusieurs sortes de substitutions dans le Droit Romain, & la plûpart ont une signification toute différente de ce que nous appellons vulgairement substitutions ; car nous entendons ordinairement par ce terme ce qu'ils appelloient fidéicommis ; mais comme leurs diverses espéces de substitutions sont encore très-usitées dans les Provinces qui sont régies par le Droit écrit, il est nécessaire d'en expliquer ici les principes.

Nous avons déjà dit que les Romains jaloux de leurs testamens, pour les faire subsister en cas que l'héritier

inſtitué ne puiſſe ou ne veuille pas accepter la ſucceſſion, avoient inventé
la ſubſtitution vulgaire, autrement
appellée ſeconde inſtitution, par laquelle le teſtateur après avoir inſtitué
un héritier, en inſtitue un ſecond,
non pas pour partager la ſucceſſion
avec le premier inſtitué, mais pour la
recueillir toute entiere, en cas que le
premier ne ſoit pas héritier. Par
exemple, j'inſtitue un tel mon héritier, & en cas qu'il vienne à décéder
avant moi, & qu'il ne veuille ou ne
puiſſe pas être mon héritier, j'inſtitue un tel en ſa place.

La ſubſtitution pupillaire eſt celle L. 1. ff
par laquelle le pere qui a des enfans eod.
en ſa puiſſance, & en âge de pupillarité, peut faire leur teſtament en faiſant le ſien; de ſorte que s'ils viennent
à décéder avant que d'avoir atteint
l'âge requis pour faire un teſtament,
l'héritier que le pere a nommé ſuccéde, non-ſeulement aux biens qu'ils
ont par le teſtament de leur pere, mais
auſſi en tous les biens qu'ils peuvent
avoir d'ailleurs. Cette eſpéce de ſubſtitution eſt l'effet de la grande puiſſance
que les peres avoient ſur leurs enfans;
elle n'a été introduite par aucune loi,
mais ſeulement par un long uſage.

L. 19. C.
de impub.
& aliis
fubft.
La fubftitution exemplaire eft celle par laquelle un pere nomme un héritier à fon fils furieux, ou en démence, en cas qu'il vienne à mourir avant que d'avoir recouvré fa fanté. On l'appelle exemplaire, parce qu'elle a été introduite par Juftinien à l'exemple de la fubftitution pupillaire; car avant lui les peres n'avoient pas cette faculté, fi elle ne leur étoit accordée par des lettres du Prince.

On appelle ces trois efpéces de fubftitutions, directes, parce qu'on avoit coutume de les faire en termes directs, c'eft-à-dire, dans les mêmes termes que l'inftitution étoit faite, termes d'autorité & de commandement : fi un tel n'eft pas mon héritier, je veux qu'un tel le foit : j'inftitue un tel, fi mon fils vient à décéder avant l'âge de quatorze ans, je veux qu'un tel foit mon héritier.

Tot. tit. ff.
ad Trebel.
Les fubftitutions fidéicommiffaires appellées communément fidéicommis par le Droit Romain, font celles par lefquelles le teftateur, après avoir inftitué un héritier, ou donné quelque chofe à un légataire, le charge de rendre la fucceffion ou le legs à une autre perfonne. Elles font appellées obliques, parce qu'ordinairement

elles étoient plutôt conçues en termes de prieres & recommandation, qu'en termes impératifs : j'inſtitue un tel, & le prie de rendre ma ſucceſſion à un tel, &c.

Les fidéicommis dans leur origine ont été inventés pour frauder la loi, qui défendoit d'inſtituer de certaines perſonnes, & de leur léguer aucune choſe. Les teſtateurs inſtituoient un héritier capable de recevoir, à condition qu'il jugeroit de rendre une partie de la ſucceſſion à la perſonne incapable. Les Magiſtrats diſpenſoient ordinairement l'héritier de ce ſerment, & la loi même prononçoit une peine contre lui, lorſqu'il rendoit ce qu'il avoit reçu, à un homme qui avoit été proſcrit ; mais la plûpart de ceux qui étoient chargés de rendre par un teſtament dont le public avoit connoiſſance, ſe faiſoient un point d'honneur de jurer qu'ils accompliroient la volonté du teſtateur, nonobſtant la peine qui étoit prononcée contre ceux qui violoient la loi. Il eſt même important d'obſerver que les Romains avoient tant d'horreur pour le faux ſerment, qu'ils aimoient mieux ſouffrir que la loi fût éludée, que d'empêcher celui qui

Cicer. in Verr. l.1.

avoit juré, d'accomplir son serment.
Il n'étoit pas privé de la succession ou
du legs qu'on sçavoit bien qu'il devoit rendre à une personne incapable, on se contentoit de le punir de
la peine portée par la loi qui le défendoit. Ainsi les fidéicommis dépendoient absolument de la bonne foi de
ceux qui en étoient chargés, d'où
vient le nom de fidéicommis, comme
qui diroit commis à la foi.

Inst. de fideic. hæred. §. 1.

Mais aujourd'hui le principal effet
de cette espéce de substitution, est de
conserver les biens dans la famille, &
d'empêcher l'héritier de les dissiper;
c'est pourquoi nous ne voyons presque plus de fidéicommis où l'héritier
soit chargé de rendre immédiatement
après avoir recueilli la succession, mais
seulement après sa mort.

l. 4. §. 1. ff. de vulg. & pup.

Les substitutions réciproques sont
celles par lesquelles un pere qui a plusieurs enfans, les substitue mutuellement les uns aux autres.

Doct. in l. 15. ff. ecd.

La compendieuse est celle par laquelle un pere ayant institué son fils,
lui substitue une autre personne, sans
s'expliquer davantage.

Ces deux dernieres sont communes
aux substitutions directes & obliques,
parce qu'elles peuvent être faites en

termes directs , & que le teſtateur ſe peut auſſi ſervir de ce terme , *je ſubſtitue* , qui eſt un terme général dont on ſe ſert également dans les ſubſtitutions directes & fidéicommiſſaires. *Henrys,*

La ſubſtitution réciproque peut être *tom. 1. l. 5.* faite de deux manieres différentes ; *ch. 4. qu.* j'inſtitue mes deux enfans héritiers , *47. & 48.* & je les ſubſtitue l'un à l'autre. Si l'un des enfans eſt en âge de pupillarité , & non pas l'autre , la ſubſtitution ne ſera pas pupillaire , non pas même à l'égard de celui qui eſt en âge de pupillarité , mais elle ſera ſeulement vulgaire , ou même fidéicommiſſaire , en cas que l'un des enfans décéde avant le pere , ou après l'échéance de la ſucceſſion , parce que le terme *ſubſtituer* , eſt un terme commun aux ſubſtitutions directes , & aux ſubſtitutions obliques ; & quand il eſt employé dans un teſtament , on lui donne toute l'étendue qu'il peut avoir.

Mais le pere qui veut faire une ſubſtitution réciproque entre ſes enfans , *Ibidem.* peut le faire par deux clauſes ſéparées ; j'inſtitue Pierre , & lui ſubſtitue Jacques , j'inſtitue Jacques , & lui ſubſtitue Pierre ; & alors la ſubſtitution réciproque ſera pupillaire à l'é-

gard du pupille, quoiqu'elle ne le puiſſe pas être à l'égard de celui des enfans qui ne l'eſt pas.

La ſubſtitution compendieuſe eſt
ainſi appellée, comme qui diroit
abrégée, parce qu'en peu de paroles
elle comprend toutes les eſpéces de
ſubſtitutions ; de ſorte que ſi je m'explique en ces termes, j'inſtitue mon
fils, & lui ſubſtitue un tel, la ſubſtitution ſera valable, ſoit que mon fils
décéde avant moi, ſoit qu'il décéde
après avoir recueilli ma ſucceſſion,
mais en âge de pupillarité ; ſoit enfin qu'il décéde après quatorze ans,
& après avoir recueilli ma ſucceſſion ;

Henrys, ibidem. Ricard, des ſubſt. part. 1. ch. 5.

mais au premier cas elle ſera vulgaire,
& le ſubſtitué n'aura que mes biens,
& il les aura ſans aucune diminution ;
au ſecond cas elle ſera pupillaire, &
le ſubſtitué aura non-ſeulement ma
ſucceſſion, mais auſſi celle de mon
fils ; au 3. cas, elle ſera fidéicommiſ-
raire, & le ſubſtitué n'aura mes biens
qu'en déduiſant les deux quartes dont
nous parlerons dans la ſuite.

L. 2 C. de impub. & a iis ſubj. it.

A l'égard des ſubſtitutions vulgaires, elles n'ont rien qui ne ſoit commun avec les véritables inſtitutions,
puiſqu'en effet ce ſont de ſecondes
inſtitutions. Il eſt néanmoins impor-

tant de ſçavoir que la vulgaire expreſſe contient la pupillaire tacite ;
c'eſt-à-dire, que quand le pere a un
fils en ſa puiſſance, & en âge de pupillarité, qu'il l'a inſtitué ſon héritier, s'il ajoute : Et en cas qu'il ne
ſoit pas mon héritier, je veux qu'un
tel le ſoit, cette expreſſion paroît ne
comprendre que la ſubſtitution vulgaire, & néanmoins les loix veulent
que la ſubſtitution pupillaire ait lieu,
ſi le fils eſt héritier, & qu'il décéde
avant l'âge de 14 ans : d'où vient
qu'en ce cas on l'appelle pupillaire tacite, parce qu'elle n'eſt pas exprimée,
& qu'elle n'eſt que ſouſentendue.

Cette régle ceſſe toutes les fois que *L. ult. C.*
la mere du fils inſtitué, eſt encore vi- *de inſt. &*
vante au jour de ſon décès ; ſa per- *ſubſtit.*
ſonne eſt ſi favorable, qu'elle ſuccéde
à ſon fils, à l'excluſion du ſubſtitué, *L. 8. C.*
lorſque la ſubſtitution n'eſt ſimple- *de imp. &*
ment que vulgaire. *aliis ſubſt.*

A l'égard des ſubſtitutions pupillaires, outre ce qu'elles ont de commun
avec les inſtitutions ordinaires, il y a
pluſieurs choſes à remarquer.

La ſubſtitution pupillaire comprend *L. 4. ff.*
toujours la vulgaire ; ainſi quand un *de vulg. &*
pere a parlé en ces termes : *j'inſtitue* *pupil.*
mon fils héritier, & en cas qu'il dé-

cédé avant l'âge de 14 ans, je veux qu'un tel soit mon héritier. Si le fils meurt avant le pere, l'héritier nommé au fils est appellé à la succession du pere par la substitution vulgaire, quoiqu'elle ne soit pas exprimée dans le testament.

L. 2. §. 1. ff. de vulg. & pupil.

Il faut nécessairement que le pere fasse son testament, & qu'il se nomme un héritier pour pouvoir faire une substitution pupillaire à son fils ; & si le testament du pere ne vaut rien, la substitution pupillaire ne peut pas avoir lieu, excepté en un cas, sçavoir quand le testament du pere est cassé, pour avoir deshérité mal-à-propos un de ses enfans, car alors il n'y a que l'institution de l'héritier que le pere s'est nommé à lui-même, qui soit vicieuse. Les legs & les fidéicommis subsistent par le nouveau Droit, & par cette raison on a jugé que la substitution pupillaire devoit aussi subsister.

M. Maynard, l. 5. ch. 11. & 12.

L. 2. ff. de vulg. & pupil.

Pour donner lieu à la substitution pupillaire, il faut que les enfans soient en la puissance du pere ; elle ne vaut rien, s'ils sont émancipés.

L. 14. ff. eod.

La substitution pupillaire ne peut plus avoir lieu dès le moment que les fils ont l'âge de 14 ans, & les filles celui de 12, il n'eſt pas au pouvoir du pere de l'étendre au-delà de cet âge ; & néanmoins ſi le pere l'avoit pouſſée plus avant, cela ne la vicie pas, mais elle eſt ſeulement réduite à l'âge preſcrit par la loi.

L'ayeul peut ſubſtituer pupillairement à ſes petits-enfans, pourvu qu'après ſa mort ils ne tombent pas dans la puiſſance de leur pere ; de ſorte qu'un ayeul qui n'a pas émancipé ſon fils, ne peut pas faire une ſubſtitution à ſes petits-enfans, parce qu'alors ils retombent néceſſairement ſous la puiſſance de leur pere. ☞ Dans les pays du Droit écrit du Parlement de Paris, l'ayeul ne peut ſubſtituer pupillairement à ſes petitsenfans, parce qu'ils ne ſont pas en ſa puiſſance, à cauſe que dans ces Provinces le mariage émancipe. *Henrys, tom. 2. l. 4. q. 13.*]

Celui qui a pluſieurs enfans en ſa puiſſance, peut ſubſtituer pupillairement à l'un ou à pluſieurs d'entr'eux, ſans être obligé d'en faire autant à l'égard des autres.
L. 38. ff. eod.

Le pere peut faire deux ſubſtitutions pupillaires à ſon fils, qui auront toutes deux leur tems ſéparé. Par exemple, je veux que ſi mon
L. 43. ff. eod.

fils meurt avant l'âge de dix ans ;
Pierre foit fon héritier ; & s'il meurt
avant l'âge de quatorze, que ce foit
Claude.

L. 9. C. Une chofe finguliere à remarquer
de imp. & pour la fubftitution exemplaire, c'eft
aliis fubft. que fi celui qui eft furieux ou en démence a des enfans, ou au défaut
d'enfans, s'il a des freres ou des fœurs,
le pere ne peut pas lui donner pour
héritier un étranger ; mais il eft obligé
de choifir l'un des enfans, & à leur
défaut celui des freres & fœurs que
bon lui femble.

La matiere des fubftitutions fidéicommiffaires, qui font celles qu'on
conçoit ordinairement parmi nous
quand on parle de fubftitution, eft
fi étendue, qu'on en a fait des volumes
entiers ; on en peut néanmoins donner
quelques principes généraux, qui faci-
literont l'intelligence de tout le refte.

Les fidéicommis peuvent être univerfels ou particuliers ; le fidéicommis
eft univerfel, lorfque je charge mon
héritier de rendre ma fucceffion à un
tiers ; il n'eft que particulier, lorfqu'il
confifte feulement en une certaine
chofe, ou une certaine fomme.

L. unic. Les fidéicommis peuvent être purs
§. 1. ff. de
eod. foll. & fimples, fans condition ni fans

terme ; en ce cas ils font dûs dès le moment de la mort du teftateur ; c'eft pourquoi, fi celui à qui le fidéicommis eft laiffé, que nous appellons le fubftitué, ou le fidéicommiffaire, décéde après le teftateur, quand même le teftament ne feroit pas encore ouvert, ou que l'héritier n'auroit pas encore accepté la fucceffion, le fubftitué tranfmet tout fon droit à fes héritiers, lefquels font bien fondés en ce cas à demander la délivrance du fidéicommis, puifqu'il appartenoit au fidéicommiffaire dans le tems qu'il étoit encore vivant.

Les fidéicommis peuvent auffi contenir un terme, ou une condition, & alors fi le terme eft certain, par exemple, fi je charge l'héritier de rendre à un tel lorfqu'il aura atteint l'âge de vingt-cinq ans, le fidéicommis eft dû dès l'inftant du décès du teftateur, quoique le fubftitué ne puiffe le demander que quand il aura atteint l'âge de 25 ans ; ainfi il tranfmet en ce cas le fidéicommis à fes héritiers, s'il meurt avant l'échéance du terme, tout de même que s'il étoit pur & fimple. Mais fi le terme eft incertain, ou s'il y a une condition, par exemple, fi je charge mon

L. 5. §. 1. ff. quand. dies legat.

L. 5. §. 2. ff. eod.

héritier de rendre après sa mort, ou s'il décéde sans enfans, en ce cas le fidéicommis n'est dû que lorsque la condition ou le terme sont échus : c'est pourquoi, si le substitué meurt auparavant, ses héritiers n'y peuvent rien prétendre ; & c'est ce qu'on dit communément, que l'espérance d'un fidéicommis conditionnel n'est pas transmissible aux héritiers.

Il faut néanmoins observer que le Parlement de Toulouse, par une Jurisprudence contraire au droit & à l'usage des autres Parlements, juge qu'un pere substitué venant à décéder avant que la condition soit échue, transmet l'espérance du fidéicommis à ses enfans & à ses descendans, lesquels recueillent le fidéicommis en sa place, tout de même que si la condition étoit échue de son vivant, ce qui cesse toutes les fois que l'un des enfans vivans est appellé à la succession sans le ministere de la transmission. ☞ L'Auteur dit que la Jurisprudence du Parlement de Toulouse est contraire au droit & à l'usage des autres Parlemens. Cependant la transmission est reçue dans tous les Parlemens du Droit écrit. *Ricard, des Substitutions*, ch. 9. n. 641. & l'Au-

La Roche-Flavin, avec les notes de Graverol, l. 3. tit. 9. art. 2.
D'Olive liv. 5. ch. 11.

teur des Obſerv. ſur Henrys, tom. 2.
l. 5. *qu.* 5.]

De quelque maniere que le teſta- *L.* 11. *ff.*
teur ſe ſoit expliqué, pourvu que ſa *de leg.* 5.
volonté paroiſſe, le fidéicommis eſt *L.* 8. *ff.*
valable, je vous prie de rendre, je *de leg.* 1.
ſçais que vous rendrez, j'eſpére que
vous rendrez, &c.

On ne peut charger de fidéicommis *L.* 9. *C.*
que ceux à qui on donne quelque *de fideic.*
choſe ; ainſi dans les grandes familles
dont les biens ſont ſubſtitués, ſi le
teſtateur ne poſſéde pas librement, &
qu'il ſoit chargé de reſtitution, il ne
peut pas charger d'une autre ſubſtitution celui qui doit recueillir, lequel
ne reçoit pas les biens ſubſtitués par
la libéralité du dernier teſtateur,
mais de celui qui a fait la premiere
ſubſtitution. Tout de même, lorſqu'un pere a fait une donation entre-
vifs de tous ſes biens à ſon fils, il ne
peut plus par ſon teſtament charger
de ſubſtitution les biens qu'il a donnés, parce qu'ils ne lui appartiennent
plus. Il faut néanmoins obſerver que *Cambolas*
le Parlement de Toulouſe s'eſt enco- *l.* 2. *c.* 25.
re-écarté des régles & de l'uſage des *& l.* 6. *ch.*
autres Parlemens à cet égard ; car *13.*
non-ſeulement il permet aux peres de
ſubſtituer par teſtament les biens

qu'ils ont déjà donnés à leurs enfans
par donations entre-vifs ; mais même si le fils donataire est décédé, &
qu'il ait laissé des enfans, l'ayeul donateur peut charger ses petits-enfans
de rendre les biens donnés, pourvu
que ce soit à un autre de ses enfans
ou de ses descendans : mais il ne
pourroit pas substituer une personne
étrangere. ☞ L'Auteur attribue
encore ici une Jurisprudence singuliere irréguliere au Parlement de
Toulouse. Cependant elle est commune à tous les Parlemens du Droit
écrit. *Ricard, des Donat. part. 3. ch.
7. sect. 5. & l'Auteur des Observ. sur
Henrys, tom. 1. l. 5. q. 28. & tom. 2.
l. 5. q. 52.*] ¶¶ Présentement suivant l'Ordonnance des substitutions,
art. 13. & suivans, on ne peut plus
grever de substitution les biens qui
ont été donnés sans cette charge,
à moins que ce ne soit en faisant
une nouvelle libéralité, art. 16.]]

L. 67. ff.
de leg. 2.
l. 25. C.
de fideic.

Le testateur qui institue un héritier, peut le charger non-seulement de
rendre les biens qu'il lui laisse, mais
même ceux que l'héritier posséde de
son chef, & en ce cas, si l'héritier veut
accepter la succession, il faut qu'il
accomplisse la volonté du testateur.

On peut auſſi par un codicille, ou par une clauſe codicillaire inférée dans un teſtament qui ſe trouve défec- tueux, charger ſes héritiers *ab inteſ- tat*, de fidéicommis, parce que le teſtateur eſt cenſé leur donner la ſuc- ceſſion qu'il leur laiſſe, & qu'il leur pouvoit ôter.

L. 1. §. 6. *ff. de leg.* 3. *l.* 29. *C. de fid.*

Lorſque le teſtateur défend à ſon héritier d'aliéner ſes biens, ſans nom- mer perſonne en faveur de qui la pro- hibition ſoit faite, ce n'eſt alors qu'un ſimple conſeil que l'héritier n'eſt pas obligé de ſuivre ; mais s'il paroît que le teſtateur a voulu conſerver ſes biens à quelqu'un, en général ou en parti- culier, par exemple, s'il a dit : je ne veux pas que mon héritier puiſſe alié- ner mes biens, parce que je ſouhaite qu'ils ſoient conſervés à ſes en- fans, ou à ſon aîné, ou dans la fa- mille, alors c'eſt un véritable fidéi- commis.

Henrys, *tom.* 1. *l.* 5. *chap.* 4. *queſt.* 49.

On peut charger l'héritier de reſti- tuer toute la ſucceſſion, d'en rendre une partie ou ſeulement ce qu'il ſe trouvera avoir de reſte au jour de ſon décès, mais en ce dernier cas, pour ne laiſſer pas à l'héritier la liberté d'ab- ſorber tout le bien, il a été ordonné qu'il ſera obligé de conſerver au moins

Nov. 108. *p.* 1.

au substitué la quatriéme partie des biens qui lui ont été laissés par le testateur, à moins qu'il n'y ait une cause nécessaire d'aliéner ce quart, comme pour la dot d'une femme, pour alimens, &c.

L. 3. §. 3. C. comm. de legat. L'héritier chargé de rendre après un terme incertain, ou sous condition, est cependant le véritable propriétaire, parce que ceux qui sont appellés à la substitution, peuvent mourir avant le terme ou la condition échue; *L. 7. de reb. alien. non alien. Maynard, l. 7. ch. 64. & l. 7. ch. 35.* mais néanmoins il ne peut rien aliéner au préjudice des substitués; & s'ils avoient vendus les biens sujets à restitution, lorsque la substitution est ouverte, ceux qui y sont appellés peuvent les révendiquer, sans que le tiers acquéreur leur puisse opposer le décret ou la prescription, à moins que le décret n'eût été fait, ou que la prescription ne fût acquise; à compter seulement du jour de l'ouverture de la substitution.

La Roche-Flavin, avec les notes de Graverol, l. 3. tit. 9. art. 2. Auth. Re quæ. C. comm. de legat. Néanmoins l'héritier peut aliéner pour payer sa rançon lorsqu'il est prisonnier de guerre.

Lorsqu'un pere a substitué les biens qu'il laisse à son fils, soit aux enfans du fils institué, soit à des étrangers au défaut des enfans de l'institué, la

femme du fils grevé a une hypothéque ſur les biens ſubſtitués par ſa dot
& ſon augment de dot, ou douaire ,
parce que le pere ayant voulu que ſon
fils eût des enfans, a voulu qu'il fût
marié , & par conſéquent qu'il fît tout
ce qui étoit néceſſaire pour trouver
un parti ſortable ; mais il faut obſerver que cette hypothéque de la femme
ſur les biens ſubſtitués, n'eſt que ſubſidiaire , & qu'elle n'a lieu, qu'en
cas que ſon mari n'ait point de biens
libres. ¶¶ L'Ordonnance des ſubſtitutions , art. 53. décide que cette hypothéque ſubſidiaire a lieu encore que la
ſubſtitution fût faite par un collatéral
ou étranger , pourvu qu'elle ſoit
faite en faveur des enfans du grevé ,
ou en faveur d'un autre , au cas que
le grevé vienne à décéder ſans enfans.]]

Quoique la volonté du teſtateur
ſoit la ſeule régle qui doive être ſuivie *L. 30. C.*
en matiere de fidéicommis, & qu'il *de fidéic.*
ne ſoit pas permis d'y ajouter des con- *L. 102. ff.*
ditions qu'il n'a point exprimées , *de cond. 1.*
néanmoins lorſqu'un pere inſtitue ſon *& demonſt.*
fils héritier , & qu'il le charge de rendre la ſucceſſion à un de ſes freres ou
à un étranger , on ſuppſe toujours que
c'eſt à condition que le fils ne laiſſera

point d'enfans : condition si naturelle, qu'on présume que le testateur l'a pensée, qu'il l'a voulue, & qu'il a oublié de l'exprimer ; mais si le pere avoit substitué son frere ou un autre parent à son fils, en cas qu'il vienne à décéder sans enfans mâles, alors on ne supplée rien à sa condition, de sorte que quand le fils auroit des filles, la substitution ne laisseroit pas d'avoir son effet, parce que le testateur a suffisamment marqué que son intention étoit de préférer le substitué aux filles de son fils.

Henrys,
tom. 1. l. 5.
ch. 4. q. 26.
Il faut bien prendre garde de ne pas confondre les conditions avec les dispositions en matiere de fidéicommis ; car il arrive souvent que le testateur nomme des personnes qui ne servent qu'à marquer la condition sous laquelle il dispose, sans qu'il ait intention de faire aucune disposition en leur faveur. Ainsi un testateur qui substitue à son héritier, en cas qu'il décéde sans enfans, n'appelle pas les enfans de l'héritier au fidéicommis ; il ne les nomme que pour faire cesser le fidéicommis, en cas qu'il y en ait de vivans au moment du décès de leur pere, ou pour le faire valoir en cas qu'il n'y en ait point ; c'est ce que

diſent les Juriſconſultes , que les enfans mis dans la condition ne ſont
pas dans la diſpoſition. ¶¶ L'Ordonnance des ſubſtitutions , art. 19. dé-
cide formellement que les enfans qui
ne ſeront point expreſſément appellés à la ſubſtitution , mais qui ſeront
ſeulement mis dans la condition ſans
être chargés de reſtituer à d'autres ,
ne ſeront en aucun cas regardés comme étant dans la diſpoſition , telles
circonſtances qu'il puiſſe y avoir ,
dont les principales ſont détaillées
dans cet article.]]

L'héritier qui eſt chargé de rendre au *Tot. tit. ff.*
ſubſtitué , peut retenir la quatriéme *ad Senat.*
partie des biens que le teſtateur lui a *C. Trebel.*
laiſſés; c'eſt ce qu'on appelle la quarte
trébellianique ; mais ſi l'héritier n'eſt
chargé de rendre qu'après un certain
tems , ou ſous une condition , tous les
fruits qu'il a perçus avant l'échéance du
terme , & de la condition , doivent être
imputés en cette quarte ; de ſorte que
s'il a joui aſſez long-tems pour la remplir , il ne peut plus rien retenir.

Les enfans chargés ou grevés de *Cap. Rai-*
ſubſtitution (c'eſt le terme dont on ſe *nutiusext.*
ſert dans tous les pays de Droit écrit) *de teſtam.*
les enfans , dis-je , ne pouvoient rete-
nir par le Droit Romain que la quarte

te trébellianique , ou la légitime à leur choix ; mais nous avons suivi en France le Droit canon, qui leur donne la quarte trébellianique , & la légitime tout ensemble : c'est ce qu'on appelle les deux quartes. ¶¶ L'Ordonnance des testamens , art. 56. dit que ceux qui ont droit de légitime , & qui auront été institués héritiers , pourront faire distraction de la quarte falcidie sur les legs , & de la quarte trébellianique sur les fidéicommis , & retenir en outre leur légitime.]] Le pere ne peut pas les empêcher de retenir la légitime franche & exempte de substitution ; il ne peut pas même ordonner qu'ils seront tenus d'imputer les fruits en la légitime ; mais pour la quarte trébellianique , ils font tenus d'imputer les fruits , & le testateur leur peut défendre de la retenir comme aux héritiers étrangers , parce qu'en effet ils prennent la légitime en qualité d'enfans, & ne prennent la quarte que par le même droit, & de la même maniere qu'elle est attribuée aux héritiers étrangers. ☞ L'Auteur sur le témoignage d'Henrys, avance ici deux maximes qui ne font pas certaines. 1°. Il n'est pas vrai que les enfans foient tenus d'im-

Henrys, tom. 1. l. 5. qu. 11.

puter les fruits par eux perçus ſur la quarte trébellianique ; le contraire ſe juge dans tous les Parlemens du Royaume. *Voyez les Auteurs cités dans les Obſervations ſur Henrys*, tom. 2. *liv.* 5. *q.* 8.

A l'égard de la ſeconde queſtion qui conſiſte à ſçavoir, ſi l'on peut prohiber la trébellianique aux enfans du premier dégré : dans les Parlemens de Paris, de Touloufe, de Bordeaux, la prohibition étoit valable, pourvu qu'elle ſoit expreſſe ; mais dans les Parlemens de Grenoble & de Provence, la prohibition étoit inutile. *Voyez les Obſervations ſur Henrys*, tom. 2. *l.* 5. *q.* 11. ¶¶ Préſentement ſuivant l'article 60. de l'Ordonnance des teſtamens, il eſt permis à tous teſtateurs de défendre de retenir les quartes falcidie & trébellianique, avec la légitime, auquel cas le légitimaire a ſeulement le choix, à moins que le teſtateur ne l'eût réduit à ſa légitime.]]

En matiere de fidéicommis le droit d'accroiſſement a lieu, c'eſt-à-dire, que quand j'inſtitue un héritier, & que je lui ſubſtitue Pierre & Jacques en cas qu'il décéde ſans enfans, ſi Pierre vient à décéder avant la con-

La Roche-Flavin, l. 3. tit. 9. arrêt 8. & l. 2. tit. 5. arrêt 2.

dition échue, & que Jacques furvive, il recueille feul tout le fidéicommis, & la portion de Pierre accroît à la fienne.

Henrys, La repréfentation n'a point lieu *tom. 2. l. 1.* dans les fidéicommis, pas même en *q. 5.* ligne directe; on n'admet à recueillir *Ordonn.* la fubftitution que les perfonnes que *des fubftit.* le teftateur y a nommément appel-*art. 20. &* lées; c'eft pourquoi fi un pere qui a *21.* trois enfans mâles inftitue l'aîné, & lui fubftitué les deux autres, en cas de prédécès fans enfans, l'un des fubftitués venant à décéder avant l'héritier, les enfans qu'il laiffe ne viennent point à la fubftitution, fi le teftateur ne les y a lui-même appellés.

Ibid. q. 54. L'héritier chargé de rendre pure-*Ordonn.* ment & fimplement, ou après un *des fubft.* tems certain, peut anticiper le tems, *art. 28.* & même renoncer à la quarte trébellianique; ¶¶ mais cela ne préjudicie pas à fes créanciers. Ordonnance des fubftitutions, art. 42.

L'article 28. de la même Ordonnance veut que ces renonciations foient faites devant Notaires, & qu'il y en ait minute.]]

Si le fidéicommis contient un terme incertain, ou une condition, l'héritier ne peut pas prévenir le terme ni

l'échéance

l'échéance de la condition au préjudice de ses créanciers, parce qu'il est incertain si la substitution aura son effet, & que l'héritier peut devenir propriétaire incommutable des biens substitués : quand même il n'auroit point de créanciers, il ne peut pas restituer avant le terme échu, ou la condition arrivée, lorsqu'il y a plusieurs substitués appellés ensemble, ou successivement ; parce qu'il pourroit arriver qu'il ôteroit le droit à celui à qui il sera acquis dans le tems de l'ouverture de la substitution. Supposons, par exemple, que le testateur ait substitué Jacques à l'héritier décédant sans enfans, & au cas que Jacques décéde avant l'héritier, qu'il ait substitué Pierre ; si l'héritier rendoit avant sa mort les biens substitués à Jacques, & qu'ensuite Jacques mourut avant l'héritier, ces biens passeroient aux héritiers de Jacques, contre l'intention du testateur, qui leur a voulu préférer la personne de Pierre.

Autrefois le testateur avoit la liberté de faire des substitutions graduelles & perpétuelles jusqu'à l'infini ; c'est-à-dire qu'il pouvoit charger les enfans de ses enfans, tant que la ligne duroit, & même passer après

cela dans les lignes collatérales : ensorte que tant qu'il y avoit des parens,
ils ne succédoient pas les uns aux autres aux biens substitués, suivant l'ordre des successions ordinaires, mais
suivant l'ordre qui avoit été prescrit
par le testateur, qui faisoit pour ces
sortes de biens une loi particuliere &
Novel.59. perpétuelle pour sa famille. Justinien
jugea à propos de modérer les substitutions, & les réduisit à quatre dégrés, la personne instituée non comprise dans les quatre dégrés. L'Ordon-
Ordonn. nance d'Orléans a réduit ces quatre
d'Orléans dégrés à deux ; & l'Ordonnance de
art. 59. Moulins en confirmant celle d'Orléans,
Ordonn. a réduit à deux dégrés les substitutions
de Mou- faites après l'Ordonnance d'Orléans ;
lins, art. & pour celles qui avoient été faites
57. auparavant, elle les a laissées à quatre
Ord. des dégrés. ¶¶ Ce qui a été confirmé par
subst. art. l'Ordonnance des substitutions, ar-
30. ticle 30.]]

Dans le ressort du Parlement de
Toulouse l'on perpétuoit les substitutions jusqu'au quatriéme dégré,
l'institué non compris ; & pour leur
donner encore plus d'étendue, au
lieu que dans les autres Parlemens,
on compte les dégrés par têtes, &
que chaque personne qui recueille,

fait un dégré ; au Parlement de Tou- D'Olive,
louſe , on les comptoit par ſouches , *l.*5.*ch.*10.
ou par générations : enforte que ſi *Cambolas.*
l'inſtitué avoit dix enfans qui recueil- *l.* 3. *ch.* 7.
lent ſucceſſivement la ſubſtitution , *Catalan,*
par le décès ſans enfans des uns & *t.* 1. *l.* 2.
des autres , ces dix perſonnes ne fai- *ch.* 44.
ſoient qu'un ſeul dégré , & ainſi des
autres. Il eſt vrai que ſi la ſucceſſion
des freres étoit interrompue , & qu'ils
ne ſuccédaſſent pas immédiatement ,
on comptoit alors les dégrés d'une
autre maniere. Par exemple , ſi le fils
aîné de l'héritier meurt après avoir
recueilli , & qu'il laiſſe un fils qui
décéde ſans enfans , & que par ce
moyen la ſubſtitution remonte au frere
de cet aîné , cela faiſoit trois dégrés ,
l'aîné fait le premier , ſon fils le ſecond , ſes freres le troiſiéme , parce
qu'ils ne lui ont pas ſuccédé immédiatement , & que la ſubſtitution eſt
remontée à l'un d'eux par le décès de
leur neveu.

¶¶ L'Ordonnance des ſubſtitutions ,
art. 31. veut que dans les pays où les
ſubſtitutions s'étendoient à quatre dégrés , elles ſoient à l'avenir réduites à
deux , & l'article 33. ordonne que les
dégrés ſoient comptés par têtes , &
non par ſouches.]]

Il faut encore obferver que quand
le teftateur a inftitué un héritier fiduciaire, il y a deux perfonnes qui ne
font comptées pour rien dans la computation des dégrés, fçavoir, l'héritier
fiduciaire, & le véritable héritier; ce
qui eft obfervé par tout le Royaume
avec jufte raifon; car l'héritier fiduciaire n'eft pas proprement héritier, il
eft plutôt tuteur ou dépofitaire, & ne
fait que prêter fon nom au véritable
héritier.

Lorfque les biens d'une famille
font fubftitués, fi la fubftitution demeuroit cachée, tous ceux qui con-
tracteroient avec celui qui eft chargé
Ordonn. de rendre, fe trouveroient trompés
de Mou- par la fuite; c'eft pourquoi l'Ordon-
lins, art. nance veut que les fubftitutions pour
57. & pr. être valables, foient publiées en ju-
Décl. fur gement l'Audience tenant : ¶¶ au-
icelle. trefois c'étoit au Greffe]] du plus
Ordonn. prochain Siége Royal de la demeure
des fubft. du teftateur, & encore aux Greffes
art. 19. & des plus prochains Siéges Royaux des
fuiv. lieux où les biens fujets à reftitution
font fitués. ¶¶ Préfentement ce doit
être au Greffe des Bailliages, Séné-
chauffées, ou autre Siége Royal, ref-
fortiffant nuement aux Cours fupé-
rieures. Ordonnance des fubftitu-

tions, art. 19.]] Ces Ordonnances ſont
exécutées ſi exactement, que quand
la ſubſtitution ſeroit faite par une
donation qui auroit été inſinuée, cela ne ſuffit pas, il faut encore qu'elle
ſoit publiée. ☞ La publication n'é-
toit pas néceſſaire dans les Parlemens
de Droit écrit pour la validité des
ſubſtitutions. *Obſervations ſur Henrys,*
tome 2. l. 5. q. 14.] §§ Mais l'Ordonn-
nance des ſubſtitutions, art. 19. fait
une loi générale.]]

Le défaut de publication n'emporte
nullité qu'à l'égard de ceux qui ont *Henrys,*
contracté avec l'héritier ; mais non *tom. 2. l.*
pas pour l'héritier, qui eſt toujours *5. q. 14.*
chargé de rendre, ni même pour *Louet,*
les créanciers de l'héritier de cet *let. S. c. 3.*
héritier. *Le Preſ-*
tre, t. 2.
c. 21.

Les mineurs ſubſtitués ne ſont pas *Ordonn.*
relevés du défaut de publication, *des ſubſtit.*
ſauf à eux leur recours contre leurs *tit. 2. art.*
tuteurs, pour raiſon duquel ils ont hy- *32.*
pothéque du jour de l'acte de tutelle.

Il y a trois choſes qui ſont généra- *Ricard des*
lement obſervées en toutes ſortes de *ſubſtit. ch.*
fidéicommis univerſels. La premie- *13. ſect. 2.*
re, que jamais les Juges ne pronon- *n. 122.*
cent l'ouverture du fidéicommis en *Journal*
faveur des ſubſtitués, qu'ils n'ajou- *du Palais*
tent en même tems, ſauf les dé- *tom. 7. p.*
480.

tractions telles que de droit ; & quand
la clause ne seroit pas exprimée dans
le jugement, elle est toujours sousen-
tendue ; car on ne peut pas empêcher ceux qui sont chargés de fidéi-
comis, de retenir la quarte trébellianique en pays de Droit écrit, si elle
n'a pas été obligée par le testateur,
ou si elle n'est pas remplie par la
jouissance des fruits : on ne peut pas
empêcher les enfans de retenir la légitime : on ne peut pas empêcher les
héritiers institués de retenir les im-
penses utiles & nécessaires qu'ils ont
faites dans les biens substitués, autres
Cambolas toutefois que les réparations viage-
l. 1. ch. 6. res, non plus que les payemens des
légitimes des autres enfans, des legs
particuliers faits par le testateur, &
des dettes de la succession. Il est vrai
que l'héritier qui retient la quarte trébellianique, doit payer le quart des
dettes ; mais pour les legs, le substitué les doit entiérement.

  La seconde chose qui est observée,
L. 1. §. 1. est que dès le moment que la resti-
F. ad Se- tution du fidéicommis a été faite,
nat. C. toutes les actions du défunt, soit ac-
Trebell. tives, soit passives, passent au même
instant en la personne du substitué,
jusqu'à concurrence des parts &

portions qui lui ont été rendues : de
ſorte que ſi le teſtateur a défendu la
quarte trébellianique , & que l'héritier inſtitué ne ſoit pas en droit de retenir ſa légitime , comme n'étant pas
du nombre des enfans ; c'eſt alors au
Subſtitué à qui on ſe doit adreſſer pour
toutes les actions qu'on a à diriger
contre la ſucceſſion ; comme auſſi c'eſt
à lui à qui il appartient de pourſuivre
toutes les actions que le défunt pouvoit intenter contre qui que ce ſoit.

Il faut enfin obſerver que l'héritier
qui eſt en poſſeſſion des biens ſubſtitués , juſqu'à ce que la condition
ou le terme ſoient échus , eſt obligé
de les entretenir en bon état , & de
les conſerver en bon pere de famille :
de ſorte que s'il laiſſe tomber les maiſons , ou dégrader les terres faute d'y
faire les réparations néceſſaires & ac- *L. 22. §.*
coutumées , il en eſt reſponſable ; il *x. ff. ad*
en eſt de même s'il laiſſe preſcrire les *Senat. C.*
dettes actives , s'il laiſſe devenir les *Trebell.*
débiteurs inſolvables par ſa négligen-
ce , &c. Mais on n'exige pas de l'héritier chargé de rendre , la même exactitude que d'un tuteur ; il faut , dit la
loi , que ſa négligence ſoit ſi groſ-
ſiere , qu'elle approche du dol & de
la fraude.

Dans les pays coutumiers, on ne connoît point d'autres substitutions que les fidéicommissaires ; on n'y peut pas faire des institutions d'héritiers ; ni par conséquent des substitutions vulgaires & pupillaires ; ¶¶ mais on peut grever de substitution des donataires ou légataires, soit universels ou particuliers.]]

Il y a même des coutumes qui rejettent absolument les substitutions testamentaires, & qui ne les admettent que dans les contrats de mariage.

Dans les coutumes qui n'en parlent point, on peut substituer les biens dont on peut disposer, pourvu que le testateur fasse la substitution en faveur d'une personne à laquelle il pourroit léguer ; d'où il résulte qu'on ne peut pas substituer la portion des propres dont on ne peut pas disposer. Il en résulte encore, que ceux qui se portent héritiers du testateur, ne peuvent pas dans la plûpart des coutumes, profiter de la substitution qu'il a fait à leur profit, parce que dans ces coutumes il est défendu d'être héritier & légataire tout ensemble.

En pays coutumier ceux qui sont chargés de substitution, ne peuvent pas retenir la quarte trébellianique ;

Auvergne tit. 11 art. 5 la Marche art. 15. Bourbon. art. 314. Norman. Basnage sur l'art. 35. de cette coutume pag. 381. Ricard des substit. p. 173.

mais les enfans doivent avoir la légitime franche & exempte de toute
ſubſtitution.

Il y a d'autres ſubſtitutions fidéïcommiſſaires très-uſitées parmi nous,
qu'on appelle ſubſtitutions contrac-
tuelles ; ce ſont celles qui ſont faites
par des donations, & ſur-tout par des
contrats de mariage. Elles ne différent en rien des teſtamentaires, ſi ce
n'eſt qu'elles ne ſont point révocables,
& qu'elles ſont beaucoup plus favorables que les autres.

Au ſurplus, on ſuit preſque les mêmes maximes pour les ſubſtitutions
fidéïcommiſſaires dans les pays coutumiers, que dans les pays de Droit
écrit.

Il ne faut pas omettre de parler
ici d'une eſpéce de fidéïcommis tacite qui eſt aſſez fréquent dans les
coutumes, où il eſt défendu au mari
& à la femme de s'avantager directement ni indirectement. Les maris &
les femmes qui veulent éluder la coutume, choiſiſſent un ami auquel ils
ſe confient, & lui font un legs conſidérable, ſouvent un legs univerſel,
ſans prendre de lui aucune aſſuran-
ce, ni verbale, ni par écrit, & cet
ami ſe fait un honneur de rendre au

survivant ce qu'il a reçu de la libéralité du prédécédé. On y est aussi quelquefois trompé ; car le légataire intéressé peut garder ce qu'on ne lui a légué que dans la confiance qu'il le rendroit. Il n'y a aucun moyen d'empêcher qu'on ne fasse cette fraude à la coutume ; car lorsqu'il n'y a eu aucune promesse de rendre , ni verbale , ni par écrit , ce qu'on voit autant qu'on le peut par les interrogatoires sur faits & articles, les Juges ne peuvent pas se dispenser de confirmer le legs , qui est fait à une personne capable , & dès le moment que le légataire est maître du legs , on ne peut pas l'empêcher d'en disposer en faveur d'une personne qui est capable de recevoir de lui. C'est aux Casuites à juger si cela est permis en conscience. ¶¶ Dans tous les cas où l'on soupçonne que le legs est un fidéicommis tacite , on peut obliger le légataire d'affirmer qu'il ne prête point son nom à la personne prohibée , & qu'il n'acepte point le legs pour le rendre. Arrêt du 24 Janvier 1716. *Rec.* de la Combe, au mot *avantage.*]]

CHAPITRE XV.

Des Legs & des Donations à cause de mort.

LE legs qu'on appelle légat dans le pays de Droit écrit, est une donation faite par testament ou codicille, pour être accomplie par l'héritier ou par les autres légataires. *Inst. de legat.*

Si la donation étoit faite par un autre acte que par un testament, ou un codicille, ou si le testateur lui-même y mettoit la derniere main, par la tradition de la chose donnée, ce ne seroit plus un legs, mais une donation entre-vifs, ou à cause de mort, quoiqu'elle fût écrite dans le testament.

Autrefois le testateur ne pouvoit charger de legs que son héritier institué, & s'il vouloit charger l'héritier *ab intestat*, ou quelque légataire, des liberalités qu'il faisoit à d'autres personnes, ce ne pouvoit être que par un fidéicommis. Mais aujourd'hui les legs ont été égalés en toutes choses avec les fidéicommis ; c'est pourquoi il est inutile de rapporter toutes les *L. 1. & 2. C. comm. de legat.*

Q vj

différences qu'il y avoit entre ces deux manieres de donner dans l'ancien Droit.

Nous avons déjà parlé au titre des teſtamens, des perſonnes qui ſont capables ou incapables de donner ou recevoir par teſtament ; on peut néanmoins ajouter ici quelques principes qui regardent la capacité des légataires, ſoit en pays de Droit écrit, ſoit en pays coutumier.

Inſt. de legat.16. Brodeau ſur Louet, let.D. 51. On peut léguer aux perſonnes qui ne ſont pas encore au monde, comme aux enfans nés & à naître, ſoit du teſtateur, ſoit d'un étranger.

Louet, l. ſom. 8. Quoiqu'on ne puiſſe pas inſtituer un Religieux ou une Religieuſe, parce qu'ils ſont morts au monde, on peut toutefois leur léguer des penſions modiques, pour être employées aux beſoins qu'ils peuvent avoir.

Ricard ſur Paris, art. 283. Dans la coutume de Paris, quoique le mari & la femme ne ſe puiſſent rien donner directement ni indirectement, néanmoins on juge que celui des deux qui n'a point d'enfans, ni de ce mariage, ni d'un autre lit, peut donner aux enfans de l'autre, d'un précédent mariage. Mais dans les autres coutumes, qui défendent aux conjoints de s'avantager, & qui n'ont point de difposition femblable à celle de l'art. 283. de la coutume de Paris, on étend la prohibition aux enfans d'un autre lit.

A l'égard des chofes, le teftateur peut léguer ce qui ne lui appartient pas, pourvu que la chofe foit dans le commerce ; car s'il avoit légué une chofe facrée, le legs ne vaudroit rien. Il faut auffi pour la validité du legs que le teftateur ait fçu que la chofe léguée ne lui appartenoit pas ; & comme on préfume toujours que le teftateur n'a voulu léguer que fon bien, c'eft au légataire à prouver que le teftateur a fçu que la chofe léguée appartenoit à un autre, & en ce cas, fi l'héritier la peut acheter commodément, il la doit livrer au légataire, finon il lui en doit l'eftimation. *Inft. de legat. §. 4. Lexius paratit. ff. tit. de leg. Henrys, t. 1. liv. 5. ch. 4. qu. 43. Maynard, liv. 5. ch. 4.*

Le teftateur peut léguer la chofe qui appartient à fon héritier, foit qu'il le fçache, foit qu'il croye en être le propriétaire. La raifon de la différence eft, qu'on préfume plus facilement que le teftateur ait voulu charger fon héritier de donner au légataire une chofe qu'il a en fa poffeffion, que le charger d'acheter d'un autre ce qu'il n'a pas. *L. 67. §. 8. ff. de legat. 83.*

On ne peut pas léguer au légataire *Inftit. de leg. §. 10.*

une chofe qui lui appartient déjà, & l'eftimation ne lui en eft pas dûe.

L. 75. §. 2. ff. de leg. Si je légue les cent écus qu'un tel me doit, & qu'il ne me doive rien en effet, le legs eft inutile : car quand il me devroit effectivement, l'héritier ne feroit pas obligé de me payer la fomme, mais feulement de me céder fes actions, & de me délivrer les titres de la créance.

L. 7. C. de leg. Lorfque le teftateur légue une chofe certaine, comme un tel fonds, une telle maifon, à deux perfonnes différentes, par deux claufes féparées : Par exemple, je légue à Pierre ma maifon de Paris, je légue à Antoine ma maifon de Paris ; en ce cas, le dernier legs ne révoque point le premier, mais les deux légataires concourent enfemble, & partagent le legs par moitié.

Inftit. de leg. §. 6. Nous avons dit que le teftateur peut léguer la chofe qui appartient à fon héritier, où même à un étranger, & que le legs eft valable. Si le légataire en ce cas achete la chofe léguée de l'héritier ou de l'étranger, l'eftimation ne laiffe pas de lui en être dûe ; mais s'il acquiert à titre lucratif, c'eft-à-dire, fi le propriétaire la lui a donnée, ou s'il l'a fait fon héri-

tier avant l'échéance du legs, le legs
demeure éteint, parce que deux caufes lucratives ne peuvent pas concou-
rir enfemble, en la même perfonne,
& pour la même chofe. Ibid.§.16.

Si la chofe léguée vient à périr fans
le fait de l'héritier, la perte tombe
fur le légataire.

Les legs peuvent être fous condition, ils peuvent être payables à certain terme, ils peuvent être faits pour
de certaines caufes, & avec de certaines démonftrations.

Les legs qui font faits fous condition, ne font point dûs, que la condition ne foit échue, à moins qu'elle
ne foit impoffible, ou contre les
bonnes mœurs, auquel cas elle eft
rejettée.

Le legs payable à certain terme eft *Cambolas l. 4. c. 49.*
dû dès le moment de la mort du dé-
funt, & par conféquent fi le légataire meurt avant le terme, le legs eft dû
à fes héritiers. Ainfi lorfque le teftateur a légué à une perfonne à condition qu'elle fera mariée, fi elle meurt
avant que d'être mariée, le legs demeure caduc ; mais s'il lui a légué
une fomme lorfqu'elle fera mariée,
le legs paffe à fes héritiers, quand
même elle mourroit fans être mariée.

& ils en peuvent demander le payement dès le moment que le tems
auquel elle auroit été nubile, sera
échu.

A l'égard de la cause, ou elle regarde le passé, ou elle regarde l'avenir. Si elle regarde le passé, quand
elle se trouveroit fausse, le legs ne
laisseroit pas de subsister ; par exemple, je légue à Pierre, parce qu'il a
eu soin de mes affaires : quand le légataire ne s'en seroit pas mêlé, le
legs ne laisse pas d'être bon, *Falsa
causa non vitiat legatum.*

L. 40.§.5. Si la cause regarde l'avenir, par
L. 80. *ff.* exemple, si le testateur légue à Pierre
de cond.& pour faire bâtir une maison en tel
dem. lieu, le legs n'est point suspendu, il
est dû dès le moment de la mort du
testateur ; mais l'emploi des deniers
doit être fait suivant sa volonté, &
l'héritier peut obliger le légataire
d'en donner caution. La cause qui
regarde le passé est appellée dans les
loix, *Causa,* & celle qui regarde
l'avenir est appellée *Modus.*

L. 40.§. La fausse démonstration ne rend
4. *ff. eod.* pas le legs nul, pourvu que la chose
léguée subsiste, & qu'elle soit suffisamment connue d'ailleurs ; je légue à
ma femme la terre de Choisy qu'elle

m'a donnée.; fi j'ai une terre appellée Choify , le legs fubfifte , quoiqu'elle ne m'ait pas été donnée par ma femme.

Il faut préfentement parler du droit d'accroiffement , qui n'a lieu en matiere de legs que quand le teftateur a joint enfemble plufieurs légataires , ce qu'il peut faire de trois manieres différentes ; fçavoir.

Colombet paratit. ad tit. de leg.

Par les paroles feulement, quand le teftateur légue une même chofe à deux perfonnes , & qu'il la leur diftribue entr'eux ; je légue à Pierre & à Jean ma maifon par égales portions.

Par la chofe feulement , lorfqu'il légue la même chofe à deux perfonnes différentes par deux claufes féparées ; je légue ma maifon à Pierre, je légue ma maifon à Jean, chacun des légataires a la moitié de la maifon ; mais ce n'eft pas le teftateur qui leur a diftribué les portions ; c'eft la nature de la chofe , que chacun d'eux ne peut pas poffeder folidairement ; ainfi le concours de deux perfonnes fait qu'ils n'en ont que chacun la moitié.

Par la chofe & par les paroles , quand le teftateur légue la même chofe à deux perfonnes par une même claufe fans ajouter une diftribution de portions ; je légue ma maifon à Pierre & à Jean , en ce cas les deux légataires n'ont encore chacun la moitié de la maifon , que par le concours à une même chofe , dont chacun d'eux ne peut avoir le tout.

Cela préfupofé , le droit d'accroiffement n'a point de lieu entre les légataires , qui ne font conjoints que par les paroles feulement , parce qu'ils ne font pas proprement conjoints ; le teftateur ne les a compris dans une même claufe , que pour abréger fon difcours.

A l'égard des conjoints par la chofe feule , ou par les paroles & par la chofe , le droit d'accroiffement a toujours lieu entr'eux ; c'eft-à-dire , que fi l'un des deux légataires décéde avant le teftateur , ou s'il refufe , on ne peut pas avoir le legs , fa portion appartient à l'autre légataire.

Mais on demande , fi le legs accroît avec fa charge ; par exemple , je légue ma maifon à Pierre & à Jean , & je charge Pierre de payer cent écus à Jacques ; fi Pierre né peut , ou ne veut pas prendre le legs , Jean fera-t'il obligé de payer les cent écus à Jacques ? Il y a deux principes pour

décider cette queftion. Le premier,
qu'entre conjoints par la chofe feulement, le legs accroît fans aucune
charge, parce que la folidité avoit
d'abord été léguée au légataire qui
refte feul ; ainfi pour avoir fon legs
entier, il n'a befoin que de fon
droit, & ne fe fert pas de celui de
l'autre légataire.

Le fecond principe eft, que fi le
légataire qui ne prend rien au legs,
étoit décédé dans le tems que le
teftateur a fait fon teftament, le legs
accroît à l'autre fans aucune charge ;
mais s'il n'eft décédé que depuis le
teftament, ou s'il refufe le legs, il
accroît avec fa charge entre conjoints
par la chofe & par les paroles.

Il faut encore obferver que le légataire peut refufer la portion qui accroît, & fe délivrer par ce moyen de
la charge ; mais l'héritier ne le peut
pas.

Lorfque le teftateur a légué quelque chofe, l'héritier eft non-feulement obligé de fournir la chofe léguée, mais même les autres chofes
qui font néceffaires pour parvenir
à la poffeffion du legs. Ainfi quand
le teftateur avoit légué une de ces
charges, qui étoient appellées *Mili-*

L. 102,
§. 3. ff. de
legat. 3.
Louet, A.
12.

tiæ , l'héritier étoit obligé de fournir au légataire les deniers d'entrée qui étoient néceſſaires pour être reçu en la charge. C'eſt par cette raiſon qu'on a jugé que le teſtateur ayant légué un immeuble à des gens de main-morte, l'héritier étoit obligé de payer le droit d'amortiſſement.

Inſt. de leg. §. 22. Lorſque le teſtateur a légué une choſe ſans la déſigner en particulier, L. 69. §. 4. ff. de jur. dol. & qu'il en a pluſieurs de la même eſpéce ; par exemple, un de ſes chevaux, un de ſes eſclaves, le choix apparte- noit au légataire. Mais ſi le teſtateur avoit légué en général un fonds , le legs ſeroit inutile , parce que le legs ne feroit pas ſuffiſamment déſigné , un fonds pouvant conſiſter en une ſeule perche de terre. ▬

Les legs peuvent être ôtés de plu- ſieurs manieres différentes ; par la vo- Inſt. de leg. §. 12. lonté expreſſe ou tacite du teſtateur, l. 18. ff. de admin. leg. s'il révoque le legs, s'il aliéne ſans né- ceſſité la choſe léguée , s'il la donne de ſon vivant à une autre perſonne , L. 22. ff. eod. s'il intervient des inimitiés capitales entre le teſtateur & le légataire. Par le fait du légataire qui s'en rend indigne, Tot. tit. ff. de his quæ ut indig. s'il cache le teſtament du défunt , s'il refuſe la tutelle dont le teſtateur l'a chargé par ſon teſtament, s'il accuſe le teftament d'être faux ou inofficieux. Il eft vrai que les tuteurs qui forment cette accufation fous le nom de leur mineur , ne perdent pas le legs qui leur eft fait.

En pays coutumier, fi le teftateur a *Renuffon,* légué une nature de biens qu'il ne pou- *Tr. des* voit pas léguer , le légataire ne peut *propres, c.* pas demander d'être indemnifé fur les *3. fect. 3.* autres biens dont le teftateur avoit la libre difpofition ; par exemple , fi dans la coutume de Paris le teftateur a légué une terre qui excéde le quint des propres , l'excédent fera ôté au légataire , fans qu'il puiffe en demander l'eftimation fur les meubles & acquêts.

Les legs ne font pas fi favorables *Ricard,* en pays coutumier , qu'en pays de *des donat.* Droit écrit ; c'eft pourquoi fi un pere *part. 3. ch.* & une mere difpofent au profit d'un *3. fect. 14* de leurs enfans par un motif de hai- ne contre les autres , on caffe quel- quefois le legs , & en collatéral , fi le teftateur , en faifant un legs uni- verfel , avoit ajouté une caufe infa- mante contre fon héritier , le legs feroit caffé , à moins que ce ne fût un jufte reproche d'ingratitude , ou que la caufe ne fût publique , de forte que le teftateur eût plutôt voulu rendre compte de sa conduite, que deshonorer son héritier.

Ibid. sect.
17.
Le consentement que l'héritier du testateur pourroit donner lors du testement, ne peut pas faire valoir les legs faits à des incapables, ni faire valoir le tout pour un legs qui est réductible, parce que l'on suppose que le consentement n'a été donné que de crainte que le testateur ne fît encore pis.

Paris, art.
300.
Dans la plûpart des coutumes, les deux qualités d'héritier & de légataire sont incompatibles : de sorte que si le testateur a fait un legs à son héritier présomptif, il faut qu'il renonce à la succession pour avoir le legs, * si le lé-

Louet &
Brodeau,
A. 16.
gataire a des cohéritiers; secùs, quand il n'en a pas.]

Les qualités d'héritier & de légataire ne sont incompatibles, que quand les biens sont situés dans une même coutume ; mais s'il y a des biens en diverses coutumes, on peut être héritier dans l'une, & légataire dans les autres, pourvu qu'on n'y puisse rien prendre en qualité d'héritier.

Les legs sont sujets à délivrance, c'est-à-dire, que les légataires n'en doivent jouir que du jour qu'ils en ont formé la demande contre l'héritier ; & si le legs consiste en argent comptant, l'héritier n'en doit l'intérêt que du jour de la demande, excepté les legs faits par un pere & une mere à leurs enfans, dont l'intérêt eſt dû du jour de la mort du teſtateur, parce qu'ils tiennent lieu de la portion héréditaire des enfans légataires.

La loi donne hypothéque aux légataires ſur tous les biens du défunt pour le payement de leurs legs, mais cette hypothéque n'a lieu que juſques à concurrence de la part & portion dont chaque héritier eſt chargé du legs. *L. C. 1. comm. de legat.*

Les donations à cauſe de mort ſont celles qui ſont faites pour avoir lieu, en cas que le donateur vienne à décéder avant que de les avoir révoquées. De ſorte qu'il demeure toujours le maître de la choſe donnée, & en peut diſpoſer comme bon lui ſemble, tout de même que s'il n'y avoit point de donation.

Elles ne ſont preſque plus d'aucun uſage, ni dans les pays coutumiers, ni dans les pays de Droit écrit, ſi ce n'eſt en deux cas. Le premier, quand un mari, ou une femme en pays de Droit écrit ſe donnent quelque choſe durant leur vie, la donation eſt réputée à cauſe de mort, quoiqu'elle *L. 11. §. 1. ff. de donat. inter vir. & uxor.*

soit accompagnée de toutes les clauses, & de toutes les solemnités d'une
donation entre-vifs, & si elle n'est
pas révoquée, & que le donataire
survive, alors elle est valable.

Art. 277. Le second cas est expliqué dans la
coutume de Paris, c'est lorsqu'une
personne malade de la maladie dont
elle décéde, fait une donation entre-
vifs. Telle donation, ¶¶ suivant l'article 217. de la coutume de Paris,
étoit réputée à cause de mort, c'est-
à-dire qu'elle n'étoit valable que jusqu'à concurrence de ce que le donateur auroit pu donner par testament.
¶¶ On jugeoit ensuite que telle donation étoit nulle, si elle n'étoit pas
revêtue des formalités des testamens.
Ricard, des Donat. partie 1. ch. 2. nombre 73. & 199.]

¶¶ Présentement, suivant l'art. 4.
de l'Ordonnance des donations, toute
donation entre-vifs qui ne seroit pas
valable en cette qualité, ne peut
valoir comme donation, ou disposition, à cause de mort ou testamentaire, de quelque formalité qu'elle soit
revêtue.]]

CHAPITRE XVI.

Des Teſtamens Militaires.

LEs ſoldats chez les Romains *Tot. tit.* étoient diſpenſés de toutes les *ff. & C.* formalités requiſes pour un teſtament; *de milit.* lorſqu'ils faiſoient le leur dans une *teſt.* expédition militaire, il ſuffiſoit pour la validité que leur volonté fût conſtante & certaine.

Les enfans de famille ſoldats, & ceux qui avoient été condamnés pour un crime militaire, avoient la liberté de teſter.

Les priviléges des teſtamens militaires ſont fort grands. Si le ſoldat a inſtitué un héritier pour un corps certain ſeulement, cet héritier n'aura que ce que le teſtateur lui a aſſigné, & le ſurplus appartiendra aux héritiers *ab inteſtat*.

Le teſtament militaire n'eſt pas caſſé, quoique le ſoldat n'ait point parlé de ſes enfans, & qu'il ne les ait pas inſtitués.

Les ſoldats peuvent inſtituer héritiers, tous ceux qui ſeroient incapables de recevoir d'une autre perſon-

Tome I. R

ne , & par conféquent ils peuvent leur faire des legs, à moins qu'il n'y ait une loi particuliere, qui comprenne expreſſément les foldats dans fa diſpoſition , comme celle qui leur défend de donner à leurs concubines.

Ils peuvent faire un héritier par un codicille.

Ils peuvent faire pluſieurs teſtamens qui feront tous valables , & dont le dernier ne révoquera pas le premier, pourvu qu'il paroiſſe que c'eſt leur volonté. Si le foldat a fubſtitué en paroles directes à fon fils , & qu'il ait étendu la fubſtitution au-delà de la puberté , la fubſtitution fera valable pour les biens du teſtateur juſqu'au tems qu'il aura marqué dans fon teſtament.

Le teſtament militaire ceſſe d'être valable , fi le foldat furvit un an après avoir eu fon congé ; mais fi le foldat a été caſſé pour une cauſe honteuſe , fon teſtament militaire eſt annullé dès l'inſtant même.

Les Officiers qui par la fonction de leurs charges font obligés de fuivre l'armée , comme les Intendans , les Commiſſaires des Guerres , quoiqu'ils ne foient pas foldats , peuvent faire un teſtament militaire.

Les enfans de famille ne peuvent
difpofer que de leur pécule militaire,
ou quafi militaire ; mais ils en peuvent
difpofer même par un teftament ordinaire fait hors le tems de la guerre.

Les teftamens militaires ont les
mêmes priviléges parmi nous que
chez les Romains.

Louet ;
L. 8.

¶¶ L'Ordonnance des teftamens,
art. 27. porte que les teftamens,
codicilles & autres difpofitions à
caufe de mort, de ceux qui fervent
dans les armées, en quelque pays
que ce foit, pourront être faits en
préfence de deux Notaires ou Ta-
bellions, ou d'un Notaire ou Tabell-
lion, & de deux témoins, ou en
préfence de deux des Officiers ci-
après nommés ; fçavoir, les Majors &
les Officiers d'un rang fupérieur, les
Prevôts des Camps & Armées, leurs
Lieutenans ou Greffiers, & les Commiffaires des Guerres, ou de l'un
defdits Officiers, avec deux témoins ;
& en cas que le teftateur foit malade
ou bleffé, il pourra auffi faire fes dernieres difpofitions en préfence d'un
des Aumôniers des Troupes ou des
Hôpitaux, avec deux témoins, & ce,
encore que lefdits Aumôniers fuffent
réguliers.

R ij

L'art. 28. veut que le teſtateur ſigne ſes diſpoſitions, s'il ſçait & peut
ſigner, où qu'il ſoit fait mention de
la cauſe pour laquelle il n'a pas ſigné;
que leſdits actes ſoient ſignés par celui ou ceux qui les recevront, enſemble par les témoins, ſans néanmoins
qu'il ſoit néceſſaire d'appeller des témoins qui ſçachent & puiſſent ſigner,
ſi ce n'eſt lorſque le teſtateur ne pourra
le faire.

L'art. 29. autoriſe les teſtamens
olographes pour les militaires, en
quelque pays que ce ſoit.

Ce même article déclare nuls tous
ceux qui ne ſeroient pas revêtus au
moins d'une des formes portées auſ-
dits articles.

Le 30. porte que la diſpoſition des
précédens n'aura lieu qu'en faveur de
ceux qui feront actuellement en expédition militaire, ou en quartier ou
garniſon hors le Royaume, ou priſon-
niers chez les ennemis; & que ceux
qui ſont en quartier ou garniſon dans
le Royaume, ne peuvent teſter militairement, à moins qu'ils ne fuſſent
dans une place aſſiégée, ou dans une
Citadelle ou autre lieu, dont les portes
fuſſent fermées, & la communication
interrompue à cauſe de la guerre.

L'article 31. étend le privilége de teſter militairement, à ceux qui ſont à la ſuite des Armées, ſoit pour le ſervice des Officiers, ſoit pour la fourniture des vivres & munitions.

Enfin l'article 32. veut que les teſtamens militaires demeurent nuls, ſix mois après que celui qui les aura faits ſera revenu dans un lieu où il puiſſe avoir la liberté de teſter en la forme ordinaire.]]

CHAPITRE XVII.

Des Codicilles.

LE codicille en Droit eſt un acte moins ſolemnel, par lequel un homme peut léguer telle partie de ſes biens que bon lui ſemble. Il ſuffit pour la validité d'un codicille de déclarer ſa volonté en préſence de cinq témoins, ¶¶ y compris le Notaire ou Tabellion ;]] il n'y faut point d'autre ſolemnité. ¶¶ Ordonnance des teſtamens, art. 14.]]

L. 8. C. de codicill.

On ne peut pas directement donner, ou ôter ſa ſucceſſion, que par un teſtament, & non pas par un codicille ; mais ce qu'on ne peut pas faire

Inſt. de codic. §. 2.

directement, on le peut par la voie du fidéicommis ; par exemple, le testateur peut prier l'héritier qu'il a institué par un testament, ou son héritier *ab intestat*, de rendre sa succession à une autre personne.

Ibid. §. 2.
L. 5. ff. de
jur. Cod.
Un homme peut faire plusieurs codicilles, qui ne se détruisent pas l'un l'autre, pourvu qu'ils n'ayent rien de contraire ; mais en ce cas de contrariété, les derniers corrigent les premiers.

L. 6. §. 3.
ff. eod.
Il n'y a que ceux qui peuvent faire un testament, qui puissent faire un codicille.

L. 6. ff.
eod.
On peut confirmer par un testament les codicilles déjà faits, & ceux qu'on fera dans la suite. On peut aussi faire des codicilles sans rapport à aucun testament ; quand les codicilles ont rapport à un testament, ils suivent le sort du testament, & sont cassés si le testament est cassé ; mais quand les codicilles ne sont point relatifs au testament, ils subsistent indépendamment du testament.

L. 1. C.
de codic.

Quant aux solemnités des codicilles du pays coutumier, ¶ elles ne sont point différentes de celles des testamens ; c'est pourquoi l'on dit improprement, qu'en pays coutumiers tous les teftamens ne font que des codicilles. On y diftingue néanmoins dans l'ufage les teftamens d'avec les codicilles ; on appelle teftament le premier acte , par lequel quelqu'un explique fes dernieres volontés , & on appelle codicilles les actes fubféquens , par lefquels il y ajoute ou change quelque chofe.

Les formalités des teftamens ou codicilles en pays coutumier ,]] font prefqu'auffi différentes qu'il y a de diverfes coutumes. On en donnera feulement ici quelques exemples : car il feroit ennuyeux & inutile de rapporter la difpofition de toutes les coutumes ; il faut feulement obferver en général que les teftamens olographes font reçus généralement dans tous les pays coutumiers , quoique la coutume du lieu n'en parle pas , & qu'il eft plus difficile d'y donner atteinte qu'aux autres , parce qu'ils font moins fujets à être fuggérés.

Ricard , des donat. part. 1. ch. 5. fect. 5.

Lorfqu'un teftament n'eft point olographe , il faut dans quelques coutumes , qu'il foit paffé pardevant deux Notaires , ou pardevant le Curé de la Paroiffe , ou fon Vicaire général & un Notaire ou le Curé , ou Vicaire & trois témoins , ou un Notai-

Paris art. 289.

re & deux témoins , suffisans , mâles , âgés de vingt ans accomplis , &
non légataires ; & qu'il ait été dicté
& nommé par le testateur aux Notaires , Curé , ou Vicaire général ,
& depuis à lui relu en la présence d'i-
ceux Notaires , Curé , ou Vicaire général , & témoins ; qu'il soit fait mention au testament qu'il a été dicté ,
nommé & relu , & qu'il soit signé par
le testateur , & par les témoins , ou
que mention soit faite de la cause
pour laquelle ils n'ont pu signer ; ¶
mais l'Ordonnance des testamens ,
art. 25. a ôté aux Vicaires le pouvoir
de recevoir des testamens ou codicilles.]]

Melun ,
art. 244.
Il y en a d'autres qui ne demandent
que deux témoins avec le Curé , ou
seulement quatre témoins , sans aucune personne publique.

Senlis ,
art. 173.
Il y en a qui veulent que le testateur signe le testament , & qu'il lui
soit lu , & qu'il soit par lui entendu
en présence de trois témoins.

Berry, tit.
18. art. 112
Il y en a qui veulent entr'autres
choses , que l'on demande au testateur , si c'est tout ce qu'il veut & entend disposer , & s'il requiert de mettre le testament en forme publique
& authentique , & qu'il soit fait men-

tion de l'interrogatoire , & des ré- *Poitou,* art. 18. ponfes du teftateur.

D'autres veulent qu'il foit fait men-tion au teftament, qu'il ait été dicté ou nommé par le teftateur fans fug-geftion de perfonne ; ¶¶ mais l'Or-donnance des teftamens, art. 23. dé-cide qu'il n'eft pas abfolument né-ceffaire de fe fervir précifément de ces termes , il fuffit de lire au tefta-teur fes difpofitions , & d'en faire mention.]]

La coutume de Normandie requiert *Norman.* art. 462. entr'autres chofes pour la validité d'un teftament , qu'il foit fait trois mois avant le décès du teftateur.

Le teftament imparfait en pays *Ibid. fect. 9.* coutumier, ne peut pas être confir-mé par un fecond teftament , ou co-dicille parfait , à moins que les mê-mes difpofitions n'y foient entiére-ment répétées.

Il y a ordinairement une claufe *Henrys,* t. 1. l. 5. qu. 49. dans les teftamens des pays coutu-miers, par laquelle le teftateur ré-voque les teftamens précédens ; mais fi cette claufe avoit été omife , com-me nos teftamens ne font que de véritables codicilles , & qu'on en peut faire plufieurs qui fubfiftent tous , le premier teftament ne feroit pas

R v

révoqué par les postérieurs, à moins qu'il ne parût que l'intention du testateur a été de les révoquer ; ce qu'on peut aisément connoître par les dispositions du dernier testament.

CHAPITRE XVIII.

De l'Exécution des Testamens.

C'Est naturellement à l'héritier à avoir soin d'accomplir le testament du défunt, parce qu'il est saisi de plein droit de tous les effets de la succession, sur-tout en pays de Droit écrit, où il tire tout son droit du testament du défunt qui l'a institué héritier, & qui pouvoit en nommer un autre ; aussi voit-on rarement que les testateurs en pays de Droit écrit nomment des exécuteurs testamentaires.

Mais en pays coutumier, où le testateur n'a pas la faculté de se choisir un héritier, les héritiers du sang regardent souvent les testamens avec chagrin, & font tout ce qu'ils peuvent pour en éluder l'exécution ; c'est ce qui oblige les testateurs de nommer un exécuteur testamentaire ,

pour faciliter l'accomplissement de
leur volonté.

La matiere des exécutions testamentaires consiste en sept principaux
chefs, sçavoir la qualité des exécuteurs, les biens dont ils font saisis,
l'inventaire qu'ils doivent faire, la
vente des meubles, le payement des
legs & des frais funéraires, le tems
que durent l'exécution & la reddition
du compte.

C'est au testateur à nommer les exécuteurs testamentaires; s'il n'en avoit
point nommé, les coutumes ne sup-
pléent point cette nomination, &
l'on ne voit point d'exemple que les
Juges en nomment d'office; si ce n'est
que ceux qui ont été nommés par le
testateur, ne veuillent pas accepter
cette charge, auquel cas il y a des
coutumes qui permettent au Juge d'y *Meaux,*
subroger, à condition toutefois que *art. 36. &*
les héritiers n'en veuillent pas pren- *37.*
dre la charge, & donner caution d'exécuter le testament dans l'an & jour.
La raison pour laquelle on ne nomme
point d'exécuteurs testamentaires au
défaut du testateur, c'est qu'on présume, quand il n'en a point nommé, qu'il a voulu confier ce soin à ses
héritiers.

Le teſtateur peut nommer pour exé-cuteurs telles peſonnes que bon lui ſemble, même ſa femme ; ¶¶ mais quoiqu'il ſoit d'uſage de faire quelque legs modique à l'exécuteur teſtamen-taire, le teſtateur ne peut rien donner au conjoint ſurvivant qui eſt nommé exécuteur teſtamentaire ; parce que mari & femme ne peuvent s'avanta-ger ſoit entre-vifs ou par teſtament.]]

Du reſte la charge d'exécuteur teſ-tamentaire eſt purement gratuite, ¶¶ c'eſt-à-dire, que ſi le teſtateur n'a rien donné à l'exécuteur teſtamen-taire, il ne peut rien demander.]]

Le teſtateur peut attacher l'exé-cution de ſon teſtament à une cer-taine dignité ou qualité, pourvu qu'elle ſoit approuvée en France. Il peut, par exemple, nommer pour exécuteur celui qui ſera Doyen de Notre-Dame au jour de ſon décès ; mais il faut que l'exécuteur ſoit ca-pable des effets civils, & qu'il ait la libre adminiſtration de ſon bien, puiſ-qu'il eſt obligé de rendre compte ; c'eſt pourquoi ſi le teſtateur nomme une femme mariée, il faut qu'elle ſoit autoriſée de ſon mari, avant que de pouvoir s'ingérer dans l'exécution du teſtament.

Comme l'exécution des testamens n'est point une charge publique, ceux qui sont nommés par le testateur, ne sont pas obligés de l'accepter.

Ils ne sont pas aussi tenus de donner caution par la même raison, & parce que leur nomination est un effet de la confiance du testateur, & d'ailleurs toute leur administration n'est qu'un office d'ami.

A l'égard des biens dont l'exécuteur testamentaire doit être saisi, toutes les coutumes s'accordent en un point, qu'il faut qu'il soit saisi de quelques effets pour accomplir le testament ; mais elles sont très-différentes sur la qualité & la quantité de ces effets.

Il y en a qui veulent qu'il soit saisi *Paris ;* des meubles, à moins que le testateur *art. 297.* n'ait ordonné qu'il sera saisi de sommes certaines seulement.

Il y en a qui veulent qu'il ne soit *Blois ;* saisi des meubles que jusqu'à con- *art. 277.* currence du testament ; mais s'ils ne suffisent pas, qu'il soit saisi des immeubles jusqu'à la même concurrence.

D'autres ajoutent qu'il sera saisi *Sens ;* des meubles, & conquêts immeu- *art. 71.* bles.

Nevers, ch. 33. art. 2. & 4. D'autres, que s'il n'y a meubles en la succession du testateur, l'exécuteur doit dénoncer en justice aux héritiers du défunt, qu'ils fournissent deniers ou meubles, & s'ils sont dilayans ou refusans, il pourra avec la permission du Juge, laquelle ne doit être refusée, vendre à faculté de rachat les immeubles du défunt, & s'il ne trouve qui les veuille acheter à cette charge, il les pourra vendre simplement.

Sens, art. 75. Il y a des coutumes qui ne permettent pas à l'héritier de demeurer en possession des meubles, même en donnant caution d'accomplir le testament; mais en baillant à l'exécuteur argent ou biens exploitables pour accomplir le testament, & payer les dettes de la succession, il pourra avoir main-levée du reste des biens.

Dans les coutumes qui ne donnent pas expressément à l'héritier la faculté de retenir les meubles, en donnant de l'argent à l'exécuteur jusqu'à concurrence des legs, on lui peut donner, ou refuser la même grace suivant les diverses circonstances. Ricard, des donat. part. 2. ch. 6. Par exemple, dans une succession opulente, où il y auroit pour des sommes immenses de meubles précieux, point de dettes passives;

& très-peu de legs, ſi l'héritier offroit
plus de meubles qu'il n'en faut pour
l'exécution du teſtament , on n'écou-
teroit pas l'exécuteur qui voudroit être
ſaiſi de tous les meubles , cela paſſe-
roit pour une vexation ; de même que
ſi l'héritier offroit de mettre entre les
mains de l'exécuteur de ſes deniers,
non ſujets à être ſaiſis par les créanciers ; en un mot, il faut ſuivre en cela
l'eſprit des coutumes, qui n'eſt autre,
que de donner aux légataires une ſureté d'être promptement payés de leurs
legs, telle qu'ils la peuvent avoir ſur
les eſpéces de biens que les coutumes
leur ont déſignés & affectés.

Les exécuteurs ſont obligés de faire   *Paris ;*
faire inventaire le plus promptement *art.* 197.
qu'ils peuvent, & juſqu'à ce que l'inventaire ſoit fait , ils ne peuvent pas
être ſaiſis. Pour la ſolemnité de l'inventaire, la coutume ne demande autre choſe, ſi ce n'eſt que les héritiers
préſomptifs ſoient préſens ou dûment
appellés.

Si l'exécuteur teſtamentaire s'étoit   *Ricard ;*
mis en poſſeſſion des meubles ſans *des donat.*
faire inventaire, comme cela peut ar- *part.* I. *ch,*
river, quand les héritiers ſont abſens ; *2. gl.* 7.
en ce cas on doit permettre à l'héri-
tier de faire preuve de la quantité &

valeur des meubles du défunt, suivant la commune renommée, c'est-à-dire, que quoique les témoins ne déposent que ce qu'ils ont entendu dire, cela ne laisse pas de faire une espéce de preuve, sur laquelle les Juges ont accoutumé de déférer le serment à l'héritier jusqu'à une certaine somme.

Ibidem. Le testateur peut décharger les exécuteurs de l'obligation de faire inventaire, pourvu qu'ils soient du nombre de ceux à qui il peut léguer, & qu'il n'y ait point de dettes dans la succession; car s'ils étoient du nombre de ceux à qui le testateur ne peut rien léguer, comme mari & femme, cette décharge pourroit passer pour un avantage indirect; & s'il y a des dettes, l'héritier a intérêt qu'il y ait un inventaire, parce qu'alors il se peut tenir à la portion des propres que la coutume lui réserve, & faire régler les dettes entre les légataires & lui.

Ibid. gl. 8. Après l'inventaire, l'exécuteur testamentaire doit faire vendre les meubles; la vente en doit être publique, & l'héritier y doit être appellé pour éviter les soupçons de fraude & de collusion.

Il faut néanmoins observer, que

s'il y a beaucoup plus de meubles qu'il n'en faut pour exécuter le testament, les héritiers peuvent empêcher qu'on ne les vende tous, parce qu'ils sont en droit de retenir le surplus; ils peuvent même indiquer les meubles qu'ils veulent qu'on vende, pourvu qu'ils soient suffisans; en un mot, tout se doit passer équitablement de part & d'autre.

Les meubles vendus, l'exécuteur doit procéder au payement des legs; mais il faut qu'il avertisse l'héritier, parce qu'il pourroit avoir de justes raisons de contester les legs, soit par la nullité du testament, soit par l'incapacité des légataires, ou parce que le testateur auroit disposé de plus qu'il ne pourroit, & la peine de l'exécuteur qui auroit payé les legs sans appeller l'héritiers, & d'en être responsable en son propre & privé nom, si les legs venoient à être cassés ou moderés. *Id. gl. 5.*

La charge de l'exécuteur testamentaire n'est point de payer les dettes, à moins qu'elles ne soient comprises dans le testament; il arrive néanmoins souvent qu'ils sont obligés de les payer, parce que les créanciers font saisir entre leurs mains, mais en *Ibidem.*

ce cas ils ne doivent payer qu'en le
faisant ordonner en justice avec l'héritier, qui a grand intérêt qu'on ne
paye pas de fausses dettes.

Ibid. gl. 3. Le tems de l'exécution testamentaire est limité à l'an & jour, à compter du jour du trépas du défunt ;
mais ce terme peut être prorogé pour
de justes causes. Par exemple, si les
héritiers avoient contesté les legs, s'ils
avoient empêché la vente des meubles, &c. comme aussi lorsque le
testament est entiérement exécuté,
les héritiers paroissent bien fondés à
demander que ce qui reste des meubles leur soit rendu, & que l'exécuteur soit tenu de leur rendre compte,
quand même l'année ne seroit pas finie.

Le compte des exécuteurs testamentaires consiste, comme tous les
autres, en recette, dépense, & reprise. La recette doit être composée
du contenu en l'inventaire, & dans
le procès-verbal de vente, en un mot,
de tout ce que l'exécuteur a reçu,
soit en argent ou autres effets. La dépense doit être composée de toutes
les dépenses que l'exécuteur a été
obligé de faire, soit pour les frais
funéraires, ceux des inventaires, &
vente des meubles, que pour les

frais des procès qu'il a été obligé d'eſſuyer. Il y a des coutumes qui veulent qu'il ſoit cru à ſon ſerment *Bourbonn.* des frais du convoi, des aumônes & *art. 298.* des Meſſes célébrées. Il y a lieu de dire la même choſe pour les autres menus frais, dont la preuve eſt difficile, parce que le teſtateur en le nommant a ſuffiſamment reconnu ſa probité. La dépenſe eſt auſſi compoſée du payement des dettes, s'il a été obligé d'en payer ; mais la principale dépenſe conſiſte dans le payement des legs, dont il doit rapporter des quitances, auſſi-bien que des dettes, pour ſervir à la décharge de l'héritier. Il y a quelques coutumes qui permettent aux exécuteurs teſ-*Bourbonn.* tamentaires d'employer des ſalaires *art. 298.* & vacations dans la dépenſe de leurs comptes ; ce qui ne doit pas être tiré à conſéquence dans celles qui n'en diſpoſent point, parce que la charge d'exécuteur teſtamentaire eſt un office d'ami, qu'on peut refuſer, ſi on ne veut pas rendre ce dernier ſervice à la mémoire du teſtateur. Il peut toutefois y avoir des occaſions, où il ſeroit juſte d'en allouer, du moins par forme de dédommagement.

Après que l'exécuteur teſtamentaire a rendu ſon compte, il eſt obligé de remettre entre les mains de l'héritier les effets qu'il a de reſte, & de lui payer le reliqua du compte, ſans pouvoir retenir le fonds des legs qui ne ſont pas encore échus. Mais ſi l'exécuteur a fait des avances pour le payement des legs, il peut pour ſa ſureté retenir les meubles, dû moins jnſqu'à concurrence de la valeur de ce qui lui eſt dû.

CHAPITRE XIX.

Dés Héritiers & autres Succeſſeurs à titre univerſel.

L'Héritier eſt celui qui ſuccéde en tous les droits actifs & paſſifs d'une perſonne morte, ou naturellement ou civilement, comme par là profeſſion en Religion, ou par la condamnation capitale dans les pays, où la confiscation n'a point de lieu. Dès le moment que l'héritier accepte la ſucceſſion, il contracte avec tous ceux qui ont quelque choſe à prétendre en la ſucceſſion, & s'oblige perſonnellement à toutes les obligations dont le défunt étoit tenu, à la différence des autres fucceffeurs à titre universel, qui ne font point obligés perfonnellement aux dettes de la fucceffion, mais feulement jufqu'à concurrence des biens.

Il y a de deux fortes d'héritiers en pays de Droit écrit, les héritiers teftamentaires, que le teftateur choifit lui-même, & les héritiers *ab inteftat*, qui lui fuccédent par la proximité du fang, & qui font appellés à la fucceffion en vertu de la loi, indépendamment de la volonté du défunt.

Dans la plûpart des pays coutumiers, il n'y a point d'autres héritiers que ceux du fang ; le teftateur peut faire un légataire univerfel, mais non pas un heritier : inftitution d'héritiers n'a lieu.

Cout. de Paris art. 269.

Les héritiers teftamentaires & les héritiers du fang, par un ufage univerfellement reçu dans tout le Royaume, font faifis de la fucceffion dès le moment de la mort du défunt, c'eft-à-dire, qu'ils peuvent de plein droit s'en mettre en poffeffion, fans en demander la permiffion à perfonne, à la différence des légataires, qui font obligés de demander à l'héritier la délivrance de leur legs.

Tiraqueau tract. le mort faifit le vif.

Dans l'ancien Droit, un héritier,

après avoir long-tems délibéré s'il accepteroit la succeffion qui lui étoit déférée, ou s'il y renonceroit, étoit souvent trompé par le grand nombre de créanciers, qui paroiffoient après qu'il avoit accepté, & qui lui étoient inconnus auparavant ; cela détournoit les perfonnes timides d'accepter des succeffions qui par l'événement

L.22.C. de jur. de-liber.

étoient très-avantageufes. Juftinien pour remédier à cet inconvénient ordonna que les héritiers qui feroient faire un inventaire fidele des biens du défunt, ne confondroient plus leurs biens avec ceux du défunt, & ne feroient tenus des dettes, que jufqu'à concurrence des effets de la succeffion. C'eft ce qu'on appelle le bénéfice d'inventaire.

Páris, art. 217.

Ceux qui ne fe fervent pas de cette précaution, ou qui fe mettent en poffeffion des biens du défunt, ou d'une partie, fi petite foit-elle, font héritiers purs & fimples, & tenus perfonnellement & indéfiniment de toutes les dettes du défunt ; & quand même il feroit dû quelque chofe à l'héritier préfomptif, il ne le doit pas pendre de fon autorité, mais il doit le demander en juftice, autrement il fait acte d'héritier. Il y a des formalités pour pouvoir fe fervir du bénéfice d'inventaire, qui font différentes dans les pays de Droit écrit, & dans les pays coutumiers.

Dans les pays de Droit écrit il faut un mois, ou 40 jours après que l'héritier a eu connoiffance de l'ouverture de la fucceffion, qu'il faffe appeller les créanciers connus de la fucceffion ; qu'il faffe auffi appeller tous les légataires, pour voir procéder à la confection de l'inventaire, & qu'enfuite il faffe procéder à l'inventaire par une perfonne publique, avec fidélité & exactitude, fans cacher, ni receler aucuns des effets du défunt. S'il laiffe écouler un trop long tems fans faire faire l'inventaire, à moins qu'il n'y en ait une caufe légitime ; s'il ne fait pas appeller les créanciers connus, & les légataires, ou s'il obmet frauduleufement de faire coucher quelques effets dans l'inventaire, il eft réputé héritier pur & fimple.

Guid. Pap. tract. de benefic. invent. Obfervat. fur Henr. tom. 1. l. 5. qu. 11.

§§ Pour jouir du bénéfice d'inventaire,]] il faut prendre des Lettres du Prince, qu'on appelle Lettres de bénéfices d'inventaire ; autrefois cette formalité n'étoit néceffaire qu'en pays coutumier, mais les derniers Édits & Arrêts l'ont étendue aux pays de Droit écrit. Edit de Décembre 1704. Déclaration du 20. Mars 1708. Arrêt du Parlement du 26. Mai 1728.]]

Il faut faire entériner les Lettres en justice, faire faire un inventaire exact par une personne publique; il n'importe pas dans quel tems, pourvu que l'héritier ne se soit point immiscé dans les biens de la succession avant la confection de l'inventaire.

Le testateur ne peut pas défendre à son héritier de faire faire inventaire; c'est un bénéfice accordé par la loi, auquel les particuliers ne peuvent pas déroger.

Expilly, ch. 170. En pays de Droit écrit les héritiers en égal dégré, qui se portent héritiers purs & simples, n'excluent pas l'héritier bénéficiaire en ligne directe, ni en collatérale, parce qu'il n'y a point de loi qui l'ordonne.

Paris, art. 342. Dans la plûpart des pays coutumiers l'héritier pur & simple n'exclut pas l'héritier bénéficiaire en ligne directe, mais il l'exclut en collatérale, à moins que celui qui se porte héritier pur & simple ne soit mineur.

Paris, art. 144. L'héritier par bénéfice d'inventaire a l'administration de tous les biens de la succession: mais il faut qu'il fasse

publier

publier la vente des meubles devant la principale porte de l'Eglife de la Paroiffe, où le défunt demeuroit, à l'iffue de la Meffe de Paroiffe, & qu'il faffe mettre des affiches fur la porte de la maifon du défunt, ☞ cela ne s'obferve pas.]

L'héritier par bénéfice d'inventaire doit rendre compte aux créanciers & aux légataires, du prix des meubles, & des revenus des immeubles, & s'il eft reliquataire, il y a hypothéque pour le reliqua du compte fur fes propres biens du jour qn'il a été déclaré héritier bénéficiaire en jugement, à la différence de l'héritier pur & fimple, fur les biens duquel les créanciers du défunt n'ont point d'hypothéque, fi ce n'eft du jour qu'il s'eft obligé envers eux par un acte public, ou qu'ils ont obtenu des condamnations contre lui. La raifon de cette différence eft que les hypothéques qui ne font point introduites par la loi, ne s'acquierent parmi nous que par des actes judiciaires, ou paffés pardevant Notaires.

Les héritiers des Officiers comptables, & généralement de tous ceux qui ont eu le maniment des deniers du Roi, font toujours réputés héri-

Ord. de Roufillon art. 16.

tiers purs & simples à l'égard du Roi, & ne se peuvent servir du bénéfice d'inventaire, que contre les autres créanciers.

Quoique les héritiers purs & simples soient obligés personnellement aux créanciers de la succession, dès le moment même qu'ils se sont portés héritiers, néanmoins par un usage constant parmi nous, les créanciers ne peuvent pas faire procéder par voie de saisie sur les biens propres de l'héritier, jusqu'à ce qu'ils ayent fait déclarer leurs titres exécutoires contre lui en justice, ou qu'il ne se soit obligé volontairement envers eux par un acte public.

Outre les héritiers nous avons d'autres personnes qui succèdent aux biens du défunt à titre universel, comme les légataires & les donataires, de tous les biens, ou de tous les meubles, ou de la moitié, du tiers, ou autre portion de l'universalité des biens. Les Seigneurs Hauts-Justiciers qui succèdent aux biens vacans par droit de deshérence, ou par droit de bâtardise, & ceux à qui la confiscation appartient ; comme tous ces divers successeurs ne succèdent pas à la personne, mais aux biens du dé-

funt, ils ne ſont pas obligés indéfiniment aux dettes, mais ſeulement
juſqu'à concurrence des biens ; il
leur ſuffit de faire faire un bon &
loyal inventaire, avant que de s'immiſcer dans les biens, ſans être obligés à prendre des Lettres de bénéfice
d'inventaire.

Il y a une choſe ſinguliere à obſerver au ſujet des Seigneurs Hauts-Juſticiers, qui ſuccédent à titre de deſ-
hérence, ou de confiſcation ; c'eſt que
chaque Seigneur ſuccéde aux biens
qui ſont ſitués dans ſon territoire ;
& quoique réguliérement les meubles
ſuivent le domicile du défunt, chaque
Seigneur prend les meubles qu'il trouve
dans l'étendue de ſa Seigneurie : on
croit que cela vient de ce que les Seigneurs dans les commencemens ſe
ſont plutôt attribués ces droits par la
voie de fait, que par aucun droit
effectif, de ſorte que chaque Seigneur
ſe ſaiſiſſoit de ce qu'il trouvoit ſous
ſa main, ce qui a continué, lorſque
par un long uſage ces droits leur ont
été légitimement attribués.

Tous ces ſucceſſeurs ſont obligés
de rendre compte aux créanciers,
lorſqu'ils veulent s'exempter de payer
les dettes, auſſi-bien que la veuve

qui a accepté la communauté ; &
comme ce compte ne peut pas être
rendu lorfqu'il n'y a point d'inventaire, ceux qui ont omis de le faire,
font tenus indéfiniment du payement
des dettes.

Il faut obferver que les héritiers préfomptifs d'un défunt peuvent renoncer
à fa fucceffion quand bon leur femble,

Le Preftre pourvu qu'ils n'ayent point fàit acte
cent. 2. ch. d'héritiers ; & alors ils font déchar-
62. gés de toutes les dettes, & autres
charges de la fucceffion ; mais il faut
pour cela que la renonciation foit pure
& fimple ; car s'ils renonçoient à une
fucceffion échue en faveur d'une certaine perfonne, ce ne feroit pas une
renonciation, mais une ceffion, qui
leur donneroit la qualité d'héritiers ;
ils ne peuvent céder le droit qu'ils ont
dans la fucceffion, qu'après l'avoir acquis par l'acceptation de la fucceffion ;
je dis à une fucceffion échue ; car les
filles qui renoncent à une fucceffion
future en faveur des mâles, ne font
pas actes d'héritiers.

Il y a une efpéce d'héritiers dans le
Droit Romain, que nous n'avons pas
voulu confondre avec les autres, parce
qu'en effet ils ne font pas vérirable-
ment héritiers ; ils font plutôt dépofi-

taires que propriétaires des biens de la fucceffion ; on les appelle héritiers fiduciaires, parce que le teftateur leur donne plutôt des marques de fa confiance, que de fa libéralité.

Lorfqu'un pere a des enfans mineurs, & qu'il veut laiffer l'adminiftration de leur bien à une perfonne qui pourroit refufer la charge de la tutelle, il nomme cette perfonne héritiere, à la charge de rendre la fucceffion à fes enfans, lorfqu'ils auront atteint l'âge de 25 ans ou un autre âge, auquel ils pourront être capables de gouverner leur bien. Tel héritier ne peut retenir aucune quarte, il ne peut pas même faire les fruits fiens, il les doit rendre avec les autres biens de la fucceffion ; en un mot il ne peut garder que ce que le teftateur lui a prélégué ; car il n'eft chargé que de rendre la fucceffion, & non pas le legs particulier qui lui a été fait.

L. 3. §. 3. *ff. de ufur.* *L.* 43. §. 2. *ff. de leg.* 2. *l.* 46. *ff. ad Treb.*

Il y a trois marques ordinaires pour connoître un héritier fiduciaire d'avec un autre, quand le teftateur ne s'en eft pas ouvertement expliqué ; la premiere, lorfque c'eft un pere ou une mere qui chargent l'héritier nommé de rendre à leurs enfans ; la feconde, lorfque les enfans n'ont pas

Henrys, *t.* 1. *l.* 3. *q.* 22. & *l.* 5. *q.* 14.

encore atteint l'âge de majorité ; &
le troifiéme, lorfque l'héritier nommé
eft chargé de rendre après un tems
certain, comme lorfque les enfans
feront majeurs, lorfqu'ils auront un
tel âge. On y ajoute encore une quatriéme marque, fçavoir, lorfque le teftateur légue quelque chofe en particulier à l'héritier chargé de rendre, on
préfume alors que le legs eft la feule
chofe que le teftateur a voulu donner
à l'héritier.

Mais les trois premieres circonftances font effentielles à l'inftitution fiduciaire ; il eft néceffaire qu'elle foit
faite par un pere dont les enfans foient
mineurs, & que l'héritier foit chargé
de rendre après un tems certain ; car
fi un mari avoit inftitué fa femme à la
charge de rendre à fes enfans après fa
mort, ou à celui d'entr'eux que bon
lui fembleroit, ce feroit une véritable
inftitution, & la femme ne feroit pas
obligée à la reftitution des fruits.

CHAPITRE XX.

Des Succeſſions ab inteſtat.

LEs ſucceſſions *ab inteſtat* , ſont celles auxquelles les parens du défunt ſont appellés par la loi ; elles n'ont lieu dans les pays de Droit écrit, que lorſqu'il eſt certain qu'il n'y a point d'héritier teſtamentaire ; les enfans & les autres deſcendans ſont toujours appellés à la ſucceſſion du pere, ou des autres aſcendans, préférablement à tous les autres parens ; au défaut des enfans, les aſcendans y ſont appellés, ou ſeuls, ou conjointement avec les freres & les ſœurs du défunt ; enſuite viennent les collatéraux. Ce ne ſont pas toujours les plus prochés qui ſuccédent en pays coutumier ; les ſucceſſions y ſont réglées ſuivant la différence des biens. Lorſqu'il n'y a point de parens, le mari & la femme ſuccédent l'un à l'autre.

Quand les ſucceſſions ſont échues, & qu'il y a pluſieurs héritiers, il faut procéder au partage des biens, & examiner ce que chaque héritier doit

porter des dettes de la succession ; ce
font autant de matieres différentes
qu'il ne faut pas confondre.

Ainsi nous parlerons en premier
lieu des successions des descendans ;
en second lieu, de celles des ascendans ; en troisiéme lieu, des successions en collatérale à l'égard des
meubles & acquêts ; en quatriéme
lieu, des successions des propres ; en
cinquiéme lieu des droits d'aînesse,
& des successions des fiefs ; en sixiéme lieu, des successions du mari &
de la femme ; en septiéme lieu, des
partages ; & en dernier lieu, du payement des dettes de la succession ; &
fur chaque chapitre nous établirons
d'abord les principes du Droit Romain
qui font en usage dans les pays de
Droit écrit, & ensuite ceux des pays
coutumiers.

Mais avant toutes choses, il est nécessaire d'observer, qu'il y a plusieurs
personnes qui font capables de succéder, quoique plus proches parens
du défunt.

Louet,
C. 8.
De ce nombre font tous ceux qui
font morts civilement, soit par des
condamnations capitales, soit par la
profession en Religion ; on donne
néanmoins une pension viagere aux

Chevaliers de Malthe , pour avoir lieu
jusqu'à ce qu'ils soient pourvus d'une
commanderie.

Les étrangers sont aussi privés des
successions de leurs parens , à l'égard
des biens situés dans le Royaume , à
cause du droit d'aubaine.

Ceux qui ont tué le défunt sont in- *Chap. de*
dignes de sa succession , laquelle passe *priv. ruft.*
aux autres parens plus proches , & *part. 3.*
cap. 11.
n'est point confisquée avec le reste
des biens du meurtrier condamné à
mort.

Ceux qui négligent de poursuivre *Louet ,*
en Justice les meurtiers du défunt , *H. 5.*
sont aussi indignes de sa succession.
Mais cette indignité cesse en deux
cas : le premier , si les héritiers sont
si pauvres qu'ils n'ayent pas de quoi
faire les poursuites. Le second , si le
défunt a été tué par une personne
que la pieté naturelle ne permet pas
de poursuivre criminellement , comme un pere , un mari , &c.

Les enfans d'une fille qui a renoncé *Louet ,*
à la succession future de son pere , *R. 1.*
n'y sont pas admis tant que le pere
a d'autres enfans , ou petits-enfans
qui n'ont pas renoncé, non pas même
quand leur mere seroit morte avant
son pere.

Il y a des coutumes, où la fille mariée par son pere & sa mere ne peut plus venir à leur succession, quand même ils ne lui auroient donné qu'un chapeau de roses. Il y en a d'autres où il faut que les filles ayent été mariées & dotées pour être exclues des successions du pere & de la mere, ce qui n'a lieu que quand il y a d'autres enfans, ou petits-enfans capables de succéder.

Au Parlement de Touloufe, la femme qui se gouverne mal après la mort de son mari, se rend indigne de la succession de ses enfans, laquelle en ce cas est déférée aux plus proches parens du côté paternel, quoiqu'il y en ait de plus proches du côté de la mere. ☞ Dans tous les Parlemens du Droit écrit, la veuve qui vit impudiquement dans l'an de deuil, est privée des avantages à elle faits par son mari ; mais le Parlement de Toulouse étend la peine au-delà de l'an de deuil. *Observations sur Henrys, tom. 1. l. 4. q. 66.*]

Dans le même Parlement, la veuve qui se marie dans l'an de deuil, est indigne de la succession de ses enfans impuberes, quand même ils ne laisseroient ni freres, ni sœurs : elle est pa-

reillement indigne de toutes les ſucceſſions collatérales , qui lui pour- *L. 1. C. de*
roient échoir au-delà du troiſiéme dé- *ſec. nupt.*
gré. ☞ Ces peines ont lieu dans
les Parlemens de Grenoble & d'Aix.
Voyez la même Obſervation.]

Dans les pays de Droit écrit la me- *Cambolas*
re qui ſe remarie avant que d'avoir *l. 4.*
fait pourvoir de tuteur ſes enfans , &
leur avoir rendu compte , ne peut pas
leur ſuccéder s'ils meurent en âge de
pupillarité. ☞ Les peines établies
dans le Droit contre les meres qui ſe
remarient avant que d'avoir fait pourvoir de tuteurs à leurs enfans , n'ont
pas lieu dans le pays de Droit écrit ,
reſſortiſſant au Parlement de Paris.
*Obſervations ſur le plaidoyer dixiéme
d'Henrys.*]

CHAPITRE XXI.

De la ſucceſſion des Deſcendans.

C'Est une maxime générale en
toutes ſortes de pays, que les enfans & autres deſcendans, en quelque
dégré qu'ils ſoient, ſont toujours préférés à tous les autres parens du défunt, aſcendans ou collatéraux ;

c'eſt pourquoi il faut commencer par
la ſucceſſion des deſcendans, comme
la premiere, & celle qui exclut toutes les autres.

Nov. 218.
ch. 1.
En pays de Droit écrit tous les enfans ſont également appellés à la ſucceſſion de leur pere, ſans aucune diſtinction des mâles ni des filles, des aînés, ni des puînés.

En ligne directe deſcendante, la
repréſentation a lieu à l'infini, c'eſt-
à dire, que les petits-enfans, & autres
deſcendans, ſuccédent en la place du
fils qui eſt décédé, & prennent tous
enſemble la portion que leur pere auroit eue, s'il avoit ſurvécu le défunt,
quoiqu'il y ait d'autres enfans, ou petits-enfans dans un dégré plus proche.

Lorſque le défunt n'a laiſſé que des
petits-enfans, s'ils ſont tous iſſus
d'un ſeul fils, ils partagent également, mais s'ils ſont iſſus de divers
enfans, ils ſuccédent par ſouches &
non pas par têtes, c'eſt-à-dire, que
chacun des petits-enfans ne prend
pas une portion dans la ſucceſſion de
l'ayeul, mais tous les petits-enfans
iſſus d'un fils ou d'une fille prennent
à eux tous la part que leur pere ou
mere auroit dû avoir; & par ce
moyen, s'il n'y a qu'un petit-fils d'une

branche , il aura autant à lui feul que tous ceux d'une autre branche , fuffent-ils douze ou quinze.

On ne peut jamais repréfenter une perfonne vivante. Il faut que celui que l'on veut repréfenter foit mort d'une mort naturelle ou d'une mort civile ; ainfi quand un fils eft vivant , & qu'il renonce à la fucceffion de fon pere , fes enfans ne peuvent pas y être appellés par la voie de la repréfentation , tant qu'il y a des enfans du défunt , ou des petits-enfans qui viennent par repréfentation. Mais il y a un cas où les petits-enfans peuvent être admis à la fucceffion de leur ayeul , quoique leur pere foit vivant , c'eft lorfqu'il n'y a point de petits-enfans d'un fils prédécédé , & que tous les enfans du pemier dégré ont renoncé , alors les petits-enfans fuccédent de leur chef à leur ayeul , & non pas par repréfentation ; & quand il y en a de plufieurs branches , ils fuccédent toujours par fouches , & non par têtes , foit qu'ils viennent par repréfentation ou de leur chef.

Louet ;
R. *fomm.* 41.

Les coutumes ne font pas entiérement conformes au Droit , en ce qui concerne les fucceffions en ligne directe defcendante.

La plûpart des coutumes donnent de grands avantages aux aînés, ainsi que nous verrons dans la suite.

Norman.
art. 149. Il y en a qui excluent les filles de la succession, & qui ne leur donnent qu'un mariage avenant, qui est réglé par les parens communs.

Sens,
tit. 9. art.
88. Il y en a qui veulent, que quand l'ayeul ou l'ayeule n'ont point laissé d'enfans, mais seulement des petits-enfans en pareil dégré, alors les petits-enfans succédent par têtes, & non par souches, quoiqu'ils soient issus de plusieurs enfans.

Boulenois
art. 77. Il y en a qui n'admettent point la représentation, & qui donnent tout aux enfans vivans lors du décès du pere, à l'exclusion des petits-enfans du fils prédécédé; mais comme ces coutumes sont très-odieuses, pour les adoucir autant qu'il est possible, on a introduit le rappel, par lequel il est permis à celui qui a des parens qui ne peuvent pas lui succéder; mais dont le pere auroit succédé, de les rappeller à la succession, & par ce moyen de les approcher d'un dégré; sur quoi il faut observer qu'il y a quatre principes en matiere de rappel.

Louet &
Brod. R. 9. Le premier, que le rappel peut être fait par quelqu'acte que ce soit,

quand il ne feroit revêtu , ni des formalités d'une donation , ni de celles
d'un teftament.

Le fecond , que quand le rappel eft
fait dans les termes de droit , c'eft-à-
dire , quand celui qui eft rappellé auroit dû fuccéder par repréfentation ,
comme tous les defcendans en directe , ou les neveux venant à la fucceffion de leur oncle avec fes freres ;
alors le rappel a toute fon étendue ,
& celui qui eft rappellé fuccéde de
la même maniere que fi la coutume
avoit admis la repréfentation , conformément au droit , jufques-là que
s'il eft fils de l'aîné , il fuccéde au
droit d'aîneffe. *Ibidem.*

Le troifiéme principe eft, que quand
le rappel eft fait dans les termes de
droit , il profite à tous les parens qui
font dans le même dégré que celui
qui a été rappellé , quoiqu'ils ne foient
pas compris dans l'acte de rappel :
ainfi dans la coutume de Boulenois ,
quand un ayeul qui a des enfans vivans rappelle un de fes petits-enfans ,
dont le pere eft décédé , le rappel profite à tous les autres petits-enfans, fans
aucune exception. *Ibidem & Soefve t. 1. cent. 1. c. 58.*

Le quatriéme principe eft , que fi
le rappel eft fait hors des termes de *Ibid. t. 2. cent. 3. ch. 40.*

droit ; par exemple , fi un grand-oncle qui a des neveux , a rappellé fes petits-neveux , le rappel n'eft valable que par forme de legs , celui qui a été rappellé ne peut avoir part que dans les biens dont on a la faculté de difpofer par teftament.

Journal du Palais tom. 7. Mais on demande , fi le fils donataire qui a accepté la fucceffion de fon pere par bénéfice d'inventaire , peut dans la fuite y renoncer , & fe tenir à fon don ? Il faut dire qu'il le peut , lorfqu'il n'y a que des créanciers qui s'en plaignent ; mais à l'égard de fes cohéritiers il ne le peut pas , & l'on fe tient alors à la régle , qui veut que celui qui a été une fois héritier ne peut plus ceffer de l'être.

Lorfqu'un ayeul n'a que des petits-enfans de plufieurs branches , s'il fait un legs , ou une donation à un petit-fils de l'une des branches , qui renonce pour fe tenir à fon don , les autres de la même branche font obligés de rapporter en fa place , s'ils veulent être héritiers , fauf à fe pourvoir contre lui pour leur légitime , s'ils ne la trouvent pas entiere dans ce qui leur revient de la fucceffion de leur ayeul.

Les nourritures données par le pere & la mere à leurs enfans pourvus par mariage , font fujettes à rapport.

Les filles qui ont été dotées, font
obligées de rapporter ce qui leur a été
donné en mariage , quoique le mari
ait tout diffipé , & qu'on ne puiffe
leur imputer aucune faute ni aucune
négligence. ☞ Dans les Parlemens
du Droit écrit , l'on fuit la difpofition
de la Novelle 97. qui permet à la
fille de rapporter *nudam actionem* ; &
même l'on oblige le pere de doter
une feconde fois fa fille , quand fa
dot s'eft perdue fans fa faute. *Voyez*
les Obfervations fur Henrys , tome 1.
l. 4. *q.* 53.]

Le Preftre
arrêtés de
la cinquié-
me.
Louet lett.
R. *ch.* 54.

Enfin les petits-enfans font obligés
de rapporter ce que leur ayeul a prêté
à leur pere , auffi-bien que ce qu'il lui
a donné.

Ibid. cent.
3. *ch.* 1.

Dans les coutumes d'égalité , comme Touraine, le Maine & Anjou , les
enfans donataires font obligés de rapporter ce qui leur a été donné , foit
qu'ils acceptent la fucceffion , ou qu'ils
y renoncent.

Soëfve, to.
1. *cent.* 4.
ch. 45.

CHAPITRE XXII.

De la succession des Ascendans, du droit de Retour, & de l'Édit des Meres.

Novel.
118.*cap.*1. QUAND le défunt n'a laissé ni freres ni sœurs germains , les ascendans succédent seuls ; les freres utérins & consanguins sont exclus de la succession, aussi-bien que les neveux, qui sont conjoints des deux côtés.

La représentation n'a point de lieu entre les ascendans ; le plus proche en dégré exclut les plus éloignés ; c'est pourquoi s'il y a un pere ou une mere, l'ayeul ou l'ayeule ne concourent point avec eux.

S'il y a plusieurs ascendans en même dégré, la succession est partagée, entr'eux, non pas toujours par égales, portions, mais on en donne la moitié aux ascendans du côté paternel, & l'autre aux ascendans du côté maternel ; ainsi lorsqu'il y a en même tems un ayeul paternel, un ayeul & une ayeule maternels, l'ayeul paternel a autant à lui seul, que les deux autres ensemble.

Lorsqu'il y a des freres germains

du défunt, ils ſuccédent avec les aſcendans, & en ce cas la ſucceſſion eſt
diviſée en autant de portions qu'il y
a de têtes ; chaque frere prend une
part, & les aſcendans prennent *Maynard*
le ſurplus, & le diviſent entr'eux en *liv. 6.*
deux parts, l'une pour les paternels,
& l'autre pour les maternels. Par
exemple, s'il y a trois freres, un
ayeul & une ayeule du côté paternel, & un ayeul ſeul du côté maternel, chaque frere aura un ſixiéme,
l'ayeul & l'ayeule paternels un ſixiéme & demi à partager entr'eux, &
l'ayeul maternel a autant à lui ſeul que
les deux autres.

Lorſqu'il y a des freres germains, *Nov. 127.*
les neveux conjoints des ceux côtés
dont le pere eſt décédé, viennent à
la ſucceſſion du défunt avec les freres
& les aſcendans ; mais ils n'y viennent que par la répréſentation de leur
pere, & par conſéquent ils partagent
par ſouches, & non pas par têtes ; ils
ont en ce cas par le moyen de leurs
oncles, ce qu'ils ne pourroient pas
avoir de leur chef.

Le pere qui ſuccéde à ſon fils qui eſt *Nov. 118.*
en ſa puiſſance, conjointement avec *cap. 2.*
les freres & ſœurs, ne conſerve pas l'u-
ſufruit qui lui appartenoit dans les

biens du défunt, à l'égard des portions qui échéent aux freres & aux sœurs.

Il n'y a point de rapport à faire en la succession des ascendans, soit qu'ils succédent seuls, soit qu'ils succédent avec les freres & sœurs.

Edit de 1567. L'Edit des meres portoit qu'elles succéderoient seulement aux meubles & conquêts provenus d'ailleurs que de la ligne paternelle, & de la moitié de l'usufruit des propres; ces termes, *Brodeau sur Louet, M. 12.* *provenus d'ailleurs que du côté paternel,* se rapportoient seulement aux conquêts, & non pas aux meubles, auxquels la mere succédoit en propriété, sans examiner de quel côté ils étoient venus; & néanmoins si le *Henrys, t. 1. l. 6. c. 2. q. 7. 8.* pere avoit légué à un de ses enfans une somme de deniers pour toute légitime, & que l'enfant vînt à décéder mineur, il falloit en ce cas faire une ventilation & voir à quelle somme pouvoit monter la légitime de l'enfant sur les immeubles du pere, laquelle somme étoit réglée comme un propre paternel.

Louet, M. 5. L'Edit n'avoit lieu que lorsqu'il s'agissoit d'une succession *ab intestat*; car il n'a jamais été défendu aux enfans en pays de Droit écrit, d'instituer leurs meres héritieres.

Brodeau fur Louet, M. 21.

Les ayèules paternelles & maternelles n'étoient pas comprifes dans la prohibition de l'Edit , elles fuccédoient toujours comme elles faifoient auparavant ; & s'il y avoit une mere & une ayeule paternelle ou maternelle , la meré prenoit les meubles & acquêts de fon fils , & l'ayeule prenoit le furplus.

Ibidem.

En cas de concours de la mere avec les freres , l'on ne partageoit point fuivant le Droit écrit , & la mere avoit tous les meubles & acquêts , à l'exclufion des freres. ☞ Les freres germains concourent avec la mere dans la fucceffion mobiliaire. *Obfervations fur Henrys* , tom. 1. l. 6. q. 7.]

L'Edit des meres ne fut reçu dans aucun Parlement du Droit écrit , à la réferve de celui de Provence , ¶¶ où l'exécution de cet Edit éprouva même plufieurs difficultés.

Enfin cet Edit a été révoqué par un autre Edit du mois d'Août 1729, qui ordonne que les fucceffions des meres à leurs enfans , ou des autres defcendans , & parens les plus proches defdits enfans du côté maternel , qui feront ouvertes après la publication de cet Edit , feront déférérées , partagées & réglées fuivant la

difpofition des Loix Romaines, comme elles l'étoient avant l'Edit de S.
Maur.]]

Dans les pays de Droit écrit, les
peres & les meres qui ont donné
quelque chofe entre-vifs à leurs enfans, fuccédent aux chofes par eux
données, lorfque les enfans donataires décédent fans enfans, non pas
par droit de fucceffion ordinaire, mais
par un autre, qui eft appellé droit
de retour, ou de reverfion; ce droit de
retour ne produit pas les mêmes effets
dans tous les Parlemens du Royaume.

Henrys,
t. 2. l. 5.
q. 4. 60.

On juge à l'égard des pays de
Droit écrit du reffort du Parlement
de Paris, que les enfans peuvent hypothéquer & aliéner les chofes données au préjudice du pere donateur,
& qu'ils en peuvent même difpofer
par teftament.

On juge le contraire dans le Parlement de Touloufe, que les enfans
donataires ne peuvent en aucune
maniere difpofer des chofes données
au préjudice du droit de retour.

Duranti
& Ferrer.
q. 161.

Dans le Parlement de Touloufe,
le droit de retour a lieu au profit des
afcendans, & des freres, fœurs, oncles & tantes qui ont donné : dans les
pays de Droit écrit qui font du reffort

du Parlement de Paris, il n'a lieu qu'au profit des afcendans, à moins que le retour n'ait été ftipulé par les autres donateurs.

A Touloufe le droit de retour a lieu pour toutes les donations faites par les afcendans, de quelque nature qu'elles foient. Dans les pays de Droit écrit du reffort du Parlement de Paris, il n'a lieu qu'à l'égard des donations par contrat de mariage. ☞ Dans le pays de Droit écrit du reffort du Parlement de Paris, le droit de reverfion a lieu pour toutes fortes de donations, quoiqu'elles foient faites par des actes particuliers. *Henrys*, *tom.* 1. *l.* 6. *q.* 2. En effet, il y a plus de raifon d'admettre le droit de reverfion pour les donations faites hors le mariage, qui font de pures libéralités, que pour celles faites en faveur du mariage, qui font en quelque façon d'obligation, & une dette plutôt qu'une libéralité.

Mais on juge que fi la fille dotée laiffe un fils unique qui décéde fans enfans, le pere ne fuccéde point à la dot au préjudice de l'ayeul qui a doté fa fille. ☞ Cependant au Parlement de Grenoble, le pere fuccéde à fes enfans dans les biens pro-

Duranti & *Ferrer.* queft. 1.

Henrys, t. 1. l. 6. c. 5. q. 22.

venus du chef de leur mere , au préjudice de l'ayeul qui les a donné.
Au Parlement de Paris, laqueftion eft
problématique ; il y a des Arrêts récens
de part & d'autre. *Voyez les Obfervations fur Henrys*, tom. 1. l. 6. q. 12.]

Henrys, Le pere ne peut pas par une fubf-
t. 2. l. 6. titution pupillaire , faire préjudice
qu. 14. au droit de retour qui eft dû à l'ayeul
donateur.

Quant aux coutumes , elles font
très-différentes à l'égard de la fucce-
ceffion des afcendans , la plus gran-
Paris , de partie néanmoins leur donne les
art. 511. meubles & aquêts à partager entr'eux
par têtes ; c'eft-à-dire , que s'ils
font trois , la fucceffion des meubles
& acquêts fera partagée entr'eux par
tiers , quoiqu'il y en ait deux paternels & un maternel ; les freres & les
fœurs n'y font point appellés avec
les afcendans.

Ricard La plûpart des coutumes portent
fur Paris, que propre héritage ne remonte
art. 312. point, c'eft-à-dire, quel es afcendans
ne fuccédent point aux propres ; cependant cette expreffion eft fauffe en
un fens, car les afcendans fuccédent
aux propres qui font venus de leur côté & ligne. Si l'ayeul, par exemple ,
a donné un immeuble à fon petit-

fils

fils, le pere y fuccédera fans doute
à moins que l'ayeul donateur ne furvive, car dans toutes ces coutumes
les peres, les meres & les autres afcendans, fuccédent à leurs enfans
décédans fans enfans & defcendans,
aux chofes par eux données; mais
les donataires en ce cas fuccédent par
la voie de la fucceffion ordinaire, &
non pas par le droit de retour.

Paris,
art. 313.

Dans quelques coutumes les peres
& les meres fuccédent auffi à leurs
enfans, en ufufruit feulement aux
biens immeubles qui ont été acquis
durant la communauté de leur pere
& de leur mere, qui par le décès de
l'un d'eux font avenus aux enfans,
pourvu que l'enfant décédé n'ait laiffé aucuns defcendans, ni freres & fœurs
du côté dont lefdits immeubles lui font
échus. Cette fucceffion en ufufruit qui
eft accordée aux peres & aux meres,
ne s'étend point aux autres afcendans.
* L'ayeul & l'ayeule jouiffent auffi de
cet ufufruit, fuivant l'art. 230. de la
coutume de Paris.]

Paris,
art. 314.
& Ricard,
ibid.

Il y a d'autres coutumes où les afcendans ne fuccédent qu'aux meubles,
& à la totalité de l'ufufruit des immeubles fans aucune diftinction.

Anjou,
art. 270.

Il y en a où ils ne fuccédent qu'en

ufufruit aux acquêts, lorfque le défunt a laiffé des freres & fœurs.

Bourbonn.
art. 314.

D'autres les admettent à partager
les meubles & acquêts avec les freres &
fœurs germains, ou leurs enfans.

Norman.
art. 309.
310. 312.

Quelques-uns préférent les afcendans du côté paternel aux maternels
dans la fucceffion mobiliaire de leurs
enfans.

Le Maine
art. 288.

Il y en a qui excluent les ayeuls &
les ayeules, & ne donnent la fucceffion mobiliaire des enfans qu'aux peres & aux meres, & à leur défaut
aux collatéraux.

Dans les coutumes où les afcendans fuccédent aux immeubles de
leurs defcendans, ces immeubles
font propres & ne tombent point
dans la communauté.

Soëfve, t.
1. cent. 1.
ch. 69.

Pour le rapport, on tient que les
afcendans ne font tenus de rapporter
ce qui leur a été donné par leurs enfans, ou petits-enfans, que dans les
coutumes qui défendent expreffément d'être héritier & donataire en
ligne directe, & encore en a-t'on
douté dans ces coutumes ; mais la ligne directe comprenant également
les afcendans & les defcendans, il eft
impoffible d'aller contre la difpofition de la coutume.

On tient aussi qu'il n'y a aucune prérogative d'aînesse en faveur des mâles dans la succession des ascendans.

Il reste ici une observation à faire qui est générale pour la succession des mineurs, soit que les ascendans y soient appellés, ou qu'il n'y ait que les collatéraux ; c'est que leurs propres ne changent jamais de nature, & quoiqu'ils soient aliénés pour cause nécessaire, il en faut remplacer le prix dans leur succession au profit de l'héritier des propres. Si les rentes que le pere a laissées au mineur sont rachetées, si l'Office du pere a été vendu, la mere survivant à son fils n'aura pas le prix des rentes, ni de l'Office, comme faisant partie de la succession mobiliaire ; mais ce prix appartiendra aux héritiers des propres paternels.

Paris, art. 94. Brodeau & Duplessis sur cet art.

Il n'en est pas de même des meubles du mineur, s'ils ont été employés en acquisition d'héritage, ou à payer ses dettes ; l'héritier des meubles qui les trouve consommés, ne peut pas en demander le remplacement.

Le Prestre Arrêtés de la cinq.

CHAPITRE XXIII.

De la succession des Meubles & Acquêts en collatérale.

ON peut dire que dans le Droit Romain tous les biens du défunt tiennent lieu d'acquêts dans sa succession ; il n'y a qu'un seul cas où l'on fasse différence entre les biens paternels & les biens maternels ; c'est pourquoi il est à propos de parler ici des successions collatérales des pays de Droit écrit, parce qu'encore que la plûpart des coutumes aient quelque chose de différent, néanmoins elles sont fondées sur les principes du Droit, qu'elles ont expliqué à leur maniere.

La régle générale dans les successions collatérales, est que le plus proche parent du défunt lui doit succéder, & s'ils sont plusieurs en même dégré, ils partagent tous également.

Cette régle reçoit trois exceptions, celle du double lien, celle de la représentation, & celle de la concurrence de l'oncle du défunt avec le neveu du défunt. Voilà en quoi confiftent tous les principes du Droit Romain, il ne refte plus qu'à les expliquer.

Les freres germains du défunt, *Nov. 84.* c'eft-à-dire, qui font freres de pere & de mere, excluent les freres du côté du pere, qu'on nomme confanguins, & ceux du côté de la mere, qu'on nomme utérins ; pareillement les enfans des freres germains excluent les freres confanguins & utérins ; c'eft ce qu'on appelle le double lien.

S'il y a des freres germains du dé-*Nov. 118,* funt & des enfans d'un autre frere *cap. 3.* germain prédécédé, ces enfans repréfentent leur pere, & fuccédent conjointement avec leurs oncles, mais ils fuccédent par fouches, & non pas par têtes.

S'il n'y a ni freres germains, ni enfans de freres germains, les confanguins & les utérins font appellés avec les enfans des freres confanguins & des utérins prédécédés ; c'eft ce qu'on dit communément, que la repréfentation en collatérale a lieu jufqu'aux enfans des freres inclufivement ; c'eft-à-dire, qu'elle n'eft admife qu'à l'égard des enfans des freres, quand ils viennent à la fucceffion d'un oncle avec leurs oncles freres du défunt.

Maynard,
l. 6. c. 90.
Quand les freres consanguins & les utérins concourent à la succession de leur frere, ou qu'il y a des freres consanguins, & des neveux utérins, la succession est partagée à Touloufe d'une maniere particuliere; car les biens paternels font adjugés aux confanguins, & les maternels aux utérins; c'est-là le feul cas où l'on faffe quelque différence entre les biens paternels & les maternels; ils appel-

Cambolas
l. 5. ch. 45.
lent bien maternel ce qui vient de la mere ou de fes afcendans, & non pas ce qui eft venu au défunt par des collatérales de la mere, & ainfi du paternel.

Cette maniere de partager tirée de quelques conftitutions qui font dans le Code, a été abrogée par la Novelle

Henrys,
tom. 1. l. 6.
ch. 1. qu. 4.
118. c'eft pourquoi elle n'eft pas en ufage aux pays de Droit écrit du Parlement de Paris.

Novelle
118. ch. 3.
Lorfqu'il n'y a point de frere du défunt, fes neveux excluent fes oncles, quoiqu'ils foient en égal dégré; mais en ce cas les neveux fuccédent par têtes & non par fouches, & même fans avoir égard au double lien, ce qui arrive toutes les fois que le défunt a laiffé des neveux, & qu'il n'a point laiffé de freres.

Hors les cas ci-deffus, les collaté- *D'Olive,*
raux les plus proches du défunt font *l. 5. ch. 35.*
toujours appellés à la fuccession fans
aucune différence de fexe, & fans aucun droit d'aîneffe ; & fuccédent à
toutes fortes de biens indifféremment. Ils peuvent être héritiers &
donataires, fans être obligés de rapporter. Ils peuvent auffi être héritiers
& légataires ; car on peut faire des
legs par un codicille à fon héritier *ab
inteftat*, qui font communément appellés prélegs.

Il n'y a point de coutumes qui foient
entiérement conformes au Droit Romain à l'égard des fucceffions collatérales ; même en ce qui concerne les
fucceffions des meubles & acquêts,
elles ont toutes quelques difpofitions
particulieres à l'égard des fiefs.

Quant aux autres biens, la coutu- *Paris,*
me de Paris, & beaucoup d'autres *art.* 320.
n'ont point d'égard au double lien, 321. 330.
de forte que les freres utérins fuccé- 339. 340.
dent également avec les germains ;
& les oncles & les neveux du défunt
fuccédent également ; au furplus la repréfentation y a lieu de la même maniere que dans le Droit Romain.

Celle de toutes, qui eft la plus con- *Orléans,*
forme au Droit, eft celle d'Orléans *art.* 330.

car elle admet la repréſentation & le double lien, de la même maniere que le Droit Romain.

Boulonois art. 48. Mais il y en a d'autres qui en ſont bien éloignées ; les unes rejettent en-tiérement la repréſentation en colla-térale.

Anjou, art. 215. D'autres l'admettent à l'infini tant que l'on peut prouver le lignage.

Niver. ch. 34. tit. 13. D'autres admettent la repréſenta-tion pour les immeubles, & la rejet-tent à l'égard des meubles, qu'elles donnent toujours au plus proche.

Bourbon. art. 317. Il y en a dans leſquelles le double lien a lieu tant que la ligne dure.

Nivern. ch. 34. art. 34. D'autres préférent les freres à la ſœur, les neveux iſſus d'un frere aux neveux iſſus d'une ſœur : & quand les enfans d'un frere ſuccédent avec leur tante, elles donnent les meubles à la tante, & les immeubles aux en-fans des freres.

Liſle tit. 2. art. 26. 27. 31. & 33. Les unes préférent toujours les mâ-les aux filles en pareil dégré, à l'é-gard des immeubles en ligne collaté-rale.

Le Maine art. 241. Il y en a dans leſquelles les meu-bles & acquêts du défunt ſe diviſent en deux, & la moitié eſt donnée à la ligne paternelle, l'autre moitié à la ligne maternelle.

Au reſte il n'y a jamais de rapports
à faire en collatérale, ſoit pour les acquêts, ſoit pour les propres, où pour
les fiefs, à moins que la coutume ne
l'ordonne expreſſément ; comme ſont
toutes les coutumes d'égalité, qui défendent de donner à l'héritier préſomptif, & qui l'obligent de rapporter, quand même il renonceroit.

CHAPITRE XXIV.

De la ſucceſſion des Propres.

CETTE eſpéce de ſucceſſion eſt inconnue dans tous les pays qui
ſont régis par le Droit écrit ; elle eſt
purement de Droit François, & a été
inventée pour conſerver les biens dans
les familles dont ils ſont venus.

Ce ne ſont pas toujours les plus
proches parens du défunt qui ſuccédent aux propres, quoiqu'ils ſuccédent aux acquêts ; les parens de la
ligne, dont les propres ſont venus au
défunt, en quelque dégré qu'ils ſoient,
ſont préférés à ceux de l'autre ligne ;
ainſi un couſin au dixiéme dégré du
côté paternel ſera préféré dans la
ſucceſſion des propres à un frere uté-

T v

rin. ¶¶ Il y a pour les propres une
régle générale, qui est *paterna pater-*
nis, materna maternis; mais cette réglé, quoique commune à tous les pays
coutumiers, y est pratiquée différemment.]]

Les coutumes ont différentes difpofitions au fujet des propres, que l'on
peut réduire à trois principales ; ſçavoir, les coutumes foucheres, les coutumes d'eſtoc & ligne, ¶¶ qu'on appelle
auffi coutumes de côté & ligne,]] &
les coutumes ¶¶ qu'on appelle de fimple côté, dans lefquelles]] il ſuffit
d'être parent paternel, ou maternel,
pour ſuccéder aux propres.

Mante,
art. 167. Les coutumes foucheres font celles
dans lefquelles pour ſuccéder à un
propre, il faut néceffairement être
defcendu de celui qui a le premier acquis l'héritage, & qui l'a mis dans la
famille. Si mon ayeul, par exemple,
a acquis une terre, qu'il n'ait point
eu d'autres enfans que mon pere, &
que je fois fils unique, cet héritage
n'appartient pas dans ma fucceffion
au frere de mon ayeul, à l'exclufion
de mes parens maternels, qui font
plus proches; mais il fera partagé de
la même maniere que fi c'étoit un
acquêt; il n'y a que les coutumes

qui portent, qu'il faut être de la fouche de l'acquéreur, qui puiffent paffer pour coutumes foucheres.

Paris,
art. 326.
319. 330.

Les coutumes d'eftoc & ligne font
celles dans lefquelles il n'eft pas néceffaire d'être defcendu de l'acquéreur pour fuccéder au propre, mais
il faut être parent du côté & ligne de
l'acquéreur ; ainfi dans l'exemple que
nous avons propofé, le frere de mon
ayeul fuccédera au propre ; mais fi je
n'ai aucuns parens du côté de mon
ayeul, mes plus proches parens, même du côté de ma mere, y fuccéde-
ront, de la même maniere que fi l'hé-
tage n'étoit pas propre. Toutes les
coutumes qui attribuent les propres
aux parens de la ligne, font de cette
nature ; ainfi la plus grande partie des
coutumes font d'eftoc & ligne ; il y en
a très-peu de foucheres, & encore
moins du troifiéme genre.

Dans ces deux premieres fortes de
coutumes il y a fouvent de grands
embarras, pour fçavoir quel eft le
premier de la famille, qui a acquis
l'héritage propre, & pour prouver les
généalogies, fur-tout fi le propre eft
depuis très-long-tems dans la famille ;
il arrive même quelquefois qu'il y
a quatre ou cinq fortes d'héritiers

dans une même succession, & qu'il y a des héritiers dans une coutume qui ne le font pas dans une autre ; c'est ce qui forme les grandes difficultés qui arrivent souvent dans la succession des propres ; elles naissent ordinairement du fait, car pour le droit, il est très-clairement expliqué par la plûpart des coutumes.

Brod. sur Louet, R. 28.

Sedan, tit. 9. art. 181.

Les coutumes de la derniere espéce font celles qui n'ont aucune disposition pour la succession des propres, comme la coutume de Chartres ; l'usage y supplée cette espéce de succession, qui est de l'esprit général des pays coutumiers : mais pour éviter les embarras qui se rencontrent dans les autres coutumes, on donne aux plus proches parens paternels du défunt, tous les héritages qui ont appartenu au pere sans remonter à la personne du premier acquéreur ; & pareillement on donne tous les propres maternels, sans aucune distinction, aux plus proches parens du côté maternel.

Après avoir établi les maximes générales de la succession des propres, il faut passer aux dispositions particulieres de quelques coutumes.

Dans celle de Paris on fait différence entre les propres naissans, &

les anciens propres. Les propres naiffans font les acquêts qui ont été faits par le pere & la mere, & qui deviennent propres en la perfonne du fils, foit immédiatement, foit par le canal de fes freres & fœurs. Lorfque le fils vient à décéder, ce ne font pas toujours les plus proches de la ligne qui fuccédent au propre naiffant ; car les Arrêts ont jugé en ce cas, que le neveu du défunt, petit-fils de l'acquéreur, devoit être préféré au propre naiffant à l'oncle du défunt, qui n'étoit que frere de l'acquéreur.

Mais à l'égard des anciens propres qui ont appartenu à l'ayeul ou aux autres afcendans, celui des parens de la ligne qui eft defcendu de l'acquéreur, n'exclut pas les parens collatéraux de l'acquéreur, à moins qu'il ne fe trouve le plus proche du défunt.

Il y a des coutumes dans lefquelles *Norman.*
tant qu'il y a des mâles, ou defcen- *art.* 148.
dans des mâles, tant en directe qu'en collatérale, ils excluent les filles & les defcendans des filles.

Il y en a où les Seigneurs de fief *Idem.* 14.
fuccédent aux propres au défaut des parens de la ligne, à l'exclufion des parens de l'autre ligne.

Auverg.
c. 22. art.
68.

Il y en a où les acquêts du défunt sont censés propres paternels, à moins que les acquêts ne lui soient échus par donation en collatérale, auquel cas ils suivent la ligne du donateur.

Bapaum.
tit. c. art.
10.

Il y en a où les héritages tenus en roture ne sont point réputés propres, & se partagent comme acquêts.

Nivern.
tit. 34. art.
8. & ibid.
Coquille.

Il y en a où les propres ne remontent point en ligne collatérale ; c'est-à-dire, que tant qu'il y a des parens du même côté de la ligne descendante, ils excluent ceux de la ligne ascendante, quoique plus proches en dégré ; ainsi le petit-neveu du défunt exclut l'oncle, quoiqu'il soit plus éloigné ; mais dans ces coutumes, il n'y a que les neveux, & leurs descendans qui soient réputés descendans en collatérale, c'est pourquoi l'oncle succéde aux propres à l'exclusion des cousins germains, ou issus de germains.

En succession de propre le double lien n'est point considéré, pas même dans les coutumes qui l'admettent en la succession des meubles & acquêts ; ainsi le frere germain & le frere utérin succédent également aux propres ma-

Berr. c.
19. art. 16.

ternels ; excepté dans la coutume de Berry qui en a une disposition expresse,

Au surplus les mêmes choses sont observées entre les héritiers de la ligne en la succession des propres, comme en la succession des meubles & acquêts : de sorte que si la représentation a lieu dans la succession des acquêts, elle aura lieu pareillement dans la succession des propres.

CHAPITRE XXV.

Du droit d'Aîneffe, & de la succeffion des Fiefs.

IL y a peu de matieres où les coutumes soient si différentes que sur le droit d'aînesse & sur la succession des fiefs, qui ont tant de rapport ensemble que nous n'avons pas jugé à propos de les séparer ; en effet c'est principalement dans les fiefs que les aînés prennent leur droit d'aînesse, qui n'est autre chose qu'une portion plus avantageuse que celle des autres héritiers dans la succession qui est à partager.

Ce droit des aînés a été reçu favorablement de plusieurs nations anciennes & modernes, parce qu'il contribue à maintenir les grandes familles dans leur éclat & dans leur lustre ;

chaque pays, chaque coutume a réglé ce droit comme bon lui a semblé ; mais quelque diversité qui s'y rencontre, il y a néanmoins de certains principes généraux qui conviennent presqu'à toutes les coutumes.

Dumoul. sur la coutume de Paris art. 8. gl. 2. n. 30.

Ce droit n'appartient qu'au fils aîné ; de sorte que s'il renonce à la succession de son pere, le second fils ne peut prétendre aucun préciput, parce qu'en effet, il n'a pas la qualité nécessaire pour cela, qui est d'être le fils aîné, à moins que la coutume n'en dispose autrement.

Id. n. 2.

Les filles n'ont jamais de droit d'aînesse, à moins qu'il ne leur soit expressément donné par la coutume : il n'est point favorable en leur personne, parce qu'elles portent les biens dans des familles étrangeres.

Id. gl. 2. 3. 9.

Le pere ne peut pas ôter le droit d'aînesse à son fils aîné, ni le diminuer par des dispositions gratuites, soit entre-vifs ou par testament, parce que le droit d'aînesse tout entier est une véritable légitime que la coutume donne au fils aîné. Le pere ne peut transférer ce droit à un autre de ses enfans, parce que ce n'est pas le pere ; mais la coutume qui l'accorde à l'aîné.

Les peres & les meres en acqué- *Brodeau sur Paris, art. 13.*
rant un fief ne peuvent stipuler qu'il
sera partagé comme roture, parce
qu'il ne leur est pas permis de changer l'ordre de leur succession ; mais
si un tiers leur donnoit le fief, il pourroit stipuler qu'il seroit partagé comme roture, parce qu'il peut imposer
à sa libéralité telle condition que bon
lui semble, & qu'il pourroit même
le substituer aux puînés, & en priver
entiérement l'aîné.

Il ne peut y avoir qu'un seul aîné *Ibidem.*
qui jouisse de ce droit dans une succession, de sorte que s'il y avoit deux
jumeaux, & qu'il n'y eût aucunes conjectures qui pussent faire distinguer
l'aîné d'avec le puîné ; par exemple,
si le pere & la mere les ont toujours
traité également, sans donner la possession ni à l'un ni à l'autre, le droit
d'aînesse n'est pas éteint, il ne se partage pas aussi, si ce n'est du consentement des deux jumeaux majeurs, mais
on tire au sort pour sçavoir à qui le
droit d'aînesse appartiendra.

Quoiqu'il n'y ait qu'un droit d'aînesse dans chaque succession, ce droit
ne laisse pas de se prendre dans toutes
les coutumes qui donnent cet avantage à l'aîné ; c'est pourquoi si

le pere laiſſe des fiefs dans pluſieurs
coutumes , l'aîné aura ſon préciput
dans chaque coutume, comme s'il s'y
agiſſoit de ſucceſſions différentes. Si le
pere avoit ſon domicile dans une coû-
tume qui donne les meubles au fils aîné, & s'il avoit des fiefs en d'autres
coutumes , l'aîné en ce cas aura les
meubles, & outre cela ſon préciput &
ſa portion avantageuſe dans les fiefs
ſitués dans les autres coutumes. La
raiſon eſt, que chaque coutume eſt une
loi qui aſſujettit tous les biens qui ſont
ſitués dans l'étendue de ſon territoire.

Louet ,
D. 3.
Le droit d'aîneſſe ſe prend ſur les
fiefs acquis par le pere & la mere à
faculté de rémeré , & ſur les fiefs du
domaine du Roi qu'ils ont à titre d'engagement ; mais ſi la faculté de rémeré eſt exercée dans le tems porté
par le contrat , ou ſi le Roi rembour-
ſe la finance payée par l'engagiſte ,
même après le partage fait, les deniers
du rembourſement ſe partagent comme meubles entre les enfans.

Il eſt impoſſible de marquer toutes les différences des coutumes , tant
elles ſont bizarres ſur le ſujet du droit
d'aîneſſe : on peut néanmoins les réduire à certaines claſſes , & donner
quelques exemples de chaque.

Il y en a qui donnent le droit d'aînesse aux seuls mâles, il y en a qui le
donnent à l'aînée des filles au défaut
des mâles.

Il y en a qui ne le donnent que dans
les fiefs, d'autres qui le donnent dans
les autres espèces de biens.

Il y en a qui font différence entre
les nobles & les roturiers.

Il y en a enfin qui admettent les
filles de l'aîné à représenter leur pere
au droit d'aînesse, & d'autres qui les
en excluent.

Dans la coutume de Paris le droit *Paris,*
d'aînesse n'a lieu qu'en faveur des mâ- *art. 1.*
les; il n'a lieu que sur les héritages
tenus en fief; il a lieu tant à l'égard
des roturiers que des nobles, & les
enfans de l'aîné, soit mâles ou filles,
représentent leur pere prédécédé dans
le droit d'aînesse, & par ce moyen
ils prennent tout l'avantage qu'il auroit eu, s'il étoit vivant.

En chaque succession de pere & de *Art.* 14
mere l'aîné prend un principal manoir, ou château, tel qu'il veut choisir, avec la basse-cour, & un arpent
d'enclos, s'il y en a, sinon un arpent de terre de l'enclos ou jardin
joignant ladite maison, si tant y a; &
si l'enclos contient davantage, l'aîné

peut retenir le tout en baillant récompenſe aux puînés en terres de même fief, ſi tant y a, ſinon, en autres terres ou héritages de la même ſucceſſion à la commodité des puînés, le plus que faire ſe pourra au dire de prud'hommes; c'eſt cet arpent qu'on appelle communément le vol du chapon.

Art. 18. S'il n'y a point de manoir, mais ſeulement des terres labourables en fief, l'aîné aura pour ſon préciput au lieu du manoir, un arpent de terre en tel lieu qu'il voudra choiſir.

Art. 14. Si dans l'enclos du préciput de l'aîné, il y a four, moulin, ou preſſoir, le corps en appartient à l'aîné; mais les revenus du moulin, bannal ou non bannal, & du four & preſſoir, s'ils ſont bannaux, doivent être partagés comme le reſte du fief; auquel cas les puînés ſont tenus de contribuer aux réparations à proportion du profit qu'ils en tirent; & l'aîné a la faculté de retenir ſes revenus en récompenſant les puînés.

Art. 15. & 16. Outre le château, ou manoir, & le vol du chapon, lorſqu'il n'y a que deux enfans venans à la ſucceſſion, l'aîné a les deux tiers de tous les fiefs, & s'il y a plus de deux enfans, il n'en doit avoir que la moitié.

L'aîné a les mêmes prérogatives du *Art. 68*
préciput & de la portion avantageuſe
dans les terres tenues en franc-aleu
noble, de même que dans les fiefs. On
appelle franc-aleu noble, celui auquel il y a juſtice, ou qui a des cenſives ou quelque fief mouvant de lui ;
mais s'il n'y a point de juſtice, ni aucune mouvance en fief ou en cenſive,
c'eſt un franc-aleu roturier, qui ſe
partage également comme les autres
biens qui ne ſont pas en fief.

La coutume ſe ſert de ces termes : *Dumou-*
deux enfans venans à la ſucceſſion ; *lin ſur*
pour marquer que pour régler la por- *Paris,art.*
tion de l'aîné dans les fiefs, aux deux *19. gl. 4.*
tiers, ou à la moitié, on ne conſidére
pas le nombre des enfans vivans,
mais ſeulement ceux qui acceptent la
ſucceſſion, & non pas ceux qui renoncent.

Quoique la coutume ſe ſerve indifféremment du mot de préciput,
en parlant du principal manoir, &
de la moitié, ou des deux tiers que
l'aîné prend dans les fiefs, néanmoins
ce qu'on appelle proprement le préciput, c'eſt le manoir, la baſſe-cour,
& le vol du chapon, le reſte eſt appellé communément la portion avantageuſe ; & il y a cette différence de

l'un à l'autre, que quand il y auroit dix terres en fiefs, toutes bâties dans une même fucceffion, & dans une même coutume, l'aîné ne peut avoir qu'un château tel qui veut choifir pour fon préciput, au lieu qu'il prend la portion avantageufe dans tous les fiefs.

Paris, **Il n'y a qu'un feul cas où ce droit**
art. 17. d'aîneffe puiffe être diminué dans la coutume de Paris, c'eft lorfqu'il n'y a qu'un manoir & un arpent d'enclos dans la fucceffion du pere ou de la mere, & qu'il n'y a pas d'autres biens fuffifant pour la légitime, ou le douaire des autres enfans ; alors ce manoir avec fon enclos appartient à la vérité tout entier à l'aîné, mais c'eft à la charge de fournir à fes freres & à fes fœurs leur légitime, ou le douaire coutumier ou préfix.

V. l'art. **La coutume n'a point expliqué de**
298. quelle maniere la légitime doit être réglée en ce cas ; mais l'opinion la plus raifonnable eft que les puînés ont pour leur légiti la moitié de ce qu'ils auroient eu, fi le manoir n'avoit pas été en fief.

Troyes, **Il y a des coutumes où l'aîné, foit**
art. 14. noble, ou roturier, n'a que le principal manoir & le vol du chapon. S'il y a plufieurs fiefs mouvans du princi-

pal manoir, il choisit la mouvance
de tel de ces fiefs que bon lui semble ;
il a hors part un arpent de chaque
nature de terre ; par exemple, un
arpent de pré, un arpent de bois, &c.
Les mâles prennent chacun dans les
fiefs autant que deux filles ; & si l'aîné
décéde avant son pere ou sa mere,
ne laissant que des filles, elles ne ré-
présentent pas leur pere au droit d'aînesse, quand il y a d'autres mâles,
mais seulement au droit qu'il avoit
comme mâle, c'est-à-dire, qu'elles ne
prennent point de préciput, mais
elles prennent la portion d'un des mâles, comme leur pere auroit fait.

Quelques-unes ne donnent à l'aîné
que le principal manoir, & le vol du
chapon, sans aucune portion avantageuse dans le surplus des fiefs, &
ne lui donnent même qu'un seul préciput dans les deux successions du pere & de la mere ; mais quoiqu'il ait
pris son préciput dans la succession du
premier décédé, il peut en le rendant
choisir dans la succession du dernier
mourant.

Auxerre art. 53. 54. & 55.

Il y a plusieurs coutumes, qui, au
défaut d'enfans mâles, donnent le
droit ● înesse aux filles dans les fiefs ;
& quelques-unes même donnent tous

Chauny, art. 70. & 71.

les fiefs à l'aîné, à la charge feulement d'un quint aux puînées en ufufruit, quelques autres en propriété.

Grand Perche 117. 134. 146. Il y a d'autres coutumes qui donnent à l'aîné noble tous les meubles & effets mobiliers, à la charge de payer les dettes mobiliaires, & encore un préciput dans les fiefs & dans les autres biens. Les coutumes de Bretagne, d'Anjou, de Touraine, & plufieurs autres, donnent de grands avantages aux aînés nobles, qu'il feroit trop long de fpécifier ici.

Meaux, ch. 8. art. 41. Quand le fils aîné décéde avant fon pere & fa mere, & qu'il laiffe des enfans, il y a quelques coutumes qui n'admettent pas la repréfentation au droit d'aîneffe, s'il ne laiffe que des filles, & qui n'admettent même les mâles que quand le pere & la mere n'ont point laiffé d'autres enfans mâles.

Auxerre, art. 56. Il y en a qui admettent feulement les filles de l'aîné à repréfenter leur pere au droit d'aîneffe, lorfqu'il n'y a point d'autres mâles.

Quant à la fucceffion des fiefs en ligne collatérale, les coutumes y font encore prefque auffi différentes qu'en la ligne directe.

Paris, art. 326. Celle de Paris ne donne aucun droit d'aîneffe en collatérale, mais elle

elle préfére les mâles aux filles lorſqu'ils ſont en pareil dégré, ce qui ſe
doit entendre pourvu qué les mâles
ſoient du côté & ligne dont les fiefs
propres étoient échus au défunt de la
ſucceſſion duquel il s'agit.

En pareil dégré ces termes de la
coutume ſont liminatifs, de ſorté que
ſi les filles ſont dans un dégré plus
proche que les mâles, elles ne ſont
pas privées de la ſucceſſion des fiefs
en collatérale, mais elles peuvent *Art.* 315.
être plus proche que les mâles dans
le dégré de repréſentation, enſorte
que les mâles, quoique plus éloignés, ne laiſſent pas de ſuccéder
avec elles. Par exemple, lorſque le
défunt a laiſſé une ſœur, & des neveux d'un frere, ces neveux ſuccédent
avec leur tante, & elle a ſa part dans
les fiefs avec eux, parce qu'elle eſt
plus proche d'un dégré; mais quand
les filles ſont plus proches que les
mâles hors du dégré de repréſentation; par exemple, lorſque le défunt
a laiſſé une tante & un couſin germain, le mâle n'eſt point appellé à la
ſucceſſion, & ne ſuccéde pas aux fiefs,
non plus qu'aux autres biens.

Les enfans mâles d'une ſœur, qui *Art.* 322.
viennent à la ſucceſſion de leur oncle

avec d'autres freres du défunt, n'ont rien dans les fiefs, parce que leur mere n'y auroit eu aucune part si elle avoit été vivante.

Ricard,   Mais la coutume ne s'est point expli-
ibid. quée dans le cas contraire, lorsque la fille d'un frere prédécédé vient par la représentation de son pere à la succession de son oncle ou de sa tante avec ses autres oncles, freres du défunt; sçavoir si cette fille sera excluse des fiefs à cause de son sexe, ou si elle y succédera comme représentant un mâle. On jugeoit autrefois que la fille succédoit aux fiefs; mais depuis on a jugé le contraire; c'est la derniere Jurisprudence.

Amiens,   Il y a des coutumes où les fiefs ne
art. 84. se partagent point en collatérale, soit entre nobles ou entre roturiers; mais l'aîné des mâles emporte tous les fiefs, & s'il n'y a point de mâles, l'aînée des filles y succéde; c'est pourquoi on dit, que dans ces coutumes les fiefs sont impartables.

Il y en a d'autres dont les fiefs ne sont impartables qu'entre les personnes nobles, mais entre les roturiers, le mâle exclut la femelle en pareil dégré.

Voilà ce qu'on peut dire pour donner des notions générales du droit d'aînesse, & de la succession des fiefs.

CHAPITRE XXVI.

De la succession du mari & de la femme.

DANS l'ancien Droit Romain les mariages se faisoient de trois manieres différentes ; *Per usum*, par le simple usage, lorsque le mari & la femme, sans aucune cérémonie précédente, avoient demeuré un an ensemble, & qu'ils avoient vécu publiquement comme mari & femme ; *Per confarreationem*, cette espéce de mariage étoit particuliere aux Pontifes ; *Per cæmptionem & conventionem in manum*, ce mariage se faisoit par une vente imaginaire ; le mari donnoit une espéce de monnoie à sa femme pour l'acheter : elle passoit alors dans la famille du mari, elle lui tenoit lieu de fille, & le mari lui tenoit lieu de pere, par ce moyen ils se succédoient l'un à l'autre, & excluoient tous les collatéraux ; & quand il y avoit des enfans, le mari succédoit seul à la femme, & la femme ne prenoit dans la succession du mari que la portion de l'un des enfans. Par la suite des tems, les maris & les

Servius in 4. Æneid. & 1 Georg.

Ranchin succ. ab intest. §21.

Cujac. in tit. C. unde vir & uxor Jacob Gothofred ad l. unic. C. Theod. unde vir & uxor. Cujac. 3. observ. 21.

V ij

femmes, de quelque maniere que le mariage eût été contracté, se succéderent mutuellement en certains cas, quoiqu'il y eût des parens du défunt.

L. unic. ff. & C. unde vir & uxor.

Enfin par la derniere Jurisprudence, cette succession du mari & de la femme a été entiérement abrogée, lorsqu'il y a des parens du défunt en quelque dégré qu'ils soient, & l'on s'est contenté de préférer le mari & la femme au Fisc, lorsqu'il n'y a point de parens qui puissent & qui veuillent succéder.

Cette succession du mari & de la femme au défaut des parens, est vulgairement appellée, *unde vir & uxor*, & ne peut jamais avoir lieu que quand le mariage a été valablement contracté.

Ibidem.

Dans le Droit Romain le divorce étoit permis, & emportoit la dissolution entiere du mariage, ensorte qu'après le divorce le mari & la femme pouvoient chacun de son côté se marier à d'autres. Il y avoit néanmoins de certains cas où nonobstant le divorce, le mariage ne laissoit pas de subsister. Par exemple, lorsque l'affranchie, qui avoit épousé son patron, faisoit divorce malgré lui, le mariage ne laissoit pas de durer tant qu'il plaisoit au patron : lors-

que le divorce n'étoit pas fait avec
toutes les formalités requises par la
loi, le mariage n'étoit pas rompu,
& néanmoins dans tous ces cas le
divorce empêchoit la succession du
mari & de la femme. Ne pourroit-
on pas inférer de-là que parmi nous
cette succession doit cesser quand le
mari & la femme sont séparés d'habitation, puisque cette séparation a
succédé au divorce ?

Nous avons reçu favorablement *Louet &*
cette espéce de succession dans notre *Brod. F.*
Droit François, à l'exception de cer- *21.*
taines coutumes dont il sera parlé
dans le chapitre suivant.

CHAPITRE XXVII.

De la succession du Fisc.

LORSQU'IL n'y a point de parens, ni *L. C. 1.*
de mari, où de femme pour succé- *de bonis*
der au défunt, les loix Romaines ont *vacant.*
adjugé sa succession au fisc, c'est-à-
dire à la République, ou au Prince,
avec beaucoup de raison : comme il
ne restoit personne qui pût prétendre aucun droit dans la succession
vacante, personne ne pouvoit s'en

emparer que par des voies de fait, qui ont toujours été défendues dans les Etats bien réglés : or le fisc étant chargé de toutes les dépenses publiques, on ne pouvoit rien faire de plus juste, que de lui appliquer tous les biens qui n'avoient point de maître légitime, dont les successions vacantes font une partie, & cette loi est commune dans toutes sortes d'Etats.

Mais comme en France les Seigneurs Hauts-Justiciers jouissent des droits du fisc, qu'ils ont les confiscations, les espaves, &c. ils ont aussi les successions vacantes, qu'ils appellent droits de deshérence ; chaque Seigneur prend ce qui est situé dans son territoire, quoique le défunt soit décédé hors de l'étendue de sa justice ; ainsi les Seigneurs Hauts-Justiciers ne succédent pas proprement à la personne, mais aux biens du défunt.

Cette succession n'a lieu que quand il n'y a ni parens, ni mari, ni femme survivans ; à l'exception de deux sortes de coutumes qui ont des dispositions expressément contraires.

Bourbon- Les unes préférent le Seigneur
nois, 328. Haut-Justicier au mari & à la femme, mais non pas aux parens, en

quelque degré & de quelque ligne
qu'ils soient.

Les autres, au défaut des parens *Anjou,*
d'une ligne, préfèrent le Seigneur ²⁶⁸.
Moyen-Justicier aux parens des autres
lignes, & à plus forte raison le Sei- *Brodeau*
gneur dans ces coutumes est préféré *sur Louet,*
au mari & à la femme, qui ne peu- *f. 21.*
vent jamais rien prétendre dans la
succession l'un de l'autre, soit qu'il y
ait des parens ou non. Ces coutumes sont contre le Droit commun,
& paroissent très-odieuses, & même *Dumoulin*
très-injustes à la plûpart de nos Au- *sur Anjou.*
teurs, qui ne laissent pas de conve-
nir qu'il les faut observer telles qu'elles sont, jusqu'à ce qu'elles ayent été
réformées.

CHAPITRE XXVIII.

Des Partages, des Rapports & des Dettes de la succession.

LORSQU'UNE succession est échue à
plusieurs cohéritiers, il arrive
rarement qu'ils s'accordent tous ensemble pour la posséder par indivis,
c'est-à-dire, en commun ; c'est pourquoi on fait ordinairement des parta-

ges entre les cohéritiers, pour affigner à chacun les corps héréditaires qui doivent compofer fon lot , c'eft-à-dire , fa portion , afin qu'il en puiffe jouir par lui-même indépendamment des autres.

Avant que de procéder aux partages , il faut néceffairement fçavoir en quoi confiftent les biens de la fucceffion , & pour cela il faut faire deux chofes ; fçavoir , un inventaire de tous les meubles & de tous les titres de la fucceffion , & obliger chaque cohéritier à rapporter à la maffe des biens de la fucceffion , les chofes qui doivent y être rapportées.

Lorfque les héritiers font tous préfens , tous majeurs , & qu'ils font d'accord enfemble , il n'eft pas néceffaire de faire appofer le fcellé fur les effets de la fucceffion. Ils peuvent faire faire l'inventaire par tel Notaire que bon leur femble , ou par les Officiers des lieux qui ont accoutumé de faire les inventaires ; mais s'il y a des héritiers abfens ou des mineurs qui n'ayent ni pere , ni mere , il faut pour la fureté des uns & des autres faire appofer le fcellé , afin que les titres & effets de la fucceffion ne puiffent pas être fouftraits

avant que l'inventaire soit achevé ;
les créanciers sont auffi en droit de
faire mettre le fcellé, afin qu'on ne
détourne pas leurs effets à leur préjudice ; & quand le fcellé a été mis
à la requête des héritiers ou d'un
créancier, les autres créanciers peuvent s'oppofer au fcellé , & alors on
ne peut ni le lever , ni procéder à
l'inventaire fans y appeller tous les
oppofans.

On a accoutumé de prifer & eftimer les meubles inventoriés , & de
faire mention de la prifée dans l'inventaire même , & pour cela s'il y
a diverfes natures de meubles , on
les fait eftimer par des perfonnes qui
font d'une profeffion à en connoître
le prix ; les livres par des Libraires ,
les lits , tapifferies , & autres meubles meublans font prifés par un
Huiffier-Prifeur.]

S'il n'y a ni mineurs, ni abfens, ni
créanciers oppofans, les héritiers peuvent , fi bon leur femble , partager
entr'eux les meubles en nature, & empêcher qu'ils ne foient vendus ; mais
quand il y a des héritiers mineurs ou
abfens , ou des créanciers oppofans ,
alors il faut de néceffité vendre les
meubles publiquement à l'encan , &

le prix provenant de la vente entre dans la maſſe des biens qui doivent être partagés. ¶¶ Il en faut excepter la vaiſſelle d'argent , qui ne peut être vendue à l'encan , mais doit être vendue en l'Hôtel des Monnoies , à moins que la veuve ou les héritiers ne la gardent pour la priſée , qui à cet égard eſt toujours le prix du Tarif.]]

Nous avons dit que la coutume de Paris ne permet pas d'être héritier & donataire tout enſemble. Nous avons dit auſſi qu'il y a de certaines coutumes , qu'on appelle coutumes d'égalité , dans leſquelles il n'eſt pas permis de donner à un de ſes héritiers préſomptifs au préjudice des autres , ſoit en directe , ſoit en collatérale. Et enfin par le Droit Romain les enfans qui viennent à la ſucceſſion de leur pere , ſont obligés de rapporter ce qu'il leur a donné , à moins que le pere ne l'ait donné par préciput , ou qu'il n'ait prohibé le rapport.

L'Auteur en cet endroit , & dans la page 477. & dans le tome 2. page 46. appelle toujours le Droit Romain , le Droit commun. Cependant il y a pluſieurs Auteurs qui prétendent que le Droit Romain n'eſt point le Droit commun de la France. *Voyez la préface fur Henrys.*]

Ainſi par le Droit commun, auquel *Tot tit. ff.* la coutume de Paris eſt conforme, les *& Cod. de* enfans ſont obligés de rapporter à la *Collat. 6.* ſucceſſion du pere ou de la mere les *honor.* libéralités qu'ils en ont reçues ; mais ce *Paris ,* rapport ceſſe , s'ils veulent ſe tenir à *art.* 304. leur don , & renoncer à la ſucceſſion. *& 307.*

Dans les coutumes d'égalité , ce *Brodeau* rapport eſt d'une néceſſité abſolue , *fur Louët,* tant en directe qu'en collatérale : *D. 56.* celui qui renonce à la ſucceſſion , eſt obligé de rapporter auſſi-bien que ce- lui qui l'accepte. Il eſt vrai que le rapport n'eſt néceſſaire que lorſqu'il y a des cohéritiers qui le demandent, parce qu'il n'a été introduit qu'en leur faveur, & pour conſerver l'éga- lité entr'eux ; d'où il réſulte , que s'il n'y avoit que des créanciers du défunt qui vouluſſent obliger l'héritier du donataire de rapporter , ils n'y ſe- roient pas recevables.

Cela préſuppoſé , il faut examiner quelles choſes doivent être rappor- tées, & de quelle maniere les rapports doivent être faits.

Le fils doit rapporter à la ſuccef- *Paris ;* ſion de ſon pere & de ſa mere tout ce *art.* 304. qu'ils lui ont donné , ſoit en argent, foit en autres effets, comme terres, rentes, charges, &c.

Lorfqu'il a été nourri & entretenu dans la maifon de fon pere & de fa mere, depuis qu'ils l'ont pourvu par mariage ou autrement, à leurs dépens, il doit repréfenter les quittances de fes penfions, ou les rapporter à la fucceffion.

Brodeau De même, lorfqu'un pere a prêté *fur Louet,* de l'argent à fon fils, cet argent doit *R. 13.* être rapporté ; & quand le pere en auroit fait paffer un contrat de conftitution, le fils ne feroit pas recevable à offrir de continuer la rente, il faut qu'il en rapporte le principal & les arrérages qui en font dûs, ou qu'il les précompte fur fa part.

Louet, Mais quand le prêt a été fait au *ibid.* gendre, on diftingue ; fi la fille s'eft obligée avec fon mari, il n'y a point de doute qu'elle ne foit obligée de rapporter ; & fi elle n'eft pas obligée à la dette, ou elle accepte la communauté, ou elle y renonce ; fi elle accepte la communauté, elle eft obligée de rapporter jufqu'à concurrence du profit qu'elle tire de la communauté ; mais en cas de renonciation, elle n'eft pas obligée de rapporter, parce qu'il n'eft pas permis

au mari d'aliéner directement ou indirectement le bien propre de fa femme fans fon confentement.

Les enfans ne font pas obligés de
rapporter ce que les peres & les meres
ont dépenfé pour leur éducation, ni
les petits préfens qu'ils leur font manuellement , foit en argent ou en
meubles.

*Berry, de
fuccef. lib.
14. tit. 4.
n. 12.*

Le fils eft obligé de rapporter ce
qui a été donné à fes enfans par fon
pere ou fa mere, de même que fi le
don lui avoit été fait à lui-même ; &
fi tel don excéde ou égale fa portion
héréditaire , enforte qu'en rapportant
il ne trouve plus fa légitime , il peut
fe pourvoir contre fes enfans donataires , & les obliger de remplir fa légitime. Mais s'ils avoient diffipé le
don , & qu'ils ne fuffent pas en état
de fournir la légitime à leur pere,
l'opinion la plus jufte & la plus équi-
table eft , que le fils peut demander fa légitime fur la fucceffion du
pere ou de la mere, nonobftant le don
fait à fes enfans, parce que la légitime lui tient lieu d'alimens , & que
fon pere & fa mere ne l'en ont pas eu
priver par des donations faites à des
diffipateurs.

Le petit-fils qui vient à la fuccef-

*Paris ,
art.* 388.

fion de fon ayeul, par repréfentation de fon pere, foit avec fes oncles & fes tantes, foit avec d'autres petits-enfans d'une autre fouche, eft obligé de rapporter ce que l'ayeul avoit donné à fon pere, ou à fa mere, quand même il renonceroit à leur fucceffion; mais en ce cas le petit-fils n'a aucun recours pour fa légitime contre la fucceffion de fon ayeul, quoique fon pere ou fa mere ayent tout diffipé, parce qu'en ce cas l'ayeul n'a point troublé l'ordre naturel de fa fucceffion, en donnant à fon fils ou à fa fille, comme il avoit fait dans le premier cas, en donnant à fes petits-enfans. Et d'ailleurs les petits-enfans viennent toujours en quelque maniere à la fucceffion de leur ayeul par la repréfentation de leur pere, & le fils au contraire vient toujours de fon chef à la fucceffion de fon pere, & ne repréfente jamais fes enfans.

V. l. 2. *S. 2. ff. de* *Coll. hon.* Si le pere a donné imprudemment de l'argent comptant à un fils mineur, & qu'il l'ait diffipé, il ne doit pas en ce cas y avoir lieu au rapport, puifque le fils mineur n'étoit pas en état d'accepter une telle donation à fon préjudice.

Quant à la maniere de rapporter,

il faut faire diſtinction entre l'argent comptant , les offices , & les autres natures de biens.

L'argent comptant donné ou prêté par le pere & la mere à leurs enfans, ſe rapporte rarement en nature, l'enfant qui l'a reçu l'impute ordinairement ſur ſa portion , & il y a une infinité d'occaſions dans leſquelles ce rapport en nature poürroit cauſer la ruine de ceux qui ſeroient obligés de le faire : les peres & les meres ne donnent pas de groſſes ſommes à leurs enfans pour les enfermer dans un coffre ſans en tirer aucun profit ; la deſtination ordinaire des ſommes données , eſt d'en faire un emploi utile pour l'acquiſition d'une charge , d'une terre , d'une maiſon ou d'un autre immeuble , ou même pour payer les dettes d'un mari , & liquider ſes biens , de ſorte qu'il ſeroit très-difficile de retrouver les mêmes ſommes dans le tems qu'il faut faire les rapports & les partages ; ſi toutefois les autres cohéritiers ont un intérêt raiſonnable & conſidérable , que le rapport ſoit fait en argent comptant ; ¶ ce qui dépend de la prudence du Juge , pour la maniere dont le rapport doit être fait.]]

Dumoul. ſur l'art. 123. de l'ancien. cout. de Paris.

A l'égard des Offices, il y en a de trois sortes ; sçavoir, les Offices de la Maison du Roi, les Offices domaniaux, qui ne consistent que dans la perception des droits qui y sont attribués, comme les Greffes, les Gardes des petits sceaux, &c. & les Offices de Judicature ou de Finance, qui consistent principalement dans la fonction & dans l'exercice, quoiqu'il y ait souvent des émolumens très-considérables, & sur-tout à ceux de Finance, comme sont les Trésoriers de l'épargne, des parties casuelles, les Receveurs Généraux des Finances, &c.

Il y a plusieurs arrêts du conseil qui défendent le rapport en ce cas. Si le pere a acheté un Office de la Maison du Roi à son fils, ce n'est pas proprement une charge, mais de l'argent qu'il lui a donné, c'est pourquoi le prix de l'achat doit être rapporté à la succession.

Si au contraire le pere possédoit l'Office, & qu'il en ait fait pourvoir son fils, ou qu'il en ait obtenu la survivance du Roi, il n'y a en ce cas nul rapport ; car comme ces sortes d'Offices périssent par la mort du titulaire, qui ne les peut jamais vendre, que par la permission expresse du Roi, ou du chef duquel ils dépendent, ils ne sont point sujets aux régles des fucceffions, des partages, ni des rapports.

Les Offices domaniaux au contraire ne font pas proprement des Offices ; les propriétaires la plûpart du tems ne les exercent pas , & fe contentent d'en tirer le revenu, c'est pourquoi il les faut mettre au rang des autres immeubles.

Il n'y a donc que les Offices de Junicature & de Finance qui foient fujets à une Jurifprudence particuliere au fujet des rapports.

La premiere régle eft qu'on n'oblige jamais l'enfant qui en a été pourvu de les rapporter en nature ; il feroit trop dur de dépouiller un Officier de fa charge , de le réduire à mener une vie privée, & de lui ôter le rang & les prérogatives que fon Office lui donne, on ne le peut jamais contraindre à s'en demettre qu'en lui faifant fon procès pour prévarication , ou pour quelqu'autre crime qui mérite une peine infamante. *Brod. fur Louet E. 2.*

La feconde régle eft que quand le pere a acheté la charge pour fon fils, il doit rapporter le prix qu'elle a coûté, & les frais de la réception, fi le pere les a payés pour lui.

Mais quand un pere donne à fon

fils la charge dont il est pourvu, c'est où est la difficulté ; & voici les distinctions que l'on y fait.

Si la charge n'a rien coûté au pere, ou s'il l'a achetée à très-bon marché, il peut la donner à son fils pour un prix moindre que sa véritable valeur, pourvu qu'il ne soit pas au-dessous de celui que le pere en a payé, & le fils ne sera obligé de rapporter que cette estimation ; ce qui a été introduit favorablement, afin de faciliter aux enfans les moyens de soutenir l'éclat de leur famille, dans un cas où le pere ne diminue rien de son ancien patrimoine.

Si au contraire le pere avoit acheté l'Office beaucoup plus qu'il ne vaut, lorsqu'il le donne à son fils, il peut bien l'estimer au-dessous de ce qu'il lui a coûté, mais non pas au-dessous de sa juste valeur, par la raison que le pere en ce cas ne peut plus gratifier son fils sans diminuer le bien qu'il avoit avant l'acquisition de la charge, & que de l'autre côté il n'est pas juste que le fils paye plus de la charge à son pere, qu'il n'en auroit payé à un étranger.

Que si le pere n'a point fait d'estimation, en donnant l'Office à son fils, il doit alors en rapporter la juste valeur eu égard au tems de la donation, & non pas au tems du partage ; parce que le fils ayant été propriétaire incommutable de la charge au moment du don, fans pouvoir être contraint de la rapporter en nature, & fans avoir de fon côté la faculté de la rapporter malgré fes cohéritiers, il en doit courir les rifques, & par la même raifon, il doit jouir de tous les avantages qui furviennent.

Il n'en eft pas de même des autres immeubles, comme des terres, des maifons ; la coutume dit que le donataire qui les a en fa poffeffion, lors du partage, les doit rapporter en effence & efpéce, ou moins prendre en autres héritages de la même fucceffion, de pareille valeur & bonté. La régle eft de les rapporter en efpéce.

Paris, *art.* 305.

L'héritier donataire, qui avant le partage a vendu fans fraude l'héritage qui lui avoit été donné, n'eft pas obligé de le rapporter en efpéce ; mais dans ce cas auffi-bien que dans tous les autres, ou le rapport en efpéce n'eft pas néceffaire, le donataire en doit l'eftimation eu égard au tems du partage, déduction faite des dépenfes utiles & néceffaires qu'il y a faites ; & en ce cas dans les dépenfes utiles doivent être comprifes toutes celles qui augmentent le prix de l'héritage , n'étant pas jufte que les autres cohéritiers s'enrichiffent à fes dépens.

Le donataire n'eft obligé en aucun cas de rapporter les fruits des chofes données , ni les intérêts de l'argent , qui font échus durant la vie du donateur , mais il eft tenu de rapporter ceux qui font échus du jour que la fucceffion a été ouverte.

Il eft néceffaire d'obferver qu'en pays coutumier , lorfqu'un pere & une mere ont marié conjointement leurs enfans , & qu'ils leur ont fait quelque avantage , fi la femme a parlé au contrat de mariage , elle eft cenfée avoir donné la moitié , & le pere l'autre , & par conféquent lors de l'ouverture de la fucceffion du premier décédé , l'enfant donataire n'eft obligé de rapporter à la fucceffion que la moitié de ce qu'il a reçu. Il en eft de même lorfque la mere accepte la communauté , quoiqu'elle n'ait pas parlé au contrat de mariage , parce que le mari comme maître de la communauté , eft cenfé avoir donné aux dépens de la communauté ; mais fi la femme renonce à la communauté ,

& qu'elle n'ait point parlé dans le contrat de mariage, alors le rapport doit être fait tout entier sur la succession du mari, parce que c'est lui qui a tout donné.

En pays de Droit écrit il n'en est pas de même, c'est le pere seul qui est obligé de doter ses enfans, ainsi le rapport se fait toujours sur la succession du pere, à moins que la mere n'ait donné du sien, ce qu'on ne présume jamais, lorsqu'elle ne l'a pas dit expressément. ☞ L'Auteur en cet endroit dit que dans les pays du Droit écrit, la dot est à la charge du pere seul, & que le rapport s'en fait entiérement sur la succession du pere.

Cette Jurisprudence n'est pas bien certaine, comme il sera remarqué sur le chap. 8. du livre suivant, où l'Auteur parle plus amplement.]

Lorsque les rapports sont faits, & que par ce moyen la masse de la succession est certaine, il y a encore un préalable avant que de procéder au partage, c'est de faire faire l'estimation des corps héréditaires qui n'ont point de prix certain, comme des maisons, des terres, des rentes foncieres non rachetables, autrement il *L. Majo-* feroit difficile de faire des partages *ris.C.com vir jud.*

dans une jufte égalité, & la moindre léfion en ce cas pourroit donner atteinte au partage, au lieu que quand il y a eu une eftimation précédente, il faut qu'il y ait eu léfion du tiers au quart, pour faire caffer un partage fait entre majeurs, c'eft-à-dire, qu'il fuffit que la léfion excéde le quart, quoiqu'elle n'aille pas entiérement au tiers; mais il n'eft pas néceffaire que cette eftimation foit faite par des Experts nommés en juftice, les cohéritiers peuvent convenir entr'eux de quelques amis communs, qui vraifemblablement puiffent connoître la valeur des chofes eftimées. La feule chofe qui eft requife pour donner une véritable forme au partage, eft que l'eftimation foit rédigée par écrit, & qu'elle foit faite en détail, fur-tout fi ce font des terres, afin qu'on puiffe au moins fçavoir la valeur de la portion qu'on fait entrer dans chaque lot. * L'eftimation étant rédigée par écrit, elle ne peut être faite que par des Experts en titre d'Office.]

Imbert. in Enchirid. in verb. divifio.

Les partages font fouvent faits à l'amiable entre les cohéritiers, qui choififfent tel confeil que bon leur femble. Ils peuvent être faits fous feing privé; mais il eft plus prudent

de les faire pardevant Notaires, tant
pour acquérir hypothéque fur les
biens propres des cohéritiers, pour
les foutes de partage & la garantie des
lots, que pour leur donner une date
certaine contre les tierces perfonnes
qui pourroient y avoir intérêt ; mais
quoique les parties fe foient conten-
tées de faire les partages fous feing
privé, les lots ne laiffent pas d'être
affectés par privilége à la garantie
les uns des autres, mais les autres
biens des cohéritiers n'y font pas hypothéqués.

Souvent auffi il y a des cohéritiers
difficiles qui ne viennent point à partage, à moins qu'ils n'y foient contraints en juftice ; en ce cas les Juges
qui ordonnent qu'il fera procédé au
partage, renvoyent quelquefois les
parties pardevant des parens & amis
communs, quelquefois devant des
Avocats. Aux Requêtes du Palais,
& au Parlement on commet fouvent
un Confeiller, pardevant lequel le
partage eft fait. Mais au Châtelet *Bacquet*
quand le partage eft ordonné, & *des Droits*
que les parties ne font pas renvoyées *de Juftice*
pardevant des parens & amis com- *ch. 28. n.*
muns, les Commiffaires font les par- *14. & 42.*
tages ; ce droit eft attribué à leurs

charges ; mais soit que le partage
ait été fait par des parens, des Avocats, ou un Commissaire, il le faut
faire homologuer, c'est-à-dire, confirmer par Sentence ou par Arrêt. *
Cela ne se pratique plus,] à moins
que toutes les parties ne consentent
de le signer pardevant Notaires, autrement il n'emporteroit ni hypothéque, ni exécution sur les biens des
cohéritiers qui ne voudroient pas
l'exécuter.

Les partages volontaires ou forcées
sont faits différemment, suivant la
différente maniere de faire les rapports ; car si les rapports sont faits en
moins prenant, & non pas en espéce, il faut commencer à égaler les
héritiers entr'eux, c'est-à-dire, que
s'il y a des enfans donataires & d'autres qui ne le soient pas, ou qu'ils
soient donataires par portions inéga-
les, il faut donner à ceux qui n'ont
point de don, ou qui l'ont moindre
que les autres, autant qu'il en faut
pour les rendre égaux, & le leur
donner autant que l'on peut en même nature des biens, & en effets de
même valeur & bonté. Par exemple, si le donataire a eu de l'argent
comptant, les autres prendront pour

être

être égalés tout ce qu'il y aura de bons effets mobiliers jufqu'à concurrence du don ; & s'ils ne fuffifent pas , ils choifiront les meilleurs contrats de conftitution , & enfin ils viendront aux autres immeubles. Que fi le donataire a des héritages qu'il n'ait pas rapportés en efpéce , les autres feront égalés , s'il fe peut en autres héritages de pareille nature & bonté ; c'eft ce qu'on appelle les égalemens en matiere de partage.

Lorfqu'il n'y a point de rapport en moins prenant , ni par conféquent d'égalemens à faire , ou lorfque les égalemens font faits, on commence à procéder au partage des effets qui reftent à partager , & la forme de faire le partage eft encore fuivant les différentes coutumes.

Par le Droit commun obfervé dans toutes celles qui n'ont point de difpofition contraire , fi le partage eft ordonné en juftice, le Commiffaire ou les arbitres nommés par le Juge font autant de lots qu'il y a des cohéritiers ; & fi le partage eft fait à l'amiable , les cohéritiers eux-mêmes peuvent faire les lots, ou les faire faire par telle perfonne que bon leur femble.

Quand les lots font faits, les cohéritiers les tirent au fort, & chacun eſt obligé de prendre celui qui lui eſt échu, à moins qu'ils ne veuillent s'accorder d'une autre maniere.

Tot. tit.
ff. famil.
ercifcun-
dæ.

Il faut que les lots foient égaux entr'eux, autant que l'on peut; & cela eſt très-facile, lorſqu'il n'y a que des effets mobiliers, ou des rentes conſtituées à partager; mais lorſqu'il y a des maiſons, des terres, ou autres choſes de cette nature, qu'on ne peut pas diviſer également, la choſe eſt plus difficile: mais pour y remédier, on peut mettre des maiſons dans un lot, des terres dans l'autre, des rentes conſtituées, & même des deniers & effets mobiliers dans la troiſiéme; ce qu'on ne doit pourtant faire que rarement & du conſentement des parties; car l'égalité des lots ſe doit rencontrer auſſi-bien dans la qualité, que dans la quantité des effets qui les compoſent: mais quelque choſe que l'on puiſſe faire, il eſt preſque impoſſible, pour faire des lots commodes aux uns & aux autres, lorſqu'il y a des maiſons & des terres à partager, qu'il n'y ait toujours quelques lots plus forts ou plus foibles les uns que les autres; & quand cela ſe rencontre, on charge le

lot le plus fort de payer une somme
aux plus foibles ; c'est ce qu'on appelle soute de partage.

Il y a quelquefois des effets très-
difficiles ou très-incommodes à partager dans des successions. Par exemple s'il y a deux héritiers , & qu'il n'y
ait dans toute la succession qu'une seule maison qui ne puisse pas être divisée sans incommodité , il faut nécessairement en venir à une licitation ,
c'est-à-dire , qu'il faut mettre aux en-
cheres l'immeuble qui ne se peut
commodément diviser , l'adjuger à
celui qui en donnera le plus , & en
partager le prix ; quelquefois la licitation se fait entre les seuls cohéritiers , c'est-à-dire , qu'il n'y a qu'eux
qui soient reçus à enchérir , afin de
conserver l'héritage dans la famille.
* Cela ne se fait jamais , & les étrangers sont toujours reçus à enchérir
dans les licitations :] mais le plus
souvent on y admet des étrangers , ce
qui est même nécessaire , quand il y
a des cohéritiers qui ne sont pas en
état d'enchérir , pour empêcher que
l'héritage ne soit adjugé à d'autres à
trop vil prix.

Lorsqu'il n'y a pas une incommodité très-grande & très-sensible dans

la division d'un héritage, on ne doit jamais en ordonner la licitation, à moins que tous les cohéritiers n'y consentent ; car il n'est pas permis de priver un des cohéritiers malgré lui de sa part, ni de l'obliger à en recevoir de l'argent quand elle peut lui être livrée en nature.

Nivernois La Marche, Anjou, le Perche, &c. Il y a des coutumes où celui qui demande le partage, fait les lots, & les autres choisissent ; d'autres où l'aîné fait les lots, & les puînés choisissent ; & d'autres où les puînés font les lots, & l'aîné choisit.

Nivernois Bourgog. Cambray, Tournay, Lisle, &c. Quelques coutumes permettent aux peres & aux meres de faire partage à leurs enfans, soit par testament, ou par acte entre-vifs, afin d'éviter les contestations qui pourroient naître entr'eux ; & les enfans sont obligés de se tenir à ces partages, à moins qu'il n'y ait une lésion considérable ; quelques coutumes disent que la lésion doit être d'un sixiéme ; ces sortes de partages sont autorisés & reçus favorablement en justice, dans les coutumes mêmes qui n'en disposent pas, pourvu qu'il paroisse que le pere & la mere ont conservé l'égalité entre leurs enfans.

On voit par ce qui a été dit, que le

partage eſt la plûpart du tems mêlé de vente & d'échange ; il eſt mêlé de vente , quand il y a ſoute de partage , parce que le cohéritier chargé de la ſoute , achete en effet du cohéritier , à qui il eſt obligé de la payer ; il eſt mêlé d'échange , parce que chaque cohéritier qui avoit une portion indiviſe dans tous les corps héréditaires, céde à ſes cohéritiers la portion qu'il avoit dans les immeubles , qui tombent dans leur lot , & ils lui cédent en contr'échange la portion qu'ils avoient dans les immeubles qui compoſent le ſien.

Il y a peu de ſucceſſions dans les pays coutumiers où il ne faille pluſieurs partages , ſur-tout en collatérale ; un mari meurt , ſa femme accepte la communauté , il faut d'abord un partage de communauté entre la femme ſurvivante , & les héritiers du mari. Il faut après cela un partage entre les héritiers des meubles & acquêts ; & s'il y a des propres de pluſieurs lignes, il faut autant de partages qu'il y a de lignes différentes.

Lorſque dans un partage on doute ſi un héritage eſt propre ou acquêt, on le préſume toujours acquêt , & de-là il réſulte que quand un héritage eſt

Loyſel inſt. cent. liv. 9. tit. 1. n. 13.

X iij

propre, & qu'on ne voit pas le contrat d'acquisition pour sçavoir qui est
celui qui l'a mis dans la famille ; il
suffit de remonter au plus ancien possesseur, parce qu'on présume que c'est
lui qui en a fait l'acquisition, ce qui
doit aussi avoir lieu pour le retrait
lignager.

Louet &
Brodeau
H. 11.

Le partage produit un effet rétroac-
tif & déclaratif, & non pas attributif de propriété, c'est-à-dire, que le
partage n'attribue rien de nouveau à
chaque cohéritier, & ne sert qu'à déclarer de quelle portion chaque cohéritier étoit propriétaire ; ensorte
qu'il n'est présumé avoir été saisi, ni
avoir eu droit que dans les choses qui sont tombées dans son lot;
c'est pourquoi on juge que les créanciers ausquels un cohéritier a obligé
sa portion indivise ; ne peuvent pas
après le partage exercer leur hypothéque sur tous les immeubles de la succession, mais qu'ils doivent s'adres-
ser à ceux qui sont tombés dans le lot
de leur débiteur, à moins que le partage n'eût été fait en fraude du créancier, ou qu'il lui fût si incommode,
qu'il n'eût plus les mêmes suretés.
Par exemple, si l'on avoit mis tous les
meubles dans le lot du débiteur, ou

des héritages situés en pays de nan-
tiſſement, où il faut des formalités
acquérir une hypo-
thèque ; & où l'on peut être prévenu
par d'autres créanciers ; l'Auteur dit que le partage eſt réputé fait
en fraude des créanciers, quand on
met tous les meubles dans un lot, &
tous les immeubles dans l'autre ; cependant un ſemblable partage a été
autoriſé par un Arrêt du 3 Septem-
bre 1633, remarqué par Henrys,
tom. l. 6. ch. 37. & par Brodeau ſur
Louet, l. H. ch. 11.]

Les premiers actes qui ſe font entre les cohéritiers après la ſucceſſion
ouverte, de quelque maniere qu'ils
ſoient conçus, ſont réputés partages ; c'eſt pourquoi la léſion du quart
ſuffit pour y donner atteinte, comme dans les véritables partages ; &
encore une moindre léſion ſuffit, lorſqu'il n'y a pas eu une eſtimation précédente, parce que tout doit être
fait avec égalité & bonne foi entre
cohéritiers.

Il y a trois cas qui peuvent former
de grandes difficultés dans les partages : le premier, lorſqu'il y a des mineurs ; le ſecond, lorſqu'il y a des
abſens ; & le troiſiéme, quand deux

perfonnes qui pouvoient fe fuccéder l'une à l'autre , meurent en même tems, fans qu'on puiffe difcerner lequel des deux eft mort le premier , ce qu'on appelle en Droit *commorientes*, & ce qui peut arriver en cas de naufrage , d'incendie , ou de la ruine fubite d'une maifon.

L. 17. C. de præd. minor. non alien. A l'égard des mineurs , ils ne peuvent pas dans la régle, demander le partage aux majeurs , mais les majeurs peuvent faire ordonner le partage , quoiqu'il y ait des mineurs ; & comme les mineurs font encore plus facilement reftitués que les majeurs , lorfqu'il y a la moindre léfion , afin de rendre les chofes égales, & que les uns ne foient pas plus engagés que les autres , on a accoutumé de faire feulement un partage provifionnel , lorfqu'il y a des mineurs , & quand ils font devenus majeurs , on le ratifie de part & d'autre , s'il n'y a point de léfion , ou l'on procéde à un nouveau partage.

A l'égard des abfens , il y en a de deux fortes ; les premiers font ceux dont on a une certitude probable de la vie , & ceux-là ne font point de difficulté ; il n'y a qu'à les faire affigner à leur dernier domicile fuivant l'Ordonnance, pour faire ordonner avec eux qu'il sera procédé au partage.

Les autres sont ceux dont on n'a aucunes nouvelles depuis long-tems, & dont la vie ou la mort sont dans l'incertitude ; si on les considére comme vivans, ils auront leur part dans la succession ; leurs créanciers, s'ils en ont, seront payés sur leur lot ; ils pourront même avoir des héritiers présomptifs plus proches que ne sont leurs cohéritiers dans la succession qui est à partager, ausquels il faudra laisser l'administration de leur lot en donnant caution ; si au contraire on les considére comme morts, il faudra partager la succession entre les cohéritiers qui restent ; la grande régle en ce cas est qu'on ne présume pas la mort d'un homme ; il la faut prouver ; mais il y a quelquefois des circonstances qui sont si fortes qu'elles font présumer contre la régle ; c'est ce qui fait qu'on trouve des Arrêts contraires sur cette matiere ; la même difficulté se rencontre, lorsqu'on veut partager la succession d'un homme qui est absent depuis long-tems ; mais en tous ces cas il est de la prudence des Juges d'obliger ceux à qui

V. Mosc. de probat. vel. 2. concluf. 1705. Journ. des Aud. vol. 1 p. 98. & 114. vol. 1. p. 44. V. Menoc. præfump. 49. l. 6.

X v

ils adjugent la poſſeſſion , de donner bonne & ſuffiſante caution.

Menoch.
præſump.
Quand deux perſonnes ſont mortes, dans un naufrage , un incendie , & qu'on ignore laquelle de deux eſt morte la premiere ; pour régler leurs

30. lib. 6.
Journ. des
Audien. 1.
vol. p. 789
ſucceſſions , il faut préſumer que la plus forte ſoit à raiſon de l'âge, du ſexe , ou de l'habitude du corps, eſt décédée la derniere ; s'il n'y a pas des conjuctures aſſez fortes pour former cette préſomption , il faut alors adjuger la ſucceſſion aux perſonnes les plus favorables.

Les héritiers ſont obligés de payer les dettes du défunt , mais la queſtion eſt de ſçavoir à quelle portion chaque cohéritier doit ſa part.

Brod. ſur
Louet, D.
10.
Il eſt certain que les dettes purement réelles , comme les arrérages courans des rentes foncieres , le cens, & autres de cette nature, qui ne ſont dues que par la choſe même , doivent être payées par le poſſeſſeur de l'héritage , qui en eſt chargé , ſoit que le poſſeſſeur ait ſuccédé ſeul à cet héritage , comme à un propre de ſa ligne , ſoit que par le partage l'héritage ſoit tombé dans ſon lot : mais les arrérages échus de ces charges foncieres , ſont du nombre des dettes

personnelles, qui doivent être payées par tous les héritiers.

Ces dettes ne font point de difficulté dans le Droit Romain ; elles doivent être payées par les héritiers suivant leurs portions héréditaires ; ce que les loix appellent *in viriles portiones* ; c'eft-à-dire, que fi l'héritier eft inftitué pour une moitié ou pour un quart ; il payera la moitié ou le quart des dettes, quoique l'émolument qu'il tire de la fucceffion foit plus grand ou moindre que fa portion héréditaire. Voici l'exemple que la loi en donne : le teftateur n'ayant que deux terres de valeur très-inégale, inftitue Pierre & Jacques fes héritiers fans dire pour quelles portions ; mais il ordonne que Pierre aura l'une des terres, & Jacques l'autre : ils font, dit la loi, tous deux héritiers chacun pour moitié ; & néanmoins pour accomplir la volonté du teftateur, chacun d'eux prendra la terre qui lui a été affignée, & celui qui aura la plus confidérable, ne payera que la moitié des dettes ; parce que cette affignation des terres eft un prélegs & un préciput qui ne peut être fujet aux dettes par le Droit Romain, parce qu'il ne fait pas une

L. ex facto 35. unde focio ff. de hær. inft.

X vj

partie effentielle de l'inftitution.

Il n'en eft pas de même dans notre Droit coutumier, parce qu'il y a plufieurs fortes d'héritiers qui en cette qualité d'héritiers ont fouvent plus au moins d'émolument dans la fucceffion, que leurs cohéritiers; il y a les héritiers des propres, les aînés en directe, les mâles qui excluent les filles de la fucceffion des fiefs en collatérale, &c. c'eft la raifon pour laquelle les coutumes ont établi un droit différent des loix Romaines au fujet du payement des dettes entre cohéritiers.

La plûpart des coutumes veulent *Paris* que toutes les dettes foient payées *art. 314.* par chacun des cohéritiers à proportion des émolumens qu'ils tirent de la fucceffion, ce que la coutume de Paris explique en ces termes : pour telle part & portion qu'ils en amendent ; on ne diftingue point les dettes mobiliaires d'avec les immobiliaires ; & l'héritier des propres contribue pour fa part aux dettes qui ont été créés pour faire une acquifition où il ne prend rien, comme l'héritier des meubles & acquêts contribue aux dettes qui ont fervi à l'acquifition des propres, quoiqu'il n'y fuccéde pas.

Cette régle reçoit une exception : *Louet &*
l'aîné en ligne directe ne paye que sa *Brod. D.*
portion héréditaire des dettes , quoi- *16.*
qu'il ait un préciput & une portion
avantageuse dans les fiefs , quand même le prix du fief seroit encore dû au
vendeur , parce que l'aîné ne prend
son préciput que comme une maniere
de prélegs que la coutume lui donne,
mais l'aîné ne jouit pas de cet avantage dans les coutumes où il prend
son droit d'aînesse dans toute la masse
des biens , ou dans une universalité
de biens ; ainsi dans les coutumes où
l'aîné a tous les meubles , il paye
toutes les dettes mobiliaires , & dans
celles où il prend la moitié ou les
deux tiers de tous les biens sans diftinction de fiefs ou de rotures , il est
obligé de payer la moitié ou les deux
tiers des dettes.

La disposition de la coutume de Pa- *Ricard*
ris de payer les dettes à proportion de *sur Paris,*
l'émolument , a été trouvée si juste , *art. 334.*
qu'elle a été étendue par la Jurisprudence des Arrêts à toutes les coutumes
qui ne contiennent point de disposition
contraire.

Les donataires & les légataires uni- *Paris ;*
versels contribuent aux dettes avec *art. 343.*
les héritiers à proportion de l'émolu-

ment qu'ils reçoivent de leurs legs,
ou de leur don ; mais les donataires
ou légataires particuliers ne font
point obligés de contribuer aux dettes. On appelle donataires ou légataires univerfels ceux à qui on a donné la totalité , ou une portion de
tous les biens, comme la moitié de
tous les biens, le quart , &c. ou la
totalité , ou une partie d'une univer-
falité de biens : par exemple, tous
les meubles & acquêts , la moitié
des meubles , tous acquêts , &c. On
appelle donataires ou légataires particuliers ceux à qui l'on a donné une
fomme d'argent , une rente ou un
corps particulier de la fucceffion ,
comme une maifon, une terre , &c.

Paris
art. 265.
Il y a néanmoins un cas où les légataires particuliers doivent contribuer aux dettes à proportion de l'é-
molument , qui eft lorfqu'un teftateur chargé de dettes , & ayant des
propres , a abforbé en legs particuliers tous fes meubles & acquêts ,
& le quint de fes propres : il n'eft pas
jufte en ce cas que les quatre quints
reftans des propres demeurent chargés de toutes les dettes ; c'eft pourquoi la coutume de Paris donne la
faculté à l'héritier de prendre les

quatre quints des propres, & abandonner les meubles & acquêts & conquêts
immeubles, avec le quint des propres,
à tous les légataires, moyennant quoi
il demeurera faisi des quatre quints, &
les légataires prendront le surplus, les
dettes préalablement payées, sur tous
les biens de la succession.

Il y a des coutumes où ceux qui *Mante,*
prennent les meubles, sont tenus de art. 71.
payer les dettes mobiliaires jusqu'à
concurrence des meubles seulement.

Il y en a d'autres qui chargent les *Senlis,*
acquêts aussi-bien que les meubles, du art. 141.
payement des dettes mobiliaires.

Il y en a enfin qui par une disposi- *Auvergne*
tion singuliere, veulent que ceux qui *chap.* 11.
succédent du côté paternel, payent art. 17. &
les dettes provenues du côté pater- *suiv.*
nel, & que ceux qui succédent du *La Mar-*
côté maternel, payent les dettes pro- *che, art.*
venant du côté maternel; & si le dé- 234. &
funt a fait des dettes de son chef, & *suiv.*
qu'il laisse des meubles, les héritiers
du côté paternel qui y succédent, sont
tenus de payer les dettes faites par le
défunt, mais il leur est permis de refuser les meubles & acquêts, & alors
ils sont partagés entre les héritiers
des deux lignes qui payent également
les dettes du chef du défunt, ce qu'ils

font auffi lorfqu'il n'y a ni meubles ni acquêts.

Dumoulin sur Vitry, art. 81. Tout ce qui eft ordonné par les diverfes coutumes pour le payement des dettes de la fucceffion, ne regarde que les cohéritiers entr'eux ; car à l'égard des créanciers, il leur eft libre de pourfuivre chaque cohéritier perfonnellement pour fa portion héréditaire, & hypothécairement pour le tout, s'il poffède des immeubles de la fucceffion, fauf le recours de celui qui a payé plus qu'il ne devoit par la coutume, contre les autres cohéritiers qui doivent l'en acquitter

***

CHAPITRE XXIX.

Des dégrés de Parenté.

LEs fucceffions étant ordinairement déférées aux parens les plus proches, il eft important de connoître parfaitement les dégrés de parenté, pour fçavoir à qui on doit adjuger une fucceffion lorfqu'elle eft conteftée entre plufieurs parens.

Cette connoiffance eft auffi néceffaire pour les mariages qui font défendus en de certains dégrés, & permis aux autres.

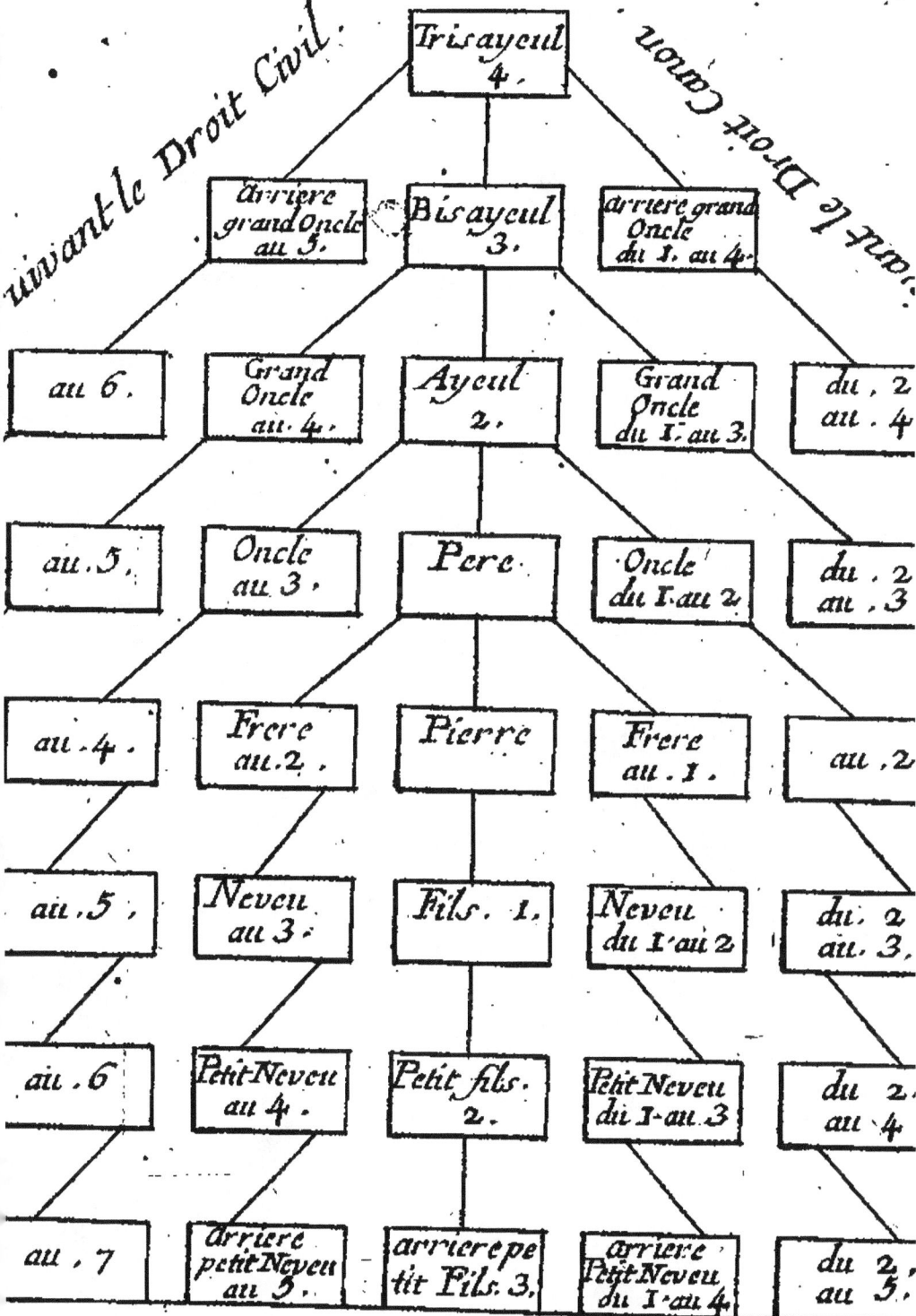

suivant le Droit Civil · · · · vant le Droit Canon

		Trisayeul 4.		
	arriere grand Oncle au 5.	Bisayeul 3.	arriere grand Oncle du 1. au 4.	
au 6.	Grand Oncle au 4.	Ayeul 2.	Grand Oncle du 1. au 3.	du 2 au 4
au 5.	Oncle au 3.	Pere	Oncle du 1. au 2	du 2 au 3
au 4.	Frere au 2.	Pierre	Frere au 1.	au 2
au 5.	Neveu au 3.	Fils 1.	Neveu du 1 au 2	du 2 au 3.
au 6.	Petit Neveu au 4.	Petit fils 2.	Petit Neveu du 1 au 3	du 2 au 4
au 7.	arriere petit Neveu au 5.	arriere petit Fils 3.	arriere petit Neveu du 1 au 4	du 2 au 5.

Il y a deux manieres de compter le dégrés de parenté, celle du Droit Romain, & celle du Droit Canon; elles font toutes deux néceffaires à fçavoir; car nous admettons en France celle du Droit Romain à l'égard des fucceffions, & celle du Droit Canon à l'égard des mariages.

Dans l'un & l'autre Droit la parenté eft compofée de deux lignes, qui font la directe & la collatérale.

La ligne directe comprend tous les afcendans & tous les defcendans.

Les dégrés en font faciles à compter; car elle dépend d'une feule régle, qui eft de compter autant de dégrés qu'il y a de perfonnes, en comptant celles qui font entre deux, & retranchant néanmoins toujours une perfonne; ainfi le pere & le fils font au premier dégré, parce qu'il n'y a que deux perfonnes, dont il en faut retrancher une; l'ayeul & le petit-fils font au fecond dégré, parce qu'il y a trois perfonnes, fçavoir, l'ayeul, le petit-fils, & le pere qui eft au milieu. Le bifayeul & l'arriere-petit-fils font au troifiéme dégré; & ainfi du refte. Cela s'appelle proprement compter les dégrés par générations; & en effet chaque génération fait un dégré.

Inftit. de gradib. cognat.

Il n'y a aucune différence entre le Droit civil & le Droit canon, en ce qui concerne la ligne directe.

La ligne collatérale est composée de tous les parens qui ne sont ni ascendans ni descendans, comme les freres & les sœurs, les oncles & les tantes, les cousins & les cousines.

Pour compter les dégrés en ligne collatérale suivant le Droit civil, il faut toujours remonter de part & d'autre à la souche commune de laquelle les parens dont on veut trouver le dégré sont descendus, & compter autant de dégrés qu'il y a de personnes, à l'exception de celui qui fait la souche commune, qui ne se compte jamais; & de-là vient que dans le Droit civil il n'y a point de premier dégré en ligne collatérale; car pour sçavoir en quel dégré sont deux freres entr'eux, on trouve trois personnes; sçavoir, celles des deux freres, qui se trouvant deux, composent le second dégré; & celle du pere, qui est la souche commune, que l'on ne compte point. Si l'on veut sçavoir le dégré de l'oncle & du neveu, il faut remonter jusqu'à l'ayeul du neveu, qui est le pere de l'oncle, & leur souche commune; & l'on trouvera trois personnes, sans compter cette commune souche; par conséquent l'oncle & le neveu sont au troisiéme dégré. L'ayeul est aussi la commune souche des cousins germains. Pour remonter à lui des deux côtés, on trouvera quatre dégrés; sans le compter; ce qui fait que les cousins germains sont au quatriéme dégré. Ces exemples doivent suffire pour tout le reste.

Pour compter les dégrés en collaté- *Cap. 7.* rale suivant le Droit canon, il y a deux *ext. decon-* régles à observer. La premiere, que si *sing. &* ceux dont on recherche le dégré sont *affinit.* également éloignés de la souche commune, il faut compter autant de dégrés entr'eux qu'il y en a de l'un d'eux à la souche commune; ainsi deux freres sont au premier dégré, car chacun d'eux n'est éloigné du pere commun que d'un dégré; les cousins germains sont au second dégré, parce que chacun d'eux est éloigné de deux dégrés de l'ayeul, qui est la souche commune.

La seconde régle est que si ceux dont *Cap. 9.* ont veut sçavoir le dégré, ne sont pas *ibid.* également éloignés de la souche commune, alors il faut compter les dégrés de celui qui en est le plus éloigné; ainsi l'oncle & le neveu sont au second dégré, parce que le neveu est éloigné de deux dégrés de son ayeul pere de l'oncle, qui n'en est éloigné que d'un dégré ; le petit-neveu est éloigné de trois dégrés de son bisayeul pere du grand-oncle ; & par conséquent ils sont au troisiéme dégré , & ainsi du reste.

Néanmoins quand les dégrés sont inégaux , pour mieux expliquer la parenté , on les compte quelquefois des deux côtés ; on dit , par exemple, que l'oncle & le neveu sont du premier au second dégré , & que le petit-neveu & le grand-oncle sont parens du premier au troisiéme.

Au reste on n'a pas été fort soigneux dans notre langue , non plus que dans les autres , de donner des noms particuliers à tous les dégrés de parenté ; dans la ligne directe ascendante , on n'en connoît point au-delà du trisayeul ; & dans la descendante , on ne parle que des arriere-petits-enfans ; dans la collatérale , on ne nomme que les freres , les oncles, grands-oncles , cousins germains ; le reste ne se connoît que par les dégrés , cousin au quatriéme , au cinquiéme , au sixiéme dégré , &c.

Fin du premier Tome.

TABLE

DES

MATIERES

Contenues dans les deux Volumes.

A

TABLE DES MATIERES.

TABLE

B

TABLE

C

Contribution

Tome II.

X

TABLE

E

F

TABLE

H

TABLE

I

L

P

DES MATIERES.

Tome II. Y

Q

R

TABLE

TABLE

S

DES MATIERES.

Y iv

T

V

DES MATIERES.

TABLE DES MATIERES.

Fin de la Table des Matieres.

APPROBATION.

J'Ai examiné, par l'ordre de Monfeigneur le Chancelier, le Livre intitulé : *Inftitution au Droit François par M. Argou, Avocat en Parlement, neuviéme Edition, revue, corrigée & augmentée, &c. par M. A. G. Boucher d'Argis, Avocat au Parlement*; & j'ai trouvé qu'elle fera d'autant plus utile que les corrections font principalement fondées fur les nouvelles Ordonnances. A Paris, ce 9 Janvier 1762. GIBERT.

PRIVILEGE DU ROI.

LOUIS, par la grace de Dieu, Roi de France & de Navarre : A nos amés & feaux Confeillers, les Gens tenans nos Cours de Parlement, Maîtres des Requêtes ordinaires de notre Hôtel, Grand-Confeil, Prévôt de Paris, Baillifs, Sénéchaux, leurs Lieutenans Civils, & autres nos Jufticiers qu'il appartiendra. SALUT. Notre amé Hyppolite-Louis GUERIN, Imprimeur & Libraire à Paris, Nous a fait expofer qu'il defireroit faire imprimer & donner au public un Livre qui a pour titre : *Inftitution d'Argou au Droit François*, s'il nous plaifoit lui accorder nos Lettres de privilége pour ce néceffaires. A ces Caufes, voulant favorablement traiter l'Expofant, Nous lui avons permis & permettons, par ces Préfen-